Gilberto Gil:
A Poética e a Política do Corpo

Coleção Estudos
Dirigida por J. Guinsburg

Equipe de realização – Edição de Texto: Adriano Carvalho Araujo e Sousa; Revisão: Jenifer Ianof; Sobrecapa: Sergio Kon; Produção: Ricardo W. Neves, Luiz Henrique Soares, Sergio Kon.

Cássia Lopes

GILBERTO GIL: A POÉTICA E A POLÍTICA DO CORPO

CIP-Brasil. Catalogação-na-Fonte
Sindicato Nacional dos Editores de Livros, RJ

L851g

Lopes, Cássia
  Gilberto Gil: a poética e a política do corpo / Cássia
Lopes. – São Paulo: Perspectiva ; 2012.
    3 il.   (Estudos; 286)

    Inclui bibliografia
    ISBN 978-85-273-0922-6

    1. Gil, Gilberto, 1942-. 2. Músicos – Brasil – Biografia.
3. Música popular – Brasil. I. CNPq. II. Título. III. Série

11-2533.   CDD: 927.80
                  CDU: 929:78.067.26

06.05.11   09.05.11   026211

Direitos reservados à
EDITORA PERSPECTIVA LTDA.

Alameda Santos, 1909, cj. 22
01419-100 São Paulo SP Brasil
Tel.: (011) 3885-8388
www.editoraperspectiva.com.br

2022

Sumário

Agradecimentos. XIII
A Gil o Que é de Gil – *Eneida Maria de Souza* XV

Introdução XIX

    Questão de Ordem. XIX
    No Itinerário da Leveza pelo Ar. XXIX

1. Gilberto Gil: O Realce do Corpo. 1

    Quanto mais Purpurina Melhor 1
    A Recaricatura de Zelberto Zel 26
    Entre as Pausas e o Talvez. 41

2. A Geografia do Corpo:
    Travessia pelo Nordeste. 55

    O Corpo Duplo: Gilberto Gil e Luiz Gonzaga. 55
    Refestança: Uma Leitura de *Viva São João* 66
    O Agudo do Ganzá 77
    "Parabolicamará" 81

O Outro Duplo: Dorival Caymmi 89
Dia Dorim Noite Neon:
Nas Veredas do *Grande Sertão* 119

3. A Representação da África no Corpo
de Gilberto Gil 141

A Casa Bahia-África 141
O Do-In Antropológico 189
Refavela: Inferno e Céu...................... 216

4. Por entre as Linhas do Erotismo 225

O Rebento da Criação......................... 225
Pelas Lentes do Amor 246
Nós, por Exemplo:
O Erotismo Barroco de Os Doces Bárbaros........ 256
Outros Bárbaros........................... 287

Alô, Alô, Aquele Abraço! 299

Referências Bibliográficas........................... 309

A meu pai, Evandro Motta Lopes,
que soube viver a arte da delicadeza
e da afetividade

A arte de viver é igual à arte de compor.

GILBERTO GIL

Agradecimentos

Agradeço a alguns intelectuais que colaboraram na trama de ideias e no cotidiano da minha pesquisa, em especial ao Prof. Dr. Boaventura de Sousa Santos, pela maneira acolhedora e afetiva como me recebeu no Programa de Doutoramento em Pós-Colonialismos e Cidadania Global, no Centro de Estudos Sociais da Universidade de Coimbra; sua orientação foi fundamental para que esta obra se alicerçasse teoricamente e os capítulos ganhassem fôlego argumentativo. Contei também com a colaboração afetiva e intelectual de alguns outros nomes importantes para a realização deste estudo: Sérgio Farias, Evelina Hoisel, Eneida Maria de Souza, Cleise Mendes, Lia Rodrigues, Margarida Calafate Ribeiro e Maria Paula Menezes. Para a pesquisa, houve o apoio da Coordenação de Aperfeiçoamento de Pessoal de Nível Superior – Capes –, com a bolsa para o estágio de doutorado no exterior.

A Gil o Que é de Gil

Não é novidade a escolha de temas acadêmicos recair na construção de perfis de figuras midiáticas, especialmente de representantes da música popular brasileira. Ao longo dos últimos anos, tem sido grande a incidência de trabalhos dessa natureza, o que comprova o interesse da crítica cultural por uma resposta mais eficiente sobre os fenômenos de massa. Nas décadas de 1960 e 1970, o discurso musical era interpretado pela erudita conjunção entre valor poético e político, procedimento capaz de promover a reflexão estética sobre o cotidiano urbano, as utopias políticas ou ainda as referências metalinguísticas, pois o momento era de censura e repressão. Por meio da utilização do discurso alegórico, as "segundas intenções" – de acordo com a censura – sobrepunham alusões ao discurso amoroso e ao político, ao jogo enganoso das palavras, o que se traduzia no convívio paradoxal entre o riso e a dor.

Com a abertura política na década de 1980, considerada, contudo, como a década perdida, realizou-se a revisão dos procedimentos artísticos, em busca de outra linguagem que pudesse desenhar novas linhas criativas e diferentes inserções políticas. O cinema, a literatura, a música, o teatro e as demais artes irão passar por momentos de indefinição e crise, o que culminarão com o aparecimento de distintos parâmetros poéticos, aliados a instabilidades de toda ordem. A geração de intelectuais, testemunha desses eventos e contemporânea dos artistas, sente-se privilegiada por ter participado de uma comunidade universitária atuante e representativa dos movimentos populares do período. Uma geração que cresceu ao lado de seus ídolos musicais, que se alimentou dos mesmos paradigmas artísticos e políticos e que hoje se orgulha de sentir-se representada nacionalmente por aqueles que viveram experiências comuns.

No início do século XXI, a abordagem acadêmica do discurso musical amplia-se, integrando-se à análise discursiva e literária os aspectos culturais e biográficos dos compositores, na tentativa de melhor definição dos lugares enunciativos no âmbito do contexto nacional. *Gilberto Gil: A Poética e a Política do Corpo*, de Cássia Lopes, impõe-se como uma das mais atualizadas e definitivas leituras deste ícone da cultura brasileira, trabalho que reúne experiência acadêmica, sensibilidade analítica e compromisso político. A qualidade da abordagem justifica-se pela nova configuração assumida pela academia na atualidade, não se limitando a apontar a excelência da obra de determinado autor, mas incorporando-a à imagem do intelectual, do formador de opinião e do homem público. No atual cenário das artes, é impossível descartar o modo performático como são concebidas e executadas as obras, prevalecendo os recursos cênicos, a opção pela oralidade, ao lado da atuação corporal, cotidiana e profissional dos intérpretes. Nas palavras de Cássia:

O corpo de Gilberto Gil agigantou-se, disseminou-se pelas páginas da imprensa rotineiramente, e o recorte temático selecionado ganhou a riqueza de materiais para reflexões, adquirindo amplitude de argumentos. Era presumível que a entrada deste músico no Ministério da Cultura trouxesse, além das imagens, a efervescência discursiva em torno de sua conduta política, de sua postura como artista e ministro. Esta pesquisa, evidentemente, não pôde ficar alheia a tudo isso e, pelo contrário, acabou por focalizar as páginas diárias da imprensa jornalística[1].

1 Ver infra, p. xx

Nada mais justo do que considerar a atuação do artista ao lado da do político, uma vez que o projeto estético do compositor nunca abriu mão de seu compromisso vital com a estetização da vida cotidiana, da exuberância e do entusiasmo pela conjunção vanguardista entre arte e vida. O resultado da leitura assinada por Cássia é a prova mais eficaz de um trabalho de pesquisa que soube lidar com o arquivo musical de Gil, com sua presença na mídia televisiva, jornalística e livresca, além de se valer de sofisticada bibliografia teórica sobre crítica cultural. Sem dúvida, os anais da historiografia musical brasileira irão se enriquecer com a reflexão e sistematização contidas neste livro, uma das raras oportunidades de conjunção entre sensibilidade ensaística e precisão documental.

Na consolidação de uma linhagem musical brasileira, Gilberto Gil é interpretado como representante da tradição popular do cancioneiro nordestino, na conjunção entre Dorival Caymmi e Luiz Gonzaga, presenças fortes na formação do tropicalista baiano. Duplos que convivem em harmonia na cabeça nem tão nacionalista de Gil, por se completarem e se dispersarem na sua atração pela música estrangeira, atravessando o rock, o reggae e outras manifestações vinculadas, principalmente, à tradição negra. A África baiana de Gil, o ritmo transnacional do samba e da dança se incorporam à performance política e ao corpo heterogêneo do ministro da Cultura do governo Lula, atuante no período entre 2003 e 2008. Em sua missão de diplomata cultural, realiza a internacionalização de um país pela via da causa étnica e da proposta de um governo sem fronteiras.

Ao leitor, cabe o privilégio de poder usufruir de uma reflexão que redimensiona políticas identitárias e poéticas musicais, por meio da imagem de um dos mais inventivos e reconhecidos compositores de nosso tempo. O texto se dirige a um público consciente da abertura disciplinar, que não se sentirá limitado a interpretações de natureza apenas discursiva, mas voltada para questões cujo patamar alcança aspirações políticas e culturais. Ou nas palavras de Cássia: "a amplitude do foco posto sobre Gilberto Gil partilha, portanto, do desejo de pensar a polifonia estética, instaurada pelo seu corpo, que deságua numa outra maneira de refletir o modo de abordar a política no Brasil, não só reduzida às canções de protesto ou no âmbito dos gabinetes dos ministros"[2].

A Gil o que é de Gil.

Eneida Maria de Souza
Professora titular de Teoria da Literatura da UFMG.

2 Ver infra, p. XXIX

Introdução

QUESTÃO DE ORDEM

A proposta de ler a poética e a política do corpo de Gilberto Gil nasce da vontade de refletir sobre os modos de pensar o tecido social e artístico brasileiro, de rastrear as contingências que pediram para este compositor abraçar o papel de intérprete não só de suas canções, mas também da formação do Brasil, consoante o investimento do corpo. Ao longo deste trabalho, manifesta-se não apenas o interesse pelas letras presentes no cancioneiro deste músico ou as palavras proferidas nos discursos, na atuação do político. Sobretudo, volta-se o olhar para a performance, que se traduz em atividades comportamentais ancoradas no cotidiano e no tablado da cena política.

Antes de tudo, é necessário dizer o que se está chamando de poética e de política do corpo e como se deu a escolha desses termos para compor o título deste livro. Em primeira instância, a investigação parte do princípio de que as composições de Gilberto Gil, pela qualidade de sua produção artística, afirmam o desenho de uma poética, isto é, possibilitam indagar sobre os processos que dizem respeito ao estilo criativo, às características da sua linguagem e às marcas estéticas dos versos utilizados nas letras das canções, como também os componentes teóricos de que se revestem. Entretanto, o empenho da leitura não está voltado para focalizar o conjunto poético deste compositor ou confirmar o seu talento artístico. No cerne deste estudo, o poético assume o lugar de desconstrução e de reconstrução da performance identitária.

A poética e a política do corpo deste artista funcionam como um impulso catalisador que acompanha o mapa de valores sociais, estéticos e políticos no engenho de construções simbólicas presentes nas várias regiões do Brasil. Desta maneira, a poética ocorre de forma indissociável da política, pela maneira como as canções reveem a supremacia dos signos herdados da experiência de dominação colonial. A trajetória biográfica e musical do compositor questiona e desloca com o corpo a orquestra hegemônica difundida para as nações do Ocidente. Com Gilberto Gil, o poético examina as formatações construídas ao longo da história do Brasil e se impõe como crise da representação homogênea da nação brasileira.

Ao mesmo tempo, o termo "política" conquista a atenção e o lugar de destaque por vários motivos. O artista havia sido vereador em finais dos anos de 1990, em Salvador, e tinha produzido o livro *O Poético e o Político e Outros Escritos* em 1998, em parceria com Antonio Risério. Na altura em que o projeto deste trabalho já estava delimitado, não se cogitava a possibilidade de sua entrada no Planalto Central, e houve a surpresa da ascensão política do cantor baiano no governo do presidente Luiz Inácio Lula da Silva, em 2002. O corpo de Gilberto Gil agigantou-se, disseminou-se pelas páginas da imprensa rotineiramente, e o recorte temático selecionado ganhou a riqueza de materiais para reflexões, adquirindo amplitude de argumentos. Era presumível que a entrada deste músico no Ministério da Cultura trouxesse, além das imagens, a efervescência discursiva em torno de sua conduta política, de sua postura como artista e ministro. Esta pesquisa, evidentemente, não pôde ficar alheia a tudo isso e, pelo contrário, acabou por rastrear as páginas diárias da imprensa jornalística.

No panorama da biografia de Gilberto Gil, o termo "política" absorve uma polissemia de sentidos. Primeiro, corresponde à noção de homem público, que chega ao campo da

INTRODUÇÃO XXI

política institucional, com a demanda exigida pelo cargo ocupado e diante das condições delegadas à função assumida. Segundo, tangencia a ambiguidade e a heteronímia entre o artista e o político, e os conflitos que essa ambivalência encerra, com as noções de pertencimento e de ruptura que seu corpo admite. Também abarca o código de cidadania, que se mostra atento às tensões, às circunstâncias do cotidiano brasileiro, àquelas situações aparentemente desprovidas de sentido político, mas que se apresentam sujeitas às negociações de diferenças culturais e identitárias. Por fim, a leitura pauta-se na distinção entre o político e a política: o primeiro termo revela-se imanente às vidas socioculturais, com as redes de poder que lhe são próprias, mas nem sempre se atualiza enquanto política[1]. Entende-se por política quando o corpo reinterpreta a história, os códigos sociais e se apodera das redes de comunicação e de poder, na *refazenda* simbólica das imagens construídas sobre si e sobre o Brasil.

A grafia corporal do ministro-artista projeta-se na zona de fronteira entre a politização do estético e a estetização do político, em processo de mobilização de hábitos interpretativos que produzem a revisão de uma sintaxe e de uma gramática sensível às diferenças culturais[2]. Para tanto, tal atitude não se converte em discurso celebratório, por meio do qual se respeitam as diferenças, mantendo-as em seus devidos lugares. A questão não se limita ao verbo "respeitar", quando essa lógica ainda parece assente nas constatações de ordem social que se fecundam no discurso abstracionista, apoiado, em muitos casos, em identidades cristalizadas e em segmentos sociais rígidos, acomodados às demarcações segregacionistas.

Na proposta deste livro, o enfoque sobre a política questiona e permite o debate em torno das representações do corpo

---

1 Para a distinção entre política e político, foi valiosa a leitura de R. Ortiz, *Cultura Brasileira e Identidade Nacional*, p. 142.
2 A estetização da política, aqui referida, contrapõe-se à maneira como a praticava o fascismo, muito bem analisada por W. Benjamin. Segundo esse autor, a estetização da política permite direcionar os movimentos de massa, sem, contudo, alterar as relações de poder. Contra isso, ainda nos termos do pensador alemão, emerge o comunismo, respondendo com a politização da arte. Cf. Estética da Guerra, *Magia e Técnica, Arte e Política*, p. 194-196.

de Gilberto Gil, no entrecruzar de diferentes geografias por onde a performance do artista ecoa, com os nódulos de resistência cultural, de transgressão de conceitos e, por fim, no trajeto de descolonização de traços enraizados na escrita e no dicionário social brasileiro. Assim, não se elege como pressuposto desta investigação avaliar a política do ministro da cultura[3] no âmbito de suas tomadas de decisões quanto ao cargo que exerceu. A perspectiva de análise circunscreve-se à política do realce do corpo, no trânsito entre o político e o artista, ocupando-se do exame da zona de fronteira.

Deste modo, a conjunção "e", apresentada no título, torna-se imprescindível para percorrer a abordagem desenvolvida ao longo dos capítulos e assume a importância devida entre os outros dois substantivos: "poética" e "política". Parte-se do pressuposto de que a performance de Gilberto Gil abala o sistema dicotômico com o qual se alicerçou a diagramação da racionalidade ocidental e do sistema do capitalismo integrado em escala mundial: homem/mulher, branco/negro, Ocidente/Oriente e corpo/alma. Considerando-se as letras de suas canções e sua dança pelos palcos políticos, o ministro e o artista compõem não o dilema, mas uma zona de limites que implica reconfigurar o poético e, ao mesmo tempo, a política, para além de suas faces já conhecidas e demarcadas.

Contemplando a noção de fronteira, a poética e a política do corpo implicam refletir sobre as possibilidades de transformação e de transe de valores socioculturais brasileiros e prevê os equívocos de se trilhar pelo conceito homogêneo de cultura, como uma unidade sacralizada, que acaba por se plasmar no quadro das nações. Com efeito, a maneira de Gilberto Gil teorizar os espaços culturais presume a perspectiva dialógica, sem que isso signifique a opção pela dialética opositiva, ainda que esta venha justificada pela dispensa da síntese. O ponto de vista que orienta este estudo partilha da crise e da crítica ao entendi-

---

3 De maneira geral, vê-se na imprensa a preferência pela forma "ministro da Cultura": opta-se pelo uso de maiúscula no termo "cultura" por se referir ao ministério. Aqui, será utilizado em minúscula por se considerar que pode haver distinções entre Cultura com a consoante inicial maiúscula para representar a erudita, e a cultura em minúscula, que significaria a cultura popular. O uso indiscriminado em minúscula marca, portanto, o declínio das oposições.

mento do termo "fronteira"; palavra muito utilizada, mas que traz problemas quanto a seu uso inflacionado.

A princípio, a fronteira – materializada na conjunção "e" – emerge seguindo as lições deixadas pelo pós-estruturalismo francês e, nesse caso, serão frequentes, no decorrer do texto, os nomes de Jacques Derrida, Gilles Deleuze e Michel Foucault, que tiveram Friedrich Nietzsche e Sigmund Freud como pais de uma hermenêutica discursiva. Nesse recorte de leitura, a performance do ministro e artista baiano aparece em sintonia com um debate iniciado por esses pensadores pela maneira como trouxeram o corpo para a cena filosófica, ao mesmo tempo em que sinalizaram a estética da superfície, na reversão da metafísica platônica; alicerce do pensamento cristão ocidental, que se sustenta nas separações entre corpo ou espírito, divino ou profano, falso ou verdadeiro. Foram questionadas, portanto, as determinações históricas e as operações de poder – de repercussão política, demarcada no campo social e econômico – inscritas na corporeidade.

Contudo, ao acompanhar a travessia do corpo de Gilberto Gil, o pensamento pede a abertura para outra perspectiva, diversa da eurocentrada, participando das filiações de leitura outros nomes que reavaliaram o pós-estruturalismo, marcando as contribuições dessa vertente analítica, mas também as ausências de abordagens, que precisam ser contextualizadas. A escolha temática desenvolvida neste trabalho reflete as tensões e as buscas feitas pelo pensamento, quando o corpo do cantor exige outras formas de olhar o horizonte das culturas e dos saberes. Nessa articulação poética *e* política, surgem outras fundamentações teóricas que este livro irá percorrer, menos relacionadas à vertente filosófica e mais voltadas para a leitura de cunho sociológico, sem que uma abordagem se oponha à outra, mas possibilite refletir sobre os limites e as diferenças epistêmicas. Nessa mirada sobre o artista baiano e seu contexto afrodiaspórico, aparece uma rede de teóricos para alargar as discussões sobre a fronteira que seu corpo carrega: Boaventura de Sousa Santos, Walter Mignolo, Aníbal Quijano, Enrique Dussel, Aquille Mbembe e Abdelkebir Khatibi cruzam-se com suas contribuições valiosas, para problematizar a fronteira representada pelo artista, numa vertente pós-colonial.

XXIV   GILBERTO GIL: A POÉTICA E A POLÍTICA DO CORPO

Todavia, o termo "pós-colonialismos" traz conflito pelos vários matizes que seu significante agrega: o perigo consiste em cair numa perspectiva universalista desse termo, na sua grafia no singular, como se o sentido que lhe é atribuído fosse unívoco e dispensasse críticas e resistências. O uso dessa expressão pode ser tomado sob diferentes vetores de análise e não omite as tensões quanto a seu emprego. Primeiro, pela possibilidade de o prefixo *pós-* insinuar a dimensão de posterioridade, conforme a perspectiva cronológica linear e evolucionista; no entanto, o prefixo não agrega a superação do passado, pois a ele se atribui o sentido de crise de valores e de paradigmas, atento às repetições e aos fantasmas imaginários coloniais. Segundo, aponta para a leitura sensível às formas de persistência do colonialismo – menos de caráter político e mais de cunho ideológico –, em se tratando de pensar o convívio das sociedades marcadas pela história da colonização[4]. Um outro ponto consiste em rever as narrativas e as constelações de discursos que moldaram, de maneira equívoca, a base teórica que põe a questão do colonialismo como um tema restrito aos países situados à margem do poder econômico e instaura uma catalogação de diferenças e terminologias – tais como: minorias identitárias, hibridação e fronteira – com a qual se fixa a circunscrição do fora, as linhas demarcadoras do local, como sinônimos de sociabilidades próprias às ex-colônias.

Nesse caso, o caminho trilhado por Gilberto Gil vem libertar a definição de fronteira de uma lógica puramente territorial, que situa o local a partir da oposição ao global, como se esses termos pudessem existir separadamente. Inventa-se o global de acordo com a ordem da naturalização das oposições, impondo-lhe a sua condição de signo universal[5]. A lógica que alimenta essa visão acredita na existência, *a priori*, desse par opositivo, quando, no jogo de xadrez do capitalismo integrado, observa-

---

4 A. Quijano, Colonialidad del Poder, Eurocentrismo y América Latina, em E. Lander (org.), *La Colonialidad del Saber: Eurocentrismo y Ciencias Sociales, Perspectivas Latinoamericanas*, p. 201-246.

5 B. de S. Santos discorre sobre o processo de construção da globalização hegemônica e, para tanto, decodifica-o a partir do termo "localismo globalizado", quando um determinado "local" é eleito e plasmado pela lógica da globalização como sendo o global, mantendo as relações desiguais de acesso ao poder. Para ele, a globalização de caráter hegemônico só pode produzir uniformidade se disseminar as diferenças, com novas identificações locais. Cf. Os Processos de Globalização, em *Globalização: Fatalidade ou Utopia?*.

INTRODUÇÃO XXV

-se uma determinada cultura local disposta na hierarquia de valores que a legitima como global. Assim, a noção de fronteira do ministro-artista assume a função de caráter crítico e político, interdependente da crise do conceito de cultura e das relações de poder entre as nações.

A questão levantada é como Gilberto Gil pode escrever a sua história e a de tantos brasileiros, considerando a localização de seu corpo e a recusa a uma perspectiva nacionalista, baseada na visão homogênea da unidade do Brasil e da narrativa mestra de modernização e desenvolvimento, fundadora do Ocidente. Desse modo, a imagem da zona de fronteira, no contexto da poética e da política empreendidas pelo artista e ministro, surge como possibilidade de reconfiguração de performances identitárias, como enfraquecimento de hierarquias sociais, com outras demandas de subjetividade e de saber. Nesse aspecto, a fronteira caracteriza a experiência propiciadora de queda de naturalizações discursivas, no conflito que perturba os conceitos validados ao longo da história colonial brasileira e pede a emergência da dimensão diatópica do conhecimento.

Com efeito, a fronteira representa a afirmação de um lugar e de um não lugar simultaneamente, impondo-se como uma zona de indeterminação e de ambiguidade: é o espaço de indagação e demanda identitária, contudo é, ao mesmo tempo, o que proporciona a crise de identidades. Tem-se, assim, no interregno das faces de Gilberto Gil, em seus duplos, a possibilidade de se elevar um outro sentido tanto para o poético quanto para o político, refazendo as complexas redes de significado impressas com o deslocamento e a performance do ministro-artista.

Não parece interessante, nem produtivo, idealizar a zona de fronteira, como se ela, em si mesma, acabasse por se vestir sempre com o valor emancipatório[6]. Há uma discussão profícua entre

6 Pode-se refazer o conceito de fronteira na tradição interpretativa que remonta desde Immanuel Kant, Friedrich Schiller e Nietzsche, passando por T. S. Eliot, depois por Theodor Adorno, Georg Simmel e Derrida, até chegar a uma discussão contextualizada no panorama atual da globalização hegemônica, tal como problematizada por B. de S. Santos. O autor afirma a textura polissêmica do termo fronteira com sua vertente de caráter político e estético. Cf. A. S. Ribeiro, A Retórica dos Limites: Notas sobre o Conceito de Fronteira, em B. de S. Santos (org.), *Globalização: Fatalidade ou Utopia?*, p. 463-487.

os investigadores do tema; muitos acentuam a periculosidade do termo, por ser o discurso estratégico e mantenedor das mesmas supremacias sociais. Em função disso, é preciso contextualizar e problematizar a maneira como Gilberto Gil atualiza a noção de fronteira em seu corpo, com as implicações que isso traz para o entendimento das várias faces da realidade cultural brasileira.

Um fato curioso para entrelaçar no linho a linha do novelo. Em show no Tom Brasil, em 5 de abril de 2005, em São Paulo, Gilberto Gil, ao fim do espetáculo, recebeu um bilhete cujas palavras pediam para que ele se pronunciasse a respeito da chacina ocorrida no Rio de Janeiro – dois dias antes daquele evento –, em que trinta pessoas haviam sido mortas. Estavam na plateia o então ministro da Justiça Márcio Thomaz Bastos e o ministro do Desenvolvimento, na época, Luiz Furlan. Ao se referir ao acontecido, o cantor ouviu da plateia um grito que exclamava para que o ministro da Justiça falasse sobre o massacre. O artista, no entanto, contornou o assunto, compreendendo a agudização da violência no Brasil como um problema complexo, de ônus para o desenvolvimento do país, sendo uma questão central no tocante ao exercício de cidadania, na ordem que envolve todos os segmentos da sociedade: "É, o ministro da Justiça está aí. Mas o problema da violência é de todos nós"[7].

Esse fato sinaliza um ponto relevante para a análise sobre a poética e a política de Gilberto Gil e é uma seta que direciona a discussão lançada sobre o estudo da performance deste músico. Com as cenas de suas apresentações em público, o circuito cultural do cantor acaba por atrair a atenção e provocar o afluxo de diferentes atores sociais, dentre estes, os colegas políticos. Tornou-se comum, por exemplo, no Carnaval de Salvador, a presença de personalidades da política nacional no camarote Expresso 2222, patrocinado pelo artista.

São incontáveis os episódios em que Gilberto Gil canta em eventos políticos. Basta lembrar o show na sede da ONU em Nova York, em setembro de 2003, quando, em parceria com o secretário-geral Kofi Annan, entoou "Toda Menina Baiana"; numa homenagem aos funcionários das Nações Unidas mortos

---

7 M. Bergamo, Gil, o Papa e os 30 Mortos do Rio, *Folha de S.Paulo*, 5 abr. 2005, p. E2.

em agosto daquele mesmo ano em Bagdá, dentre os quais se encontrava o brasileiro Sérgio Vieira de Mello. No deslocamento do corpo do músico baiano, na constante migração por diferentes lugares e na fronteira de sua corporeidade, um dado importante revela-se: a música deste compositor consegue fazer a costura de realidades ditas inconciliáveis e mobiliza a pensar a cultura como um jogo de interações performativas, que fratura o lugar de saber hegemônico da "alta cultura".

Com o corpo de Gilberto Gil, o termo "cultura" amplia-se e pede passagem para se pensar a eficácia política da exposição midiática de sua personalidade enquanto ministro e artista, ao mesmo tempo em que interroga a rede comunicativa – com as estratégias e as lógicas de dominação sociocultural – e as representações naturalizadas sobre o Brasil. A linha de questionamento apresentada neste ensaio pondera sobre a ambivalência que esse corpo agrega, com o efeito de atração de diversos discursos e sentidos. O caráter excepcional da presença do ministro nos mais diferentes espaços do Brasil e do mundo traz efeitos inesperados para ele e para o público admirador de seu trabalho artístico, com a mobilização da crítica às atitudes e atuações deste músico, diante da estetização do cotidiano político.

A propósito, numa conferência durante o II Fórum Cultural Mundial – um dos maiores eventos nos quais se discutem manobras contra a globalização hegemônica, os modelos de racionalidade ocidental e de desenvolvimento –, o ministro-artista tocou nesse ponto: "Estivemos discutindo como o contexto atual é de uma redefinição radical da forma de produção e geração de valor. A culturalização da vida contemporânea, com a estetização forte dos fluxos, dos fazeres cotidianos e de nossas vidas"[8].

Com os dissensos e os consensos em torno de sua figura pública, o movimento de estetização do político e de politização do estético, afirmado por Gilberto Gil, volta a atenção para núcleos de escuta de alteridades, necessárias à transformação social do Brasil e do mundo. No sentido destas observações, a imagem da fronteira inscrita no corpo marca o seu potencial crítico, assume-se como figura desestabilizadora de modelos canônicos para a construção do personagem do político e do artista.

---

8 Hegemonia e Diversidade Cultural, em *Fórum Cultural Mundial*, 2, disponível em: <www.gilbertogil.com.br>.

XXVIII   GILBERTO GIL: A POÉTICA E A POLÍTICA DO CORPO

As mudanças sugeridas pelas danças e canções divulgadas por Gilberto Gil, em inúmeras apresentações da agenda cultural brasileira, permitem examinar a biografia do músico a partir de uma rede diferencial de traços no tocante a uma geração de artistas brasileiros. Ao mesmo tempo, acentuam o encontro de diferentes formas de interpretar a riqueza artística e cultural do Brasil, que não pode ser esquecida nem desperdiçada, mesmo que a chacina, acontecida naqueles dias no Rio de Janeiro, procure sugerir o contrário.

Desta maneira, o cantor aponta para a urgência de refletir criticamente sobre a manobra social atenta à ecologia de saberes necessária à refazenda da história do Brasil, na arte vivida com o corpo[9]. O ministro-artista prevê o ensaio de uma ecologia sociocultural que observe não só a preservação dos mares e dos rios exigida para o equilíbrio vital do planeta: "Canto de louvor/ De amor ao vento/ Vento, arte do ar/ Balançando o corpo da flor/ Levando o veleiro pro mar/ Vento de calor/ De pensamento em chamas/ Inspiração/ Arte de criar o saber/ Arte, descoberta, invenção"[10]. Nesse caso, o termo "ecologia", associado à figura do artista, precisa ser melhor contextualizado.

Como decorrência das arbitrariedades da ditadura militar em 1968, Gilberto Gil encontra-se numa cela de prisão, momento em que descobre a macrobiótica[11]. Ali já se insinuava uma das questões básicas com as quais ele se ocuparia no decorrer de sua vida. O vegetarianismo era apenas o indício de uma filosofia que lhe inspirou canções e também o incentivou a uma posição mais concreta, de política ambiental. Ao criar a Fundação OndAzul, no final dos anos de 1980, permitiu que

9   B. de S. Santos, Para uma Sociologia das Ausências e uma Sociologia das Emergências, em B. de S. Santos (org.), *Conhecimento Prudente para uma Vida Decente*.
10 Quanta, em C. Rennó (org.), *Gilberto Gil: Todas as Letras*, p. 358.
11 Conforme depoimento de Gilberto Gil: "Tinha já passado pela Vila Militar da Tijuca e de Deodoro; agora estava no Quartel dos Paraquedistas, onde fiquei sozinho numa cela. Foi lá que, pela primeira vez, li uma reportagem sobre macrobiótica e era com John Lennon e Yoko Ono. Pedi a Gizeuda – irmã de Turíbio Santos – e a Sandra, que naquela época era ainda minha namorada, para me trazerem livros sobre macrobiótica. Foi lá que tive as primeiras noções sobre isso e pedi ao pessoal da cozinha do quartel para me trazer aveia e banana, e comecei um vegetarianismo incipiente, possível naquela situação, mas com uma disposição muito grande". Cf. B. Fonteles, *Giluminoso*, p. 139-140.

sua personalidade fosse relacionada ao debate ecológico. Em 1990, o compositor filiou-se ao Partido Verde e se projetou como uma figura de destaque na ECO 92.

O enfoque ecológico, entretanto, não ficou restrito apenas ao meio ambiente e se ampliou para outro aspecto. Trata-se de ver o corpo deste artista não apenas como uma superfície legível, mas de pensar a performance empreendida consoante o tema do descentramento de paradigmas hegemônicos de saber. Da migração e dos deslocamentos constantes do viajante por diferentes países e valores culturais, surge a refazenda de si mesmo e das histórias contadas sobre o Brasil numa ecologia social, disposta a ouvir outras sociabilidades e maneiras de conhecer. A amplitude do foco posto sobre Gilberto Gil partilha, portanto, do desejo de pensar a polifonia estética instaurada pelo seu corpo, que deságua numa outra maneira de refletir o modo de abordar a política no Brasil, não só reduzida às canções de protesto ou ao âmbito dos gabinetes dos ministros.

A biografia deste compositor conjuga a dupla face inscrita na decantação do nome próprio: Gil – berto – Gil. Nesse caso, o nome já sugere a fronteira cuja abertura permite entender a reconfiguração poético-musical e também a política sociocultural empreendida pelo cantor no Brasil, na travessia pelos duplos de si mesmo. Trata-se de avaliar o papel da performance do ministro e artista na refazenda de seu nome e da cartografia das ruas brasileiras: "O meu gesto político – figa!/ Este é meu gesto, meu gesto de amor/ Ele não faz parte de uma doutrina/ Ele não pertence a nenhum senhor"[12]. É a figa de quem anda com fé.

NO ITINERÁRIO DA LEVEZA PELO AR

A análise do corpo de Gilberto Gil congrega uma complexidade de argumentos e pede para ser vista em vários níveis de abordagens subtemáticas, que se entrelaçam em diferentes enfoques. Este livro está dividido em quatro capítulos que discorrem sobre um núcleo temático específico, a ponto de cada um deles poder ser lido separadamente, embora todos se unam

12 Hino da Figa, em C. Rennó (org.), op. cit., p. 321.

pelo mesmo fio condutor: o exame da poética e da política corporal encenadas pelo ministro-artista. A sequência dos capítulos desenvolve-se na esteira da lógica que permite ver o encadeamento menos cronológico e mais de sentido entre eles.

Para tanto, a organização do texto baseou-se em cinco termos extraídos da poética do cantor, que funcionam como vias de leitura crítica sobre o corpo: realce, refestança, refazenda, refavela e rebento. Os cinco "re-" sinalizam não só para o recurso sonoro, poético e político na forma de Gilberto Gil se recompor nas páginas deste livro, mas também representam vetores de abordagem, tornam-se operadores de leitura e implicam as linhas de reflexão teórica e crítica na maneira de formatar as ideias entre os capítulos.

A princípio, o tema do realce do corpo, que compõe o primeiro capítulo, estava previsto como núcleo de convergência de reflexão de todo o estudo, com o enfoque no disco *Realce* e na aparição do cantor no palco do cotidiano. Isso se transformou, o primeiro capítulo passou a tratar, sistematicamente, do realce do corpo do artista realizado pela mídia e por ele próprio. Nesse sentido, a história de Gilberto Gil marca o momento em que o corpo emerge como potência de leitura e articulação de prática ética e política. No curso da exposição de imagens do compositor pela mídia, revela-se o corpo como força não só da experiência de conflito, mas também como agente de emancipação.

Para desenvolver as premissas do primeiro capítulo, o lastro da análise baseou-se nas questões teóricas desenvolvidas por Walter Benjamin, nomeadamente a sua definição para alegoria e barroco, que permitiu entender a carnavalização do corpo do artista baiano. Sem delimitar a alegoria à simples técnica de ilustração ou figura de retórica, potencializa-se a imagem alegórica, investindo-a de um sentido político pela possibilidade de trazer e deslocar significações nas dobras de um mesmo significante. Na esteira da história não mais causal ou assimilada à linearidade dos fatos, compreende-se o corpo barroco na sua relação com as ruínas de um passado, nos fragmentos que compõem o cerne da configuração histórica brasileira. Assim, o corpo barroco de Gilberto Gil apresenta-se carnavalizado, cuja forma acaba por engendrar um projeto também de atuação política.

No mesmo capítulo, o ensaio problematiza a reencenação de Zelberto Zel, personagem de Chico Anysio, tendo em vista o jogo da repetição em diferença, em Gilberto Gil. Partindo da questão-mote de que o chiste traz o inconsciente histórico e biográfico, coube avaliar a concepção que o artista tem do humor e a relação deste com as demarcações caricaturais. Na imagem divulgada pelo programa televisivo, foram selecionados os traços repetidos para o recorte da cena humorística em torno deste músico e suas repercussões no âmbito das redes políticas e de poder. Para tanto, foi utilizado como aporte teórico o pensamento freudiano, por este rastrear as relações dos chistes com o inconsciente, muito embora o cerne da análise tenha sido atualizado para o enfoque do corpo do cantor, para entendê-lo como espaço de escrita e significação política.

O tema do realce convidou a pensar mais dois outros termos: a refestança e a refazenda. O prefixo, presente nos dois substantivos, permitiu construir a reflexão sobre a geografia do corpo do artista. Atrela-se a palavra "refestança" ao Nordeste, e os dois primeiros termos funcionam como veia de acesso que irriga o pensamento a ser desenvolvido no segundo capítulo. O primeiro desafio foi reconceitualizar o termo "duplo" à biografia de Gilberto Gil. Para desenhar o primeiro duplo, elegeu-se a figura de Luiz Gonzaga, com os signos presentes em sua história musical e na sua vivência pelo cenário sertanejo; para tanto, foi imprescindível seguir a refestança do Rei do Baião.

O segundo desafio expande-se ainda no segundo capítulo e nasce da ideia de ler a capa do disco *Parabolicamará*, associando-a à letra da música que tem o mesmo título. Captado pelas antenas de Gilberto Gil, refulge o nome de outro nordestino: Antônio Nóbrega. O artista pernambucano entra em cena por motivo de uma fotografia que o apresenta numa dança com o ministro da cultura no Palácio do Planalto, durante a cerimônia de entrega da Ordem do Mérito Cultural. A foto foi capa do jornal *Folha de S.Paulo* no dia 20 de dezembro de 2003 e, por meio dela, realizou-se a leitura desses dois corpos em cena.

O terceiro desafio foi situar o outro duplo com Dorival Caymmi e, nesse sentido, o termo "refazenda" assume-se como linha condutora de análise. Perseguiu-se o tecido imagético das canções praieiras caymmianas, de onde se extraiu "A Novidade" no diálogo entre os dois compositores. Por fim, surge o quarto desafio, na vontade de ler o signo de "Diadorim" na poética de Gilberto Gil, na fresta dos duplos, diante da posição ética e política em que o Nordeste e o sertão aparecem em outra mirada sobre o Brasil. O disco *Dia Dorim Noite Neon*, de 1984, remete nitidamente ao romance épico *Grande Sertão: Veredas*, de Guimarães Rosa. O título do disco é problematizado como um modo de rastrear a refestança e a refazenda do sertão, de rever discursos que construíram a imagem desse lugar no mapa brasileiro.

O terceiro capítulo da investigação debruça-se sobre a imagem da refavela. O músico reaparece na cena dos debates pós--coloniais como pensador de políticas de diferenças postas em causa, ao reinventar a dança política com o corpo, no trânsito entre o ontem e o hoje, considerando-se a re-travessia pelo Atlântico, quinhentos anos pós-descobrimento da América. Nesse recorte, vê-se a necessidade de reavaliar os fantasmas imaginários da casa Bahia-África; de ponderar sobre o continente africano como uma referência imaginária nas canções de Gilberto Gil e problematizar uma visão mitificada desse continente, tendo em vista as fraturas e as feridas coloniais.

O quarto capítulo observa o "rebento" da criação e seu relacionamento entre a erótica e a política do corpo. O tema do erotismo acompanha a vertente política do amor no percurso por algumas canções, que remontam ao início da carreira do artista. Sob o código do erotismo, segue-se para a análise do corpo de Gilberto Gil a partir de dois documentários: *Os Doces Bárbaros* (1978), dirigido por Jom Tob Azulay, que registra o encontro do quarteto Os Doces Bárbaros – integrado por Gilberto Gil, Caetano Veloso, Gal Costa e Maria Bethânia –, e *Outros Doces Bárbaros* (2002), de Andrucha Waddington. Neste quarto e último capítulo, as observações foram guiadas pelas diferenças que marcam as trajetórias de Gilberto Gil e Caetano Veloso, numa forma de entender e afirmar a entrada de um tropicalista na esfera do poder oficial.

No que tange à metodologia escolhida ao longo da escrita, optou-se pela perspectiva multifacetada e interdisciplinar. Com efeito, estão no mesmo plano letras de música, capas de discos, entrevistas, fotografias de jornal, depoimentos e filmes. Faz-se uso, indiscriminadamente, de qualquer texto, sem privilegiar a poética do cantor. Nos bastidores, no proscênio e no palco oficial do poder, uma lição pode ser aprendida com Gilberto Gil: a diferença resulta do realce dos movimentos corporais, do deslocamento de vozes, de diversas formas de olhar pelas janelas da criação, na refestança da própria linguagem e na refazenda da poética e da política do corpo.

1. Gilberto Gil:
   O Realce do Corpo

QUANTO MAIS PURPURINA MELHOR

Em 13 de fevereiro de 2005, a *Folha de S.Paulo* exibe, em sua capa, a fotografia do cantor, compositor e ministro da cultura Gilberto Gil. Nada mais comum para um ministro de Estado que frequentar as páginas diárias de um jornal de largo alcance, como o citado. Cabe, sobretudo, delinear o contexto no qual essa imagem é escolhida e veiculada. A data mostra-se significativa por ser um domingo de Carnaval, e o recorte fotográfico apresenta o ministro-artista em um episódio familiar, na sua residência em Salvador, com seu corpo sendo realçado não somente graças ao *close* fotográfico, mas pelo retrato de uma cena: o peito nu a ser aparado por uma cabeleireira de nome Arlete Araújo, que viajou do Rio de Janeiro até a cidade de Salvador, a fim de ajudá-lo a produzir o corpo para a grande festa baiana.

A primeira fotografia da capa é um convite para a matéria dedicada ao músico baiano. Destina-se uma página do caderno Ilustrada às fotos de Gilberto Gil aparando as axilas sob o olhar atento de duas mulheres: a cabeleireira que executava a ação, com um depilador elétrico, e Flora Gil, a acompanhar o trabalho.

GILBERTO GIL: A POÉTICA E A POLÍTICA DO CORPO

Há também a fotografia do ministro lavando os cabelos, depois de retocar a tintura. Mais do que montagem pré-carnavalesca, observa-se a construção da cena na qual o corpo ganha destaque. Para os amantes da estética, Gilberto Gil proporcionou um tipo diferente de show, em outro palco. À maneira de um mosaico fotográfico, expõem-se os produtos que ele carrega em seu *nécessaire*, próprios ao ritual do corpo. Segundo o depoimento de Flora Gil, o artista viaja com cinco tipos de *nécessaire*. No entanto, para a surpresa de quem lê a matéria, ele corrige o excesso e retifica os números, ao declarar que carrega apenas três bolsas, dentre as quais uma, em especial, possui dois andares. O jornal reproduz na íntegra a fala do cantor ao se dirigir à esposa: "Cinco não, mãe, três". Manifesta-se, assim, o esboço do ambiente familiar, privado, quando ele a chama pelo vocativo *mãe*[1].

O conteúdo das bolsas – signo do espaço de privacidade – é descrito no caderno Ilustrada com detalhes. Segundo o texto jornalístico, são levados três protetores labiais: um à base de camomila, para ser usado no caso de Gilberto Gil encontrar-se em climas frios; outro, para climas quentes; e um terceiro, da marca Spa in the Sky, para uso em aviões. Em outra bolsa, poderão ser localizados outros objetos pessoais com fins estéticos, como escova para pentear a sobrancelha, também um rímel para tingi-las; além disso, há óleo de coco para os cabelos, cujo estilo trançado ele escolhe, ao assumir o cargo de ministro da cultura. Também pertencem ao acervo do *nécessaire* polvilho antisséptico Granado para as mãos, cristais de gengibre e cravos para a garganta, creme dental de erva-doce importado de Nova York, além de cremes La Prairie. Para completar a bolsa, surgem os perfumes e mesmo um bálsamo Kenzo, que ele costuma passar sob o nariz, apenas pelo prazer de sentir o aroma.

A descrição do texto jornalístico parece exaustiva, todavia é absolutamente indispensável para a leitura que se pretende fazer da cena e do corpo, com suas implicações filosóficas, culturais e políticas. Tudo isso constitui o jogo do realce em Gilberto Gil, já gravado na letra de sua canção: "Realce, realce / Quanto mais purpurina, melhor / realce, realce / Com a cor do veludo / com amor, com tudo / De real teor de beleza"[2]. Especialmente

---

1 M. Bergamo, Um Jeito que Deus Deu, *Folha de S.Paulo*, 13 fev. 2005, p. E2.
2 Realce, em C. Rennó (org.), *Gilberto Gil: Todas as Letras*, p. 222.

considerada, a música "Realce" partilha da simbologia estética deste compositor e se converte, nesse contexto, em categoria analítica, um modo de indagar e compreender a poética e a política do corpo deste artista, no trânsito por muitos recantos do Brasil, nos palcos do cotidiano, com reverberações para outros discursos inscritos nos meios culturais.

Mas o que esse corpo sabe da fotografia e o que se pode saber desse corpo fotografado? Emerge, *a priori*, a problemática da imagem, isto é, a escrita do corpo na imagem e a geografia do desejo daquele que é sujeito e, ao mesmo tempo, objeto da cena, porquanto se permite fotografar para um jornal de ampla divulgação no território brasileiro, em um ambiente protegido da imprensa: a casa. A cena sugere um tom muito descontraído e não deixa de sê-lo, no entanto esse peito nu veste-se de signos diante da câmera, no instante exato quando ocupa o espaço e o tempo do olhar que o observa. A percepção desse espetáculo prevê a geometria da casa e, simultaneamente, lança-se no campo mais difuso e extenso do público, no transe entre o público e o privado.

A fotografia traz o imperativo do olhar; sua própria constituição presume a frase "veja-me"[3]. Primeiro, recorta-se o olhar de quem fotografa e constrói a imagem; depois, existe o olhar provável do leitor, aquele a quem a foto imaginariamente se dirige; e, por fim, há o olhar de quem se deixa fotografar, sua expectativa, também suas escolhas, já que não se coloca ingenuamente diante da câmera. Assim, o compositor levanta o braço e o deixa suspenso no ar; o flash da câmera apreende o instante no qual um fragmento de intimidade é exposto. A peça recortada ganha valor de signo e de matéria, transforma-se em linguagem para ser vista e interpretada. No gesto mudo do braço que escancara as axilas, sugere-se quase uma inocência de quem se deixa retratar, de quem se permite cuidar pelas mãos femininas, com uma transparência desconcertante e até risível.

A partir da fermentação dos meios comunicativos, cabe pensar o que circula e se deixa ver na pretensa transparência do corpo fotografado. Se o sujeito aparece no lugar antes de vacância,

---

3 Cf. R. Barthes, *A Câmara Clara*, p. 14. Para Barthes, a palavra *spectrum* mantém, através de sua raiz, a relação com o "espetáculo" e a ele acrescenta essa coisa um pouco terrível que há em toda fotografia: o retorno do morto.

4 GILBERTO GIL: A POÉTICA E A POLÍTICA DO CORPO

pela completa transparência da imagem representada, ele emerge no âmbito dos discursos, assume uma posição de efeitos interpretativos na vida cultural brasileira. Diante dessa perspectiva, o registro da câmera não permanece estável; desloca-se na forma de entender a representação, quando esta deixa de ser admitida nos moldes da experiência natural. Conforme o olhar que a observa e a desnuda, a representação permite ao sujeito configurar-se numa posição ambígua: ele é o objeto de um saber e, ao mesmo tempo, é o sujeito que conhece.

As colagens fotográficas do corpo de Gilberto Gil situam-se no contexto em que a representação não é entendida como um quadro espontâneo[4]. Os recortes de falas, reunidos na página do jornal, inquietam e sacodem a transparência das representações estereotípicas. Se a beleza eleita e padronizada, simbolicamente de prestígio, remonta ao cânone estético europeu, e se à mulher é reservado o destino da mitologia do belo, que a faz ser alvo do consumo e da exploração do mercado, o compositor sinaliza, no seu ensaio fotográfico, para a instabilidade ou para a ruptura na forma de observar e ouvir as diferentes vozes sociais no jogo das relações de poder.

Sensível à particularidade da cena, o corpo do ministro-artista intui o impacto e até os risos que o registro fotográfico pode causar. Evidencia-se, portanto, o desejo de ser ressaltado fora do molde previsto, distinto do espaço concedido a um ministro, e mesmo distante do campo artístico pertinente ao masculino. No mercado imagético, a mídia, geralmente, reserva para a mulher o plano da estética, com revistas especializadas e páginas dedicadas ao assunto. O fato, entretanto, de ser um homem com mais de sessenta anos, um cantor-compositor consagrado e, ao mesmo tempo, ministro da cultura acaba por trazer, no mínimo, a sensação de estranheza. Noutras palavras, o familiar recalcado, ao retornar o reprimido,

---

4 Segundo M. Foucault, "o pensamento clássico faz surgir o poder do discurso, da linguagem na medida em que ela representa. A vocação profunda da linguagem clássica foi sempre constituir 'um quadro' como discurso natural, recolhimento de verdades, descrição das coisas, corpus e conhecimentos exatos ou dicionário enciclopédico. Ela existe para ser transparente, perdeu aquela consistência secreta que, no século XVI, lhe dava a espessura da palavra a decifrar e a imbricava com as coisas do mundo". Cf. O Homem e Seus Duplos, *As Palavras e as Coisas*, p. 319-338.

é experimentado com o sentimento de inquietude diante do estranho[5].

O rito familiar delineia-se quando se vislumbra a possibilidade de restituir a cena perdida ou desejada, o momento esquecido, morto, que retorna diferentemente, para ser visto e deslocado no presente: "Na casa de Gil a mesa está sempre posta. Ele tem sete filhos, um punhado de netos. No Carnaval, acolhe ainda amigos, amigos dos filhos e amigos dos netos. Naquela segunda, eram trinta e duas pessoas em sua casa"[6]. Trata-se, contudo, de um outro álbum de família, mais nos contornos já declarados por Roland Barthes: "aquele ou aquela que é fotografado, é o alvo, o referente, espécie de pequeno simulacro, de *eídolon* emitido pelo objeto, que chamaria de *spectrum* da Fotografia"[7]. Desse modo, no jogo do realce da diferença, o corpo fotografado pode ser definido como *eídolon*: a imagem fotográfica resgata sempre o mesmo reconhecível, entretanto o outro emergente, constitutivo da vontade do simulacro, salta do fotograma.

Assim, no realce de Gilberto Gil, a potência do corpo, antes apagada, emerge e, com ela, um campo de forças a refazer a rede discursiva que tanto amarrou vidas humanas. O sujeito retratado pelas lentes da objetiva torna-se um simulacro e, como tal, carrega consigo a potência vertiginosa de desestabilizar o diagrama do ser, para afirmá-lo como superfície histórica, longe da metafísica ocidental desejosa da semelhança. Permite-se a reversão do binarismo verdadeiro e falso, no qual se legitima o ser único, ideal, soberano, que tanto confortou o pensamento ocidental, desde Platão até o Iluminismo[8]. Nesse caso, o retorno do morto pode ser lido não apenas como o plasma de um momento esquecido e guardado na fotografia; o instante fugidio passível de ser capturado pelas lentes. Enquanto retorno do recalcado, desenha-se aquilo que não se deixaria apanhar, a não ser em forma de *spectrum*, como imagem construída de algo que não existe em sua forma acabada, original e concreta.

A identidade de um corpo torna-se, portanto, um disfarce conquistado nas peças do jogo social e político em que se inclui

---

5 Cf. S. Freud, O Estranho, *Obras Psicológicas Completas*, v. xvii, p. 235-269.
6 M. Bergamo, op. cit., p. E2.
7 Op. cit., p. 20.
8 G. Deleuze, Platão e o Simulacro, *Lógica do Sentido*, p. 259-271.

Gilberto Gil. A imagem identitária é movediça, é uma estratégia para vislumbrar a materialidade em suas várias diferenças, considerando sempre os interstícios da história, quando o conflito e a tensão de diversos sujeitos sociais impedem a fixidez da imagem de si e do outro. Desse modo, a identidade é sempre a ruína de um tempo, é uma efígie em suspensão, assustada diante da velocidade dos acontecimentos. Por meio do rosto restituído na fotografia, porém, é possível reconstruir o passado lacunar e quebradiço.

Não é aceitável recompor toda a história do corpo de Gilberto Gil, com seus encontros sociais e políticos, dentro de uma perspectiva linear. Na anatomia de um passado que se faz como ruína, é possível seguir apenas os rastros deixados, tal como assinala, a propósito, Walter Benjamin, que surpreende aqueles que acreditavam no paradigma da historiografia linear e cronológica ao indagar: "o corpo humano não podia constituir uma exceção à regra segundo a qual o organismo deveria ser despedaçado, para que em seus fragmentos a significação autêntica, fixa e escritural, se tornasse legível?"[9]. A história, segundo a teoria benjaminiana, pode ser lida como o ocaso das grandes narrativas, no despedaçamento de imagens idealizadas, nos retalhos de vozes impressas na memória, nas rubricas e nas cartas esquecidas: o antípoda da forma "progresso". Segundo ele, "o ser humano abandona sua *physis* convencional e consciente para dispersá-la nas inúmeras regiões da significação"[10].

No realce do corpo de Gilberto Gil, estampado na primeira página do jornal, nota-se a trama alegórica, só admissível de ser constituída pelo fato de a história fundar-se enquanto ruína. O Carnaval, como experiência do corpo alegorizado, torna-se outra maneira de lidar com a morte e, também, com a vida, pois revela a luta contra a história-destino e a história-natureza, para quem o fim certo é a extenuação das forças. Assim, a alegoria, tal como aparece no universo teórico de Walter Benjamin, não pode ser entendida apenas nos limites da retórica, assim como o realce do corpo do artista baiano – enquanto imagem alegórica e carnavalizada da vida e de si mesmo – não deve ser confundido com mera ilustração artística ou vontade exibicionista.

9 *A Origem do Drama Barroco Alemão*, p. 240.
10 Idem, ibidem.

A imagem veiculada possibilita o deslocamento de modelos estéticos e revisão de conceitos. Essa cena do corpo, com a montagem e os recortes focalizados nos cabelos, não retrata apenas a preocupação com a beleza, nem somente a vontade de conservar-se no tempo: os cabelos tingidos, trançados e as sobrancelhas também retocadas são elementos de um tecido textual alegórico. Visto sob esse prisma, a alegoria define-se pela experiência com a alteridade: deriva do termo *allos*, a significar o *outro*, e do termo *agoreuein*, que reporta ao falar na ágora, em usar uma linguagem pública.

O jogo do realce pode ser lido nessa perspectiva: um corpo público, do artista e do ministro, divulgado pela mídia, acessível a grande parte da população brasileira, não só àquela letrada que compra a *Folha de S.Paulo*. Há aqueles participantes do Carnaval da Bahia, presentes nas avenidas; ou mesmo aqueles que assistem à festa carnavalesca pelos canais de televisão; ou ainda, os transeuntes a observar, distraidamente, a fotografia nas bancas de revistas, enquanto caminham pelas ruas das cidades. No fulgor alegórico do corpo, configura-se uma realidade reconhecível, desejando-se viabilizar descentralizações discursivas. No vaivém das máscaras, ocorre o realce das diferenças culturais que se possibilitam.

As fotografias de Gilberto Gil divulgaram não só o hábito de cortar os cabelos do peito; formularam a metáfora de um corpo histórico, feito de tempo, que se movimenta e se dá a perceber nesses cabelos. Além do mais, como declarou o texto jornalístico, um dos três tipos de *nécessaire*, dentre tantos objetos, comportava as lixas de unha. Nesse contexto, pode-se estender o gesto do artista à frase declarada, enfaticamente, por Walter Benjamin: "A alegoria da *physis* só pode consumar-se em todo o seu vigor no cadáver"[11]. Segundo esse autor, as unhas e os cabelos são cortados do corpo por serem considerados elementos mortos, mas que continuam a crescer mesmo no morto. Assim, o corpo alegórico é articulado com a história individual e coletiva, em meio ao espaço físico e social; é pensado em constante relação com o passado, no que ele tem de marcas legíveis e ilegíveis, sem negar as possibilidades do presente.

11 Idem, p. 241.

Se a alegoria define-se por estabelecer-se como figura de linguagem em cujo enunciado há sempre outro sentido a ser dito, seu reino é o das significações. As ruínas da história são ressignificadas na refazenda da biografia do artista baiano. A vontade política do alegorista Gilberto Gil imprime-se pela força de debelar-se contra a história-natureza, na qual se considera o triunfo do destino. O corpo alegórico, apresentado na primeira página do jornal, dispõe do político não só por referir-se a um ministro; mas, sobretudo, quando luta contra a cegueira da história e desenha a política como o lugar da crise das marcas históricas, com seus conceitos estabelecidos e tácitos. Assim, "a violência alegórica, pela qual as coisas são arrancadas do seu contexto e privadas de sua irradiação, é agora dotada de um sentido positivo"[12].

A manobra alegórica é um recurso utilizado a fim de não ser vencido pela história determinista; é um modo de ludibriá-la. A rede social e política destina o corpo a uma determinada localização geográfica, a um espaço demarcado de posição social; aponta para uma página específica, em um tipo próprio de revista ou de caderno jornalístico; ou mesmo lhe obriga ao apagamento, ao mutismo. A alegoria frustra o desejo de intimidação da história-destino e o corpo ergue-se como a rir e a debochar dos imperativos socioculturais. O peito nu do ministro, em realce, apresenta-se como potência para produzir e reivindicar outras significações identitárias, quando o corpo ganha o lugar de revisão dos códigos sociais e políticos, quase sempre eurocêntricos, que excluem o afrodescendente das posições simbolicamente de prestígio: "Não se incomode / O que a gente pode, pode / O que a gente não pode, explodirá / A força é bruta / E a fonte da força é neutra / E de repente a gente poderá"[13].

Desde o início de sua carreira artística, Gilberto Gil intuía que não se libertaria do imperativo da marca inscrita no corpo-arquivo, simplesmente negando-a. A prática tropicalista já evidenciava que recusar a história é um artifício enganoso de estar a ela vinculado. Assim, tal como ensinava a antropofagia, era

---

12 Cf. S. P. Rouanet, Apresentação, em W. Benjamin, op. cit., p. 41. Rouanet explora o sentido político da alegoria benjaminiana. Para ele, na passagem alegórica, cada palavra ou signo pode significar outra coisa; declara-se uma assertiva para questionar ou trazer outras afirmações.

13 Realce, em C. Rennó (org.), op. cit., p. 222.

indispensável problematizar o conceito de denegação, pois este se revela um recurso que garante o conteúdo do inconsciente: a negativa torna-se um modo de manter-se prisioneiro do passado, diante da dor e do trauma vivido. No campo da teoria linguística, a frase negativa é uma forma de estar subjugado ao mesmo enunciado afirmativo; por conseguinte, a tática para manejar o imperativo é interrogá-lo. É possível singularizar, desse modo, a performance deste artista no desmonte dos imperativos socioculturais brasileiros[14].

Da prática vivida pelo tropicalismo, Gilberto Gil retomou a potência revolucionária do corpo. Com a entrada do movimento tropicalista, as máscaras fazem parte de uma encenação artística e, também, política. Nesse contexto, o realce pode ser lido de acordo com a perspectiva não reativa, como crítica e revisão de valores. A memória reativa é a que sempre ressalta o privilégio da dor e permite realçá-la; diferentemente, o jogo do realce deste artista, pela via musical e do gingado do corpo, aprende a lidar com a dor, com os traumas históricos, diante das regras políticas, driblando o poder que restringe a identidade apenas à afirmação pessoal.

No realce do ministro-artista, é possível apreender o corpo no seu aspecto dessacralizado: este encarna não mais o destino de um sujeito e da sua identidade irredutível, pois ele se recompõe na bricolagem social. Disso tudo se conclui que as bolsas de viagem do artista alimentam não somente o comércio e a sociedade de consumo. Mais do que *marketing* da indústria de cosméticos, as bolsas do compositor mostram o corpo no seu aspecto manuseável, suscetível a inúmeras transformações, a depender tanto da sua relação com o tempo quanto do momento histórico e social no qual se insere. Desde o tropicalismo, o grande desafio está em participar das regras do mercado – e o disco *Realce* foi um exemplo disso – sem cair nas malhas de uma rede consumista ascética e despolitizada, na tirania dos padrões estéticos geralmente eurocêntricos.

---

14 De Freud, extrai-se o conceito de "denegação"; de Nietzsche, revê-se o conceito de "reação": este, em sua filosofia, despede-se das ações reativas por considerá--las um aprisionamento ao objeto, sujeito ou discurso a que se pretenda recusar. Cf. S. Freud, A Negativa; A Interpretação dos Sonhos, *Obras Psicológicas Completas*, v. 19; 4 e 5. Cf. também F. Nietzsche, *A Genealogia da Moral*, p. 72-73.

10   GILBERTO GIL: A POÉTICA E A POLÍTICA DO CORPO

Nesse caso, as bolsas, a que se refere o jornal, não se confinam ao desejo cego da exibição exigida pela indústria da estética, com seus cosméticos: o realce de Gilberto Gil não se submete ao caráter de sedução dos signos permanentes da juventude; ele se dispõe até a ironizá-los na subversão de sua montagem fotográfica. Sabe-se que ao homem foi concedida, culturalmente, maior liberdade para envelhecer do que à mulher. O ministro-artista foi muito mais julgado pelo seu ato transgressor, por sua atitude permissiva quanto à imprensa, do que por uma preocupação de esculpir a sua presença carnavalesca ou por um simples desejo de afirmar a perenidade de sua aparência jovial[15].

Aos 63 anos, o ritual das depilações de Gilberto Gil, exposto na capa do jornal *Folha de S.Paulo*, causou desconforto diante do comportamento esperado para um ministro da cultura. A recepção do público às imagens divulgadas revelou tal incômodo que acabou por se tornar mote para uma entrevista concedida pelo compositor ao mesmo jornal, em 6 de março de 2005. Com o título "Também Gosto de Frescura", a matéria jornalística trouxe, novamente, em tamanho menor, a mesma fotografia, motivo do mal-estar, e acentuou o conflito quanto ao modo de sua exposição pública. A pergunta do entrevistador sublinhou o conflito quanto à aceitação das imagens exibidas: "Recentemente, o senhor se deixou fotografar pela *Folha* sendo depilado. Alguns leitores criticaram o jornal por ter publicado a foto na primeira página"[16].

A primeira posição foi a de indagar o papel da imprensa: se esta se apresentou invasiva, se demonstrou o interesse comercial como principal enfoque, se sucumbiu plenamente

---

15   Abordagem apoiada na leitura desenvolvida por David Le Breton: "Se as mulheres continuam a ser um alvo privilegiado destes *ateliers* de metamorfoses do corpo ou do *marketing* dos produtos de cosméticas, o homem está cada vez mais implicado, dado o abandono dos antigos critérios que consideravam o corpo masculino um mero pormenor num contexto de uma sedução situada noutra dimensão, nas suas ações, nas suas atitudes, perante o mundo. Daí a fórmula brutal, mas justa, de Simone Signoret quando afirma: 'de uma mulher que envelhece dizemos que está um farrapo, de um homem na mesma idade dizemos que tem boa figura' [...]. Mas os imperativos da aparência atingem um número crescente de homens desejosos, por seu turno, de ostentar a capacidade de sedução, da manutenção da juventude, segundo formas que associam o interesse pela estética corporal à tarefa de esculpir sutilmente a sua virilidade"; O Corpo enquanto Acessório da Presença, *Revista de Comunicação e Linguagens*, p. 69.

16   M. Beraba, Também Gosto de Frescura, *Folha de S.Paulo*, 6 mar. 2005.

à lógica de mercado quando negligenciou o respeito pela vida privada das pessoas. Interrogado sobre esse tema e sobre o trabalho da imprensa, Gilberto Gil respondeu que esta, "como qualquer segmento da informação, está submetida a várias lógicas. A lógica da política, do mercado, dos interesses, dos espaços ideológicos"[17]. O artista afirmou categoricamente: "Os jornais têm donos, as redações têm pessoas, cidadãos, há subjetividades políticas, culturais"[18]. Nesse caso, ele estava ciente de que os interesses que moveram o jornal a publicar sua foto na primeira página não corresponderam, exatamente, às mesmas motivações que o levaram a se deixar fotografar.

Ponderou-se sobre o tabu do objeto e o rito da cerimônia, protocolos de interdição social. Ao posar de calção para a *Folha de S.Paulo*, o artista não desconhecia que os limites de censura do discurso implicavam o próprio sistema de dominação. Sabia, no entanto, como usar a máscara do artista para expor seu peito nu na capa do jornal: esta máscara dialoga convenientemente com a do ministro, quando se faz necessário o espaçamento, a fronteira para produzir a diferença, quando se ameaça a cena da tradição teatral do político. Enquanto ministro da cultura, Gilberto Gil adquiriu lugar de honra para proferir discursos, mas também para desarmá-los.

O artista estava avisado das possíveis repercussões consequentes da sua exposição fotográfica. Não é comum um ministro dividir-se entre o gabinete do governo e o estrado de um trio elétrico no Carnaval da Bahia. Mais perturbador ainda deve ser vê-lo na primeira página de um jornal – com o alcance e o prestígio da *Folha de S.Paulo* – depilando o peito e cortando os cabelos das axilas, além da cena na qual mostra a tintura nos cabelos e os cosméticos guardados em suas bolsas de viagem. Sobre a crítica que recaiu sobre ele, o artista confessou: "E alguns criticaram a mim mesmo"[19]. Mas quem ousaria impedir o seu gesto de liberdade? Como diz Caetano Veloso: "Gilberto Gil é o homem que botou os Filhos de Gandhi de novo na rua com uma canção"[20].

17 Idem, ibidem.
18 Idem, ibidem.
19 Idem, ibidem.
20 Sem Patente, *O Mundo não é Chato*, p. 98.

12   GILBERTO GIL: A POÉTICA E A POLÍTICA DO CORPO

Ao contrário de ser vítima de muitos *paparazzi* intrometidos, perseguidores da vertigem dos artistas e de seus atos em falso, Gilberto Gil demonstrou claramente que o fato de se deixar fotografar, naquela cena, foi uma escolha e uma atitude que lhe interessava tomar: "Isso é da minha liberdade. Era do meu direito deixar ou não. E eu me deixei fotografar, era do direito de quem fotografou publicar. E ponto"[21]. A frase pode soar simplista e óbvia, mas o ponto final traduz uma tomada de posição que, a princípio, parece afirmar apenas a liberdade de um cidadão e da imprensa. Ali estava em jogo o artista e também o ministro, no trânsito de signos e de informações que iam além do ponto com o qual ele aparentemente finalizava a questão.

Mas o que cerca o corpo desse ministro e desse artista capaz de lhe facultar a liberdade desse ato transgressor e de expô-lo à reação de vasto público de leitores? Com o episódio, instala-se uma divisão menos na esfera do compositor e mais na recepção de sua imagem como político, pois se deflagra a singularidade de um artista e de um ministro da cultura que se permite fotografar para um jornal importante, da maneira como o fez. Ele sabia, contudo, que isso não iria abalar a sua posição de ministro, tampouco confinaria a sua atitude ao patamar da encenação folclórica. Nesse ritual do corpo carnavalizado, ele divulgou não apenas a estilização festiva do corpo; operou com um olhar crítico quanto à formação cultural e política do Brasil, retomando, de outra maneira e em outro contexto, os ecos da lógica "É Proibido Proibir": "Como Caetano, eu também gosto de um pouco de frescura". Nessa confissão, a referência ao termo frescura remete à lógica libertária que animou a ambição tropicalista, com a dose de humor e de irreverência estética.

A deliberada transgressão da pose do ministro da cultura, que abandonou no contexto da festa o terno e a gravata, diz respeito também a uma projeção multifacetada de si mesmo: "Posso ser ministro, mas também sou um cidadão, também sou desse mundo da subjetividade. Eu formo a minha própria identidade. Estar sendo depilado na festa do Carnaval também tinha um contexto. Estava na festa"[22]. Aqui se funda a ética da festa, da refestança do prazer, propícia ao inventar de si, ao refazer constante

21 M. Beraba, op. cit.
22 Idem, ibidem.

da identidade. Evitando as cristalizações inibidoras da liberdade de escolha, o compositor relembra e refaz a indagação expressa na canção de Noel Rosa: "Com que roupa / Com que roupa eu vou? / Ao samba que você me convidou?" Contracena no tablado político brasileiro com o peito nu, em trânsito entre as vestes do ministro e as do artista, na sutileza debochada de quem intui a sua própria singularidade e a da nação brasileira, com todas as impossibilidades e as possibilidades que ela comporta.

O corpo carnavalizado destaca-se no caderno Ilustrada pelo que ele tem de ilustre e, ao mesmo tempo, pelo que há nele de noticioso e de midiático. Na leitura alegórica, entretanto, ele assume a estratégia política do corpo, capaz de produzir deslocamentos de olhares, de viabilizar desterritorializações discursivas, ao interrogar os imperativos sociais e permitir a emergência de outros valores[23]. As serpentinas espalham-se pelos cantos e recantos do Brasil e do mundo. O *nécessaire* de Gilberto Gil, com seu elenco de produtos estrangeiros, importados, é uma metáfora para a passagem por diferentes lugares do globo, no mercado e na rede de conexões entre muitas culturas e diferentes ritmos. Nesse enfoque, o artista não esqueceu as lições vividas na coragem do tropicalismo: a arte de negociar politicamente com os meios midiáticos, de driblar as forças de coação, usando deles próprios a favor de uma outra mirada sobre o Brasil.

O *nécessaire* presume o princípio de heterogeneidade. Qualquer ponto pode ser convidado a fazer parte do tecido da comunicação, que, dentro do contexto globalizado, traduz e reivindica diferentes dimensões geográficas. Os três tipos de bolsa, mobilizados e inscritos nas viagens, nas travessias do corpo do cantor e ministro da cultura, simultaneamente agregam e dispersam o que parecia unido. Pensa-se, portanto, o

---

23 J. Martín-Barbero chama atenção para as zonas de abrangência e de conflito do mapa atual: "a antropologia tinha a seu encargo as culturas 'primitivas' e a sociologia se encarregava das 'modernas'. O que implicava duas ideias opostas de cultura. Na tardomodernidade em que hoje vivemos, a separação que instaurava aquela dupla ideia de cultura é, de um lado, obscurecida pelo movimento crescente de especialização comunicativa do cultural, agora organizado em um sistema de máquinas produtoras de bens simbólicos ajustados a seus 'públicos consumidores'. E, de outro lado, é toda a vida social que, antropologizada, torna-se cultura"; *Dos Meios às Mediações*, p. 13-14.

jogo entre o dentro e o fora, a romper as velhas dicotomias na maneira de ler o mapa. Contrariamente à moldagem da *mímesis*, o mapa é uma montagem e, como tal, é também desmontável. Diante disso, ele é desenhado pelos produtos presentes nas três bolsas e contribui para a conexão de diferentes campos sociais e políticos: o corpo do cantor revive os pontos de passagem, de trânsito constante entre o local e o global, pois contesta a ideia de um solo ou de uma cultura sedimentada, estratificada em níveis que aprisionam e fixam singularidades.

As bolsas trazem produtos de diferentes partes do mundo, quando o nacional se coloca ao lado do transnacional, sem haver o privilégio de um sobre o outro. Nesse elenco de produtos de uso particular, há uma relação entre fruição estética e, ao mesmo tempo, uma crítica cultural[24]. Não se ambiciona dizer uma verdade sobre o Brasil, preservando a originalidade de seus produtos, tampouco pretende-se negá-lo pela presença dos cremes e perfumes estrangeiros. Trata-se de rever o projeto de brasilidade que envolve a constante devoração do outro, como artifício político e de construção cultural. O paradoxo deixa de ser um obstáculo para pensar o Brasil e participa da atividade que revê as contradições presentes na sociedade brasileira para além dos maniqueísmos enraizados na forma de ler as culturas.

Contrária à globalização hegemônica, exige-se uma rede comunicativa que desloque e descentre as cristalizações identitárias, para impedir a fixação de um ponto, da significação una. O corpo conecta-se a outros, que remetem tanto aos acontecimentos e às realizações artísticas quanto às ciências e às lutas sociais. Conectam-se cadeias de signos, traços de identificação que rompem com a homogeneidade na maneira de

---

24 No Prefácio à terceira edição de *Tropicália, Alegoria, Alegria*, de C. Favaretto, L. Tatit considera o tropicalismo em dois momentos diferentes no cenário brasileiro: o primeiro, quando este livro foi escrito, em 1979, e o segundo, quando Caetano e Gil lançam *Tropicália 2*. No disco de 1993, a dupla de amigos comemora os 25 anos do movimento tropicalista e avalia a paisagem sociopolítica e cultural no Brasil, tomando como instrumento a canção. Segundo Tatit, esse disco nasce em outro contexto: no Brasil de feição democrática, avançado sob certos aspectos, como o estético, mas ainda um país com dificuldade para equacionar seus problemas de ordem social e de conciliar suas diferenças: "Em resposta a este estado de desagregação, Caetano e Gil propuseram a *sutura* (expressa nas amplas durações melódicas e no apelo ao 'pensa-te' – como em 'Aboio' e no refrão do 'Haiti'"; p. 11-12.

pensar o corpo nas culturas; este é construído não só na sua dimensão biológica, mas historicamente, quando nas veias corporais persiste um elemento que escapa a uma determinação interpretativa finalizadora.

A princípio, a fotografia poderia nos devolver o retrato do corpo do compositor na miragem de uma realidade totalizadora, organismo unificado que, através da soma de suas partes, compõe um todo. Isso, porém, não se sustenta, tendo em vista a complexidade de níveis e de trânsitos culturais na qual o corpo do artista e do político se inscreve e se comunica. Há de se avaliar o transe pelos diversos discursos, por diferentes aportes teóricos e de conhecimento, por meio dos quais ele se encontra e se eleva[25]. Considerando-se o tropicalismo como um movimento estético, filosófico e político, Gilberto Gil, enquanto um dos seus mentores, rejeitou, desde o princípio de sua vida artística, o parâmetro de identidade cultural homogênea. Ao pensar o Brasil, recusava-se a tratá-lo como essência mítica e perdida[26]. Nesse caso, as bolsas também apontam para a noção do corpo como matéria instável, o seu fluxo de sentidos sugere intensidades livres. Portanto, à matéria concebe-se menos uma ontologia e mais uma geografia nas linhas do mapa.

O movimento tropicalista não culminou apenas numa nova estética, mas numa outra maneira de sentir as contradições do Brasil. Operava-se a descentralização cultural e, simultaneamente, a abertura para outra forma de conceber as condições de ação política, quando o corpo descobria-se ativamente na cena artística e na vida cultural: "O tropicalismo reentronizava o corpo na canção, remetendo-a ao reencontro com a dimensão ritual da música, exaltando o que de afeto nela existe"[27]. Segundo Celso Favaretto,

---

25 Para Luiz Alberto Oliveira, é preciso entender que a heterogeneidade social presume um sistema complexo e que, no "campo da complexidade, a identidade é entendida como um efeito de superfície, uma coagulação temporária, provisória que não remeteria à essência profunda do objeto ou do próprio ser"; Biontes, Bióides e Borgues, em A. Novaes (org.), *O Homem-Máquina*, p. 148-149.

26 Segundo a teoria rizomática, proposta por G. Deleuze e F. Guattari, o princípio da cartografia não pode ser pensado com base no modelo estrutural. Assim, o mapa não se define como reprodução ou um decalque. Cf. *Mil Platôs*, p. 21- 22.

27 Para C. Favaretto, "corpo, voz, roupa, letra, dança e música tornaram-se códigos, assimilados na canção tropicalista, cuja introdução foi tão eficaz no Brasil que se tornou uma matriz de criação para os compositores que surgiram a partir dessa época"; op. cit. p. 35.

16 GILBERTO GIL: A POÉTICA E A POLÍTICA DO CORPO

a atividade estética dos tropicalistas proporcionou o redimen-
sionamento do corpo: "Caetano e Gil, principalmente o primeiro,
não mais abandonaram esta orientação, fazendo do corpo, no
palco e no cotidiano, uma espécie de escultura viva"[28].

O tropicalismo transformou o corpo em um lugar de crise de
identidades, na grafia performática que equaciona o cerne de fronteiras culturais, quando se prevê o declínio do princípio de estrutura na categorização do social. Tratava-se de ver o corpo não
mais como simples veículo de expressão, mas investi-lo na cena
de desafio diante dos conflitos estéticos e políticos das relações
culturais brasileiras. Nesse aspecto, entendia-se que a corporeidade modifica-se conforme é interpelada nas diferentes paisagens sociais. Sendo assim, multiplicar os modos de se indagar
com o corpo caracteriza uma política das diferenças, em meio às
interconexões do globo. Ao se contaminar com o gesto e o jeito
da cultura conectada, a identidade desloca-se, transfigura-se; sofre e ativa, ao mesmo tempo, a pressão de um mundo que põe em
crise a unidade orgânica de um sistema social e simbólico, cuja
esfera privada conjuga-se com a pública. Portanto, a corporeidade sintoniza-se à emergência de subjetividades heterodoxas:
o devir mulher; o devir de uma língua ou de uma literatura considerada menor; o devir afro; o devir homossexual, a provocar a
dissociação de uma cultura hegemônica.

Na ágora política brasileira, era comum a valorização do
corpo apenas no domínio da expressão ideológica e cultural.
Afirmava-se a tendência ao exercício interpretativo no qual o
termo *ex-pressão* era bem assimilado, pois regulava o eixo de
acesso ao social ainda na baliza das dicotomias: acreditava-se
na pressão dirigida ao fora, em contraste à *im-pressão*, ao movimento dirigido à interioridade. Diante desse cenário, era compreensível a rejeição inicial à performance dos tropicalistas,
pois o crédito de valor conferido ao corpo sustentava-se na
premissa da *ex-pressão* dos conteúdos psíquicos, socioculturais
e políticos; assim como também se aceitava a imagem na qual ele
era conceituado a partir da *im-pressão* que o mundo sobre ele exer-
cia. O movimento tropicalista apontava uma outra tendência
ou possibilidade cultural na maneira de situar o corpo, tendo

28 Idem, ibidem.

em vista a noção de fronteiras culturais, principalmente em se tratando de Gilberto Gil, que exigia repensar outras bases para a política do corpo.

O desmanche do paradigma da *ex-pressão* não elimina, contudo, a permanência e a nostalgia de determinadas filiações filosóficas, antropológicas e suas implicações acessíveis ao entendimento do conceito do corpo político, mas divergentes da compreensão necessária à política do corpo, articulada pelo ministro-artista. Menos um quiasmo ou uma inversão terminológica, geralmente o conceito de corpo político baseia-se na tradição dicotômica que prevê os mesmos pares na vertente do campo social: o fora e o dentro, o conteúdo e a forma. O corpo político vê-se no prisma da matéria engajada, que tem uma funcionalidade social[29]. Nesse recorte interpretativo, ele seria apenas o suporte ou o instrumento para manifestações de ideais políticos, reflexo das redes culturais, do psiquismo do sujeito e de suas ideias.

A política do corpo do ministro-artista não se confunde, sinonimicamente, com o corpo político, embora esses termos, em algum momento, possam ser permutados. No primeiro caso, aciona-se a escrita com o corpo, considerando-o uma "entidade politicamente inscrita"[30] nas suas relações interculturais e no embate dos vetores sociais; sobre a superfície gravam-se as narrativas, os acontecimentos e também se produzem transformações de valores simbólicos. Assim, as relações de poder realizam-se na matéria corporal, com o manejo de possibilidades interpretativas e consoante a transmutação de signos, construídos historicamente numa dada sociedade. O corpo sofre o controle dos agentes de regulação social, porém deixa sua posição de inércia ou de pura reflexividade para se assumir numa posição ativa, em que a performance se impõe

---

29 A. G. Macedo retoma o legado dos estudos feministas para rever "a velha metáfora do corpo político, segundo a tradição de Platão, Aristóteles, Cícero, Sêneca, Maquiavel, Hobbes entre outros pensadores". Para tanto, apoia-se em Susan Bordo, para quem "na metáfora do corpo político, o estado da sociedade era imaginado como um corpo humano em que os diferentes órgãos e partes simbolizavam diferentes funções, necessidades e constituintes, forças, etc."; Re-presentações do Corpo, Questões de Identidade e a Política de Localização – Uma Introdução, em A. G. Macedo; O. Grossegesse (orgs.), *Representações do Corpo*, p. 13-23.

30 Idem, p. 19.

como característica necessária e cotidiana. Dessa maneira, pode-se entender o desafio representado pelo corpo do artista na primeira página do jornal.

Os pertences guardados nas bolsas do compositor baiano – signos do mundo privado – projetam-se na textura do papel impresso, para criar a superfície de mecanismo comunicacional de massa, quando o mundo volatiliza-se e se adensa por entre as páginas descartáveis do jornal impresso. É um corpo de passagem, em trânsito pelas cidades, países e em meio às marcas culturais, no choque entre as diferentes paisagens de exclusão e de inclusão de temporalidades. Assim, presume-se o conflito articulado entre o horizonte previsto na alegoria do corpo, na maneira de projetá-lo nos campos sociais e políticos.

As bolsas, com todos os produtos descritos pela matéria jornalística, introduzem a dimensão tátil, a valorização do plano material, da forma; pedem mãos que apalpem os objetos, diante de olhares que dão consistência à materialidade apresentada. É uma imagem que calcula um volume na construção da escultura alegórica. Na fisionomia carnavalizada do artista, a estética não se presta a ser apenas um adorno, princípio inócuo de sedução social; ela se insere no jogo de resistência e de conflito de diferentes culturas, como também de luta contra a premissa da decadência, de degeneração dos vínculos com o outro[31]. A necessidade da estética, mais precisamente da arte, é colocada numa relação com o valor da existência e também do modo de posicionar o corpo na pólis e no mundo. Assim também se pode situar a vontade que move a arte de Gilberto Gil, entre a poética e a política: é o momento em que o corpo emerge como potência de articulação de um *éthos* cívico e de uma prática política.

Se o corpo pode ser lido como uma metonímia do social, isso se deve ao fato de abrigar uma carga elevada de tensão, de conflito,

---

31 O saber, nesse âmbito interpretativo, torna-se impotente para agir como fator de transformação social, pois se apresenta como saber contemplativo. Segundo Nietzsche, eleger a cultura como um fora, unificado e apreendido pela razão, acaba por levar o próprio conteúdo manifesto a dissociar-se de seu aspecto histórico e social, volatilizando-se em puras abstrações, sem poder de ação no jogo das relações interpessoais. Portanto, não se trata de aplicar uma teoria a um objeto e dele se separar em nome da tão cobiçada objetividade da ciência. Para o filósofo alemão, é preciso fazer a marteladas a ruptura entre o interior e o exterior. Cf. *As Considerações Intempestivas*, p. 136.

conforme diferentes perspectivas críticas diante da lei, do *éthos*, sem os quais não se sustenta o desejo. Por seu caráter antropológico, o corpo abraça uma gama extensa de variedades de estratos, de valores de grupos sociais, a envolver sempre os elementos das diferentes culturas. Na política relacionada ao cotidiano, a história do corpo de Gilberto Gil sintoniza-se e é atuante no processo de transformação social e artística brasileira: "Não desespere / Quando a vida fere, fere / E nenhum mágico interferirá / Se a vida fere / Como a sensação do brilho / De repente a gente brilhará"[32]. A estratégia é integrar e não reprimir as feridas históricas, pois não é escondendo a cicatriz que se a supera; é necessário transformá-la na ruína de si mesmo e de uma história social. Na alquimia do corpo deste cantor, o veneno é transformado em remédio, fazendo da ferida o móvel crítico de construção, de impulso vital e estético, e não o elemento de caráter destrutivo[33].

No jogo estético e alegórico de Gilberto Gil, o movimento desliza entre a forma e o disforme, na trama em que se encenam o construir e o desconstruir da representação do sujeito, tanto no plano da poética quanto da política. Nessa atitude criativa, nasce a ficção de uma identidade – a ilusão apolínea – movida pelo ensejo de atuar, de realizar um lance de dados capaz de derrubar os muros sociais: "Extra / Resta uma ilusão / Extra / Resta uma ilusão / Extra / Abra-se cadabra-se a prisão"[34]. Análoga ao efeito onírico e performático, a construção artística concede forma ao disforme do inconsciente e, ao mesmo tempo, materializa o segredo guardado nas crônicas diárias do Brasil. Além disso, se no sonho a palavra ganha a consistência física – definindo-se como rébus, capaz de afetar e de acompanhar a trajetória do sujeito no cotidiano, com a

32 Realce, em C. Rennó (org.), op. cit., p. 222.
33 Um dos problemas quanto à reflexão da história refere-se aos traumas e aos fantasmas imaginários. A propósito, Nietzsche traz a questão fantasmagórica, quando se vivem os resíduos do passado, procurando defender-se do peso de suas marcas. Diz ele: "que a vida tem necessidade de ser servida pela história é um facto de que é necessário ter consciência, bem como do princípio que havemos de defender mais tarde, de que um excesso de história é prejudicial ao ser vivo. A história é própria do ser vivo por três razões: porque é ativo e ambicioso, porque tem prazer em conservar e venerar, e porque sofre e tem necessidade de libertação. A esta tripla relação corresponde a tripla forma da história, na medida em que é possível distingui-las: história *monumental*, história *tradicionalista*, e história *crítica*"; *As Considerações Intempestivas*, p.117.
34 Extra, em C. Rennó (org.), op. cit., p. 262.

20 GILBERTO GIL: A POÉTICA E A POLÍTICA DO CORPO

alternância de humores –, na escrita das canções, a palavra dispõe da plasticidade crítica em direção aos hábitos corporais.

Em se tratando de pensar a escrita alegórica deste compositor, considera-se a sua eficácia plástica pelo seu campo de ação visual. Escreve-se, não com letras, mas com as imagens das coisas, pois, como enfatiza Walter Benjamin, "é o que faz a alegoria na esfera das artes plásticas. Sua intrusão pode, portanto, ser caracterizada como um grande delito contra a paz e a ordem, no campo da normatividade artística"[35]. Na plasticidade alegórica, a imagem adquire o poder de afetar e de ser afetada, em um processo de significação constante: "Não se impaciente / O que a gente sente, sente / Ainda que não se tente, afetará/O afeto é fogo / E o modo do fogo é quente / E de repente a gente queimará"[36].

A ética da paciência, desenhada nos versos do cantor, conjuga-se à dinâmica plástica do corpo no projeto que implica a noção de processo. Aprende-se com as dobras das alegorias barrocas a se desfazer do paradigma do ser, da análise explicativa dos gestos e dos acontecimentos, pois ler o corpo não implica desfazer a dobra, não significa explicá-la[37]. A plástica do corpo alegórico move-se com o tempo, não a desfazer-se, mas a desdobrar-se. Dever-se-ia dizer que o corpo do ministro-artista é barroco por se afirmar nas dobras da política e da poética, garantindo o aspecto movediço e a inseparabilidade em relação a outros corpos do convívio intercultural[38]. Gilberto

35 Op. cit., p. 199.
36 Realce, em C. Rennó (org.), op. cit., p. 222.
37 Tanto Benjamin como Deleuze retiraram o barroco da taxonomia cronológica e artística, para erguê-lo como pensamento atual. O barroco não se conceitua somente como um gênero artístico ou um tipo de procedimento filosófico. Deleuze atribui a Benjamin grande importância para a compreensão do pensamento alegórico barroco, pois, segundo este, "a alegoria era não um símbolo malogrado, uma personificação abstrata, mas uma potência de figuração totalmente diferente da potência do símbolo: este combina o eterno e o instante, quase no centro do mundo, mas a alegoria descobre a natureza e a história segundo a ordem do tempo; faz da natureza uma história e transforma a história em natureza, no mundo que já não tem centro"; *A Dobra*, p. 190.
38 Em seu estudo sobre a plasticidade alegórica barroca, Deleuze considera que: "Um corpo tem um grau de dureza assim como um grau de fluidez [...]. À certa velocidade do barco, a onda torna-se tão dura quanto um muro de mármore. A hipótese atomista de uma dureza absoluta e a hipótese cartesiana de uma fluidez absoluta juntam-se tanto melhor por comungarem no mesmo erro, estabelecendo mínimos separáveis, seja sob a forma de corpos finitos, seja, no infinito, sob a forma de pontos"; idem, p. 17.

Gil experimenta, portanto, as dobras de si mesmo e de uma cultura, em seus diversos personagens: o homem político, o cantor e compositor, o pai de família, o mentor do movimento tropicalista, o "negromestiço"[39], o místico oriental, o intelectual e pensador da cultura; enfim, o corpo encena seu caráter cívico na fronteira das próprias faces.

É preciso ativar competências de leitura a fim de desestabilizar hierarquias estáveis, pela escuta de outros atores sociais que questionem os hábitos na forma de construir as narrativas e as artérias da geografia do Brasil. Assim, ao se referir à política do corpo deste músico, há de se considerar os graus de resistência e de fluidez de determinados discursos; há de se cogitar os fantasmas, os planos simbólico e imaginário nos quais se delineiam as suas diferentes imagens e suas relações com os jogos de poder. Na cena fotografada e divulgada pela *Folha de S.Paulo*, no caderno Ilustrada, o cabelo crescido, em estilo trançado, os pêlos do peito a serem aparados, as unhas lixadas e exibidas por Gilberto Gil vêm afirmar a força crítica da política do corpo em realce. Com esta, opera-se a localização de alteridades, cuja primeira imagem fecunda a reversão da sociedade guiada pelo masculino branco, pelo vetor falocrático, para ceder lugar ao corpo ainda desprestigiado no quadro político.

Dentre os signos ressaltados pela matéria jornalística, selecione-se um ponto importante, geralmente marcador do discurso identitário do afrodescendente: o estilo dos cabelos do ministro Gilberto Gil. O cabelo em tranças retoma o bordado de uma história já presente em uma outra canção do mesmo disco *Realce*, mais precisamente na letra "Sarará Miolo", composta em 1976. No jogo polissêmico entre a conjugação no imperativo do verbo sarar e, concomitantemente, na forma nominal reduzida do adjetivo sarará, o compositor constrói a poética e a política da cura: "Sara, sara, sara cura / Dessa doença de branco / De querer cabelo liso / Já tendo cabelo louro / Cabelo duro é preciso / Que é para ser você, crioulo"[40]. Os versos do cantor

---

39 Gilberto Gil prefere o termo "negromestiço", ao termo "afrodescendente", quando enfatiza o aspecto racial nos diferentes encontros culturais no Brasil: "Comigo não tem essa de usar afro-brasileiro. A gente deve usar negromestiço, uma palavra só, que define melhor a adaptação dos africanos ao Brasil"; *A Tarde*, 2 maio de 2003, p. 9.

40 Em C. Rennó (org.), op. cit., p. 192.

antecipam e imprimem a política do corpo, quando os cabelos do ministro constituem a rede que seleciona, representa e repete a história com seus discursos, com suas defesas e resistências.

Na repetição constante e rítmica do sara, a música "Sarará Miolo" também homenageia a famosa curandeira de Santarém e a comunidade da qual fazia parte. O compositor retoma a etimologia do nome da comunidade quilombola de Saracura, situada em uma das ilhas do rio Amazonas, próxima à cidade de Santarém. Na narrativa de fundação dessa comunidade, consta que uma escrava chamada Sara tornou-se famosa graças a seu poder de cura, atraindo pessoas de várias partes do Brasil[41]. Os viajantes que chegavam ao local perguntavam por Sara, a mulher curandeira, que não só deu nome ao quilombo, mas também invocou o poder de cura exaltado e exigido pela canção de Gilberto Gil.

Assim, a repetição do jogo polissêmico de "sara", no ritmo impresso nos versos melódicos, termina por se apresentar nas malhas performativas da linguagem, quando a palavra deixa a dimensão puramente comunicativa, para conquistar e mover a ação sobre os atores sociais. O cantor constrói uma rede de filiações e de valores simbólicos que exortam o ouvinte à cura social desta "doença de branco", isto é, de querer pertencer ao paradigma imaginário do colonizador, que demarcou as diferenças étnicas e culturais de maneira a subjugá-las em proveito próprio.

Nesse contexto, o compositor explora também outro sentido impresso à palavra "saracura", em referência ao nome de uma das aves encontradas na fauna do Brasil. A ave remete ao signo da liberdade e reivindica a representação dos quilombos na cartografia imaginária da nação brasileira. Visto assim, ensaia-se um projeto de vertente metalinguística e sociológica, quando se pode inferir que a arte musical popular é a própria saracura, capaz de transformar a doença em uma forma de pensar e de produzir a saúde social brasileira.

---

41 Comunidades Quilombolas do Estado do Pará: Saracura. Disponível em <http://www.cpisp.org.br/comunidades/html/brasil/pa/_amazonas/saracura.html>.

A propósito, em ensaio sobre a letra da canção "Está na Cara, Está na Cura" de Gilberto Gil, José Miguel Wisnik lembra o poder de cura dos feiticeiros primitivos, os curandeiros, e da medicina de antigas civilizações, que acreditavam na capacidade de cura da música: "A doença chama-se homem, o animal que inventa a cultura, porque não tolera a morte. Acontece que quem não se admite morrer também não admite o contrário: vive para reter o movimento da vida"[42]. Nesse aspecto, a cura da doença provocada pelo dualismo mente e corpo encontra-se na música: "o canto clama para que esse mal seja curado, o pecado original que nos divide em dois: num 'corpo' mortal que acede ao gozo e numa 'alma' errante e dilacerada"[43].

A música "Sarará Miolo" toca na dimensão performática da música, o seu poder de cura, que atinge as várias dimensões do humano, desde os sentidos, como também o plano da consciência e do inconsciente. Ao romper a dicotomia que imobilizou os corpos, admitem-se as diferenças, não mais em um plano puramente abstrato, mas nos níveis culturais e políticos, considerando o contexto, o aqui e o agora, distante de uma teorização abstrata, que se impõe longe das circunstâncias dos espaços e dos tempos constituídos historicamente. Para conquistar a potência desse corpo, é preciso realçá-lo em relação aos outros, sem hierarquizar as diferenças, pois é assim que a vida social afirma sua dinâmica de saúde, contra a regra doentia do mundo falocrático e eurocêntrico.

Com seu refrão e seu ritmo vigorosos, uma espécie de xote, os versos de "Sarará Miolo" expõem o papel da música popular como intérprete dos desníveis e exclusões sociais no Brasil. Os cabelos trançados do ministro da cultura vêm reverter a rede de discursos discriminatórios que expulsaram a contribuição cultural dos afrodescendentes no território brasileiro. Sobre esse enfoque, Muniz Sodré vai ao cerne dessa questão ao refletir sobre os sintomas da discriminação racial. Segundo ele, a literatura e os textos jornalísticos são registros da autodiscriminação e da autodesvalorização do afrodescendente. Nessas narrativas, o cabelo alisado aparece como

---

42 Está Cheio de Inferno e Céu, em A. Risério (org.), *Gilberto Gil: Expresso 2222*, p. 104.
43 Idem, ibidem.

sintoma do recalque, diante da história escravocrata, erguida sob o paradigma do branco[44].

A paisagem social brasileira, descrita e vivida pelo cantor, ainda permanece excludente e em conformidade com as identidades dualistas homem e mulher, claros e escuros, mesmo diante das mudanças sociais e artísticas, que pedem a revisão constante de conceitos e a abertura para a reinvenção social. Cabe dimensionar o jogo das identidades no campo estético e artístico e suas consequências na política e no cotidiano brasileiro. Colocam-se em cena atores sociais que estavam esquecidos nos palcos de decisão, no âmbito de uma maioria social conservadora. Gilberto Gil é escolhido para ministro da cultura e reconduzido ao cargo, e isso talvez seja indício de uma necessidade política que reivindica a importância do afrodescendente para a construção não só do edifício econômico, mas também cultural e político.

Nesse caso, é importante observar outro sentido sugerido na palavra e no ritmo da saracura de Gilberto Gil: o significado da dança acompanhada de canto, quando o compositor delineia e reinventa a audição dos tambores e dos agogôs vindos do Carnaval da Bahia, atrelado ao signo político da refestança social brasileira[45]. Sua imagem estampada na *Folha de S.Paulo* supõe a necessidade de reinventar o corpo como um procedimento também para reinventar a história, no ritual da dança e das festas populares. Nesse aspecto, vale ressaltar que Antonio Risério traz importante testemunho de um dos diretores do bloco afro Melô do Banzo, segundo o qual o ministro-artista "é o símbolo da liberdade negra no Brasil"[46]. Em breve depoimento presente no livro citado, o cantor baiano descreve a dimensão política e sociocultural da grande folia carnavalesca, pelas trocas e negociações que podem ser notadas nas festas e na mídia que as legitimam:

44 Cf. *Claros e Escuros*, p. 234. De fato, houve quem valorizasse a importância do trabalho do afrodescendente como fundação de uma realidade econômica brasileira. Segundo Muniz Sodré, Joaquim Nabuco admite o valor do trabalho escravo para erguer o edifício da economia brasileira em todos os aspectos, embora o autor de *O Abolicionismo* ainda negligencie o papel fundador dos afro-brasileiros em relação às artes e às práticas políticas e culturais.

45 Para a exploração do sentido de "saracura", tanto com o significado de ave quanto com o de "dança", cf. Saracura, *Dicionário Eletrônico Houaiss de Língua Portuguesa*.

46 *Carnaval Ijexá*, p. 21.

O Carnaval é uma das poucas conquistas asseguradas aos negros, é natural que seja o momento máximo de aglutinação estética das forças de celebração. Vivemos numa época em que existe uma especialização em lutas setoriais, lutas de minorias. A luta negra no Brasil está dentro disso, com o papel preponderante dado à importância histórica da cultura negra, e, aqui, ao fato da maioria da população da Bahia ter ascendência negra. Os negros começam a conquistar a possibilidade de se autogerir esteticamente[47].

A manobra estética e política de Gilberto Gil é exemplo de exercício social do corpo barroco e carnavalizado, quando põe em crise os modelos canônicos e revê os modos de dominação social. Este artista descerra o horizonte que permite alargar os campos da atuação na estética e na cultura. Nesse sentido, cabe lembrar as palavras pontuais de Boaventura de Sousa Santos, quando considera que a festa barroca é a metáfora cultural de um poder emancipatório latino-americano, uma força presente no riso, na desproporção e no gesto subversivo de um modo de viver a cultura: "Um dos grandes pilares da tópica da emancipação é o senso comum encantado que se dispensa da carnavalização das práticas sociais emancipatórias e do erotismo do riso, da ludicidade [...] ao carnavalizar as práticas sociais, a festa barroca revela um potencial subversivo"[48].

É possível acreditar que a corporeidade barroca emerge como potência de leitura e articulação política. O corpo carnavalizado, cuja forma é levada ao extremo e ao artifício, como modo de engendrar um projeto também político, desnuda a prática de um colonialismo interno ainda presente nas ruas e nos jornais do Brasil. Descortina-se a cena para atores que estavam em silêncio, imersos em um sistema econômico excludente que não se sustenta sem a discriminação racial e de gênero. No ensaio fotográfico de Gilberto Gil, é preciso ver o corpo barroco não só como o retrato da experiência estética do Carnaval, mas como uma possibilidade de ressignificar a trajetória social brasileira.

---

47 Idem, p. 18.
48 A Fronteira, o Barroco, o Sul: Constelações Tópicas, *A Crítica da Razão Indolente*, p. 364-365.

A RECARICATURA DE ZELBERTO ZEL

O debate sobre a representação da identidade, principalmente em se tratando de um artista e de um político, não descarta o papel desempenhado pela construção das caricaturas divulgadas pelos suportes midiáticos. Esse projeto identitário, envolvendo o coletivo, presume o desenho de uma pessoa com base na partilha de consensos quanto a seus traços fisionômicos e psíquicos, apostando, entretanto, nas deformações obtidas pelo exagero na escolha de uma dada característica, cujo resultado, quase sempre, deságua no burlesco. Se a identidade só faz sentido para quem dela necessite, a partir de determinados contextos de negociação cultural e política, é preciso interrogar que jogo identitário pode ser produzido na recepção das caricaturas realizadas sobre Gilberto Gil, principalmente uma que ganhou mais notoriedade: Zelberto Zel.

O humorista Chico Anysio, no programa *Chico Anysio Show*, da Rede Globo de Televisão, criou, entre tantos quadros, o personagem Zelberto Zel. A figura montada para a cena humorística foi construída com base no corpo caricato de Gilberto Gil: o político bem-intencionado, um vereador, que tinha o seu bordão a repercutir em todo território por onde a Rede Globo espalhava as suas imagens e os ecos das vozes de seus atores: "Soteropolitanos e soteropolitanas, vamos carnavalizar geral!"[49].

O efeito risível desse pregão era conquistado pelo recurso do vocativo composto de palavras polissílabas, com as quais se experimentava a pausa, na distensão do tempo, direcionadas aos dois gêneros. Característica da parte introdutória dos discursos políticos, a elocução vocativa, ao agregar-se ao neologismo verbal "carnavalizar", constitui o dispositivo de linguagem ou a artimanha política que incorpora à memória coletiva e ao imaginário a marca do Carnaval, como a insígnia ou modo de agir do baiano de Salvador. Sugere um carnavalizar que não se limita ao âmbito artístico, nem festivo, pois se destina, pela via do personagem do vereador, a se dispersar por outras áreas de atuação, como no território da política.

---

49 As citações sobre a fala deste personagem foram extraídas do texto em Zelberto Zel, *Chico Anysio Web Site Oficial*. Disponível em <http://www.chicoanysio.com/humorista/personagem.asp>.

A eficácia cômica é construída pelo artefato da incoerência estilística: o uso da retórica, do jargão político, presente no vocativo, seguido de uma linguagem coloquial. Observa-se a utilização do verbo "carnavalizar", que, pelo contexto sintático, é associado aos costumes do baiano. O adjetivo geral, além de fechar bem a frase do ponto de vista sonoro, situa-se com o ponto exclamativo, que remete à atmosfera de euforia carnavalesca. Por outro lado, o tom impresso coincide com o momento no qual o cantor e compositor pretendia transitar pelo campo da política institucional, ao pleitear a candidatura a prefeito de Salvador em 1988, quando o quadro do programa televisivo estava em plena exibição, com bom índice de audiência.

Segundo o sítio de Chico Anysio, no qual se apresenta o personagem Zelberto Zel, este vereador "é a derradeira esperança baiana numa administração correta e transparente, pois ele trabalha às claras, embora se comunique às escuras". O humorista, com este quadro do programa, elaborava os chistes com a linguagem de Gilberto Gil. A caricatura acentuava o tom jocoso associado ao desempenho discursivo do artista e também moldava o personagem em consonância com o desvio daquilo que se considerava o paradigma comportamental do político.

No personagem de Chico Anysio, no chiste elaborado nesse outro teatro, insinuava-se a dificuldade de acreditar na proposta política e nas atitudes do vereador-artista. Embora este se mostrasse bem-intencionado, numa imagem transparente, articulava as palavras de modo ininteligível, fora da lógica aceita, longe das relações de causa e efeito, ou mesmo distante da sintaxe clara e bem pontuada, que tanto confortou a retórica de prestígio dentro da academia ou no âmbito das instituições públicas. A questão central sentida na descarga do riso estava em declarar o quanto é difícil conferir a importância merecida ao político carnavalizado, da terra apregoada e vendida, pelo próprio personagem, sob o signo do Carnaval.

Se o cerne do chiste é sua brevidade, e o pregão de Zelberto Zel assim também se conforma, o jogo das palavras "às claras / às escuras" traz o duplo sentido para a imagem caricaturada de Gilberto Gil: a de ser um político e, ao mesmo tempo, um cantor e compositor baiano, uma presença esperada na cena do Carnaval. Ao analisar a técnica de feitio dos chistes, nota-se

28 GILBERTO GIL: A POÉTICA E A POLÍTICA DO CORPO

como uma das formas de produzi-lo foi a conjugação de ideias contrastantes, dissimilares. Nesse caso, a matéria para o chiste traduz-se em agregar a "derradeira esperança baiana" à imagem do corpo do político carnavalizado, um homem público que não sabe se comunicar "às claras", como a indicar, pelo jogo de antítese, a possível incompetência do personagem para trilhar a seara política e a tomada de decisões administrativas.

Os nomes próprios também são fáceis vítimas do tipo de condensação que mantém uma alusão à custa de uma única letra[50]. Gilberto Passos Gil Moreira tem um duplo no seu nome próprio, no sobrenome e no prenome Gilberto, o que é explorado na caricatura. A repetição "Zel", em Zelberto Zel, condensa essa informação, traz referência ao duplo: o artista e o político, uma conjugação ainda vista sob a atmosfera da dubiedade e da desconfiança; índice da tradição interpretativa habituada às análises dicotômicas e excludentes. Além disso, a letra z faz lembrar o nome escrito e ouvido nas paisagens do Brasil, o Zé, que remete à generalização do homem comum brasileiro. O nome Zelberto Zel escreve, com sua letra, a grafia do Zé popular, o que anda pelas ruas, não só do Carnaval da Bahia, mas por muitas esquinas brasileiras.

No duplo da letra z, no chiste do nome próprio, reside uma outra dicotomia: o popular e o erudito. Indaga-se se é possível um cantor popular, habituado ao uso de roupas descontraídas – já foi visto com um turbante na cabeça e dançando sobre um trio elétrico –, exercer um cargo de âmbito político, cuja prática requer a paciência para despachar papéis e usar o terno e a gravata. O figurino do personagem caricaturado também comunica a quebra do paradigma do político, a dissimilaridade ou o contraste como técnica de produção da imagem chistosa.

Antonio Risério afirma que Zelberto Zel representa uma caricatura reacionária e racista, que prejudicou a campanha política de Gilberto Gil em 1988. Em ensaio sobre esse tema, declara que "este quadro do programa vem tendo, no terreno da candidatura de Gil, o efeito de uma bomba arrasa-quarteirão. Ou ele não conhece o poder da mídia?". Segundo ele, "Gil vem

---

50 Cf. S. Freud, Os Chistes e sua Relação com o Inconsciente, em *Obras Psicológicas Completas*, p. 29.

perdendo – e muito – com esta militância trevosa do humorista global, especialmente em meio às chamadas classes c e d, maioria do eleitorado de Salvador"[51].

O programa *Chico Anysio Show*, com o quadro do personagem Zelberto Zel, coincide com a pretensão política de Gilberto Gil à prefeitura de Salvador e com a reflexão sobre os cem anos da Lei Áurea, que aboliu a escravatura no Brasil em 1888. Os ecos de Zelberto Zel ressoados na mídia levaram a desconfiar das intenções dos chistes elaborados pelo humorista global, se esses se expandiriam nas marcas inconscientes do pensamento escravocrata, com as insígnias dos estereótipos ainda presentes na caricatura.

Segundo Antonio Risério, a caricatura do artista baiano estava montada basicamente a partir de quatro premissas. A primeira retomava "o estereótipo racista do preto boçal e/ou do mulato pernóstico, de fala 'difícil', rebarbativa". A segunda premissa apoiava-se "na exploração do estigma homossexual (ênfase no brinco, os trejeitos, a fala melíflua – o personagem é também um novo 'painho', o pai-de-santo *gay*)". A terceira linha condutora sustentava-se "no desprezo olímpico pelo voto e pela disputa eleitoral (há algo de Justo Veríssimo aí)" e, por fim, a quarta amparava-se no "estigma do artista irresponsável, delirante, doidivanas (o programa político 'carnavalizante')". Em suma, "Gil é decodificado, via paródia, como um mulato boçal, elitista, leviano e aviadado [sic]"[52].

Na primeira ponderação de Antonio Risério, ressalte-se o termo estereótipo e as implicações que este traz para a análise do personagem de Chico Anysio. Nas variadas estratégias discursivas para conceder invisibilidade a determinados atores do tablado social, elegem-se traços diferenciais e, por meio da repetição do discurso, as marcas sexuais e raciais são utilizadas como instrumento para a exclusão de corpos: de afrodescendentes e de homossexuais. Esses corpos frequentemente aparecem projetados pela mesma moldura do quadro estereotípico, respectivamente: através do significante *pele* e por meio do signo das diferenças relacionadas às identificações sexuais.

---

51 *O Poético e o Político e Outros Escritos*, p. 191.
52 Idem, p. 192.

Na teoria sobre o papel do estereótipo no discurso do dominador e do dominado, declara-se que a marca estereotípica não é uma leitura simplificada por ser uma especiosa representação da realidade: "é uma simplificação porque é uma forma presa, fixa, de representação"[53]. Considerando a dinâmica do jogo da diferença, tem-se a negação através do outro, o que acaba por "constituir um problema para a representação do sujeito em significações de relações psíquicas e sociais"[54]. Na análise da caricatura de Gilberto Gil, o engano pode surgir ao se considerar a existência prévia do sujeito a ser representado. A interpretação ingênua imaginaria que o problema do estereótipo reside em ser a falsa representação do sujeito, como se pudesse existir a autêntica e a fiel. Se no aspecto das relações estereotípicas observa-se o desejo e o medo do outro, esse mesmo desejo imprime a zona de desconhecimento em cada corpo social, a possibilitar a emergência também de um outro na representação estereotípica.

Nesse caso, se a repetição restringe o homem ao horizonte de previsibilidade, ela mesma alonga os discursos no tempo, permitindo suas rasuras e as relações com outros discursos. Lida-se com as injunções do paradoxo: se a morte que corrói a vida é a mesma a possibilitá-la; se o desejo que separa os homens no processo econômico é o mesmo que faz alguma coisa ser desejável; e se o tempo a desgastar as palavras e as linguagens torna-se o elemento a distender o discurso, também a repetição, no seu limite, na engrenagem do estereótipo, surge como possibilidade para a emergência de um outro, antes invisível.

A partir do conceito de fixação, compreendida no âmbito dos traços da grafia do inconsciente, há o modo de registrar certos conteúdos representativos, desde fantasmas a imagos, que persistem no arquivo corporal de forma imperturbável e aos quais a pulsão permanece relacionada. No caso específico do estereótipo, a pulsão procura o mesmo objeto, a mesma marca,

---

53 H. K. Bhabha, A Outra Questão: o Estereótipo, a Discriminação e o Discurso do Colonialismo, *O Local da Cultura*, p. 107. Para H. K. Bhabha: "o corpo está sempre simultaneamente (mesmo que de modo conflituoso) na economia do prazer e do desejo, como na economia do discurso, da dominação e do poder". O autor indiano propõe a leitura do estereótipo com base na teoria do fetichismo, de acordo com a psicanálise freudiana.

54 Idem, ibidem.

com a qual reconhece o sujeito ou o disfarça. É como se o valor descrito na imagem fosse inquestionável, sempre preso ao mesmo ponto, ao traço de semelhança, como recusa e rejeição à diferença. É sempre o mesmo significante, com sua imagem acústica, que ressoa na rede da linguagem, a constituir o quadro identitário. Nesse contexto, a pele e as marcas sexuais ganham destaque como significante a promover o ato discriminatório.

Enquanto forma de representação, o problema do estereótipo grava-se na pretensa transparência de sua leitura. Sabe-se que não há um rosto finalizado, uma realidade em si mesma, apreensível somente pela gramaticalização do sujeito. Nesse sentido, o corpo do artista baiano existe a partir de um intricado jogo de representações, de gestos e jeitos ancorados na trama cultural. O sujeito emerge, portanto, como imagem, no efeito da rede comunicativa; nasce menos como desejo de verdade, pois dispõe de recursos para se afirmar no campo social e político[55]. Nesse caso, tanto a primeira pessoa verbal quanto o nome "Gilberto Gil" – enquanto síntese e unidade discursiva – concebem-se em meio às malhas de interpretações e de discursos que se possibilitam e questionam os ecos desse *eu* absoluto, hegemônico e unitário.

Se a caricatura é o retrato elaborado com intenção cômica ou satírica, que acentua a deformação dos traços característicos de um dado sujeito social, pode causar mal-estar àquele que vê sua imagem sendo objeto de riso e de galhofa. O corpo caricaturado, portanto, agrega a reprodução desfigurada de gestos ou de um modo de comportar-se diante da atuação profissional, correndo o risco de, se retirado do espírito cômico que o envolve, desagradar àquele que é objeto da caricatura[56]. Foi o que aconteceu, a princípio, com Gilberto Gil.

Em 1996 no programa *Roda Viva* da TV Cultura, Gilberto Gil, como o entrevistado especial, foi inquirido sobre sua posição

---

55 Ao problematizar a máxima cartesiana "Penso, logo existo", a teoria nietzschiana indaga a respeito do sujeito elíptico, apresentado na transparência do discurso. Questiona o absolutismo do "eu", como origem do pensamento, como instância detentora de uma certeza e a causa primeira; protesta contra a ideia que considera o discurso como efeito da ação de pensar. "De que somos feitos? Quem fala?" Com estas interrogações, abre-se caminho para a perda da ingenuidade na forma de ler a representação. Cf. F. Nietzsche, *Além do Bem e do Mal*, p. 23.

56 Cf. B. de S. Santos, As Nossas Caricaturas, CES, disponível em: <http://www.ces.fe.uc.pt/opinião/bss/150en.php>.

diante do personagem Zelberto Zel. Maria Amélia Rocha Lopes, da Rede Cultura, foi a entrevistadora que, depois de ouvir a fala do artista, comentou: "Gil, eu fico observando você falando, você tem uma forma de se expressar bastante peculiar, assim, bastante pensada, cada palavra que você emite você pensa nela antes de dizer". Em seguida, levantou a questão: "Não te incomoda que um programa de humor crie um personagem que fale da forma mais barroca assim, brincando com seu jeito de falar?[57]".

Diante da pergunta elaborada, Gilberto Gil faz algumas considerações valiosas. O primeiro ponto recai sobre o próprio conceito de caricatura: "Eu me vejo ali, mas eu não me vejo ali. Aquilo é uma caricatura; como toda caricatura, esconde traços importantes e escolhe para enfatizar outros traços, em geral, menos importantes". A entrevistadora o interrompe: "Você acha que existe alguma forma carinhosa, digamos assim, dessa 'homenagem' ou você vê como uma coisa pejorativa?" Em um tom que se despede de ressentimentos, ele declara: "Não, eu não ousaria colocar sobre o Chico essa carga toda de desprezo. Chico tem muito respeito, muito carinho pessoal e corporativo também com os colegas". Mas a atmosfera amena e suave com a qual o cantor aborda essa questão não colocou o ponto final no tema.

Participando da roda de entrevistadores, Carlos Calado relembrou o período da campanha política à prefeitura de Salvador, quando Gilberto Gil parecia bastante irritado com o personagem de Chico Anysio. Em face dessas ponderações, o compositor não desmentiu os sinais de insatisfação e confirmou o sentimento de desagrado diante da caricatura naquela época: "Eu não gostava". Carlos Calado continuou a expandir o assunto, quase numa abordagem interpretativa do episódio: "Inclusive, era uma forma de ironia [...] de te atacar politicamente, de te rebaixar politicamente".

Com a pergunta desse entrevistador, pode-se pensar o impacto da mídia sobre a realidade social. Ciente das possíveis implicações políticas decorrentes do uso midiático de Zelberto Zel, o compositor avalia essa caricatura pelo seu poder de mobilização coletiva, como operador no processo da construção identitária:

---

57 As falas dos sete parágrafos seguintes são extraídas da entrevista ao *Roda Viva*.

"Você tem aí uma ajuda desestabilizante, vamos dizer assim, negativa, de uma alta força de comunicação como era o programa dele e a personalidade artística e tudo o mais". A constatação de que a caricatura mostrava-se inoportuna no momento da campanha política ficou bem evidente: "Eu nem diria que eu estaria certo pensando que assim fosse, mas eu sentia dessa maneira. Eu sentia, quer dizer, naquele momento em que minha candidatura convidava a música, enfim, por todas as dificuldades que ela já tinha".

O sentido de uma identidade somente se valida e se possibilita em um dado contexto social e político e, naquele momento de circulação da caricatura, o artista baiano ambicionava transitar para o campo da política institucional. Disso resultou o incômodo e o desalento admitidos pelo cantor diante do desempenho e do papel da mídia: "Aquilo me desanimava um pouco, me dava... eu dizia, 'puxa vida, eu não pude ainda nem transitar pelo campo da seriedade junto do eleitorado, junto do público, ainda não pude nem colocar minha proposta nesse patamar da seriedade, da legitimidade'". A imagem do corpo carnavalizado soava-lhe, portanto, também como rejeição, construída diante do político: "e já vem uma coisa chutando pra cima, né? Botando ela na peteca, jogando pro... Então era isso um pouco".

Nesse trecho da entrevista, o compositor toca em um ponto importante quanto à utilização das caricaturas pelos agentes de comunicação. O assunto não se restringiu apenas à vontade que movia o quadro humorístico de Chico Anysio, mas se expandiu às relações de poder presentes no uso midiático, quando conferem valor interpretativo aos traços caricatos. Nesse contexto, permite-se entrar no cerne do debate sobre a importância de delimitar a diferença entre o público midiático e o público político, tendo em vista que a noção de esfera pública acaba por se apresentar problemática, por adquirir, na sua conotação, o significado de caráter abstrato[58]. Se o público midiático participa dos mecanismos de representação, o público político torna-se "o inquiridor ou deliberador" que pensa as consequências de um acontecimento e de uma imagem dentro de uma lógica do poder.

---

58 Para essa análise quanto aos termos "público midiático" e "público político", foi importante a abordagem desenvolvida pelo ensaio de J. M. de O. Mendes, Media, Públicos e Cidadania, *Revista Crítica de Ciências Sociais*, n. 70, p. 147-158.

Ao ser interrogado sobre o personagem de Chico Anysio, Gilberto Gil descartou o tom de ressentimento e de mágoa em relação à montagem do quadro humorístico; não deixou de cotejar as questões relativas ao uso público da caricatura e sua presença no processo de construção da identidade, como estratégia para produzir estruturas de atenção em meio às malhas de controle e de rejeição social. Segundo o desabafo declarado do artista, aquilo lhe soava negativamente: "Era uma certa decepção que eu sentia com o fato, com a inoportunidade, pelo menos do meu ponto de vista, que era a presença daquele personagem ali, naquele momento da campanha". Pode-se dizer que qualquer identidade não anula o desenho de uma caricatura que cada um faz de si, o problema se avoluma quando ela é feita não só por outros, mas se mostra suscetível às diversas manobras públicas. Tudo isso põe em crise a inocência presente no humor.

No decorrer da entrevista, Gilberto Gil tenta corrigir quaisquer meneios que confirmem a marca de ressentimento quanto ao recorte do programa *Chico Anysio Show*, bem como descarta o sentimento hostil. Para tanto, ele prefere optar pela avaliação crítica do próprio conceito de humor que, de alguma forma, inocenta a vontade de rejeição quanto à sua campanha política. O cantor estabelece a analogia entre a criação humorística e as atitudes de uma criança: "Mas o humor é isso, o humor é cruel. Uma das tarefas do humor é essa. O humor é igual a uma criança, o humor é infantil, ele trata qualquer coisa como uma criança trata, [nele] é tudo meio amoral". Em meio a risos, o músico continua a reflexão acerca dessa tessitura analógica, ressaltando o aspecto pueril do humor: "Ela não tem ainda o sentimento de perversidade; não é perversidade para a criança, né? Mas o humor é infantil por natureza; o humor tem aspectos infantis sempre, diversão com vestes infantis".

Com essa definição, o artista desenvolve as ponderações quanto ao uso político que se pode fazer a partir dos quadros humorísticos e, no caso específico, do personagem Zelberto Zel: "O problema é o que está por trás da manipulação da instância infantil pelos adultos (risos). Essa é a questão que nós estamos colocando aqui, quer dizer, o Chico na berlinda nesse momento, exatamente por isso". O nervo de tensão fica exposto não somente pelo que "está por trás" na utilização da cena humorística de Chico Anysio, pois este criador, como em qualquer arte, tem a liberdade de se expressar. O ponto a ser discutido é quando o humor acaba oferecendo o discurso e os elementos que servirão de instrumento corrosivo da imagem-objeto, a princípio apenas a serviço da diversão e da montagem do quadro humorístico: "Quer dizer, e aí, teria ele o direito do humor de fazer essas coisas? Aliás, assim: Capitão Gay!" Finaliza-se esse tema, na entrevista ao programa *Roda Viva*, com uma pergunta, com uma pontuação de caráter ético.

Esse programa traz, novamente à baila, um traço eleito na caricatura de Zelberto Zel, já apontado por Antonio Risério em sua análise: a sátira quanto ao desempenho da linguagem de Gilberto Gil. A encenação da suposta identidade do artista tinha por base a sua maneira peculiar de servir-se das palavras, principalmente no estilo das pausas longas, com seus marcadores textuais: a exemplo da escolha do termo *enfim* em meio às frases e às declarações, como também o emprego do *talvez*.

Aquilo que a entrevistadora Maria Amélia Rocha Lopes considerou como uso barroco da linguagem por Gilberto Gil – ao questioná-lo sobre os trejeitos do quadro de *Chico Anysio Show* – é tido, na recepção do artista e do político, como motivo de diferentes moldagens interpretativas. Não foi sem razão que Chico Anysio o escolheu para compor um de seus quadros humorísticos. Observa-se, em muitos contextos, a reação ao discurso utilizado pelo cantor. A imagem caricaturada apostava na recepção burlesca da linguagem deste músico, tida, em alguns momentos de elocução, como vaga, titubeante e, até por isso, risível. Zelberto Zel explorava o efeito cômico desse traço, ao mesmo tempo em que dava margem à emergência e à confirmação do estereótipo: o do baiano com sua fala preguiçosa, negligente, com o discurso pouco sério e carnavalizado, que passeia pelo cenário da política institucional.

Em 17 de março de 2005, circulou pelas páginas da Internet uma carta endereçada ao ministro-artista, que exemplifica esta abordagem. O texto pretendia ser uma crítica contundente e cáustica que tematizasse a recepção da linguagem de Gilberto Gil pelo seu aspecto risível, especioso, na cadência do escárnio[59].

---

59 A carta é assinada por Geraldo José Chaves, delegado aposentado da Polícia Federal e ex-secretário de Segurança Pública do Distrito Federal. A "Carta ao

36   GILBERTO GIL: A POÉTICA E A POLÍTICA DO CORPO

Na "Carta ao Ministro Gilberto Gil", o autor, ironicamente, constrói o parágrafo de introdução em um tom professoral e quase debochado: "Rogo sua ministerial licença para reproduzi-lo e, sobre ele, tecer um pequeno, mas sincero comentário"; quando apresenta um recorte de uma suposta explanação do artista sobre música: "Não tive o privilégio de conhecer, na íntegra, o seu comentado panegírico sobre a música brasileira. Tomei conhecimento pela Internet, de um trecho apenas". Nesse motejo de clara rejeição, transcreve o fragmento de texto, buscando retratar as entonações da fala: "É..., bom..., eu queria dizer que a metáfora da música brasileira na globalização efetiva dos carentes objetos da sinergia fizeram a pluralização chegar aos ouvidos eternos da geografia assimétrica da melodia... [sic]"[60].

Ainda que a carta tenha sido escrita por um delegado aposentado da Polícia Federal, de quem se espera o apreço pelo discurso formal e técnico, o fato é escolhido como um exemplo acerca da recepção reativa da linguagem de Gilberto Gil. Verifica-se o quanto as palavras do artista servem de motivo não só de inspiração para um quadro de humor, como o de Zelberto Zel, mas se adaptam ao projeto de desqualificação desse sujeito em função do cargo por ele ocupado, o de ministro da cultura. Embora em contexto bastante diferente, a carta repete uma das cenas inspiradoras do quadro de Chico Anysio; tem-se, entretanto, um claro julgamento quanto ao desempenho linguístico do ministro-artista, em um gesto agressivo: "Não sei se realmente se trata de um discurso ou se é parte da letra de alguma música sua. Depois de várias leituras, continuei sem entender o que 'a mente brilhante' de V. Exa. queria dizer". O delegado continua a declaração nessa atmosfera de ironia: "mas acredito tratar-se de algo muito importante para a música. Afinal, o sr. é o ministro da Cultura e um famoso cantor/compositor (embora seu estilo musical não seja o de minha preferência)"[61].

O ponto central não se restringe ao fato somente de a linguagem de Gilberto Gil ser considerada um quadro ridículo,

---

Ministro Gilberto Gil" data de Brasília, 1º de março de 2005, mas passou a circular pela Internet em 17 de março de 2005.
60 Idem.
61 Idem.

digno de humor, mas de identificar a recusa à sua personalidade política na utilização acentuada desse traço. O processo de leitura das redes políticas no Brasil reflete sobre os meios de dominação a partir da desejosa hegemonia linguística e, consequentemente, da permanência dos mesmos personagens na trama social do país. Nota-se, em partes da carta, a vertente depreciativa em torno do estilo discursivo do artista: "Diante da imponência intelectual de V. Exa., senti-me um verdadeiro grão de nada e, tomado por um repentino desespero, comecei a acreditar que burrice e incapacidade estavam embotando a minha modesta inteligência". A crítica revela também a marca de desdém intelectual: "É claro que não tenho a pretensão de ser tão preparado e sábio quanto o sr., contudo, imaginava-me capaz de, pelo menos, entender o que escrevem as pessoas, entre elas, o nosso preclaro ministro da cultura"[62].

Na carta, sublinha-se a referência feita pelo autor a um texto da professora de língua portuguesa e editora do *Correio Brasiliense* Dad Squarisi, sendo considerada uma voz legítima e representante do saber culto, diante da gramática hegemônica da língua. O delegado constata não ser o único a mostrar-se insatisfeito e incomodado quanto à linguagem utilizada pelo ministro: "Não sou o único que não entendeu bulhufas do que o sr. quis dizer. A professora Dad Squarisi também não 'pescou' nada. Como vê, estou em excelente companhia". O autor estende sua crítica ao Partido dos Trabalhadores: "Parece-me, caro ministro, que os próceres do PT estão dando um banho de cultura no povo brasileiro"[63].

É interessante verificar que a crítica elaborada pela professora circula na mesma data em que Gilberto Gil é foco da matéria do caderno Ilustrada da *Folha de S.Paulo*, naquele mesmo domingo de Carnaval de 2005. No mínimo, constata-se o quanto o ministro-artista foi alvo do interesse dos jornais e/ou articulou também seus interesses pela imprensa, em um projeto de mão dupla. O debate sobre o edifício e a permanência do paradigma de uma cultura hegemônica deixa evidente o papel da inclusão abstrata e da exclusão concreta de certos atores sociais. Assim, a heterogeneidade das matrizes culturais

62 Idem.
63 Idem.

38   GILBERTO GIL: A POÉTICA E A POLÍTICA DO CORPO

e o descentramento do padrão da norma culta são negados e temidos pela lógica da supremacia cultural[64].

"Qualquer relação concreta entre indivíduos ou grupos humanos nunca poderá ser despida da dimensão do poder", confirmavam Antonio Risério e Gilberto Gil, em ensaio sobre o poético e o político[65]. Na emaranhada rede social, para lembrar Roland Barthes, as questões de poder localizam-se nas palavras cotidianas pela força gregária da língua[66]. Segundo o ensaísta francês, o fascismo não se define apenas pela obrigatoriedade de falar, mas pelo acordo tácito de limites do sistema linguístico que sujeita o falante a utilizar um código em comum, segundo os níveis sintático, morfológico, fonológico e lexical definidores da própria língua. É muito importante deslocar e romper as hierarquias entre os discursos, porquanto mesmo os artísticos fazem parte dos jogos de poder, considerando que não há um lugar discursivo neutro.

Em trânsito pela Internet, a carta funciona como uma estratégia de integração para estabelecer o relacionamento entre os discursos públicos e os textos virtuais. Em princípio, os textos divulgados pela Internet possuem uma autoria duvidosa, quando não são, de fato, apócrifos. De um lado, tal realidade parece desconcertante, pela tradição que requer o nome para legitimar o discurso e dar-lhe unidade discursiva. Por outro lado, as publicações digitalizadas, com a autoria duvidosa, apontam para a questão fundamental: a rede de interpretações e de conceitos circulante pelo mapa globalizado dispensa o rosto, e o nome torna-se necessário apenas como jogo de máscaras.

Assim, interessa investigar na carta, não a sua autenticidade, mas as possíveis reflexões a serem levantadas a partir dela. De certo modo, o texto retoma a cena de Zelberto Zel, quando a linguagem de Gilberto Gil é ridicularizada, por ser definida como obscura, incoerente e inapropriada para um ministro de

64 Segundo Martín-Barbero, "a invocação do povo legitima o poder da burguesia na medida exata em que essa invocação articula sua exclusão da cultura. E é nesse movimento que se geram as categorias do culto e do popular. Isto é, do popular como in-culto [sic], do popular designando, no momento de sua constituição em conceito, um modo específico de relação com a totalidade do social: a da negação, a de uma identidade reflexa, a daquele que se constitui não pelo que é mas pelo que lhe falta. Definição do povo, por exclusão, tanto da riqueza, como o do 'ofício' político e da educação"; op. cit., p. 37.

65 *O Poético e o Político e Outros Escritos*, p. 15.

66 *Aula*, p. 14.

Estado. O juízo de valor acerca do termo "cultura", deflagrado no texto, ainda se refere ao erudito, baseado na tradição acadêmica e nos rituais do padrão linguístico de prestígio. Portanto, a língua assume um modo de hierarquia social e uma maneira de produzir o conceito de cultura hegemônica: a chamada alta cultura, da cidade letrada. Dessa maneira, é compreensível, embora inaceitável, o exagero ao sugerir a linguagem deste artista como um "estupro intelectual": "Meu caro ministro, sem perder a elegância e desconsiderando o estupro intelectual de que estamos sendo vítimas quase que diariamente". O autor parodia a santíssima trindade ao ampliar a crítica feita ao ministro: "com a 'Caríssima Trindade' (Lula da Silva, na Presidência, o sr. no Ministério da Cultura e Severino na Cabeceira da Câmara), para que o Brasil ingresse no seleto restrito grupo dos desenvolvidos". Conclui o parágrafo com a declaração debochada de que "falta apenas o sargento Garcia prender o Zorro. É só esperar".

O comentário sobre o estilo linguístico de Gilberto Gil situa-se longe do ambiente de humor que tornava aceitável o quadro de Zelberto Zel. Percebe-se a vontade repressora, de fragilizar, pela via da hierarquização linguística, a imagem do artista no cenário da política, negando-lhe o poder de comunicação no cerne do debate cultural. Embora o compositor baiano seja um dos responsáveis por um dos movimentos mais renovadores da música brasileira, o tropicalismo, ainda que seja uma personalidade reconhecida no panorama internacional, mesmo que tenha o curso de nível universitário em Administração de Empresas e fale diversos idiomas, embora seja construtor de uma obra artística notável e premiada, ainda assim, sua linguagem é tida como representante legítima de Odorico Paraguassu.

A carta associa Gilberto Gil ao personagem da telenovela *O Bem-Amado*, escrita por Dias Gomes e exibida pela Rede Globo de Televisão. O político Odorico Paraguassu caracterizava-se pelo estilo rebuscado de discurso, com frases esvaziadas, inerentes à preleção demagógica: uma nítida caricatura do político brasileiro, que promete, porém nada faz. A vontade de analogia entre esses personagens surge com o propósito de desqualificar e mesmo ridicularizar o discurso do ministro, a partir de um valor linguístico consensual: "Receba V. Exa. minhas efusivas, candentes, inequívocas e indefectíveis profalsas (esta saudação não é minha. Foi dita pelo inesquecível e 'Bem-Amado Paulo Gracindo, no papel do extraordinário personagem Odorico Paraguassu')". Como se nota, o traço explorado pelo personagem de Chico Anysio, que passeava pelas imagens da mídia em 1988, é relembrado, principalmente depois da assunção de Gilberto Gil ao cargo de ministro da cultura[67].

Mas o ministro-artista apresenta uma forma muito peculiar de lidar com as caricaturas e os deboches em torno de sua imagem pública. No Carnaval de 2005, este músico retomou a mesma e outra imagem explorada por Chico Anysio: a do artista baiano e político, que exibe o corpo carnavalizado na primeira página do jornal *Folha de S.Paulo*. A repressão, sentida na recepção do quadro de humor do programa *Chico Anysio Show*, da Rede Globo, não intimidou o ministro-artista e, anos depois, ele jogou com a força política do seu corpo caricaturado anteriormente. Os termos "repressão" e "censura", sugeridos na construção caricata, presentes em Zelberto Zel, merecem destaque pelos problemas e conflitos que encerram, pela imagem ou traço que inscrevem e retomam na grafia do inconsciente, que advém, sobretudo, do recalque[68].

Gilberto Gil repete, com diferenças, a cena desenhada por Chico Anysio. Nesse sentido, o relacionamento entre o recalque e a repetição é previsível no âmbito da teoria sobre o corpo:

67 No programa *Fantástico*, exibido pela Rede Globo de Televisão no dia 22 de abril de 2007, entre uma das cenas, aparece uma caricatura de Gilberto Gil, que explora exatamente o estilo pausado do discurso deste artista. Isso comprova o quanto esse traço vem sendo motivo de atenção conferida pela mídia, no sentido de formar o "público midiático"; como as pausas inspiram e retomam o mesmo traçado de outras caricaturas já desenhadas sobre este artista, em um mesmo jogo de repetições.

68 O recalque é uma operação defensiva daquilo que não tem acesso à consciência, e diz respeito ao inconsciente. Assim, o pensamento de Bhabha apresenta a vertente crítica quanto a certa redução de leitura da teoria freudiana que dificulta entender o papel da repetição no próprio mecanismo de feitura do estereótipo e de seu relacionamento com a alteridade. Para ele, Freud avança na forma de apreender a força do gesto repetido, por colocá-lo no lugar de saber sobre o recalque e, principalmente, como potência para articular a diferença. O estranho-familiar confirma um salto na forma de se compreender a diferença, pois Freud já anunciava que a estranheza não decorre de uma novidade, de uma paisagem nunca visitada ou de uma experiência original. Assim, Bhabha também cita Paul Abbot, segundo o qual "enquanto a repressão bane seu objeto para o inconsciente, esquece e tenta esquecer o esquecimento, a discriminação deve constantemente trazer à consciência suas representações, reforçando o reconhecimento crucial da diferença que elas encarnam e revitalizando-as para a percepção da qual depende sua eficácia"; op. cit., p. 110-116 e 123.

O REALCE DO CORPO   41

o elemento recalcado sempre retorna. O episódio também pode ser entendido como o retorno do segredo guardado, do conteúdo informulável pela fala, tendo em vista os vetores sociais que legitimaram e legitimam as narrativas aceitas. Na performance do artista, a diferença engendra-se nesse vaivém das repetições e se ergue na insistência dos estereótipos. Entretanto, os atores das cenas repetidas podem ser vistos de vários lugares. Com inquietas máscaras, restitui-se à encenação a potência do disfarce e do corpo que tem a história como realidade descontínua[69].

Dois jornais de grande circulação elegem o mesmo personagem e no mesmo dia, no domingo de Carnaval de 2005. Mais do que mera coincidência, observa-se que a sociedade tecnológica, marcada pelos meios de comunicação de massa, difunde os produtos culturais e estabelece o ritmo de apreensão das informações. Ela também possui o papel de reproduzir a encenação política da identidade: um processo que envolve identificações e re-identificações constantes, que permitem rever as cenas excludentes em muitos pontos e páginas da imprensa brasileira, com designações culturais assentes nas narrativas divulgadas na arena cultural e no cotidiano de muitos cidadãos brasileiros. Enfim, a crítica ainda tem muito a dizer e a refletir sobre Gilberto Gil, dada a coragem e a vitalidade de sua poética e de sua política do corpo.

Entre as Pausas e o Talvez

O jornal *Folha de S.Paulo* inclui na publicação do caderno Ilustrada, no dia 13 de agosto de 2006, um texto de Silvana Arantes, intitulado "Vídeo com Gilberto Gil Causa Barulho". Trata-se de uma reportagem acerca do debate suscitado pelo vídeo produzido em 2001 – antes da posse do artista como

---

69 Sobre o encontro entre o recalque e a repetição, Deleuze acentua a importância da teoria freudiana, pois considera que "Desde a primeira teoria do recalque, Freud indicava uma outra via: Dora só elabora seu próprio papel e só repete seu amor pelo pai através de outros papéis desempenhados por outros e que ela própria desempenha em relação a outros (K, Senhora K, a governanta...). Os disfarces e as variantes, as máscaras ou os travestis não vêm 'por cima', mas são, ao contrário, os elementos genéticos internos da própria repetição, suas partes integrantes e constituintes"; *Diferença e Repetição*, p. 45.

42 GILBERTO GIL: A POÉTICA E A POLÍTICA DO CORPO

ministro – pelo diretor Roberto Berlinder, em homenagem ao músico baiano. O mote do debate girou em torno de uma possível chacota com a linguagem do ministro, enquanto outras vozes entendiam aquele trabalho apenas como um tributo à carreira do artista.

O fato desencadeador do impasse residiu no episódio gravado no vídeo, no qual este músico leva sessenta minutos para pronunciar a seguinte declaração: "A música é a afinação da interioridade". Segundo o jornal, o gesto recortado pelo filme provocou a reflexão crítica sobre o estilo discursivo do artista: "O filmete virou tema de debate em listas de discussão de cineastas e levou seu diretor, Roberto Berlinder, a publicar um texto de esclarecimento no site oficial do artista". De acordo com Berlinder, a repercussão em volta da cena ganhou destaque pelo fato de o músico haver se tornado ministro da cultura e a proposta inicial do filme "brinca com uma característica de Gil, a de pontuar sua fala por intervalos de silêncio ou balbucios, em busca da palavra mais exata para dar sequência ao seu raciocínio"[70].

Nesse percurso analítico, não cabe identificar se o filme representa ou não uma homenagem ao artista baiano, mas pontuar algumas reflexões para o tema aqui abordado. A primeira refere-se ao fato de este músico se prestar a uma cena que poderia reacender o quadro de humor quanto à sua performance linguística. A segunda deve ser mencionada, porque ele sabia da suscetibilidade de conflito quanto à sua imagem, como ocorreu realmente. O espírito de jogo, portanto, não se limita ao diretor do vídeo, pois o ator escolhido parece apostar no valor da jogada.

É possível ler o estilo discursivo deste artista não apenas pelo signo da ineficiência linguística ou como uma cena próxima ao cômico. Pode-se considerá-lo o móvel de uma crise e de resistência ao discurso já aceito como político, ao mesmo tempo em que reivindica outra competência de leitura para seu texto. Com base no pensamento derridiano, pode-se afirmar que este compositor rompe o monolinguismo e o culto identitário para se afirmar no tema do indecidível, não só em termos de uma

---

70 Fala da extraída da reportagem citada acima.

identidade consagrada, mas também em torno da linguagem. Assim, em uma rede de filiações filosóficas, emerge a importância das pausas e do "talvez" em Gilberto Gil.

O jogo de antítese às claras/às escuras, presente no texto de Zelberto Zel, e o debate a respeito do vídeo *Afinação da Interioridade* trazem o problema do indecidível, o talvez, considerado pelo seu aspecto negativo. Esse advérbio, *a priori*, conota a insegurança, a hesitação conceitual do artista, que acaba por invadir o terreno da imagem do político. Havia e ainda há certo conflito quanto à recepção das pausas presentes na retórica de Gilberto Gil.

No estilo do ministro-artista, o advérbio pode ser lido de outra maneira: não mais com a denotação comum de dúvida e de incerteza conceitual. A dúvida é um método socrático, daquele que crê no valor negativo do falso. Sugerido na retórica do compositor, o talvez aponta também para a abertura do discurso; pode ser avaliado sob os eflúvios interpretativos do termo *além* nietzschiano, como um não lugar. Dessa maneira, é possível decodificá-lo como o limite e/ou fronteira para que as dicotomias caiam de seus altares consagrados e os conceitos sejam retirados de sua herança fechada e garantida[71].

O discurso do talvez descerra a dimensão do futuro em um projeto que presume o saber a ser refeito, o conhecimento sempre inacabado[72]. A propósito, no livro *Mal de Arquivo: Uma*

---

71 Para a leitura do "talvez", toma-se como base a filosofia nietzschiana e a problematização desse advérbio, quando o autor afirma: "a crença fundamental dos metafísicos é a 'crença nas oposições de valores'. Nem aos mais cuidadosos entre eles ocorreu duvidar aqui, no limiar, onde mais era necessário: mesmo quando haviam jurado para si próprios *de omnibus dubitandum* (de tudo duvidar), pois pode-se duvidar, primeiro, que existam absolutamente opostos. Talvez! – Mas quem se mostra disposto a ocupar-se de tais perigosos 'talvezes'? Para isto será preciso esperar o advento de uma nova espécie de filósofos, que tenham gosto e pendor diversos, contrários aos daqueles que até agora existiram – filósofos do perigoso 'talvez' a todo custo"; *Além do Bem e do Mal*, p.10-11.

72 A teoria do corpo-arquivo valoriza o talvez, segundo Derrida: "Num sentido enigmático que se esclarecerá *talvez* (talvez, porque ninguém deve ter certeza aqui, por razões essenciais), a questão do arquivo não é, repetimos, uma questão do passado. Não se trata de um conceito do qual nós disporíamos ou não disporíamos *já* sobre o tema do *passado, um conceito arquivável de arquivo*. Trata-se do futuro, a própria questão do futuro, a questão de uma resposta, de uma promessa e de uma responsabilidade para amanhã. O arquivo, nós só o saberemos num tempo por vir. Talvez. Não amanhã, mas num tempo por vir, daqui a pouco ou talvez nunca"; *Mal de Arquivo*, p. 50-51.

Impressão Freudiana, Jacques Derrida mostra-se disposto a compartilhar da seara dos filósofos e dos artistas cujo pendor define-se pela vontade de problematizar o talvez e inseri-lo no jogo da linguagem. Ele se utiliza da repetição desse advérbio, confirmando-o como signo indicador de outra postura para manejar os imperativos da linguagem e do arquivo do corpo textual.

Nesse contexto de reflexão, Gilberto Gil promove a análise de outro tipo de saber, que inclui o talvez e as pausas. Como leitor das inúmeras regras do jogo que afirma a potência da incerteza, pode-se vislumbrar uma estratégia de desarticulação da verdade aceita no próprio manejo do discurso. A sintaxe de prestígio negligenciava o advérbio, colocando-o como mero adjunto adverbial das frases tidas, anteriormente, como definitivas. Tal como sugere Jacques Derrida, o talvez merece destaque, pois este vem afirmar não uma política da verdade, mas a política das diferenças. Na suspensão impressa nas pausas presentes na fala do compositor baiano, reconhece-se o horizonte de artistas e de pensadores do futuro, os participantes da rede de discursos na qual o talvez emerge como potência discursiva, como crise de valores e de conceitos arraigados na cultura ocidental[73].

Dispor de um conceito é ter segurança sobre o passado e o presente. Já o termo "noção" considera o passado, o que se institui chamar ou nomear uma entidade ou objeto, sem negar a dimensão do futuro. O conceito fecha, enquadra as diferenças

---

73 Em sua crítica ao discurso de Yerushalmi, autor do livro *Monólogo com Freud*, quando percebe que a determinação não vem de um lugar teórico, mas de uma fala performática, Derrida cogita sobre a ligação da história de um nome próprio com a história de uma filiação, de uma casa, como também ao nome e à lei de uma nação, de um povo ou mesmo de uma religião. A ciência, a filosofia e a teoria têm uma história que as produziu de muitas maneiras e Yerushalmi leva isso em consideração para defender a tese de que a psicanálise é uma ciência judaica; para tanto, usa da força do talvez. Ele gostaria que o próprio Freud fundamentasse essa assertiva; como não é possível, delega ao gesto performativo, possibilitado pela abertura do discurso. Segundo este, Freud *talvez* não tivesse dito claramente que a psicanálise é uma ciência judaica por não poder revelar o segredo em público. E se o monólogo, a princípio, parece querer guardar o segredo freudiano, é a própria invenção discursiva do segredo. Nesse sentido, o corpo-arquivo traz sempre o problema do espectral, pois se o texto é parricida, há a abertura para a inscrição de muitos significados sobre a mesma letra e, quando o pai aparece, subleva-se como retorno do fantasma. Nesse contexto, o talvez abre espaço para o futuro, assim como a repetição deixa de se definir a partir do elo somente com o passado. Cf. Idem, p. 65-67.

em nome da coerência de uma verdade eleita como razoável e autêntica. Todo valor atribuído como absoluto sustenta-se e se dispõe na eficácia dos conceitos textuais. Parece comum, portanto, o mal-estar diante do indecidível da linguagem, pois há a tradição racionalista que se baseia na lógica interpretativa, pautada no desejo de impermeabilidade das certezas e da unidade resultante da coesão discursiva[74].

Assim, pode-se apenas esboçar a noção das coisas na linguagem, como um objeto dado a conhecer ou uma identidade. A propósito desse enfoque, quando foi divulgada "Super--Homem – A Canção", de 1979, Gilberto Gil problematizou o mal-entendido resultante de seu comentário sobre a letra dessa música. No depoimento sobre a recepção de suas palavras, o compositor imprime a assertiva "todo homem é mulher (e toda mulher é homem)"[75]. A ruptura da identidade fixa, inscrita na palavra homem, ao abrir espaço para afirmar a porção mulher, foi lida por muitos críticos como indecisão sexual, ou mesmo uma escolha no âmbito da sexualidade. A frase aponta, sobretudo, para o próprio indecidível da linguagem, para a noção, e não para o conceito[76].

Nos seus versos, Gilberto Gil afirma o devir-mulher como eficácia de mobilização do múltiplo, que coloca em crise as identificações cristalizadas no mesmo binarismo. O ritmo cadenciado daquela música, as pausas intensas nas vogais abertas, a exemplo da vogal a, que se expande para permitir a passagem

---

74 Para A. Compagnon, um dos focos da tradição moderna é a busca desenfreada pelo novo, quando se valorizava o futuro a partir da perspectiva da ruptura. Segundo ele, Nietzsche rejeita a modernidade exatamente nesse ponto, pois o futuro para o pensador do eterno retorno não se define pela óptica da novidade, mas pela prática interpretativa que prevê as repetições e a crítica das verdades estabelecidas pelos diferentes discursos da tradição da vanguarda: "o conformismo do não conformismo"; *Os Cinco Paradoxos da Modernidade*, p. 16.

75 Em C. Rennó (org.), op. cit., p. 225.

76 Ao ler o teatro de Artaud como índice do fechamento da representação, Derrida abre espaço para entender também o corpo discursivo de Gilberto Gil. Indica-se a possibilidade de conquistar uma breve noção do objeto tido como referente, pois a noção considera a diferença no que ela tem de irrepresentável, o que permite entender também o teatro do qual Gilberto Gil é ator: o teatro deve se igualar à vida, não à vida individual, a esse aspecto individual da vida onde triunfam os caracteres, mas numa espécie de vida liberada na qual o sujeito não passa de encenação provisória. Cf. O Teatro da Crueldade e o Fechamento da Representação, *A Escritura e a Diferença*, p. 341-342.

46 GILBERTO GIL: A POÉTICA E A POLÍTICA DO CORPO

do canto, indicam o desejo de abertura de caminhos para outros corpos, para a cena na qual a flautista, antes banida do banquete ocidental, pode ser ouvida. A maneira demorada como o termo "mulher" amplia-se no final dos versos da canção, acompanhada pelos gritos do cantor e no eco das imagens sonoras, rompe com o significante falocrático.

A porção é força que permite rever os lugares discursivos já conhecidos e decodificados em um processo de liberação do corpo por meio do próprio significante usado para excluir tantas vozes da cena política e social brasileira. Nas narrativas tradicionais, a mulher geralmente aparecia como complemento de um enredo cujo centro gravitacional é o homem. A canção citada resgata os corpos que quase sempre estiveram ausentes do campo da autoridade política, para remarcar os sinais distintivos e para lhes conceder visibilidade. No curso da história, a porção-mulher emerge não mais como o complemento para o masculino, porém como suplemento. Há o desejo de reescrever a história social e política, liberando a mulher do lugar do silêncio. Cabe entender essa porção como parte de uma leitura crítica da construção do banquete ocidental[77].

Na expressão "um dia", presente no primeiro verso da música "Super-Homem – A Canção", Gilberto Gil relembra não só a marca de construção narrativa – a forma "Era uma vez", tão própria à introdução dos contos de fadas e comum aos contos populares –, mas também uma história da qual ele foi personagem. A expressão confirma um momento posterior, quando as narrativas puderam ser compreendidas de maneira diversa, deslocando os referenciais de leitura. A dimensão de retorno ao passado possibilitou a lucidez diante da ilusão de que o "ser homem bastaria"; quando se constatou que a definição da identidade homem mostrava-se uma ilusão, uma ficção a que vários

---

77 Em *O Banquete*, de Platão, entre as vozes que discursam sobre o tema do amor, observa-se que todos os lugares de autoridade e de saber são destinados ao masculino. No discurso de Erixímaco, fica claro que a mulher não é aceita na ágora, não se lhe oferece a possibilidade de fala. O silêncio aparece como correlato do recalque do feminino no exílio da flautista: "Como então – continuou Erixímaco – é isso que se decide beber cada um quanto quiser, sem que nada seja forçado, o que sugiro então é que mandemos embora a flautista que acabou de chegar, e que ela vá flautear para si mesma, se quiser, ou para as mulheres lá dentro; quanto a nós, com discursos devemos fazer nossa reunião hoje; e que discursos – eis o que, se vos apraz, desejo propor-vos" (p. 11).

discurso deram credibilidade e por meio dos quais foi legitimado o padrão estável da ética masculina[78].

Na cena do corpo estampada na primeira página do jornal *Folha de S.Paulo*, Gilberto Gil expõe não só as axilas e o peito sendo depilados, mas exibe aquilo que não pode ser representado, apenas estrategicamente construído: a diferença. Dessa maneira, reveem-se os instrumentos de permanência do mesmo e da ficção de uma verdade única, geralmente falocrática e eurocêntrica. Nesse ponto, compreende-se que a diferença não se deixa simbolizar, pois excede a imagem idealizada de si, escapa ao idêntico que se lhe imporia como modelo de identificação e de análise. A diferença não é um universal, nem se torna um arquétipo e tampouco se instaura como a máxima suprema para o sujeito; ela não pode ser confundida com a essência, pois participa da dinâmica social e política que impede a asfixia provocada pelas culturas e gramáticas hegemônicas. Em comentário sobre a letra desta canção, o músico declara:

Muita gente confundia essa música como apologia ao homossexualismo, e ela é o contrário. O que ela tem, de certa forma, é sem dúvida uma insinuação de androginia, um tema que me interessava muito na ocasião – me interessava revelar esse imbricamento entre homem e mulher, o feminino como complementação do masculino e vice-versa, masculino e feminino como duas qualidades essenciais ao ser humano. Eu tinha feito "Pai e Mãe" antes, já abordara a questão, mais explicitamente da posição de ver o filho como o resultado do pai e da mãe. Em "Super-Homem – A Canção", a ideia central é de que pai é mãe, ou seja, todo homem é mulher (e toda mulher é homem)[79].

O relato recortado traduz a dificuldade quanto à recepção dos versos deste cantor pela exigência de outros paradigmas

78 Na tradição ocidental, havia o hábito de associar o feminino ao corpo biológico e o masculino à razão, à alma. No século xx, a ciência culmina em crise da identidade feminina para além da imagem da maternidade, e esta reaparece de outra maneira, como escolha, não mais uma sina. Se os movimentos feministas, a princípio, permitiram ruir o mito da grande mãe, tempos depois, com a crise do próprio discurso feminista, a maternidade passa a ser admitida como força social e política que, ao contrário de ser uma forma de reclusão social, pode constituir-se como espaço de reversão de valores: "a ação política respeitável e reveladora do milagre da natalidade". Cf. J. Kristeva, *O Gênio Feminino*, p. 12.

79 Em C. Rennó (org.), op. cit., p. 225.

48 GILBERTO GIL: A POÉTICA E A POLÍTICA DO CORPO

que rompem com os centros identitários lastreados no binarismo homem/mulher. No ir e vir da história do Ocidente, o homem foi definido como substância, o ser masculino a lhe garantir a fisionomia e a identidade, em clara oposição à mulher. O depoimento apresentado requer pensar as diferenças dissociadas da dicotomia e/ou desta oposição. Ocorre o avanço no sentido de se discutirem as injunções que aprisionaram o entendimento de políticas identitárias e construíram as hierarquias sociais excludentes. A ameaça da desestabilização de identidades, já consolidadas nas histórias das nações, provoca a recusa e a resistência diante de muitos discursos críticos e artísticos. Ao inserir o talvez no debate contemporâneo sobre a identidade, este artista contribui para esclarecer o jogo do realce do corpo identitário como negociação de vozes e de valores simbólicos, em consonância com o declínio da perspectiva cultural monista.

Na fronteira e nas pausas de seu discurso, o cantor explicita o aparato teórico que faz ressoar a crise do conceito de identidade como uma categoria estável, detentora de um campo de saber sempre coerente. Assim, o termo porção-mulher, além de sugerir a ideia de um sujeito cindido, aponta para o ocaso do sujeito do Iluminismo, considerado como masculino; rejeita o indivíduo centrado, indiviso e completo. Nesse contexto, é possível questionar as hegemonias discursivas e identitárias, a exemplo do que faz Boaventura de Sousa Santos, ao definir as identidades como realidades semifictícias e seminecessárias: elas partem de uma série de identificações, afirmadas no encontro com os diferentes discursos no esteio social: "Os artistas europeus raramente tiveram de perguntar pela sua identidade, mas os artistas africanos e latino-americanos foram forçados a suscitar a questão da identidade"[80]. O autor, guiado pela mão de Alice, abre as fron-

---

80 Modernidade, Identidade e Cultura de Fronteira, *Pela Mão de Alice*, p.135. Santos declara, muito enfaticamente: "sabemos hoje que as identidades culturais não são rígidas nem, muito menos, imutáveis. São resultados sempre transitórios e fugazes de processos de identificação. Mesmo as identidades aparentemente mais sólidas, como a de mulher, homem, país africano, país latino-americano ou país europeu, escondem negociações de sentido, jogos de polissemia, choque de temporalidades em constante processo de transformação, responsáveis em última instância pela sucessão de configurações hermenêuticas que de época para época dão corpo e vida a tais identidades. Identidades são, pois, identificações em curso".

teiras que ampliam o discurso do compositor para uma teoria e para uma ação política, a partir da seminecessidade do esboço identitário do artista e do político em Gilberto Gil.

É importante assinalar as circunstâncias nas quais se pergunta pela identidade no campo do jogo cultural. É preciso verificar o momento no qual se afirma um conjunto de signos identitários no engenho da ficção necessária à manobra política, a fim de viabilizar o compartilhamento de poder em sociedades em que muitos cidadãos ainda vivem à margem dos eixos de decisão política. Nesse tecido interpretativo, apresentam-se as diferenças como força de afirmação que move os corpos na sua dinâmica múltipla e descentrada. Esta é a possibilidade de crítica à teoria da representação que inibe as faces culturais pela crença em uma representação possuidora de um centro, detentora de uma perspectiva única.

No relato anteriormente apresentado, Gilberto Gil ainda usa o adjetivo "essencial": "Me interessava revelar esse imbricamento entre homem e mulher, [...] masculino e feminino como duas qualidades essenciais ao ser humano"[81]. Cabe perguntar quando, para este compositor e ministro da cultura, foi e é necessário afirmar a essência, considerando a rede histórica e política na qual ele se enreda e borda sua imagem; em que circunstâncias é preciso repetir o "eu sou" como artifício para permitir a polifonia social. Essa é uma questão que emerge no discurso deste músico, quando o relato aponta para a erradicação das identidades fixas e para o interesse em torno do andrógino. Nesse caso, o uso do adjetivo "essencial" é compreensível, porque explora as condições favoráveis para aplicar, com eficácia, propostas de redefinições identitárias de âmbito sociocultural; entretanto não se pode desconsiderar o termo imbricamento, que aposta na confluência de movimentos, quando se pensa a metáfora do andrógino, consoante uma política das diferenças sexuais no contexto social e histórico brasileiro.

Defendida por Gilberto Gil, a androginia prevê o caminho de leitura atenta ao declínio irrefreável das identidades estáveis, dos hábitos de viver já legitimados para além da dialética opositiva. Sua paixão pelo termo *andrógino* é muito diferente do

81   Em C. Rennó (org.), op. cit., p. 225.

50 GILBERTO GIL: A POÉTICA E A POLÍTICA DO CORPO

que pregava Aristófanes no *Banquete*, porque a androginia lá era entendida como uma mistura e síntese conclusiva entre o masculino e o feminino. Assim, também em outra canção de 1983, embora ainda considerada sexista para alguns críticos[82], o artista retorna ao tema. A música "O Veado" revive os acordes de "Super-Homem – A Canção", ao refazer o traçado político que move o tema das identidades sexuais e a possibilidade de pensar a intersexualidade sugerida na sua arte[83]:

> Naquele momento o tema estava muito associado a nós, artistas que fazíamos a defesa da estética do androginismo – incorporando inclusive a ornamentália feminina em princípio proibida ao homem, mas enfim assumida por nossa geração como forma de afirmação de autonomia de ideia, proposta, gosto, de contestação do conservadorismo – e que nos colocávamos contra a histórica perseguição policial e a matança de homossexuais no Rio, em São Paulo, nas grandes cidades, como resultado de uma intolerância social em relação a eles. Por tudo isso, "O Veado" é uma música ideológica.
>
> É também a expressão da necessidade que eu sentia de aproximação e compreensão da homossexualidade, e de participação nela. Não sou homossexual (poderia ser, mas não sou), não foi algo necessário na minha vida; mas da veadagem eu faço questão: é o que eu tenho reivindicado sempre para mim. Nesse aspecto, a música é aquilo que o Haroldo de Campos falou muito bem: o "veado viável". É como nós podemos ser veados.
>
> [...]
>
> Se você é artista tem que aprender a ser veado. É o meu caso: eu sou aprendiz[84].

A partir desse trecho, podem ser cogitados os impactos causados pelas declarações do artista na década de 1980. No

---

82 Com base na declaração de Pedro Alexandre Sanches, em seu ensaio sobre Gilberto Gil, quando afirma que a canção "O Veado" é "a elegia metagay ainda sexista"; Gilberto Gil: Nesse Itinerário da Leveza pelo Ar, *Tropicalismo: Decadência Bonita do Samba*, p. 101.

83 O termo "intersexualidade" é usado conforme o sentido atribuído por Maria Irene Ramalho: "os poetas sabem melhor que ninguém que nunca se é só mulher ou só homem, é nos poetas que mais facilmente encontraremos a problematização das identidades sexuais que a cultura nos vai oferecendo, pois não é a linguagem poética o lugar mesmo de subversão, e por isso também da subversão identitária?"; A Sogra de Rute ou Intersexualidade, em B. de S. Santos (org.) *Globalização: Fatalidade ou Utopia*, p. 528-529.

84 Em C. Rennó (org.), op. cit., p. 268.

GILBERTO GIL: O REALCE DO CORPO 51

depoimento deste músico, a androginia pode ser lida a partir do signo do indecidível, o que não significa propriamente indecisão sexual ou síntese dialética dos opostos; mas, tendo em vista a noção de intersexualidade, com o sentido de repensar as marcas de uma trama social cujo papel de protagonista sempre se reservou ao masculino. Nesse caso, o substantivo androginia emerge como lugar de crise dos conceitos homem/mulher, o eu/outro e se estende à prática da fronteira nesse artista, também entre a arte e a política[85]. A abordagem da androginia remete à refazenda da história na dimensão de seus intervalos, a partir do ocaso da identidade soberana, por meio da revisão de discursos e de exercícios sociais monolíticos. Já nos versos de sua canção, o andrógino aposta no canto incessante de vozes que sabem ativar as fronteiras culturais: "O veado / Como é lindo / Escapulindo pulando / Evoluindo / Correndo evasivo / Ei-lo do outro lado / Quase parado um instante / Evanescente / Quase que olhando pra gente / Evaporante / Eva pirante"[86]. Não se trata somente de aludir à prevaricação de Eva; reinventa-se a moldagem de uma cultura assente na identidade falocrática.

No contexto político-social da década de 1980 no Brasil, quando esta canção foi divulgada, possivelmente, causaram conflito as transgressões das marcas sexuais nas construções dos corpos. É importante identificar que a cultura acentua a diferença sexual, naturalizando-a na estrutura binária homem/mulher, prefigurando o lastro da divisão sexual que abarca os hábitos interpretativos legitimados. A teoria do andrógino, construída com as canções citadas, desarticula narrativas cunhadas no terreno das representações culturais prevalentes da cultura ocidental binária e subverte a ordem dicotômica dessa construção para afirmar a zona intervalar. Assim, trazer o tema da intersexualidade andrógina acaba por abarcar também a dimensão política e filosófica de redefinição da subjetividade

---

85 Sobre esse tema, Maria Irene Ramalho pontua a questão do andrógino consoante o enfoque da "'igualdade ou diferença' do feminismo ocidental", quando ressalta o personagem de Virginia Woolf, com seu "ideal da sociedade igualitária" na metáfora do andrógino ficionada em Orlando; op. cit. p. 528.

86 Veado, em C. Rennó (org.), op. cit., p. 268.

GILBERTO GIL: A POÉTICA E A POLÍTICA DO CORPO

cultural, pautada em categorias identitárias fechadas ao gosto do teatro do Ocidente[87].

Esse mesmo enfoque de abordagem é retomado e esclarecido em outra canção. Em "Logunedé", mais do que uma homenagem ao seu outro orixá, o compositor ensaia a poética e a política que inclui, no debate, a crise das identificações sexuais. Filho de Oxum e de Oxóssi, este orixá carrega em si tanto os traços e os jeitos femininos – "É de Logunedé a doçura / Filho de Oxum, Logunedé / Mimo de Oxum, Logunedé – edé, edé / Tanta ternura" – quanto os caracteres consagrados ao masculino: "Logunedé é demais / Sabido, puxou aos pais / Astúcia de caçador / Paciência de pescador / Logunedé é demais"[88]. Geralmente associado ao tema da bissexualidade, o orixá emerge de modo a esboçar o declínio da tradição judaico-cristã, edificada sob a hegemonia da divisão binária das identidades sexuais, que acaba por sustentar também uma divisão social e econômica.

Essa canção não só recupera o tema já delineado em "O Veado", como dialoga com outra: "Pai e Mãe". Essa música foi composta por ocasião do aniversário do compositor em 26 de junho de 1975, quando, em data simbólica, este artista repassava a sua história e também ensaiava a justificativa de sua performance artística diante dos pais, afirmando o seu lado Logunedé: "Eu passei muito tempo / Aprendendo a beijar / Outros homens / Como beijo meu pai / Eu passei muito tempo / Pra saber que a mulher / Que eu amei / Que amo / Que amarei / Será sempre a mulher / Como é minha mãe"[89]. Apesar de seus 33 anos, ainda se nota o tom preocupado de um filho, com o desejo de suavizar a recepção negativa dos pais quanto ao gesto de ruptura com as identificações de or-

87 Derrida explora a afinidade entre o teatro e a filosofia por meio de um ângulo em comum: o da visibilidade. A teoria e o teatro recobrem o campo visual. A palavra grega *theoria* denota a contemplação, o olhar que admira o espetáculo da rua, das cidades e do mundo. Já a palavra *théatron* significa o lugar de onde se vê; e a palavra *theorema* significa tanto o espetáculo quanto o objeto de estudo. Dessa forma, o discurso filosófico expõe-se no que há de mais teatral. Em sua leitura de Artaud, o filósofo francês denuncia que o espetáculo teatral tem a insígnia da metafísica do olhar, como órgão suplente da razão, pelo privilégio concedido à presença, como se existisse a visibilidade ideal. Cf. O Teatro da Crueldade e o Fechamento da Representação, *A Escritura e a Diferença*, p. 342.

88 Em C. Rennó (org.), op. cit., p. 227.

89 Pai e Mãe, idem, p. 170.

dem sexual: "Como é, minha mãe? / Como vão seus temores? / Meu pai, como vai? / Diga a ele que não / Se aborreça comigo / Quando me vir beijar / Outro homem qualquer"[90]. Na vertente da escrita biográfica, os versos dirigem-se também ao coletivo por meio da gravação musical e ensejam a teoria da androginia já expressa nas outras canções. Nos compassos do eco tropicalista, o compositor traduz a marca da ambivalência na forma de encenar também o corpo e refazer a tradição judaico-cristã. O orixá Logunedé reaparece no palco para ensinar a ler a crise das identidades que se expandem na dinâmica da fronteira.

No realce do artista, há de se considerar a emergência da identidade ou mesmo a utopia do sujeito como uma necessidade provisória e circunstancial a fazer parte de um teatro performativo[91]. Se a diferença é o que vai diferindo e se dá como objetivo em um presente escorregadio, sempre inapreensível em um ponto cingido de si mesmo, ninguém, entretanto, despede-se de uma identificação a seu bel-prazer. Ninguém é completamente livre para escolher suas identificações. No âmbito cultural e biográfico, estas são construídas historicamente e vêm como necessidade para criar as referências para os sujeitos sociais, ao mesmo tempo em que podem garantir a permanência de valores simbólicos de uma sociedade.

Talvez a "porção mulher" de Gilberto Gil nos venha restituir a história. Se as promessas da modernidade não podem mais ser cumpridas, se hoje se vive a crise dos ideais democráticos no Brasil e no globo, quando as formas de regulação social se associam à crise da emancipação, talvez este artista seja o testemunho de transição democrática e paradigmática de um corpo que se espalha e se expande na crise e na fronteira entre os discursos, sempre atento às contingências e aos movimentos sociais. Com o corpo do ministro-artista, pode-se entender o realce das diferenças, sem idealizá-las ou fixá-las em identidades fechadas, ao mesmo tempo em que se esbarra nas formas de resistência, quando a mesma representação persiste em diferentes personagens, quer na ficção, quer nos palcos do teatro político brasileiro.

90 Idem, ibidem.
91 Cf. S. Hall, *A Identidade Cultural na Pós-modernidade*, p. 13-14.

O realce do corpo do ministro-artista abre espaço para o conflito e o embate cultural, para a visibilidade de contradições e de deslizamentos de discursos que estavam à margem na rede de comunicação e no mercado dos bens culturais. Do baião de Luiz Gonzaga ao samba de Dorival Caymmi e ao funk da periferia, o ritmo e a força das purpurinas de Gilberto Gil arrebentam os muros fechados dos discursos e territórios culturais. Sua música, seu rebento e seu corpo são signos de uma luta que constitui o processo político e democrático contraditório no Brasil e no mundo. Talvez os personagens Zelberto Zel e Odorico Paraguassu choquem-se com o outro riso de Gilberto Gil. Talvez a vida humana seja maior do que se sabe. Talvez.

2. A Geografia do Corpo: Travessia pelo Nordeste

O CORPO DUPLO: GILBERTO GIL E LUIZ GONZAGA

Gilberto Passos Gil Moreira nasceu no dia 26 do mês de junho, dois dias depois da festa de São João. Embora no registro de nascimento não conste o nome de Ituaçu, os primeiros anos de vida foram povoados pelas pequenas ruas e vozes daquela cidade do interior da Bahia. O lugarejo serviu como o primeiro referencial de cultura e de comunidade para o desenho dos traços da memória, momento em que ocorreu a primeira aproximação com as palavras e com a força física da natureza; quando se descortinaram o requinte e a riqueza de determinadas cenas e festas populares. Os festejos juninos habitaram o imaginário primordial da infância do compositor.

A cidade de Ituaçu atravessou o corpo do cantor, considerando o bordado familiar, os primeiros livros e a trama de discursos, enfim, sua rede de símbolos e suas nuances. A cidade exibe a cartografia de suas casas, de sua igreja e praça, das feiras com suas cantigas, com a subjetividade circulante na poética do músico baiano. Como se as ruas fossem um texto a ser decifrado, nos discursos que contêm e escondem sentidos, há o convite ao conhecimento, cujo processo de saber não se limita à esfera unicamente racional, pois considera a dimensão do corpo ao olhar que se debruça sobre o cenário nordestino: as festas populares, as ruínas históricas e os jogos de palavras em torno dessa região[1].

O fogo de Xangô e o de São João, já anunciados no seu nascimento, preparam o encontro e a admiração pelo trabalho artístico de Luiz Gonzaga. No dínamo das canções e da dança por muitos palcos do mundo, ao se referir ao Nordeste, Gilberto Gil celebra Luiz Gonzaga não só como um nome familiar, um poeta e grande músico. O Rei do Baião emerge como um campo de forças a romper o muro Norte e Sul, quando o baião é ouvido no Rio de Janeiro e em tantos cantos do Brasil.

A sanfona desdobra-se em outras sanfonas e compartilha da postura crítica, da estratégia política que se encarrega de reavaliar os enunciados e as imagens tecidas sobre o Nordeste brasileiro, por meio das quais se sustentam a barreira, a divisão social e econômica impostas a boa parte dos nordestinos. Ao mesmo tempo em que o olhar sensível dos dois artistas percebia a precariedade de recursos e de investimentos econômicos nessa paisagem brasileira – em contraposição ao avanço industrial situado nas áreas Sudeste e Sul, principalmente em São Paulo –, também recebia o convite do desejo que transforma, recria e produz outros sentidos para cenas previstas como nordestinas, já codificadas por olhares e discursos dominantes.

Januário, pai de Luiz Gonzaga, dedicava-se ao ofício de consertar sanfonas e animar festas e bailes rurais. O filho retoma a sanfona do pai – traço de identificação – e refaz o tecido da história familiar: "Luiz, respeita os oito baixos de seu pai", ouve-se esse verso ressoar na canção de Gonzaga. Ainda na infância, aos nove anos de idade, Gilberto Gil também se sente atraído pela sanfona e ganha uma de presente. Sua mãe – dona Claudina – acolhe o pedido do filho, que inicia os estudos na Academia de Acordeão Regina. No quarto ano do curso, recebe o seu primeiro

---

1 M. Foucault entende que o conhecimento faz-se com o corpo; nele, os instintos são o ponto de partida, embora não seja da mesma natureza dos instintos. O conhecer, portanto, não deriva naturalmente deles, não faz parte da natureza humana, pois é do conflito, da luta, do combate e do acaso, em tensão constante, que se processa o saber; o conhecimento é uma invenção. Cf. *A Verdade e as Formas Jurídicas*, p. 16-17.

A GEOGRAFIA DO CORPO: TRAVESSIA PELO NORDESTE 57

diploma: de acordeonista[2]. Dessa maneira, insinua-se uma afiliação social, uma dobra familiar, explicitada na escolha da sanfona. No gesto repetido, o que retorna é o imperativo, a vontade, cujo instrumento musical é apenas o indício ou a manifestação de marcas inscritas na poética e na política deste artista.

Pode-se dizer que o músico baiano abandona a dobra familiar de Gonzaga ao se despedir da sanfona quando, aos dezenove anos, em 1961, elege o violão como seu instrumento de trabalho. A troca adquire valor simbólico por traduzir o deslocamento, a abertura do significante para outros significados[3]. A afiliação social, no entanto, não foi interrompida e abriu espaço para o jogo de diferentes ritmos e sentidos. O som do violão vem afirmar o deslizamento na forma de ler as marcas, de ressignificá-las, impedindo a fixidez do sujeito ao projeto de referência regional única e privilegiada, diante do diagrama sobre a história do Nordeste.

Gilberto Gil retoma e dissemina o caminho musical de Gonzagão. Assim, permite a abertura para a genealogia de discursos que o liberta da origem absoluta, estagnada apenas no sentido regional, pois o sujeito não representa mais o lugar estável e inquestionável na trama interpretativa de uma dada cultura. Dessa forma, Luiz Gonzaga não constitui o mito por onde se lê o sertão nem representa a verdade, detentora de significado transcendental, sempre válido sobre o solo nordestino. A sanfona é ouvida ao lado do violão, com outros tons a produzir visibilidade a dois corpos: no jogo de luz sobre o corpo de Luiz Gonzaga, Gilberto Gil inaugura a refazenda da própria poética e política sobre a fisionomia nordestina.

Em 1986, a parceria entre esses dois artistas confirmava o laço de amizade e de afeto musical grafado na canção "Treze

---

2 Cf. M. Velloso, *Gilberto Gil*, p. 18.

3 Tanto Nietzsche quanto Freud encarregaram-se de mostrar o papel e a importância da repetição quando se pensam as representações subjetivas e sociais. Para o pensador do eterno retorno, o que volta é sempre a vontade, cujo objeto repetido insere-se no jogo de máscaras ou dos disfarces. Já para Freud, a repetição é o lugar de produzir o saber sobre o recalcado; ela possibilita interpretar o tempo longe da perspectiva linear, da sequencialidade, e traz o conhecimento sobre as identificações no âmbito do sujeito e no horizonte social. A repetição permite emergir o tempo fantasmagórico, com o qual se sustenta o desejo, mas que diz respeito também a muitas vozes conservadas à margem, esquecidas no tablado social. Cf. G. Deleuze, *Diferença e Repetição*, p. 47-136.

58 GILBERTO GIL: A POÉTICA E A POLÍTICA DO CORPO

de Dezembro". O título da letra composta por Gilberto Gil é alusivo à data de nascimento do Rei do Baião, cujo nome de batismo deve-se justamente ao fato de esse mesmo dia referir-se à data comemorativa de Santa Luzia e, também, pela combinação sugestiva ao mês de dezembro, signo atrelado à festividade do Natal[4]. Desse conjunto de crenças, emerge o nome Luiz Gonzaga do Nascimento, que por esses motivos não recebe o sobrenome do pai, Januário dos Santos. Desde então, apresenta a insígnia de sua diferença familiar e seu pertencimento à tradição cultural: "Bem que essa noite eu vi gente chegando / Eu vi sapo saltitando e ao longe / Ouvi o ronco alegre do trovão / Alguma coisa forte pra valer / Estava pra acontecer na região"[5].

Os versos de Gilberto Gil celebram o nascimento de Luiz Gonzaga como um acontecimento forte anunciado pela natureza. Da escolha das palavras extraídas da paisagem do sertão agreste, constrói-se a orquestra dos sapos, dos trovões, como antevisão do destino do músico do Araripe. A letra da canção é, portanto, o reconhecimento da importância de Gonzaga para o processo de visibilidade da cultura nordestina, como também é o alvo para pensar a relação partilhada entre esses dois músicos. Em "Treze de Dezembro", reacendem-se possibilidades conferidas pela vocação desses sujeitos à arte como via de acesso pessoal ao mundo e, ao mesmo tempo, como um segredo em comum, alimentado pela ambição de dissipar os valores esquecidos pela dualidade latente entre o Norte e o Sul do Brasil: "Quando o galo cantou / Que o dia raiou / Eu imaginei / É que hoje é treze de dezembro / E a treze de dezembro nasceu o nosso rei"[6].

Rei é a alcunha historicamente conquistada por Gonzaga, em virtude da importância que teve o baião como gênero musical nordestino. Captado da linguagem dos repentistas, o termo baião significa o trecho musical dedilhado na viola, quando se busca a inspiração para as falas recitadas; nesse vaivém ritmado, o músico pernambucano percebeu a força do nordestino. No ínterim dessas vozes e das narrativas, o cantor encontrou o seu reinado, localizou o som e o sentido incon-

4 Cf. D. Dreyfus, *Vida do Viajante*, p. 31.
5 Treze de Dezembro, em C. Rennó (org.), *Gilberto Gil: Todas as Letras*, p. 318.
6 Idem, ibidem.

A GEOGRAFIA DO CORPO: TRAVESSIA PELO NORDESTE 59

fundível da pintura de sua infância nas Serras do Araripe, da magia da cultura popular por meio da qual passaria o recado sobre o potencial do sertão brasileiro. Desse modo, no "canto do galo" espalha-se não só a profecia sobre o destino desse músico; eleva-se o sentimento intenso diante do raiar de outras inflexões melódicas e de voz, que abririam passagem para a vida de Luiz Gonzaga e para tantos outros sertanejos: "O nosso rei do baião / A maior voz do sertão / Filho do sonho de dom Sebastião / Como fruto do matrimônio do cometa Januário / Com a estrela Sant'Ana"[7].

Nas malhas da rede familiar e do sertão, a voz e a sanfona de Luiz Gonzaga despontaram do casamento entre o sanfoneiro Januário, que usava o fole como meio de sobrevivência, e a cantadeira de igreja e puxadora de reza, conhecida pelo acrônimo Sant'Ana, já que o nome de batismo era Ana Batista. O sanfoneiro era uma imagem paradigmática do cenário do agreste, onde a música circulava no imaginário das feiras, entrecortada pela banda de pífanos, por cegos cantando suas litanias, pela viola de um repentista qualquer. Desse modo, Luiz Gonzaga agrega, no seu corpo musical e nas suas vestes – inspiradas na figura de Lampião –, o "cenário rico das terras de Exu / O mensageiro nu dos orixás"[8].

Observa-se a identificação do cantor baiano com a música e com o artista nascido na cidade de Exu. Longe de simplesmente unir duas pessoas, a identificação é elaborada no espaço de um mesmo sujeito e, dessa forma, abandonam-se as relações intersubjetivas dando vez a relações intrapsíquicas[9]. O processo de identificar-se é sempre com o traço e não com o todo: trata-se de um mecanismo inconsciente realizado pelo sujeito, quando este adquire um aspecto do objeto. Este objeto não se restringe à pessoa exterior do outro ou ao elemento que é conhecido conscientemente, pois se refere à representação psíquica feita com um significante, sendo, portanto, o vestígio da sua presença, de seu traço inscrito no corpo, no inconsciente,

7 Idem, ibidem.
8 Idem, ibidem.
9 Quando Freud avalia o dado clínico da identificação, desfaz o equívoco de pensá-la como um fenômeno de semelhança ou de *mímesis* gestual. Cf. Psicologia de Grupo e a Análise do Ego, *Obras Psicológicas Completas*, v. 18.

60   GILBERTO GIL: A POÉTICA E A POLÍTICA DO CORPO

nos aboios da infância. A propósito, por ocasião da morte de Gonzaga, Gilberto Gil oferece o seguinte depoimento:

Luiz Gonzaga iluminava minha vida, do mandacaru ao pé de serra. Eu era menino, vivia no sertão, na caatinga, numa pequena cidade do interior da Bahia. Gonzaga refletia a nossa cara. Vinha com uma temática que até nos envaidecia, porque falava de nossa vida, da vida no mundo rural do sertão brasileiro. E a gente ficava vaidoso, porque a nossa vida era tocada no rádio. Ele interpretava o homem sertanejo. A vida severina. O humor característico do homem do sertão. Era um misto de crítica, felicidade e nostalgia. Fazia uma certa crítica da cidade, celebrava a alegria interiorana e falava de uma certa nostalgia do mundo sertanejo. Podia ser melancólico em "Vozes da Seca" e bem-humorado em "Baião de Dois". E ele soava com essa alegria, porque era cioso do seu pioneirismo em desbravar a cidade com o sertão. Descrevia o umbuzeiro, o romeiro, o tropeiro, o retirante, o boiadeiro, a função da feira na vida social sertaneja, o gado etc.[10].

Embora a identificação e a identidade tenham o mesmo elemento etimológico – o *idem*, que significa o *mesmo* –, são coisas distintas. A identificação rompe com o caráter imutável da identidade do sujeito, pois a trama do inconsciente põe em declínio o controle absoluto da razão. Refere-se a um traço ausente, mas que se sustenta e se possibilita, repetidamente, com a marca de uma presença, no decorrer da travessia pela linguagem e pela vida social. Se é possível uma forma para pensar o sujeito, é por meio das identificações, de um mesmo que retorna, o mesmo diferindo. Na ausência confirmada com a morte do rei, revela-se a sua presença inesquecível e condensada na biografia de Gilberto Gil.

No processo de identificação, um dos termos apresenta-se como agente. Em vez de o sujeito tornar-se semelhante e ser substituído por outro, aquilo com o qual ele se identifica é o móvel, ou seja, o objeto adquire o papel ativo, antes só desempenhado pelo sujeito. De acordo com os princípios psicanalíticos, o objeto ou o discurso do outro passam a ser considerados como agentes de identificação, ao trazerem os comandos inconscientes. O outro emerge como evocação de uma fala, de um imperativo

10   Em A. Risério, O Solo da Sanfona: Contexto do Rei do Baião, *Revista USP*, n. 4, p. 35.

ou de uma representação cultural, de que o sujeito não se subtrai, pois participa do mecanismo inconsciente de escolha, paradoxalmente forçada, que lhe possibilita a existência.

Assim, qual o imperativo que Gilberto Gil ouve de Luiz Gonzaga? Quando o compositor baiano canta "Juazeiro", o que se escuta nesse duplo canto? O tema do duplo, ao pensar a cidade, a nação e o biográfico, com suas questões identitárias, surge na *refazenda* e no jogo de significações da geografia da poética e política do corpo do músico baiano. Em 1973, no disco *Cidade do Salvador*, ele se reporta claramente a essa temática na canção "Duplo Sentido", cujo título revela-se bastante sugestivo: "Dessa esquina pelo menos posso perceber / O duplo sentido de tudo / Em todos que vão a diversos lugares / Primeiros, terceiros, oitavos andares"[11].

Na esquina, o olhar corta um ângulo formado por dois planos e, na intersecção das duas ruas, duas histórias encontram-se: Gilberto Gil e Luiz Gonzaga. No cruzamento dos dois cantos, modula-se a concepção da cidade e da escrita que abriga a ambivalência de tempos, a heterogeneidade de vozes e a duplicidade na forma de entender a representação identitária. Nesse contexto, depreende-se o duplo como o modo de ler o tempo, quando o passado não se antecipa ao presente, pois deste é inseparável[12].

No arco dessa reflexão, ao pensar sobre o declínio das narrativas oficiais e hegemônicas na maneira de conceituar as nações, aprende-se com Homi Bhabha que o conceito continuísta da história – a necessidade do passado adequado à premissa de desenvolvimento linear – constitui o mecanismo de superação do tempo duplo ou fantasmagórico da repetição[13]. Esse meca-

---

11 Em C. Rennó (org.), op. cit., p. 140.

12 Em seu último texto, "Sobre o Conceito de História", publicado postumamente em 1940, W. Benjamin ensina a ver o passado com outras lentes, não mais o observando como um tempo morto, que se reivindica apenas para legitimar o presente e constituir o futuro como o aceno das utopias. As mônadas benjaminianas revertem o historicismo horizontal, teleológico, na crítica acentuada à ideia de progresso. Ele permite levantar as premissas revisoras do materialismo histórico determinista, pois articular o passado é diferente de conhecê-lo, já que a história não se caracteriza como conjunto harmônico e bem apresentado dos fatos puros: ela se deixa apreender por um jogo de imagens. Nesse enfoque, o presente está saturado de passado, que se manifesta no agora. Cf. *Magia e Técnica, Arte e Política*, p. 222-234.

13 Cf. DissemiNação, *O Local da Cultura*, p. 202-204.

nismo nega o duplo em sua forma de entender as formações culturais. Baseado em Freud, aquele autor acentua o papel das repressões que se oferecem não só no âmbito do sujeito, porém em esferas macrossociais.

A trama interpretativa do duplo no corpo de Gilberto Gil requer, portanto, a prática de leitura atenta às ambivalências de tempo e de espaço, distante da concepção horizontal e linear do historicismo. Nesse caso, a superação do tempo fantasmagórico conquista o ponto de apoio para a afirmação das identidades, assim como, inversamente, os fantasmas dizem das narrativas que eclodem à margem, em reuniões de vozes demarcadoras da duplicidade da escrita da nação e a dos sujeitos sociais: "O duplo sentido na rua é tão claro / Não há que duvidar/O duplo sentido na rua é tão claro / O apito do guarda é que dá"[14].

Na letra do compositor, o apito do guarda metaforiza o ponto de suspensão e de concretude das ruas, do aspecto visível e invisível que habita as cidades. O apito configura o cenário urbano; é o instrumento usado para orientar o trânsito, imbuído da vontade de manobrar, racionalmente, a geometria das avenidas, do tráfego de carros e de gente, que reverte a área urbana em realidade caótica e movediça. A paisagem sólida da cidade afirma-se e desvanece-se no assobio mecânico, quando se possibilita a presença visual da cidade e se tenta organizar o emaranhado da rede humana. O som do apito, descrito por Gilberto Gil em sua canção, pede o ouvido suspenso em meio às ruas; também acena para a fissura do tempo, para a tensão das linhas e o vazio que compõe o espaço urbano. O apitar do guarda, como um grito, é uma linguagem que fala do não dito, da suspensão do sentido.

O sinal sonoro exerce o controle, porém, ao mesmo tempo, remete à possibilidade do descontrole, quando o assobio pode falhar. O gesto de apitar tenta capturar o presente; não nega, contudo, o passado e, dessa ambivalência do tempo ou dessa incerteza quanto à eficácia do controle, pode eclodir o duplo sentido na rua: "Dessa esquina pelo menos posso perceber o duplo sentido / O duplo sentido do tráfego e não me incomodar"[15].

Nos versos da canção, o termo "tráfego" não se restringe somente aos carros e ao fluxo dos transeuntes. Há de se considerá-lo

14 Em C. Rennó (org.), op. cit., p. 140.
15 Idem, ibidem.

uma metáfora visual para retratar o processo de significação constante e ininterrupto da linguagem viva, indecidível, cujas frases multiplicam-se no jogo por meio do qual se indagam e se interpelam diferentes sujeitos sociais. O corpo biográfico de Gilberto Gil está em constante tráfego, desloca-se no espaço e no tempo. Este não é mais entendido como duração, mas como o tempo duplo, entre o passado e o presente, no qual o fantasmagórico pode eclodir e o estranho familiar pode desenhar-se no potencial das suas canções[16].

Na música, a reflexão teórica e a crítica sobre o tema do duplo traduzem a intersecção: a esquina da rua, ambivalente, através da qual a escrita do Nordeste é reavaliada. Se a construção das identidades nacionais possibilita-se por mecanismos do jogo de visibilidade, por meio de lutas narrativas, ao inscrever Luiz Gonzaga no duplo de sua escrita, o corpo de Gilberto Gil fala do outro e, ao mesmo tempo, de si. Ao projetar a luz sobre o rei da sanfona, o corpo do cantor baiano também se refaz no grafismo visual da nação.

Na trama das repetições das sanfonas, fissura-se o tempo linear e emerge outra temporalidade, que interrompe a permanência das dicotomias balizadoras entre o erudito e o popular, a música de cultura de massa e a considerada artística. O imperativo que o cantor baiano recebe de Gonzaga não se restringe a apreender o tempo duplo da representação nacional, pois leva a observar a música sem distanciá-la do seu caráter comercial. A intersecção Luiz Gonzaga e Gilberto Gil traz as lutas entre os discursos e as narrativas instituídas sobre o Nordeste. Abre-se o caminho para a ambivalência na forma de entender a música, entre a comercial e a artística, na trama política emaranhada à indústria cultural:

O primeiro fenômeno musical que deixou um lastro muito grande em mim foi Luiz Gonzaga. Em grande parte pela intimidade que a música de LG teve comigo. Eu fui criado no interior do sertão da Bahia, naquele tipo de cultura e de ambiente que forneceu todo o material para o trabalho dele em relação à música nordestina. Uma outra coisa bacana no Luiz Gonzaga – e a consciência disso realmente só veio depois, quando eu já especulava em torno dos problemas da

16   Cf. H. Bhabha, op. cit., p. 204.

64 GILBERTO GIL: A POÉTICA E A POLÍTICA DO CORPO

MPB – foi o reconhecimento de que LG foi também, possivelmente, a primeira grande coisa significativa do ponto de vista da cultura de massa no Brasil. Talvez o primeiro grande artista ligado à cultura de massa, tendo sua música e sua atuação vinculadas a um trabalho de propaganda, de promoção. Nos idos de 1951-52, ele fez um contrato fabuloso, de alto nível promocional, com o Colírio Moura Brasil, que organizou excursões de LG por todo o Brasil[17].

Gilberto Gil ressingulariza a prática de ecologia social – para tomar de empréstimo a metáfora que passeia por seu próprio discurso – e sai do mesmo jogo de luz e sombra; refaz a mesma pintura pela invenção de seu canto. A emergência de diferentes vozes pode ser escutada e vista, rompendo o silêncio guardado sobre o corpo do nordestino. Interpelam-se as narrativas construídas sobre essa região, longe do mesmo olhar consensual, do espaço tido como homogêneo. O artista volta-se para o bordado tecido pelas mãos das rendeiras nordestinas e escuta, em vários pontos de cruz, o segredo guardado e dito na escrita de tantas rendas. Um contato manual, a experiência tátil, física, possibilita-se naquele que viaja e recompõe a multiplicidade dos sertões e de si mesmo.

A poética em "Duplo Sentido" sugere vários nordestes, para deixar claro que se trata de uma região heterogênea. Do mar de Caymmi, do Recôncavo, ao sertão de Luiz Gonzaga, há pelo menos a duplicidade na forma de entender essa geografia. Nas canções do compositor tropicalista, a fronteira entre o sertão e o mar traz a ambivalência temporal e psíquica no modo de ler essa região e o Brasil. Trata-se de uma terra cindida, cuja representação não pode mais ser desenhada de maneira totalizadora, associada a uma comunidade única, sem conflitos e sem tensões sociais[18]. Não se apresenta, entretanto, uma oposição excludente.

17 Em A. de Campos, Conversa com Gilberto Gil, *Balanço das Bossas e Outras Bossas*, p. 191.
18 Para A. Risério, "podemos aceitar a subdivisão do território nordestino em três áreas principais, diferenciadas inclusive no plano econômico. Teríamos, então, a zona litorânea, o agreste e o sertão. Especialmente distinta das outras duas, a zona litorânea estende-se, grosso modo, da Bahia ao Maranhão. Afora esta faixa costeira, o agreste e o sertão, embora aparentados, apresentam, ao mesmo tempo, suas diferenças. Enquanto na primeira se concentram os maiores núcleos urbanos, as outras duas são, sobretudo, rurais. O agreste é uma região de latifúndios, vivendo da pecuária e da produção de algodão (Luiz Gonzaga e Zé Dantas compuseram 'Algodão', aliás). Caminhando para o interior da região, em direção

A GEOGRAFIA DO CORPO: TRAVESSIA PELO NORDESTE 65

Lido na poética e na política do corpo de Gilberto Gil, o Nordeste brasileiro permite a construção de uma geografia cujo duplo aparece como o espaço para se liberarem as diferenças e os conflitos sociais na grafia do povo chamado nordestino. Longe de ser considerado restrito à paisagem monolítica, o nordestino também não se define por uma identidade metafísica e transcendental pautada no conjunto autoritário do discurso da tradição popular, mas, sim, a partir da convivência tensa e do deslizamento de significados entre o sertão e o mar, o que impede a atribuição de uma imagem centrada e fixa na cartografia dessa área brasileira.

Contra a identidade essencializada acerca do Nordeste, a etnografia de Gilberto Gil descreve os vários aspectos socioculturais na forma de cantar e olhar essa região. Sabe-se que uma das estratégias para produzir a identidade como essência é quando a representação do território transforma-se na temporalidade arcaica do tradicionalismo. Uma outra postura estratégica implica converter o "povo em um" e o território em tradição[19]. Ao contrário, a escrita dupla do compositor baiano não partilha desse tipo de reconhecimento geográfico.

Pensar a geografia política e poética de Gilberto Gil presume, portanto, atravessar o mapa do Nordeste e as fronteiras por meio das quais se constroem as identificações, as narrativas e os valores que sustentam os vínculos sociais, afetivos e as representações identitárias. No engenho da sua forma, a palavra "geografia" sugere a noção da grafia do corpo, tendo em vista o envolvimento com a terra, com a paisagem, com as condições climáticas e, sobretudo, considerando os limites culturais. Trata-se da relação entre o espaço e o corpo do compositor, tanto o físico como os espaços imaginários, que multiplicam os lugares por onde ele transita e desdobra a sua linguagem, nos rastros do viajante Luiz Gonzaga.

---

a seu solo mais seco, vemos que os latifúndios começam a rarear, substituídos por pequenas propriedades voltadas para a subsistência. Já o sertão propriamente dito se caracteriza basicamente pela pecuária e pelos roçados empenhados na produção de alimentos. Especializando, Luiz Gonzaga pode ser visto como o músico do interior do agreste e do sertão. Note-se, em todo caso, que este geografismo é bastante esquemático"; op. cit., p. 35.

19 Cf. H. Bhabha, op. cit. p. 207-211.

REFESTANÇA: UMA LEITURA DE *VIVA SÃO JOÃO*

O documentário *Viva São João*, dirigido por Andrucha Waddington, foi produzido numa turnê de Gilberto Gil pelo Nordeste, ao apresentar em vários locais as canções do disco *Eu, Tu, Eles*. Segundo depoimento do diretor que se encontra nos extras do DVD, toda a filmagem aconteceu em apenas quinze dias. Em um avião Bandeirante, voando pelos céus do interior dessa região, procurou-se compreender a complexidade social e a força estética das festas juninas. Essa festa foi eleita como momento intensamente rico e estratégico para a interpretação dos signos nordestinos.

Em princípio, a imagem cinematográfica é uma percepção objetiva, define-se como documento fotográfico e significa, antes de tudo, um recorte, uma seleção elaborada pelo diretor, marcada pelos processos de realização da película: os fatores decisivos de estetização da imagem como o papel da música, os planos, os enquadramentos e os movimentos da câmera. Segundo o testemunho de Gilberto Gil sobre a realização do filme, o narrador é a própria música, ele se mostra apenas como o mediador. Nesse caso, a música apresenta-se mais do que uma simples trilha sonora em *Viva São João*, pois é a chave para entrar pelo mundo simbólico e imaginário do nordestino, desempenha o papel social e se corporifica como agente produtor de identificações.

Em conversas com o sotaque, o som-toque que perpassa a Chapada do Araripe, foram absorvidos diferentes ritmos e imagens da passagem de Gilberto Gil pelo mundo físico, afetivo e musical de Luiz Gonzaga. O longa-metragem espalhou-se pelos circuitos comerciais do cinema brasileiro e divulgou não só a exaltação biográfica do rei da sanfona, que foi um dos grandes nomes na música popular brasileira, como também difundiu outras maneiras de ler a paisagem nordestina e a cultura de massa.

Por meio do discurso mediado por Gilberto Gil, pergunta-se quando é necessário afirmar a identidade de um lugar, de uma região, sem cair numa atitude essencialista; um problema que pode ser discutido na música considerada nordestina e no documentário *Viva São João*. Atrela-se a referência artística à vontade de reconhecer o papel político da identidade.

A biografia pode ser lida também nesse contexto, pois demarcar o lugar do sujeito Luiz Gonzaga faz parte de uma atitude estratégica de afirmação das diferenças e de deslocamento do discurso legitimado, impresso na maneira de reduzir o solo nordestino à aridez.

Considerando que o sujeito é uma invenção histórica, produzido por diferentes discursos e modos de identificação, a grafia do corpo é entendida não mais como realidade estável, como estrutura; ela se projeta no jogo da performance identitária na renda musical e na trama política. A força artística do recorte imagético e discursivo presente nesse filme permite desrecalcar muitos rostos, lugares e valores comprimidos pelo muro dualista Norte e Sul, sertão e litoral. A clivagem erguida, estrategicamente, nos limites da cultura, cega o olhar pelas certezas da demarcação geográfica. A linha visível torna invisíveis a terra e o rosto nordestinos ao produzir um tipo de saber e uma identidade sobre essa região. Muitas rendeiras foram esquecidas nesse tecido da narrativa dualista que lhes ofereceu a corporeidade coagulada pelas mesmas imagens e discursos desqualificadores[20].

O cantor e compositor baiano proporciona a emergência da fala performativa ao se apresentar no filme como ator social e personagem de narrativas ouvidas sobre o sertão nordestino[21]. A palavra possui o elemento constatativo quando descreve as coisas existentes no mundo; todavia, a experiência com o performativo é possível quando o dizer algo implica uma ação. Analogamente, grava-se o momento em que o corpo não só atravessa o cotidiano para se alçar como sujeito que come, dorme e veste, em nome de uma instituição funcionalista. Há casos em que esses gestos

---

20 De acordo com a biografia de Luiz Gonzaga, escrita por D. Dreyfus, em suas primeiras apresentações públicas, tanto no Mangue carioca como no programa de calouros de Ary Barroso, o sanfoneiro reprimia sua vertente nordestina, constando em seu repertório tango, samba e ritmos da moda. Casualmente, graças a um pedido de estudantes cearenses em um dos bares do Mangue, teria retomado a veia musical de forte tonalidade nordestina. Segundo Dreyfus: "No Elite, uma gafieira onde costuma se apresentar sob a regência do maestro e pianista Amirton Vallim, já lhe ocorrera tocar algumas toadas sertanejas. Mas, naquela noite, pressentiu pela primeira vez que, na música dos cafundós do mundo, que tocara a pedido – insistente – dos estudantes cearenses, estava seu rumo"; op. cit., p. 83.

21 Cf. J. Austin, *Quando Dizer é Fazer*, p. 29-37.

68 GILBERTO GIL: A POÉTICA E A POLÍTICA DO CORPO

falam para construir, na sintaxe corporal, uma ação. No cruzamento pelo território físico e imaginário de Luiz Gonzaga, por meio de suas canções, realiza-se o desenho de uma geometria óptica e discursiva revisora dos mecanismos que traçaram o contorno do corpo daquele artista e de Gilberto Gil.

Interessa investigar essa corporeidade nas cenas e nas fotografias valorizadas no filme citado. Entenda-se a noção de corporeidade a partir da relação espaço e corpo, considerando os agenciamentos de enunciação, quando a renda corpórea é acompanhada e tecida pelos desdobramentos imaginários. Nesse sentido, há tantos espaços quantos forem os modos de subjetivação, pois deixa de haver o hiato entre o sujeito, as instâncias institucionais e as esferas coletivas[22]. Logo, o espaço da renda é político, porque trança os fios de textos com os quais se movem uma concepção de vida e um modo de interpretá-la.

Os retratos impressos no documentário permitem refletir sobre as palavras dominantes dirigidas ao Nordeste, inventado consoante um campo de relações de forças, para produzir a verdade sobre a divisão geográfica do Brasil[23]. Desse modo, o cenário nordestino foi disposto sobre a superfície dos discursos, direcionando a forma de vê-lo nas linhas do mapa do território definido como brasileiro. A função óptica alia-se ao saber que não demonstra nem identifica, por meio da visão distanciada, as cores e o relevo do lugar. Trata-se de um discurso que questiona os mesmos atributos e, dessa maneira, dissipa a sombra aderente aos sujeitos e a tantos lugares sociais. Nesse âmbito interpretativo, o olhar não se restringe ao espaço meramente visual, porquanto congrega a vasta gama de discursos que impregna esse mesmo campo óptico e lhe dá forma e consistência.

O sertanejo é uma formação histórica, não preexiste às condições sociais e aos mecanismos do discurso. Entendê-lo a partir da pesquisa histórica, no entanto, não o restringe ao determinismo social, quando, ao radiografar as estruturas econômicas de um sujeito eleito, já se obterá a definição prévia e definitiva desse ator social. Ao tratar do assunto em *A Verdade e as Formas Jurídicas*, Michel Foucault considera o conhecimento

---

22　Cf. F. Guattari, Espaço e Corporeidade, *Caosmose*, p. 151-165.
23　Sobre o tema, ver D. M. de Albuquerque Júnior, *A Invenção do Nordeste e Outras Artes*.

A GEOGRAFIA DO CORPO: TRAVESSIA PELO NORDESTE 69

uma invenção inscrita no tempo e no espaço. Dizer-se uma invenção significa abdicar da perspectiva essencialista – da origem como núcleo fundador – e do enfoque sobre a cultura que contempla o sujeito como uma realidade puramente abstrata.

Na viagem inscrita no documentário, problematiza-se o paradigma do sertanejo. Evidencia-se como as condições políticas e econômicas de existência não constituem apenas o véu ou o obstáculo para o sujeito do conhecimento, mas aquilo por meio do qual ele se forma e, consequentemente, de que se efetuam as relações de verdade[24]. Muitos olhares dirigiram-se à fotografia do Nordeste brasileiro, considerando-o a partir do dualismo Norte e Sul, litoral e sertão, mediante a visão modulada pela lógica opositiva, carta régia da metafísica do Ocidente através da qual se possibilitava a emergência de um sentido único. As formas de decisão sobre a trama de interpretações foram organizadas pelos pares: dentro/fora, excluído/incluído, falso/verdadeiro e centro/periferia.

O Expresso 2222, já cartografado no desejo em Ituaçu, rompe esses decidíveis da linguagem, para se afirmar no jogo de disseminação, quando o caráter heterogêneo e múltiplo da grafia da nação abre caminho para outras vozes, cantigas e diversas formas de narrar o Brasil. O curso das águas da infância vem povoado por cirandas e histórias de um tempo por onde passa a memória. Assim, a lógica das linhas e dos rastros, seguidos pelo trem Expresso 2222, considera as marcas das ruas como possibilidade para outras inscrições no espaço e tempo disponíveis no *bloco mágico* do inconsciente, que reaparecem no filme citado, nos ritmos e versos de Gilberto Gil[25].

Desde o tropicalismo, o cantor baiano desliza para além das dicotomias balizadoras da lógica das contradições do pensamento ocidental. As cidades por onde seu corpo passeou comportam o jogo entre o visível e o invisível, entre o sonho e a realidade, entre o cosmopolitismo de Londres e o silêncio da pequena Ituaçu, sem que o movimento de trânsito caracterize-se pelas clivagens opositivas. O Nordeste não se opõe

24 Cf. M. Foucault, op. cit., p. 27.
25 Vale lembrar "A Rua", parceria de Gilberto Gil com Torquato Neto, em 1966; ver C. Rennó (org.), op. cit., p. 66, quanto a "bloco mágico", ver S. Freud, Uma Nota sobre o Bloco Mágico, em *Obras Psicológicas Completas*, v. xix.

GILBERTO GIL: A POÉTICA E A POLÍTICA DO CORPO

simplesmente ao Sudeste, não se requer a pura demarcação dos contrastes sociais; nem se trata de negar o outro para se afirmar. É preciso rever as práticas discursivas que fizeram daquela região a imagem da pobreza e do atraso do Brasil, insígnia que se estende ao preconceito contra o nordestino[26].

Desse modo, cabe indagar o que há de político no corpo que circula novamente pela paisagem da cidade de Exu. O silêncio do sertão é rompido pela sanfona de Luiz Gonzaga. Gilberto Gil relança o trânsito desse som para diferentes partes e endereços escondidos na geografia política brasileira. Por sua vez, o documentário *Viva São João* deixa ver a afiliação social e textual do artista baiano. Pensar o São João requer trazer, inevitavelmente, o nome de Luiz Gonzaga, suas músicas e também sua imagem. No filme, a festa junina adquire o valor biográfico entre o poético e o político, como assegura o depoimento de Sivuca:

> Luiz Gonzaga foi quem começou tudo, foi quem fez com que a zabumba e o triângulo fossem tocados pela primeira vez numa estação de rádio do Sul. Luiz Gonzaga foi quem levou, com dignidade, o ritmo nordestino, sem essa coisa de música de ponta de rua. Chamar o forró de pé de serra é chique, mas, naquela época, era pejorativo. E o Luiz Gonzaga pegou o gênero musical do Nordeste e levou para o Sul, onde os veículos de comunicação divulgavam a cultura. Naquele tempo até o Nordeste vivia do que se tocava no Rio de Janeiro e em São Paulo. Luiz Gonzaga fez a operação inversa: levou a música nordestina para o Sul e conseguiu fazer um sucesso fora de série[27].

A sanfona de Luiz Gonzaga surge como um marco: seu vigor artístico e mérito social permitiram que a música nordestina fosse levada para o Sul e para os veículos de comunicação. O Rei do Baião interpreta a vida sertaneja, traduz a subjetividade do agreste e amplia a festa junina na sua heterogeneidade discursiva. Em sintonia com essa atmosfera, o filme começa com a imagem do padre local a exaltar a festa: *Viva São João!* A abertura da câmera-olho para o mundo social do sertanejo dá acesso a imagens reveladoras e, em princípio, mostra uma maneira objetiva de representar a festa. Tem-se, sobretudo, uma forma de

---

26 Cf. D. M. de Albuquerque Júnior, op. cit.
27 Em depoimento extraído do documentário *Viva São João*.

interpretá-la: o cantor popular assume-se como intérprete do campo sociocultural, do emaranhado dos discursos e convida a câmera a concretizar as condições favoráveis à produção do conhecimento dirigido ao estilo de vida do Nordeste brasileiro.

Tanto nas cenas musicais, no filme *Eu, Tu, Eles*, como no documentário *Viva São João*, a reinvenção do imaginário do sertão traz a emergência das máquinas de discurso sobre o Nordeste, com outra maneira de pensar o Brasil. A festa desempenha a função política de negociação de bens culturais para falar do corpo e da cultura, do campo multifacetado dos sertões brasileiros. Na abordagem desenvolvida por Gilberto Gil numa das cenas fílmicas, divulga-se a significação dessa festa para uma leitura do modo de ser e estar nesta região:

> É festa antiga de tradição bárbara da Europa. Vem da Europa e, depois, sincretiza-se com o cristianismo, com o catolicismo, aí que entra o São João [...] É uma festa integradora, com esse relacionamento profundo do homem com a natureza; essa gratidão profunda do homem com a natureza, pela colheita, pela safra, pelo alimento, pela provisão das coisas de que ele necessita[28].

Na trilha sonora para *Eu, Tu, Eles* e no documentário *Viva São João*, Gilberto Gil coloca-se não somente como cantor das músicas festivas, mas como aquele que projeta outros atores nordestinos. Sua obra permite penetrar na construção complexa da festa de São João e, em meio a isso, revestir o ritmo junino de um saber circulante sobre o corpo, com o jogo ambivalente entre o prazer estético-musical e o político, pela força que essa festa assume para a representação identitária do nordestino.

O documentário apresenta-se como um caleidoscópio. Nos fragmentos luminosos, contemplam-se diversos quadros em movimento: as bandeirolas penduradas nas ruas, a procissão dos santos, os fogos de artifício, as feiras com os alimentos típicos, suas cores, sua gente e os jogos característicos da região. O cenário da festa ganha relevo na tela com sua geografia não mais abstrata, com uma sucessão rápida e cambiante de impressões.

Tal como se observa em recortes do filme, existe um tipo de comunicação nas praças e na festa que destaca a peculiaridade

28 Idem.

72 GILBERTO GIL: A POÉTICA E A POLÍTICA DO CORPO

da cena nordestina: afere-se a complexidade de modos de convivência e as expressões culturais próprias. A dinâmica social dos corpos nas feiras também é articulada no roteiro da filmagem: nas barracas de vendedores locais, nos ritos e nas apresentações em praça pública, no encaixe desses elementos para o exercício social da festa. O São João, mediado por Gilberto Gil, realça a fartura sertaneja com sua culinária específica. Com efeito, confia nas formas e nos símbolos que transmitem a maneira própria de vida e do devir nordestino.

Na análise sobre os festejos populares, ainda se deve considerar que o princípio material e o corporal aparecem sob a forma festiva[29]. Nessa instância interpretativa, poder-se-ia declarar que a festa de São João traz o sentimento religioso – apresentado na primeira imagem do filme, quando o padre proclama o santo, São João, e no momento em que a câmera enquadra a imagem de Gilberto Gil entre os fiéis da igreja – e traduz o lugar da fé para o nordestino. Oferece, porém, a visão de mundo não oficial, exterior à igreja. A festa também desfaz o ascetismo religioso, quando o princípio corporal é valorizado na culinária variada, na dança dos corpos e na vida unida à terra, de onde vem o baião: "Debaixo do barro do chão da pista onde se dança / Suspira uma sustança sustentada por um sopro divino / Que sobe pelos pés da gente e de repente se lança / Pela sanfona afora até o coração do menino"[30].

Por um lado, se a cosmovisão religiosa requer certo rebaixamento do corpo à esfera da terra – em nome de tudo que é elevado, espiritual e abstrato –, o princípio corporal, característico da festividade popular, coloca-se em um laço indissociável com o barro do chão[31]. Por outro lado, esse mesmo rebaixamento significa a harmonia com a terra concebida como mecanismo de absorção e, ao mesmo tempo, de nascimento.

---

29 Ao sair da perspectiva estreita acerca da cultura popular, Bakhtin chama atenção para a cultura da praça pública, das feiras e das festas populares. Segundo esse autor, as festividades traduzem uma concepção de mundo: "A festa popular converte-se no reino utópico da abundância, da liberdade, da igualdade; é uma festa do tempo, da liberação temporária e crítica da verdade dominante"; *A Cultura Popular na Idade Média e no Renascimento*, p. 16-243.

30 De Onde Vem o Baião, em C. Rennó (org.), op. cit., p. 192.

31 Segundo M. Bakhtin, "o baixo é a terra que dá vida, é o seio corporal, o baixo é sempre o começo"; op. cit., p. 19.

Na filmagem da festividade junina, o baião funciona como estratégia de valorização do saber procedente dessa região e da estética que caracteriza a cultura popular. O ritmo redescoberto por Luiz Gonzaga considera o princípio corporal, a sustança que sobe pelos pés e se lança, jamais separado dos aspectos que esteiam o valor afirmativo da cultura popular. Esse princípio é o elemento aglutinador da festa, da mesa farta, da alegria da refestança, retomado pelo cantor baiano.

O baião, que se abre pela sanfona afora, interpreta o relacionamento ambivalente do homem com a festa. De um lado, afirma o aspecto religioso da relação com a terra, com o processo de semear e colher os frutos; por outro, desfaz o ascetismo religioso: "Debaixo do barro do chão da pista onde se dança / É como se Deus irradiasse uma forte energia / Que sobe pelo chão / E se transforma em ondas de baião, xaxado e xote / Que balança a trança do cabelo da menina"[32]. O corpo não pertence a um único sujeito; o princípio material e o corporal não se restringem a um ser biologicamente isolado. No documentário *Viva São João*, a poética e a política de Gilberto Gil alimentam-se da mesa festiva para afirmar o devir sertanejo e o descentramento coletivo, além de se apresentar como forma de resistência e deslocamento dos discursos oficiais e dominantes em torno da representação identitária do nordestino[33].

A mesa farta está intimamente relacionada à caracterização da festa popular, embora não reporte ao beber e ao comer próprios do cotidiano, comuns aos sujeitos isolados[34]. Trata-se da

---

32 Em C. Rennó (org.), op. cit., p. 192.

33 Segundo Bakhtin: "Nos sistemas de imagens mais antigos, não podia, de maneira geral, haver fronteiras nítidas entre o comer e o trabalho, pois se tratava das duas faces de um mesmo fenômeno: a luta do homem com o mundo que terminava com a vitória do primeiro"; op. cit., p. 246.

34 Nietzsche dedica-se a pensar as condições que propiciam o nascimento e a permanência dos ideais ascéticos. O deserto surge como metáfora para o clamor da voz ascética, para as condições que possibilitam a emergência do valor ascético como signo que dá sentido à solidão do asceta, à secura da linguagem. Na simbologia nietzschiana do mundo ascético, há a fuga do agora, de tudo que se misture com a vida, cujo impulso é o de negar ao homem seu quinhão de alegria, seja pela prática do lamento e da humildade diante do seu destino seja pelo olhar que rebaixa o corpo a uma ilusão. Na vida ascética, domina o ressentimento e a vontade de poder deseja assenhorear-se, não de algo da vida, mas da vida mesma. Cf. O Que Significam os Ideais Ascéticos, *Genealogia da Moral*, p. 107.

mesa representativa e organizada por ocasião do festejo, tendo em vista o aspecto inerente à coletividade, em comunhão com a atmosfera que se eleva nas ruas e se afirma no popular. A fartura participa do cenário da festa como elemento de afirmação do regozijo coletivo. É o cenário e a possibilidade concreta para que se degustem os sabores da colheita, a metáfora do corpo para além do fisiologismo.

O encontro com o festejo, exposto no filme, acentua as imagens do mundo que envolve a colheita, a ressurreição do solo sentido nos pés embalados pelo xote e pelo xaxado. A dança que agita a trança do cabelo da menina, tal como sugerida nos versos, ressalta a efervescência de ritmos culturais nascida da consonância do homem nordestino com o princípio corporal e reafirma o enlace com a natureza pela absorção do alimento: "De onde é que vêm o xote e o xaxado? / Vêm debaixo do barro do chão / De onde vêm a esperança, a sustança espalhando o verde dos teus olhos pela plantação? / Ô-ô Vêm debaixo do barro do chão"[35]. O limite entre o corpo e o barro do chão é o intervalo por onde se produzem a dança, a música e a diferença na maneira de ler o Nordeste na voz de Gilberto Gil.

Retomado por este compositor, o baião confirma a vontade de fazer ouvir e disseminar o ritmo de Gonzaga, quando se possibilita desaguar o devir nordestino. O ritmo precipita-se na plataforma dançante para tornar audíveis, pela força performativa da música popular, as vozes silenciadas do sertão. No documentário, a música é porta-voz da festa de São João e exerce também o valor simbólico diante do trabalho de semeadura dos lavradores e dos roceiros. No filme, Gilberto Gil e Chiquinha, irmã de Gonzaga, expandem esse canto: "Oh, pisa no milho, peneirou xeréu".

Nas cenas mediadas pelo artista baiano, notabilizam-se não só o ritmo e o fogo junino, mas uma visão de mundo construída com a festa: é a refestança. O forró apresentado nas praças não se reduz ao modelo do folclore, pois está imbuído da concepção de mundo em que se questionam as hierarquias sociais. Ressalte-se um momento do filme, no qual o artista baiano visita a casa de Luiz Gonzaga, adquirida para fazer ouvir a zabumba, o

---

35 Em C. Rennó (org.), op. cit. p. 192.

triângulo e a sanfona nos bailes populares. O Rei do Baião ergueu um pequeno palco no interior dessa casa para permitir o encontro de diversos rumores e foles. Gilberto Gil canta nesse pequeno tablado e reimprime um traço da escrita biográfica de Luiz Gonzaga ao declarar o seu legado: "Quebrou uma tradição que era de separar: faço, mas faço para todo mundo"[36].

Nessa mesma cena, reafirma-se o poder político da sanfona de Gonzagão. Naquela pequena casa na cidade de Exu, em 1968, "Luiz Gonzaga exigiu que se dançasse branco, preto, pobre e rico, dançasse todo mundo"[37]. Distante de ser um projeto meramente comercial, a festa trazia o projeto emancipatório de vertente interativa, de espaço de negociação de diferenças, quando se reuniam pessoas de toda a região pelo ritmo contagiante do forró. Contudo, essa música não se restringiu à casa em Exu, pois o trânsito, iniciado na cidade que traz o nome do orixá da comunicação, ganhou velocidade e subiu o vórtice do sucesso e dali se estendeu para outros espaços culturais. Em frente ao mar da Baía de Guanabara, Gilberto Gil oferece o seguinte depoimento:

A história do baião, do grande sucesso, começou pelo Rio de Janeiro. Luiz Gonzaga tinha chegado no início da década de 1940, tinha se radicado aqui, tinha feito seu círculo, tocava no mangue, tocava na noite. Estabeleceu contato com os músicos cariocas que vieram a criar a sonoridade com ele; os irmãos Marinho, Dino, o pessoal do Conjunto Regional Carioca, que se juntaram a ele: o cavaquinho, o violão de sete cordas, junto com o triângulo e a sanfona. Aquilo tudo criou o som que ele gravou em 1946, o baião, com uma série de músicas, culminando, já na década de 1950, com a música que ele fez: "Tudo Está Mudado"[38].

A casa de Luiz Gonzaga sugere outra forma de entender o solo político e cultural, quando a quadrilha de São João traduz a dinâmica de uma cultura em que se reivindica o intercâmbio de posições sociais. A quadrilha apresentada no filme é a dança por meio da qual se metaforiza o jogo micropolítico, quando as minorias representam não somente eixos de resistência cultural, mas se mostram como agentes de transformação que

36 Em depoimento no documentário *Viva São João*.
37 Idem, ibidem.
38 Idem, ibidem.

constituem os pontos de passagem dos corpos e a ruptura com as segregações sociais. Assim, a dança da quadrilha permite o jogo de permuta de sentido e de lugares para diferentes atores sociais; exige a pragmática de negociação pelo ritmo, por meio da música e do movimento dos corpos, na lógica da contradança de salão, na qual vários pares tomam parte da cena e questionam a hierarquia de classes e de regiões. Segundo Gilberto Gil, tal como a dança de quadrilha, a cultura "é um fluido que estabelece as relações sociais. É preciso a ampliação do conceito de cultura, enquanto produção simbólica, econômica, para além da produção artística"[39].

Pode-se entender com a festa a instauração de uma ecologia social e mental aberta à multiplicidade, às diferenças, pois "não se pode falar do sujeito em geral e de uma enunciação individuada, mas de componentes parciais e heterogêneos de subjetividade e de agenciamentos coletivos de enunciação", declara Félix Guattari[40]. Segundo esse pensador, a subjetividade coletiva não é um conjunto constituído da soma das subjetividades individuais, pois nasce do conflito, da tensão e do encontro com o que fabrica em escala macrossocial.

A festa de São João cumpre o trajeto de resistência, de luta pela vida e viabiliza um tipo de saber que nasce desse encontro com o barro do chão. Nessa rede comunicativa que compõe o documentário, a personagem feminina chamada D. Luzia ganha destaque quando sua voz afirma categoricamente: "São João para mim é cultura". O enunciado dessa mulher nordestina amplia a noção de cultura para além do sentido restrito da produção artística. O filme faz ecoar a frase dessa trabalhadora rural que também marca o discurso alheio aos ditames falocráticos. É uma voz feminina, sertaneja, cujo depoimento sobre a sua história revela o desejo de emancipação da refestança: "Refestança é um lugar / em que se cantando dá / em que se dançando dá [...] estalar as juntas, desatar os nós todos de uma só vez (os cintos de segurança do texto da canção) /

---

39 Em 26 de agosto de 2005, Gilberto Gil, como ministro da cultura, profere um discurso em Salvador na Reitoria da Universidade Federal da Bahia, quando esta instituição outorga-lhe o título de Doutor Honoris Causa. A citação foi extraída do discurso.

40 Op. cit, p. 151-165.

Reatar os nós todos juntos de uma só vez, de uma só tez, de uma só paz em tantas guerras"[41].

Contemplando esse enfoque, o documentário também abre espaço para outras mulheres. Durante a viagem até a cidade de Exu, escuta-se Chiquinha relatar as suas lembranças. A canção disseminada por essa voz é ouvida no pequeno palco da cidade e se expande nos ecos das músicas cantadas por Marinês, outra participante do filme, ao lado de Gilberto Gil e de Dominguinhos. Dessa maneira, o sentido da refestança reassume vozes antes ausentes e, nas fogueiras de São João, não só se observa o controle sobre o fogo; mostra-se o desbravar de caminhos, a recriação dos órgãos motores e sensoriais, que ampliam o funcionamento do corpo social. O magma da refestança adquire o caráter polifônico de um corpo descentralizado e coletivo, quando o fogo feminino, que era mantido na lareira doméstica ou no fogão, ganha as ruas e se espalha nas fogueiras juninas. Ao fim da travessia pelo Nordeste, vivida nas cenas de *Viva São João*, Gilberto Gil constata não possuir mais palavras para expressar o que sente ou o que viu: "Sertão é feito umbu azedo e bem doce, muito doce quando é doce. Assim é o sertão".

O Agudo do Ganzá

A constelação sêmica do termo refestança também abarca três estrelas do filme *A Pessoa é para o que Nasce*. Este outro documentário move-se em torno da realidade de três cegas cantadeiras, residentes em Campina Grande, na Paraíba. Essas mulheres sobreviviam graças à esmola e usavam o canto como foco atrativo, a exemplo de tantos outros cegos nordestinos. Em frente à esquina da Livraria Barbosa, as três irmãs, nomeadamente Maria, Regina e Conceição, mais conhecidas como Maroca, Poroca e Indaiá, respectivamente, traduzem em seus versos a força do ganzá e sua resistência diante da pobreza e de seus destinos. Os acordes exigiam-lhes o sentimento de compatibilidade de propósitos, a aliança de vontades e a inflexão melódica em comum.

---

41 O texto de Gilberto Gil foi extraído do encarte de *Refestança*, gravado ao vivo em 1977, durante a turnê do show.

78 GILBERTO GIL: A POÉTICA E A POLÍTICA DO CORPO

Embora o título do filme sugira a marca do determinismo associado às amarras do destino fisiológico e social, desvenda a brecha por onde se ressalta a reinvenção da cegueira pelo canto. Os enquadramentos fílmicos centralizam-se na história das três mulheres e, desse ângulo, reacendem não somente o tema da exploração humana e social. Em diversas cenas, assiste-se ao abandono, ao regime de mendicância desde os primeiros anos de vida, quando uma das irmãs contava apenas sete anos, e a outra, nove. Outros membros da família – como a mãe e o companheiro, ao lado de outros parentes, – usufruíam do trabalho das três cegas. Resta aprender como as três irmãs transformam a história de sofrimento diante da cegueira e da mendicância em narrativas de si e do Brasil, pela via musical dos seus encantos.

Segundo o depoimento do diretor Roberto Berliner, o filme "fala de amor, fala de amor à vida"[42]. Sem o estilo patético e de vitimização das três ceguinhas de Campina Grande, reescreve-se a biografia das três irmãs, a partir do registro de suas memórias, quando, ao mesmo tempo, possibilita-se a reinvenção de si próprias e de suas narrativas. O empenho biográfico acaba por expandir as canções, entoadas em muitos lugares do Nordeste, com as quais se mandam os recados para o Brasil. Dessa maneira, a visão perdida mostra-se como crítica à cegueira diante da formação de um país, que aceita o artefato social ancorado na mesma escrita da nação, a esconder os nordestinos na imagem dos vencidos pela seca ou pelo subdesenvolvimento agrário.

O filme *A Pessoa é para o que Nasce* não funciona objetivamente como uma epopeia do povo nordestino nem como uma vertente trágica da cegueira diante dos sertões do Brasil. Trata-se, sobretudo, da possibilidade de pensar o Nordeste considerando suas representações e suas possibilidades. O nordestino foi produzido como reduto anacrônico deste país, no contraponto aos olhos que se dirigiam para além-mar; reafirmavam-se, assim, as malhas definidoras do colonialismo interno, quando a maneira de enxergar a geografia brasileira espelhava-se no mesmo modo de interpretar as colônias pelos seus colonizadores: a quem caberia a missão de civilizar a barbárie ou de levar o desenvolvimento. Nesse contexto, o canto das

---

42 Depoimento extraído da seção "Extras" do DVD.

três cegas permite questionar o mesmo traçado que associa as regiões Sudeste e Sul ao desenvolvimento, à vertente do Brasil moderno, contrapondo-se ao atraso dos grotões nordestinos.

O recado musical impresso nas cantigas das três cegas espalha-se amplamente através do cinema e extrapola a tela. O festival Panorama Percussivo Mundial (Percpan), sensível aos sons originários da rua, ciente dos músicos anônimos que circulam pelas esquinas do mundo, volta sua atenção para as três irmãs. Em Salvador, no ano de 2002, as ceguinhas sobem ao palco, ao lado de Gilberto Gil, para executar as suas canções e falar da constituição polimorfa do Brasil como nação. Em seus corpos, trazem o desafio para o retrato do mapa político deste território, não mais restrito à visão ufanista nem determinista.

Se o título *A Pessoa é para o que Nasce* incomoda pela ambivalência de sentido, entre o determinismo e a reinvenção, esse mesmo gesto ambivalente traduz o conflito de destinos e de interpretações sobre a geografia brasileira. Nesse limite físico, instaura-se a força simbólica da música popular que vem para rever os contrastes demarcados historicamente na cartografia nacional, cujo processo de naturalização de valores funda o Nordeste e muitos de seus atores sociais.

Assim, na fronteira entre o mar e o sertão, entre a cidade e o campo, faz-se da refestança de Gilberto Gil um signo de leitura das diferenças que compõem o tecido social brasileiro, de vidas que foram segregadas e excluídas. São os sertanejos, as mulheres, os afrodescendentes, os índios e tantos cegos nordestinos silenciados na selvageria de uma demarcação geográfica e cultural. No entanto, a refestança abre as veredas do sertão para outras narrativas contadas e recontadas pelo magma vital e performativo da música popular, do ritmo do corpo que desata os nós e os cintos de segurança de uma identidade consolidada e hegemônica da nação brasileira.

No desdobramento de cantos, no capítulo seis do DVD, assiste-se ao registro da voz de Gilberto Gil declamando os versos que apresentariam as três cegas ao público da Concha Acústica do Teatro Castro Alves, em Salvador: "Dos mistérios do universo / A luz e a escuridão fazem pôr verso e reverso / Nos percursos da visão/A luz que corta qual faca / Afiada e bem precisa / E a escuridão faca cega / Que só apalpa e alisa". As três cegas cantam para quase quatro mil pessoas com a naturalidade de quem se sabe pertencente ao mundo, de quem fez das esquinas a descoberta da vocação para a música. Reconhecem a promessa guardada na rede de recados impressa no seu ganzá quase incansável. Na lisura da superfície dos versos, a faca cega somente apalpa. Todavia, revela outra maneira de cortar a realidade brasileira, de expandir outros sentidos entre a luz dizível da câmera – que corta qual faca amolada as cenas expostas – e o indizível da faca cega, captado nas vozes das três mulheres.

Por ocasião do Percpan registrado no documentário, Gilberto Gil traz o depoimento do engenheiro de som sobre a apresentação das três irmãs de Campina Grande. Este teria perguntado: "Será que não dava pra aquele caxixi delas ser menos agudo, ser menos barulhento?" O engenheiro de som referia-se ao ganzá das cantadeiras e o cantor baiano respondeu: "Não, aquilo é o olho da canção. Com aquele caxixi é que elas veem o som, e tal. Elas têm de tocar e cantar daquele jeito, ali não há retoque. É aquilo mesmo". Nessas frases, note-se a operação de quem sabe entender o "agudo do ganzá", no pulsar corporal das três cegas. O ganzá é o "olho das três irmãs", uma extensão de suas vozes, a absorção concreta de sua música e a expressão de seus corpos. O ganzá sinaliza para a faca cega que atravessa o silêncio do palco e revela um modo muito próprio de se fazer ouvir no Brasil.

Dois anos depois da apresentação no Teatro Castro Alves, em novembro de 2004, assiste-se à cena das três cegas adentrando o Palácio do Planalto em Brasília, para receber a insígnia da Ordem do Mérito Cultural. As três irmãs são recebidas com todas as cerimônias, recepcionadas pelo presidente Luiz Inácio Lula da Silva e sua esposa, ao lado do então ministro da cultura Gilberto Gil. Segundo o porta-voz da cerimônia, "vocês que recebem essa medalha e esses diplomas são o Brasil". Logo depois, as três cegas entoam o hino nacional; nem elas sabiam que suas cantigas as levariam a pisar os tapetes do Planalto, nem o próprio Gilberto Gil tinha consciência de que seria, também pela força de sua arte, o ministro da cultura. Ali estava uma cena não prevista, que ironizava o próprio título do filme.

Nas dimensões dos dois documentários trabalhados, seguem-se os caminhos projetados pelo olhar do artista baiano, atento à magia do ganzá e das sanfonas, imerso no projeto da refestança do Brasil. As imagens esforçam-se por traduzir aquilo que é inefável, no empenho de retratar as marcas guardadas nos objetos e nos corpos de tantos sujeitos anônimos. No final do filme, as três cegas nordestinas encontram as águas do mar; sonho projetado para tantos personagens que vivem nos grotões do sertão, mas a nudez exposta das três irmãs também permite pensar o papel da música posta em cena, capaz de fazer da cegueira uma leitura atenta dos sons esquecidos e vedados nas ruas de tantas cidades brasileiras.

"PARABOLICAMARÁ"

A letra e a música "Parabolicamará", do álbum homônimo, produzido em 1991, estão sintonizadas com diferentes usos da escuta musical, quando, para o ouvido, o caráter estético-contemplativo cede lugar à reflexão sobre as composições e as práticas discursivas do cantor baiano, colocando-o num trânsito entre o artista e o intelectual.

A imagem é um meio de acesso e de formatação de sociedades humanas desde as pinturas rupestres. Seu estudo sugere a prática interdisciplinar, pois se distribui por diferentes áreas do saber: desde as histórias da arte aos enfoques antropológicos e sociológicos, desde a crítica estética aos estudos das mídias, passando pela semiótica visual até as teorias da cognição. A perspectiva que norteia a leitura da imagem em foco segue a delimitação do tema do corpo e seu relacionamento com o imaginário, nas veredas musicais e políticas de Gilberto Gil.

Nesse contexto, a parabólica não é pensada apenas pelo aspecto alegórico, mas, sobretudo, como instrumento e estratégia para ler a travessia do artista na fronteira entre a poética e a política do corpo. Cabe observar o sentido ambivalente do próprio termo parabólica: o *parabolikós* e o *parabállo*. O primeiro remete ao significado da parábola como narrativa alegórica; já o segundo aponta para o significado geométrico, a cônica em que os três pontos no infinito são coincidentes. Na capa do disco, a parabólica é moldada a partir de um cesto, um balaio, com três varas de madeira unidas, desenhando nitidamente a imagem do *parabállo*.

A priori, o aspecto arcaico do balaio, presente na imagem, sugere a analogia visual com a forma da parabólica e, ao mesmo tempo, agrega a alusão do sentido utilitário do balaio, do cesto que se põe sobre a cabeça para transportar alimentos e utensílios. Essa imagem é ratificada na contracapa do disco, quando uma mulher afrodescendente aparece carregando o balaio, a cabeça-cabaça: o jogo paronomásico confirma a riqueza de sentido da imagem e sugere a noção de imaginário com o qual vai sendo pensado o lugar do intelectual e do artista em Gilberto Gil.

Um primeiro significado para o termo imaginário, referido pelo cesto, é o de *bacia semântica*, que estaria atrelado à noção de tecnologia do imaginário por meio da curva da parabólica. Pode-se ler esse encontro ou o convívio entre o arcaico e a tecnologia de ponta através do termo "sinergia", quando se pensa o imaginário como meio catalisador de conhecimento ou a fonte comum de sensações, de lembranças, de afetos e estilos de vida, instaurando-se no social, por contágio, segundo o princípio da empatia e não o da racionalização[43].

A música e o som da cabaça encerram o poder de se propagar no espaço como ondas, decorrente da própria materialidade: "Esse tempo nunca passa / Não é de ontem nem de hoje / Mora no som da cabaça", declara o cantor. No imaginário da letra e na capa do disco, a cabeça-cabaça está envolta numa rede, o que empresta um outro significado ao conceito de imaginário que, neste caso, associa-se à noção de tecido, com o cruzamento de diferentes espaços e tempos. O potencial da fronteira emerge na travessia do corpo de Gilberto Gil, justamente quando se entrelaçam a noção do arcaico, presente no balaio, e a tecnologia de ponta, associada à parabólica[44]. As designações do compositor rompem com os maniqueísmos na

---

43 J. M. da Silva, *As Tecnologias do Imaginário*, p. 20-21.

44 O tratamento da fronteira pode ser lido sob a inspiração de Nietzsche, quando o filósofo define o além não mais a partir de um lugar, mas de um não lugar. O termo instaura a crise das dicotomias, a ruptura com a crença no saber antitético; marca, sobretudo, o valor afirmativo das incertezas, para além dos valores consagrados como ideais. Cf. Dos Preconceitos, *Para Além do Bem e do Mal*, p. 9-30.

A GEOGRAFIA DO CORPO: TRAVESSIA PELO NORDESTE   83

maneira de descrever a complexidade social, política e cientificamente modulada em seu berimbau. Numa entrevista, o cantor profere as seguintes palavras:

> Falo do bem não no sentido maniqueísta. O bem é uma bela utopia, realizável. O desejo de ser apenas um homem de bem me faz lembrar uma canção de Caetano Veloso, em que ele diz: "Sou homem comum / Ninguém é comum". [Continua Gil:] quer dizer: ser um homem de bem, ninguém é de bem, não quero ser nada excepcional. Basta ser comum, basta ser igual a todos: um pouco bom, um pouco mau, um pouco quieto, um pouco inquieto, um pouco tudo, um pouco nada. Sou um homem de bem, mas ninguém é de bem[45].

O trecho traduz a recusa da dicotomia comum/incomum, e ao mesmo tempo, desarticula hierarquias sustentadas pelo argumento de que o artista é um ser excepcional ou de que o intelectual despede-se da vida comum dos homens. O paradoxo, como estratégia ou ferramenta para articular o pensamento, potencializa-se por meio do domínio da fronteira em "Parabolicamará". O cantor maneja com destreza esse jogo do paradoxo em seus versos: "Antes mundo era pequeno / Porque Terra era grande / Hoje mundo é muito grande / Porque Terra é pequena / Do tamanho da antena parabolicamará". Os meios tecnológicos diminuíram distâncias, possibilitaram que o mapa da Terra fosse percorrido com mais velocidade e menos tempo, e as diferenças, antes segregadas, emergiram e deram ao mundo a dimensão de amplitude, de significação extensa e multifacetada.

A letra da música confere à melodia e ao ritmo do berimbau não o simples lugar de suporte da letra, mas a possibilidade de trazer à cena a roda de capoeira e as ruas da Bahia. Os versos do refrão da cantiga, "Ê volta do mundo camará / Ê-ê, mundo dá volta, camará", apresentam a importância dos instrumentos tecnológicos, quando a inserção da música no mercado não significa sua padronização, pois o trânsito, a fronteira entre o arcaico e o contemporâneo vem dinamizar e impedir a fixidez de lugares e de identidades idealizadas, tidas como refúgio[46]. A música leva

45 A Receita Secreta do Tropicalismo, *Continente Multicultural*, p. 7.
46 Quanto ao tema das identidades idealizadas, a filosofia nietzschiana questiona a noção do eu, como o sujeito evidente do predicado "penso" da máxima de Descartes. De outra maneira, há "isso pensa" e a substituição do eu pelo isso

84 GILBERTO GIL: A POÉTICA E A POLÍTICA DO CORPO

para o mercado fonográfico, via tecnologia de ponta, a expressão cultural de uma etnia até então desprestigiada, que ganha uma forma de resistência e conquista seu espaço sociocultural[47]. Modulando frequências, as antenas captam a cadência da roda e do berimbau que envolve a excitação dos corpos dos camarás, o ritual, a festa, e está sintonizada com manifestações e performances culturais.

Quando Gilberto Gil volta do exílio em Londres, a caixa de ressonância ecoa em um disco de cuja gravação participa a Banda de Pífanos de Caruaru, Pernambuco, tocando "Pipoca Moderna". Para o cantor: "a contribuição foi levar a Banda de Pífanos para a música popular. Na verdade, foi propor a Caetano que a gente juntasse a banda de Pífanos com os Beatles"[48]. O tropicalismo, para o compositor baiano, nasce desse encontro entre Recife e a Europa; na fronteira, no "e", momento em que alguma coisa começa, e não quando finaliza.

A noção de rede, atrelada à de imaginário, implica não só a ruptura com o binarismo, como também possibilita a leitura a partir de uma perspectiva descentrada, rizomática, quando discursos polifônicos surgem no limite entre a canção popular e a poesia, o poético e o político, o Brasil e a Europa, o intelectual e o artista em Gilberto Gil. Sugere-se a presença da noção de subjetividade que não se confunde com a de ideologia, pois diz respeito aos modelos de comportamento, à sensibilidade, à percepção, às relações sociais e aos fantasmas imaginários. A subjetividade coletiva não se resume à somatória de subjetividades individuais, pois advém das maneiras múltiplas com que é produzida em escala planetária nos dias de hoje[49].

presume a inserção da história, dos conceitos e forças que comandam a linguagem, como também a assertiva do filósofo abre espaço para a incerteza. Cf. F. Nietzsche, *Além do Bem e do Mal*, p.23.

47 Segundo J. M. Wisnik, "o uso mais forte da música no Brasil nunca foi o estético-contemplativo, ou da música desinteressada, como dizia Mario de Andrade, mas o uso ritual, mágico, o uso interessado da festa popular, o canto do trabalho, em suma, a música como instrumento ambiental articulado com outras práticas sociais, a religião, o trabalho e a festa. Com a urbanização e a industrialização, esse uso ganhou uma amplitude ainda maior na caixa de ressonância das grandes cidades, com o advento do rádio, do disco e do Carnaval moderno"; O Minuto e o Milênio, ou Por Favor, Professor, uma Década de Cada Vez, *Música Popular*, p. 12.

48 A Receita Secreta ..., op. cit., p. 7.

49 F. Guattari; S. Rolnik, *Micropolítica*, p. 26.

A GEOGRAFIA DO CORPO: TRAVESSIA PELO NORDESTE   85

Nesse contexto interpretativo, o corpo não possui uma essência, não é detentor de uma unidade imutável. Ele é pensado distante das esferas iluministas, que separam a *res extensa* da *res cogito* e definem as coisas da mente como realidades díspares das coisas da matéria. Por meio do desconhecido, o homem é chamado ao conhecimento de si. Situação de interregno, como aquele lugar e tempo quando "há forças ordenadoras, mas que não trouxeram sua norma institucional à vista de todos"[50]. O *cogito* permite, simultaneamente, interrogar a si e ao mundo a partir do que se lhe escapa. Assim, o mapeamento do corpo, seja do intelectual, do artista ou do político, não se restringe ao visível. Transita entre o visível e o invisível, nas suas conexões[51].

Na canção "Parabolicamará", o corpo gira analogamente aos camarás, aos capoeiristas: as pernas erguem-se, os braços rodam, lembrando a cônica da parabólica, articulando-se aos aspectos históricos, socioculturais, para formar uma rede de significações. Puxando o fio da trama comunicativa, Cornelius Castoriadis acredita ser a sociedade produto de uma instituição imaginária. Para ele, o imaginário retira o homem da ontologia da identidade, do ser, e o expõe à vida social e ao intrincado tecido de relações, com a materialidade de suas técnicas, práticas variadas e múltiplas formas culturais.

As instituições não são criadas somente com base em seu aspecto funcionalista. Elas existiram e existem para atender às funções sociais, às necessidades humanas, todavia a questão não se esgota nesse aspecto, pois as próprias instituições criam as necessidades e, nesse caso, é impossível pensar as instituições sem o simbólico e o imaginário. Enquanto ministro, com gravata e paletó, o corpo de Gilberto Gil marca e cria o lugar da instituição, entretanto o seu corpo transita para o Carnaval, entre a bata e o paletó, trajeto que cria o transe das instituições. Nesse caso, o simbólico e o imaginário seriam reconfigurados

---

50 W. M. Miranda, Latino-Americanismos, *Margens*, v. 1, p. 53.
51 M. Foucault considera que o *cogito* moderno é diferente daquele em Descartes. O *cogito*, matéria do intelectual e do artista, é o pensável, ou que se pode formar com o pensamento; já o impensado diz respeito ao inconsciente. É nesse sentido que Foucault pensa o duplo: o empírico transcendental; o *cogito* e o impensado. Como duplo empírico-transcendental, o homem é o lugar do desconhecido, desconhecimento que expõe sempre seu pensamento. Cf. O Cogito e o Impensado, *As Palavras e as Coisas*.

e recriados nos interstícios das vestes. O caráter decidível e indecidível da linguagem também se presentifica com o aspecto do simbólico institucional. Pode-se entender que o imaginário utiliza o simbólico não somente para conquistar sua expressão, mas para se dar existência, para deixar a esfera do simples virtual. Já o simbólico presume a força imaginária, pois requer a capacidade de ver em alguma coisa o que ela não é e de vê-la diferente do que é. Dentro de uma instituição, o intelectual participa de uma rede simbólica e socialmente sancionada onde se combinam um componente funcional e um componente imaginário nas mais diversas dimensões[52]. Nesse sentido, o político e o intelectual proferem um discurso sob sua égide, porém isso não determina que este seja absolutamente controlável.

Atraído pela performance de Gilberto Gil, o jornal *Folha de S.Paulo* traz o ministro da cultura na capa, dançando ao lado de Antônio Nóbrega, na cerimônia de entrega da Ordem do Mérito Cultural no Palácio do Planalto (Figura 1). A fotografia mostra o músico baiano vestido formalmente como um ministro de Estado, mas numa posição que alude aos camarás. O tom de descontração e deboche, a dança nos tapetes do Palácio e o gingado dos corpos provocaram o riso do presidente Lula, que também aparece na fotografia, com o corpo em outra posição, sentado em uma cadeira, como espectador e fruidor da cena, do espetáculo: dois artistas nordestinos que ali se apresentavam.

Da cena recortada na fotografia e divulgada no jornal despontam algumas questões: que rupturas ocorreram no corpo de Gilberto Gil? O que se quebrou quando aquele corpo entrou em cena no Planalto Central do país? Além do riso no rosto do presidente, o que insurge quando aquele corpo entra em cena? A primeira noção é a do princípio do prazer, que, no contexto do território do corpo do político, não produz uma fricção com o corpo do artista. Ademais, a dualidade corpo e mente não condiz com a prática de vida desses dois artistas e pensadores da cultura.

Nesse contexto fotográfico, os corpos trazem e passam a história do Brasil a limpo, falando de um outro momento com a dança e o ritmo na cabeça, quando, diferentemente de 1968,

---

52 Cf. C. Castoriadis, A Instituição e o Imaginário: Primeira Abordagem, *A Instituição Imaginária da Sociedade*, p. 142-154.

FIG. 1. O ministro Gilberto Gil dança ao lado de Antônio Nóbrega, na cerimônia de entrega da Ordem Nacional do Mérito Cultural, no Palácio do Planalto. Primeira página do jornal *Folha de S.Paulo*, 20 dez. 2003. Foto: Lula Marques/Folha Press.

podem entregar-se à liberdade dos gestos, ainda que sob os *flashes* das câmeras fotográficas. O alcance da dança no Planalto toma proporções maiores, preenchendo as capas dos jornais, que são uma forma de controle dos corpos e porção de veneno presa nas páginas, mas também trazem a cura, porque conferem visibilidade ao corpo: do político, do artista nordestino e afrodescendente que entra na cena política, via música popular brasileira. Assim reveem-se os territórios demarcados pelo imaginário do colonizador e do político instituído como austero para reconfigurar a linha invisível que exclui tantos outros atores das cenas de decisão do país.

Quando se torna aparente, o próprio corpo envolve a adição de algo mais do que apenas um corpo. Tal adição torna-se o objeto do olhar do outro, da mesma forma que o suplemento funciona para garantir e deslocar o significado fixo. Há alguma coisa que está sempre perdida no corpo. Dessa perda ou ausência resulta a possibilidade do performático. Quando ganha a dimensão do palco, seja ele o do Planalto Central ou o do trio elétrico, o corpo de Gilberto Gil envolve a adição de algo mais do que apenas o corpo. Se este é a superfície sobre a qual se inscrevem os acontecimentos, enquanto tal, também é o arquivo desses acontecimentos vividos.

O arquivo guarda, segrega, dispõe e institui. Assim, o corpo torna-se uma primeira instituição. A condição do arquivo presume a topografia de uma técnica de consignação. A propósito, Jacques Derrida amplia e adensa os fios do discurso quanto ao corpo-arquivo. Para o pensador francês, o sentido de *arkhê* imprime duas vertentes de significado: começo e comando. O começo designa ao mesmo tempo o princípio da natureza ou da história, ali onde as coisas começam; já o sentido de comando guarda o princípio da lei, quando se exerce a autoridade, é o princípio nomológico[53].

Em "Parabolicamará", Gilberto Gil retoma Caymmi, marca presente em seu corpo-arquivo, confirmando também alianças. Essa marca aparece não só na seleção das palavras *jangada*, *saveiro*, termos recorrentes no imaginário de Caymmi, mas, explicitamente, quando retoma os personagens Chico Ferreira e Bento nos últimos versos da canção caymmiana "A Jangada Voltou Só". A poética de Gilberto Gil se espraia pelo mar de Dorival Caymmi, para dele e com ele construir e articular também a sua história biográfica e uma tradição. Em outra entrevista, relaciona-se esse trecho de seu cancioneiro a uma passagem da sua vida:

> Em "Parabolicamará", pus o tempo existencial, psíquico, em contraposição ao tempo cronológico [...]. E pus por fim *o tempo da morte, o tempo-corte, o tempo que corta, o tempo-foice, onde alguma coisa é e de repente foi-se*, lembrando – na citação dos caymmianos Chico, Ferreira e Bento – a morte de meu filho: a situação, segundo

---

53 A contribuição de J. Derrida foi ter libertado a palavra arquivo do valor temporal de passado. Retoma-se uma frase do livro *Monólogo com Freud*, quando o autor, Yerushalmi, deseja provar que a psicanálise é uma ciência judaica, e, para tanto, declara: "Muito dependerá da maneira pela qual defendemos os termos judeu e ciência". Na sua sintaxe, a frase desenha a abertura para a dimensão temporal de futuro, com a promessa suspensa. A tese de Yerushalmi apresenta menos o que ocorreu no passado, e mais o que deveria ser no futuro. Nesse caso, o arquivo não estaria relacionado só à história de um nome próprio, de uma filiação, mas está ligado ao nome e a uma lei de uma nação: Freud, como judeu, é lido por um outro judeu, Yerushalmi, que por sua vez é lido por um outro: Derrida; a mesma e outra canção de quadrilha. Cf. *Mal de Arquivo*, p. 11-12.

se imagina, de ele meio sonolento no volante do carro sendo subitamente assaltado pelo evento acidental que o levaria à morte[54].

A música popular brasileira é um arquivo, não só no sentido de registro do passado biográfico de cada compositor, mas da nação, de suas lutas e conflitos. Basta lembrar de canções de Gilberto Gil da época da ditadura como "Questão de Ordem" e "Cérebro Eletrônico". Como antena parabólica, a música popular conecta-se com diferentes canais, muitas vozes, nos mais diversos palcos, nos morros, nos becos e, performaticamente, aponta para o futuro, para descolamentos de sentido e transformações dos corpos: "Ê, volta do mundo, camará. / Ê-ê, mundo dá volta, camará".

O OUTRO DUPLO: DORIVAL CAYMMI

> *"Domingo no Parque", como "Luzia Luluza" e outras do mesmo período, foi feita no Hotel Danúbio, onde eu morei durante um ano, em São Paulo. Nana (a cantora Nana Caymmi, segunda mulher de Gil) dormia ao meu lado. Nós tínhamos vindo da casa do pintor Clovis Graciano – amigo de Caymmi –, onde eu tinha rememorado muito a Bahia e Caymmi. Eu estava impregnado disso, e por isso saiu "Domingo no Parque": por causa de Caymmi, da filha dele, dos quadros na parede. A umas duas da manhã fomos para o hotel e eu fiquei com aquilo na cabeça: "Vou fazer uma música à la Caymmi, fazer de novo um Caymmi, Caymmi hoje!" Peguei papel e viola e trabalhei a noite toda. Já era dia, quando eu terminei. De manhã, gravei[55].*

O depoimento de Gilberto Gil apresenta-se menos como uma epígrafe e se insere mais como um catalisador de questões e de motivos que irão nortear e compor a leitura a ser desenvolvida neste texto. Da frase exclamativa "Vou fazer uma música *à la* Caymmi, fazer de novo um Caymmi, Caymmi hoje!", não apenas se exalta um nome, mas desenham-se os contornos do projeto

---

54 Em C. Rennó (org.), op. cit., p. 337. Pedro, filho de Gilberto Gil, veio a falecer em acidente de carro, em 1990, aos dezenove anos.
55 Em C. Rennó (org.), op. cit., p. 81.

de autorrepresentação, quando, entre o recurso da rubrica autoral e o processo anônimo próprio da linguagem, afirma-se a fronteira na travessia pelo território dúplice. Na refazenda de Caymmi, no entusiasmo presente na exclamativa, a história de um nome é reescrita no diálogo e na experiência com o outro, de onde se pode extrair, portanto, o seu duplo.

Gilberto Gil inventa-se quando retoma Caymmi e re-inventa Caymmi ao trazê-lo para si. Em "Toda Menina Baiana", ouve-se o eco de uma pergunta que reboava em "O Que é Que a Baiana Tem?" Além da sanfona, eleva-se o acorde da viola, que constrói a travessia entre o sertão e o mar, entre os dois duplos: Luiz Gonzaga e Dorival Caymmi. Portanto, a exclamativa de Gilberto Gil expõe a vontade de entender e afirmar o legado daqueles dois artistas para a construção do cancioneiro popular brasileiro e para a grafia de sua vida .

Na expressão "Vou fazer um Caymmi, Caymmi hoje!", revela-se a tomada de consciência daquilo que extrapola os limites do presente, da necessária distância de um mesmo território, a Bahia, e da proximidade com as marcas guardadas e queridas na pintura da memória afetiva, por meio da qual o sujeito pôde reelaborar a escrita sobre o seu tempo e a sua biografia. Como sugere o fragmento de texto, a canção "Domingo no Parque" nasceu de um conjunto de forças, que não subtrai a emergência do acaso e do inesperado: o encontro com as lembranças da Bahia, ativadas pelas telas e palavras de Clovis Graciano e pelas imagens sonoras caymmianas, inscritas no corpo da filha Nana, com quem Gilberto Gil casou-se em 1967. No terceiro Festival de Música Popular da tv Record, o Brasil podia ouvir a narrativa trágica de José, Juliana e João, acompanhada pelas vozes de Os Mutantes, quando a canção foi classificada em segundo lugar.

Em pleno regime de ditadura militar no Brasil, à mercê dos desmandos e das duras diretrizes praticados por Artur da Costa e Silva, segundo presidente pós-golpe de 1964, obteve-se a confirmação do talento e do ânimo musical do jovem artista baiano. Contrariando o silêncio e a timidez impostos pelo momento, essa canção marcou não só a biografia do compositor, na época, com 25 anos de idade, mas também toda a geração de artistas e de intelectuais que presenciou a ebulição de um movimento estético e cultural importante para a interpretação da história política brasileira, sensível ao complexo de forças repressoras e de controle estatal: o tropicalismo.

A música de Gilberto Gil penetrou no tecido da vida coletiva brasileira e reviu as convenções sociais e artísticas. "Domingo no Parque" projetou-se a partir do encontro com o magma da linguagem caymmiana: adentrou o vocabulário inaugurado com as canções de Dorival Caymmi, quando os temas e a sensibilidade, sintonizados com as cores da Bahia, ganharam uma dimensão nacional. As imagens poéticas, decorrentes do olhar sempre atento ao ritmo cotidiano das pessoas comuns, fotografaram os pescadores de Itapuã e as lavadeiras do Abaeté, porém não se restringiram a esses atores sociais. Na escuta e no registro da linguagem simples, na maneira de interpretar os ventos, o samba da terra e das gentes, a solidão nas noites de espera de tantos pescadores – que vão para o mar e nem sempre retornam –, desses encantos e recantos afirma-se a potência da música de Dorival Caymmi no cenário brasileiro e em Gilberto Gil.

A criação de "Domingo no Parque" retoma um modo de sentir e viver caymmianos, com o artifício de uma melopeia muito própria, quando se expande a estética do mar e das ruas. Impulsionada pelos ventos, a música é evocada para remexer nos segredos guardados e trazer a consciência clara da necessidade de alteração social e política no Brasil: "Vamos chamar o vento / Vamos chamar o vento (assobio)"[56]. Assim como em "O Vento", de Caymmi, outros ares sopraram na canção de Gilberto Gil, que moveram a roda e a saga em torno de um João e de um José, impressas na história de tantos anônimos brasileiros. Acompanhada pela pictografia de uma cena em movimento, como numa expressão fílmica de um enredo musical, "Domingo no Parque" adensa o ritmo do berimbau, com cortes inesperados, seguidos da agitação sugestiva das rodas de capoeira, das rodas-gigantes, com as quais se sintonizava também um capítulo da história política desse país no final da década de 1960.

Não distante do que se observava nos jornais brasileiros, em "Domingo no Parque", os cortes bruscos do berimbau tra-

---

56 O Vento. As canções de Dorival Caymmi citadas neste trabalho podem ser encontradas na caixa de CDs, *Caymmi Amor e Mar*.

duziam e se afinavam a outros cortes decorrentes da violência sofrida e praticada pelos personagens não restritos à canção. Naquela época, o Brasil iria conhecer o caminho de recrudescimento das medidas ditatoriais. Em 1967, os brasileiros assistiam à promulgação da Carta Magna, aprovada não por uma Assembleia Constituinte, mas por constitucionalistas nomeados pelo governo, sem qualquer participação da comunidade civil. Por meio da Carta de 1967, os Atos Institucionais, em especial o AI-5 de 1968, passaram a ser legitimados, e a população brasileira teve de se defrontar com um dos capítulos mais densos e difíceis da sua história recente.

Foi um momento de culminância de opressão social, quando a censura estabelecia um modo de escrita para a nação, que não deveria ser aclarado publicamente. Assim, entre um rei da brincadeira e um rei da confusão, por meio das vozes e dos ruídos do parque, entre a rosa e o sorvete, que compõem o espaço de experiência com o coletivo e com o público, a rítmica de Gilberto Gil captou os compassos do berimbau e a roda de capoeira da Bahia e os expandiu para outros canteiros do Brasil, que margeavam a atmosfera densa e asfixiante, espalhada por tantos parques do país.

A narrativa trágica do triângulo amoroso formado por Juliana, João e José sinalizava vários pontos-chave para rastrear as filiações: a rede de afetos e de sentidos que ali já se desenhava nas primeiras décadas da biografia de Gilberto Gil. O recorte da entrevista traduz não apenas o mote da consagrada canção "Domingo no Parque"; remonta à sua história enquanto sujeito e ao papel desempenhado pela música popular para o entendimento das agendas culturais e políticas das cenas brasileiras, das quais ele também participou e participa ativamente. Assim, "Domingo no Parque" é uma música feita *à la* Caymmi, entretanto não poderia ser composta por um Dorival Caymmi ou por um Ary Barroso. Embora retome as raízes africanas associadas ao universo simbólico caymmiano, essa canção marca o início do movimento tropicalista em 1967. Com outros pressupostos musicais, veio conferir a abertura para uma estética e um tônus comportamental diferente em face da cultura e do contexto artístico brasileiro da época.

Dorival Caymmi ensinou que a música capta a força dos ventos, move as águas, as lembranças e a história, deslocando os sentidos impressos e estabelecidos pelas malhas conservadoras, como em "Saudade de Itapoã": "Ô vento que faz cantigas / Nas folhas, no alto do coqueiral / Ô vento que ondula as águas / [...] Me traga boas notícias / Daquela terra toda manhã / E jogue uma flor no colo / De uma morena / Em Itapoã". Os ventos de Caymmi impulsionaram outras velas e outros barcos para além das praias de Itapuã. Ao contrário do que sugere a letra de "Domingo no Parque", o nascimento dos seus versos ocorreu no quarto do Hotel Danúbio em São Paulo, onde Gilberto Gil viveu durante um ano. Esses dados são relevantes quando se vai pensar o processo de criação poética deste compositor.

O quarto do hotel representa a metáfora para a alteridade, a experiência do corpo em trânsito. Nesse sentido, a associação entre a escrita e o quarto de hotel é um traço para entender o projeto da grafia de uma poética e de uma política do corpo em passagem, que permite adentrar a roda de conflitos e de ruídos da cultura, não só de "Domingo no Parque", mas pela constante circulação de signos do tecido social brasileiro que o projeto do tropicalismo alcança. Retiro estratégico e necessário, o quarto do hotel possibilita a leitura da experiência subjetiva e histórica, diferentemente da casa, que é o espaço privado com o qual se protege e se escapa dos ventos, na segurança dos seus muros. O deslocamento presume, sobretudo, o olhar vigilante frente à realidade revelada sempre de caráter provisório, em que se está em um lugar alheio e, por isso mesmo, tende-se a rever o familiar, com os estranhamentos prováveis, sem a suposta linearidade teleológica.

No enfrentamento vivido no cômodo do Hotel Danúbio, o corpo alarga a sua dimensão coletiva, ao mesmo tempo em que reforça a impossibilidade de confiná-lo à mesma imagem de si. Essa vontade migratória realiza-se desde cedo em Gilberto Gil, mas não só nele. Se pensarmos como Manuel Bandeira já inseria o poema "Maçã" entre as cores e os objetos de um quarto de hotel; ou se lembrarmos de Jorge Luis Borges, para quem o jogo duplo entre o mesmo e o outro exigiu que seus últimos dias de vida fossem passados também em um quarto de hotel,

94   GILBERTO GIL: A POÉTICA E A POLÍTICA DO CORPO

tal como fez Oscar Wilde[57]; ou se ainda recordarmos de *Hotel Atlântico* de João Gilberto Noll, para trazer à tona a crise da identidade e o estranhamento, notaremos que a grafia do sujeito, entrelaçada ao espaço do hotel, é um signo que atravessa a forma de pensar a escrita nômade e repetida, marca de uma subjetividade contemporânea, na releitura da rede da tradição, não estritamente literária. Assim, nas letras das canções de Gilberto Gil e no contexto da realidade brasileira, as palavras não se confinam a um lugar restrito e pessoal.

Se, de um lado, a cultura pode ser definida pelas relações tecidas entre o tempo e o espaço, por meio das quais se traçam as fronteiras identitárias; do outro, ela se manifesta como campo de diferenças, de contrastes e de comparações. Nesse sentido, o espaço onde se inscreve o corpo de Gilberto Gil, o quarto do Hotel Danúbio, permite que o nome de Caymmi apareça como um ponto articulador, um signo de ligação entre o passado e o presente: há um sujeito que pode falar pela voz de Caymmi, quando outros sujeitos sociais expressam-se em um arranjo musical, justamente porque se constroem outros lugares e se exprimem diversas vozes nas trilhas sonoras do cotidiano brasileiro. Na abertura e no começo de outra navegação, Gilberto Gil amplia a rede fluida de significações, como na pescaria descrita nas canções praieiras de Caymmi, quando o tempo e as águas sempre se refazem.

Na vigília poética experimentada por Gilberto Gil no Hotel Danúbio, observa-se o processo de escrita que atravessa a noite no isolamento temporário, porém, no intenso diálogo com as questões e com os sintomas de seu tempo. Entre duas horas da madrugada e o raiar da manhã, decifra-se a busca de uma linguagem incoagulável, presente no processo de reelaboração do outro, tomada por um forte abraço com a paisagem social brasileira. Se os álbuns de retratos da família, naquela época, traziam a proximidade dos rostos de Gilberto Gil e de Dorival Caymmi, pode-se ler uma tradição familiar que não se restringe a essa moldura. O jovem artista declarou a vontade de retomar e ler a história do amigo, do sogro e, principalmente, do compositor, cuja voz cantada no rádio, desde a década

57   Cf. E. M. de Souza, Genebra, 14 de Junho de 1986, *O Século de Borges*, p.109-128.

de 1930, tratou de divulgar para todo o Brasil a simbologia da noite e o seu potencial criador: as águas espalharam-se pela correnteza do canto duplo, que dissemina e condensa sentidos, no arranjo e rearranjo da história brasileira.

Na cantiga "João Valentão" composta por Dorival Caymmi em 1953, o personagem assume, como o próprio sobrenome sugere, um traço de sua psicologia pessoal identificado pelo seu contato com o coletivo[58]. Representa o tipo masculino afeito a brigas, que age de forma mais impulsiva e simboliza uma pessoa a quem todos temem. À noite, contudo, deixa cair a armadura e desliza para a atmosfera mais solitária, intimista, de encontro com o outro: "João Valentão / É brigão / Pra dar bofetão, / Não presta atenção / E nem pensa na vida / A todos João intimida; / Faz coisas que até Deus duvida / Mas... tem seu momento na vida".

Na dualidade vivida pelo personagem, os versos também captaram a dualidade que marcou o Brasil como força e exaustão: um jogo dualista entre o gesto mais abrupto e agressivo desfeito pela surdez e pelo enternecimento de uma nação diante de suas possibilidades, extenuada frente às crises sucessivas em face do processo de conquista e de democratização social. A canção foi escrita no ano que antecedeu o suicídio de Getúlio Vargas, época na qual se espalhavam pelos ventos os traços de uma política personalista, fortemente populista, quando o Brasil respirava o clima do nacionalismo mais acirrado e assistia à nacionalização do petróleo. Constatava-se também o momento em que se dissiparia a sua potência na marca de um jogo dualista e sincopado. No contraponto melódico de uma nação – e o samba será a maior forma de denúncia –, apresenta-se a cena lírica flagrada na composição de Caymmi, que traça os dois compassos de "João Valentão" e, ao mesmo tempo, de uma realidade brasileira que a música popular tenta subverter: "É quando o sol vai quebrando / Lá pro fim do mundo pra noite chegar / É quando se ouve mais forte / O ronco das ondas na beira do mar / É quando o cansaço da lida da vida / Obriga João se sentar".

---

58 Segundo a biógrafa e neta Stella Caymmi, a música teria sido inspirada no atleta de nome Carapeba, cujo filho Aurelino era amigo de Caymmi. Cf. *Dorival Caymmi: O Mar e o Tempo*, p. 78.

96 GILBERTO GIL: A POÉTICA E A POLÍTICA DO CORPO

Nessa travessia social pela voz e pelo timbre caymmianos, o encontro cada vez mais estreito entre música e política no Brasil seria consolidado nos anos de 1950, porém diversa da forma que se perfilava desde o Estado Novo: atinge a densidade mais intimista, que penetra nas casas e também se afirma na vida urbana. Na sua melodia, inscreve-se não só o fascínio pela noite e por um ritmo mais lírico que invade o personagem João Valentão, mas a canção resvala para a atmosfera musical crescente, que tomava a paisagem cultural e política brasileira naquela década e chega até os anos de 1960, com Gilberto Gil.

Na história da música popular, "Domingo no Parque" desponta entre o sonho e a realidade, entre a ficção e a notícia de jornal, entre a épica e a lírica, entre o dia e a noite, no corpo que condensa e dispersa frações de vidas, capturadas em sintonias musicais, com estilo próprio, inconfundível. A música, que vara a noite e anuncia o dia, desperta um horizonte vinculado à tradição. Na sua textura, no nome autoral Caymmi, afirma-se também o enigma das palavras e de sua partitura musical: falar do outro é dizer de si, quando os ecos desviam e refazem a leitura do passado e remexem nos traços projetados para o futuro.

Sempre atento ao deslocamento metaforizado de lugares e das imagens no quarto de hotel, Caymmi é apresentado na trama familiar de referências, no jogo da presença, embora também se situe na grafia da ausência. Naquele cômodo, além da presença visível dos traços de Caymmi em sua filha Nana, a experiência do familiar confirma-se por meio de algo que escapa àquele espaço físico, de um retrato que se refaz pelo próprio esboço incompleto de uma vida que aos poucos se anunciava. Nesse contexto, a cidade de Salvador reaparece constantemente nos traços da poética de Gilberto Gil, ratifica-se no fazer *à la* Caymmi; grafa-se, no entanto, como ausente, a exemplo do jogo de espelhos, em que algo se revela e se esconde, inevitavelmente.

Nesse sentido, o nome Hotel Danúbio mostra-se significativo para entender o manejo da relação especular pela travessia da realidade brasileira e da América. Alegoricamente, o rio europeu Danúbio situa o valor do paradoxo e do entre-lugar no duplo da poética de Gilberto Gil[59]. De acordo com as premissas

59 O termo entre-lugar remete à crítica desenvolvida por S. Santiago, sob inspiração do conto antológico de Jorge Luis Borges, "Pierre Menard, Autor de

do tropicalismo, a música brasileira torna-se um espelho refratário da tradição europeia, que refaz as águas do Danúbio. Assim como ensinava Oswald de Andrade, a devoração antropofágica representa a vontade crítica e descolonizadora na maneira de pensar a tradição artística brasileira, reafirmada pelos gestos tropicalistas.

Para além de uma lógica territorial fechada, pode-se ler o Hotel Danúbio como índice que aponta para o entre-lugar na maneira de distinguir a voz de Gilberto Gil, entre a tradição popular e a tradição letrada no Brasil. No depoimento citado, manifesta-se a liberdade para trabalhar com o já escrito sem as hierarquias estabelecidas, em desacordo com as formas de regimento de uma tradição lida de maneira fixa e confinada à ideia de passado dentro do paradigma linear do tempo.

Em vez de expressar uma vontade de sentido parodístico, mimético, o "Caymmi hoje" aponta para a presença marcante da poética e da música caymmianas em Gilberto Gil. Nesta abordagem, o sentido de Caymmi não se exprime somente nos limites de suas letras, melodias e nos contornos do mar da Bahia. Espraia-se e ressurge em outras águas: entre as paredes do quarto do Hotel Danúbio, um outro pescador, de olhar sensível, dirige-se a Caymmi de modo a ler sua arte musical sem, no entanto, canonizá-lo; sem colocá-lo no altar das hierarquias. Nesse aspecto, no Hotel Danúbio, o nome Caymmi evidencia um modo de situar a si próprio, uma maneira de estar no mundo, com os quais Gilberto Gil também se identifica. Assim, o projeto do duplo entre Luiz Gonzaga e Caymmi nasce no entre-lugar nordestino como crítica à hegemonia do Sul, no caso do Brasil, também extensiva à hegemonia da cultura letrada e europeia do além-mar; mas sem cair em novas dicotomias.

Em face desse contexto, o espaço do hotel ganha o valor simbólico de permuta, quando se transmigram as palavras e os sons de seu lugar habitual. A fala de Gilberto Gil traz a reflexão crítica sobre o conceito do novo e a pulsação de diferentes sentidos direcionados à paisagem musical brasileira. No decorrer

---

Quixote". O autor brasileiro afirma que o discurso latino-americano reverencia e, ao mesmo tempo, transgride o modelo europeu na tessitura textual cujos traços remontam sempre a outro texto. Cf. O Entre-Lugar do Discurso Latino--Americano, *Uma Literatura nos Trópicos*, p. 9-26.

98 GILBERTO GIL: A POÉTICA E A POLÍTICA DO CORPO

de uma vida consagrada a compor letras e músicas, o artista passou a hospedar-se em diferentes países e cidades, o que caracteriza o ritual de passagem: um corpo sempre migrando entre os aeroportos, no embarque de onde se interconectam diferentes culturas e os diversos sinais de fronteiras, refletidas em suas partituras musicais.

Quase duas décadas depois da composição de "Domingo no Parque", mais uma vez observa-se a experiência de compor em um quarto de hotel, conforme demonstra o depoimento sobre a criação de "A Novidade", de 1986. Quando se encontrava em Florianópolis, em uma das suas viagens, Gilberto Gil recebeu o convite de Herbert Vianna por telefone. O vocalista do Paralamas do Sucesso teria solicitado uma letra para uma música já pronta, que completaria a gravação do disco *Selvagem*. Gilberto Gil atendeu prontamente o pedido do amigo:

Fui pro hotel e botei a fita no gravador. Depois de umas quatro horas passadas, saí anotando. Eram mais ou menos duas da tarde. Às três horas eu estava ligando pro estúdio já para passar a letra. Foi uma coisa assim: bum! A letra veio como um tiro certeiro, absolutamente de chofre, inteira. E de um modo surpreendente até pra mim, porque, mesmo sem tempo para qualquer avaliação crítica no dia seguinte, resultou no que eu acho um dos meus melhores textos – pela escolha e pela maneira de tratar o assunto, pela concisão e elegância da construção[60].

O compositor baiano revive uma cena similar, embora diversa daquela do quarto do Hotel Danúbio, em São Paulo. Desta feita, em um cômodo de hotel em Florianópolis, uma canção salta, repentinamente, do seu corpo, de seu manancial criativo e alcança o sucesso pelas rádios do Brasil. Entre os tempos e os espaços, revela-se o jogo duplo em que se ressaltam as diferenças. A primeira localiza-se no próprio contexto de 1986, quando nas ruas brasileiras respirava-se o ar carregado de expectativas com a campanha para eleições diretas. Mesmo com a morte de Tancredo Neves e a consequente ascensão do vice--presidente José Sarney, antigo membro da União Democrática Nacional (UDN), vislumbrava-se a possibilidade concreta de se

60 Em C. Rennó (org.), op. cit., p. 311.

reinventar a história de tantos brasileiros apoiada na vontade de democracia. A segunda diferença remete às características do quarto do hotel em Florianópolis, pois da janela podia-se ver o mar: retomava-se, portanto, uma cena *à la* Caymmi. No gesto repetido das ondas, Gilberto Gil captou uma novidade que resulta mais da subversão de uma ordem e da releitura do passado: "O quarto do hotel dava para o mar, e eu estava escrevendo na mesinha de frente para a janela, com a visão do mar no fundo. Daí a ideia da sereia que vinha dar na praia"[61].

No cotidiano de Dorival Caymmi, a janela tornou-se signo de predileção, de um hábito que o caracterizou como um janeleiro inveterado[62]. Em 1925, quando contava onze anos de idade, Dorival morou em um sobrado na rua do Carmo, em Salvador, de onde se avistava o mar. Na grafia do seu corpo, a janela traz a extensa gama de interesses do compositor pelo campo da vizinhança circundante e se define como traço significativo também para percorrer a trajetória de sua criação: o olhar, por meio do qual se identifica e se acentua o seu modo particular de apreender as imagens poéticas, mostra-se sempre atento e sensível aos convites do mar. Nos relatos de seus familiares, ressalta-se esse registro: "A casa contava ainda com um sótão e um sobressótão, de onde se tinha uma bela visão do mar. Nem é preciso dizer que esta era a parte da casa que mais atraía Dorival. Aliás, até hoje Dorival Caymmi é um amante de janela. Sempre adorou ver as belezas através delas e observar as gentes"[63].

O gesto de Caymmi repete-se em Gilberto Gil. A janela é o signo de semelhança e de diferença entre os dois músicos, de onde se espreita o mesmo e o outro mar, que se desfaz e se refaz em ondas num movimento intermitente e compassado. Como uma fresta que se abre sobre a realidade, o olhar absorve as fotografias de uma paisagem brasileira, decodifica os ruídos e os sentidos de um mundo que se apalpa e se dissipa continuamente pelo processo da criação poético-musical. A analogia entre a

---

61 Idem, ibidem.
62 Vale conferir o depoimento de Jairo Severiano: "Dorival Caymmi, apesar de se confessar um janeleiro inveterado, não criou sua obra vendo o tempo passar pela janela. Viveu a vida movimentada de um ídolo popular, com as peripécias nem sempre agradáveis que impõe uma carreira artística". Cf. S. Caymmi, op. cit., p. 14.
63 Idem, p. 46. Sobressótão é o mesmo que água-furtada.

100   GILBERTO GIL: A POÉTICA E A POLÍTICA DO CORPO

janela e o olhar do criador permite pensar o limite no jogo do duplo, quando uma história individual espelha e multiplica, por entre outras águas, a imagem transfigurada de uma cena.

"O mar quando quebra na praia / É bonito... é bonito", reiteravam os versos célebres de Dorival Caymmi em forma de refrão. Gilberto Gil ouviu, internalizou e manteve a atualidade dos versos caymmianos, com a certeza de que o caminho aberto pelo compositor de "O Mar" jamais poderia ser esquecido na pintura cultural do Brasil. Da janela do quarto, o mar não se mostra apenas o estímulo visual para a criação; nem responde somente ao gesto de saudade: na correnteza das marés, vem a necessidade de refazer os limites da linguagem caymmiana, movido pelo desejo de reinvenção de si e das praias diante da realidade brasileira observada. Nesse sentido, a janela constitui a zona intervalar presente no duplo, de onde emana uma memória plástica e sonora; é uma via de acesso a um conteúdo histórico sobre o outro, a genealogia de valores sobre si e a respeito da história brasileira. Longe de pertencer ao acervo museológico, a janela e o mar de Caymmi despontam em Gilberto Gil como signo afirmativo para entender a releitura da tradição musical e da cena política brasileira: "A novidade veio dar à praia / Na qualidade rara de sereia / Metade, o busto de uma deusa maia / Metade, um grande rabo de baleia"[64].

Se na *Odisseia*, o canto das sereias representava para Ulisses a novidade que trazem as paixões, ameaçando o viajante de um possível naufrágio, a sereia reaparece depois, em Itapuã, no eflúvio do canto imerso na história local de uma população, seduzida pelas praias ensolaradas da Bahia de Dorival Caymmi. Dona de sua beleza e de seu encanto, mesmo que submetida ao olhar do pescador, a sereia ganha visibilidade pelo mar e pelas praias que habitavam a poética caymmiana, na década de 1950, com sua lírica intimista, que vai adentrando a realidade e o imaginário brasileiro com um tom mais crítico em Gilberto Gil: "A novidade era o máximo / Do paradoxo estendido na areia / Alguns a desejar seus beijos de deusa / Outros a desejar seu rabo pra ceia"[65].

64   Em C. Rennó (org.), op. cit., p. 310.
65   Idem, ibidem.

Na travessia pelo cenário musical e político do Brasil, em fins dos anos de 1950, a bossa nova haveria de consolidar o descompasso entre a "lírica das massas" e o canto orfeônico em harmonia com o círculo letrado e afeito à música considerada erudita. Nesse contexto, a sereia desafina em um samba de uma nota só e consolida a imagem de um país projetado para o futuro, uma nação capaz de produzir a novidade musical, que alimentaria a fé no país de Juscelino Kubitschek; promessa ratificada com o lançamento da obra *Grande Sertão: Veredas*, em 1956. Enfim, o Brasil via-se alimentado pelo clima de euforia cultural e de uma produção musical intensa, que o representaria internacionalmente.

As sereias que habitavam o mar e o amor de Caymmi não podiam ser esquecidas, e a "novidade veio dar na praia" de Gilberto Gil. Nesse caso, vale demarcar o sentido social que o termo "praia" adquire na genealogia dos valores históricos a ele atribuídos na Cidade da Bahia (como antigamente Salvador era chamada pelos baianos) e no Brasil. Segundo Antonio Risério, a praia é uma invenção que retrata o percurso da história brasileira desde o período colonial até hoje. Ao retomar a discussão desenvolvida por Thales de Azevedo, em *A Praia: Espaço de Sociedade*, para quem a praia "tem somente cerca de um século de existência", Antonio Risério amplia as margens litorâneas no tempo, pois adverte que a beira-mar não era deleitada pela elite; já era, porém, desfrutada por índios, escravos e pobres desde o período colonial no Brasil: "Os pobres é que iam à maré. Assim, na Cidade da Bahia e seu recôncavo, a 'praia' foi, primeiramente, coisa de pobre"[66]. No passado colonial, a praia começou a existir a partir do gesto de liberdade e de ousadia dos dominados. Não apenas movidos pela atividade de caráter funcional, como os banhos de higiene e a pesca, esses atores sociais dirigiam-se à beira-mar também como fonte de prazer e de encontro social.

---

66 Segundo A. Risério, no século XVIII, notava-se a desvalorização da praia como fenômeno estético, mesmo que, antes, o poeta Gregório de Matos já afirmasse esse fato estético em alguns de seus poemas: "Houve um período, na história de nossas elites, em que o litoral deixou de ter existência estética e paisagística [...]. Foi nesse contexto que nasceu Petrópolis, a corte brasileira voltando as costas à praia tropical, aos incômodos do Rio de Janeiro, cidade mestiça, escravista, ensolarada e marítima"; A Invenção da Praia, *Uma História da Cidade da Bahia*, p. 474.

102   GILBERTO GIL: A POÉTICA E A POLÍTICA DO CORPO

Remontando ao passado, as páginas da Cidade da Bahia desenhavam o desdém e a cegueira das elites, que não costumavam banhar-se no mar[67]. Contempladas à distância, as ondas nem sempre habitaram as pinturas dos quadros dos sobrados da Cidade do Salvador. A plasticidade das águas marítimas e de suas areias foi esquecida e só ganharia novamente visibilidade a partir do século XIX, quando se firmou a valorização terapêutica dos banhos marítimos, na confluência entre as regras e os remédios receitados pela medicina europeia: "Ainda no rastro da Europa, mas agora via Rio de Janeiro, para onde se transferira a corte lisboeta, a beira-mar baiana também se converteu em espaço terapêutico"[68]. Desde então, a praia passaria a existir como território de sociabilidade, embora atrelado à emergência de uma semântica clínica associada ao mar, que ainda negligenciava o prazer e a ludicidade. Contudo, em meados do século XIX, os banhos e as idas da elite às águas marítimas proporcionaram a proximidade mais intensa com a praia e permitiram a elevação de outro capital simbólico, que investiu as areias com o significado mais coletivo. Disso resultou a "invenção da praia", tal como hoje se observa no Brasil.

As canções praieiras de Dorival Caymmi convidaram a abrir a janela para o mar e espalharam, em ondas sonoras, a leitura descolonizadora das praias da Bahia, com suas morenas, com o sol, a sensualidade e o prazer. Através dessa fresta, vê-se a praia não apenas como fonte de remédio. Por meio das músicas caymmianas, a cultura praieira estabelece-se como via de acesso e possibilidade de atingir sujeitos confinados entre as quatro paredes, presos a uma leitura redutora e vertical das narrativas e paisagens brasileiras. Como modo de abertura à horizontalidade do mar, a janela remete à passagem, à fissura no cimento das classificações sociais, atestadas em tantas praias do Brasil: "Ô morena do mar / Oi eu, ô morena do mar / Sou eu que acabei de chegar / Eu disse que ia voltar / Ai! Eu disse que ia chegar / Cheguei!".

Nesta canção de 1972, "Morena do Mar", o lirismo calmo e intimista reúne, na aliteração da consoante nasal, não somente o laço estreito entre a morena e o mar, mas também permite o campo de associação que inviabiliza entender a trama musical

67 Idem, p. 475.
68 Idem, p. 478.

caymmiana distante do panorama social e político brasileiro. O litoral oferece a oportunidade de encontros com um contingente de pessoas invisibilizadas, desprestigiadas, mas que, na disposição rítmica, emergem com o molejo e a graça do corpo. Com os banhos, nasce a consciência sobre a nudez recalcada. No contrapelo, emerge a potência suscitada pela força das águas da música popular, que desloca o artefato metafísico e ascético da cultura ocidental[69]. No seu substrato melódico, as praias de Caymmi trazem a poética do mar atrelada à política dos corpos, antes sombreados por um modo de iluminar os relevos, o litoral brasileiro e também a costa da América. As ondas, em cadências sonoras, revolvem as areias e as páginas da história do Brasil e trazem a sedução da sereia, do canto de Iemanjá, em Itapuã: "Para te agradar / Ai, eu trouxe os peixinhos do mar / Morena / Para te enfeitar / Eu trouxe as conchinhas do mar, / As estrelas do céu, morena, / E as estrelas do mar / Ai, as pratas e os ouros / De Iemanjá".

As sereias de Caymmi reaparecem na praia de Gilberto Gil, embora ressurjam na linha de um horizonte poético diferente, mais crítico diante de um país marcado por desigualdades sociais acirradas, de que a praia é um grande palco. Na contemplação das janelas, o deslocamento do olhar reflete também a travessia da música popular: a passagem da vertente mais intimista, para o caráter de denúncia e de protesto[70]. O mar de Gilberto Gil interpela e expõe os horizontes já abertos por Caymmi, de onde se avistam não só as ondas que escapam e deslizam continuamente numa repetição indiferenciada: "Ó mundo tão desigual / Tudo é tão desigual / Ó, de um lado este Carnaval / Do outro

---

69 O registro biográfico dos veraneios em Itapuã ressalta "o naturismo em voga e [que] Dorival e seus amigos chegaram a praticar o nudismo nas areias brancas do Abaeté". Cf. S. Caymmi, op. cit., p. 82-83.

70 Segundo J. M. Wisnik, "a bossa nova sustentou muito tempo intactos o intimismo urbano e a contemplação otimista do país moderno que a caracterizam, pois as linhas cruzadas daquele momento cultural, em que um projeto populista de aliança de classes em bases nacionais contracenava fortemente com o desenvolvimentismo, levaram a que ela se desdobrasse numa música de tipo regional, rural, baseada na toada e na moda de viola, quando não no frevo, no samba e na marcha-rancho. Vandré, Sérgio Ricardo, Edu Lobo, Gilberto Gil e o próprio Caetano, entre outros, fizeram a mesma passagem, de uma formação bossa-novística [sic] para a canção de protesto". Cf. Algumas Questões de Música e Política no Brasil, *Sem Receita*, p. 208.

104 GILBERTO GIL: A POÉTICA E A POLÍTICA DO CORPO

a fome total". O canto que emana de "A Novidade" traz a sereia mais consciente da pressão das correntes marítimas, que reivindicam o seu canto e a sua presença; entretanto, nessa correnteza, infere-se a força de atração de sua voz, sintonizada com os meios de comunicação de massa. Desse processo, resulta a canção que interroga as possibilidades e as barreiras da refazenda no traçado das praias do Brasil e do mundo, persistente no mesmo descompasso social: "E a novidade que seria um sonho / O milagre risonho da sereia / Virava um pesadelo tão medonho / Ali naquela praia, ali na areia"[71].

A janela do quarto do hotel permite a leitura crítica da realidade social brasileira, ao mesmo tempo em que representa o signo de interface entre Dorival Caymmi e Gilberto Gil[72]. Assim, na música deste compositor, a sereia metaforiza a novidade, que aparentemente nada traz de novo. Primeiro, porque as sereias sempre habitaram o mar; desde Caymmi já se ouve o seu canto. Segundo, ela navega pelas águas do mesmo paradoxo que envolve o cenário brasileiro: a sociedade do Carnaval e da fome, da riqueza que cresce acompanhada de uma miséria também ascendente. Terceiro, o novo já não anima a retórica dos letrados, nem se exaltava na vontade dos tropicalistas, que souberam entender o papel e a importância da tradição.

A ideia do novo já moveu o discurso das vanguardas, quando se colocava a chave do debate em torno da originalidade, acreditando ser o desejo da arte a necessidade de rupturas quanto ao passado, na regulagem linear do tempo. No caso particular de Gilberto Gil e daqueles que cumpriam os ideais do tropicalismo, não se ressalta esse anseio. Sabe-se que a novidade é possível pelo modo de ler a tradição, pela maneira de repetir e rearranjar as histórias, que se reconfiguram de modo diferente a partir desse gesto. Sobre isso trata Gilberto Gil, quando se reporta a sua celebrada "Tradição":

No conjunto da obra do Caymmi, encontram-se relatos de uma outra tradição da Bahia, anterior à chegada do petróleo e ainda

71 Em C. Rennó (org.), op. cit., p. 310.
72 Quanto ao tema da janela, baseando-se nas ideias de Whorf, Octavio Paz ressalta que "continua de pé a ideia da linguagem como uma janela que nos deixa ver os outros e, dentro de certos limites, nos comunicar com eles". Cf. O Sentido é Filho do Som, *Convergências*, p. 38.

com o saveiro, as praias, as baianas, o acarajé. Minha música já faz a indicação de várias mudanças de tradição: a transformação do transporte urbano (os ônibus começando a circular), os navios, o contrabando, a cultura americana chegando[73].

No fragmento do texto, nota-se que a tradição aparece contígua às mudanças exigidas pelo espaço e pelo imaginário urbano baiano e brasileiro. Do bonde da Bahia de Caymmi ao ônibus circulante pelas ladeiras do Barbalho, explicita-se a proximidade e a distância entre ritmos e subjetividades emergentes também nas canções dos dois compositores. Nesse sentido, o título da canção "Morena do Mar" de Caymmi representa um modo especial de sentir e entender a locução adjetiva da expressão. O compasso cadenciado alude ao próprio movimento e remelexo da morena e das ondas, do meneio de corpo que o ritmo da canção confirma num deslizar pela calmaria envolvente da orla marítima. A locução adjetiva afere também a repetição no processo criativo caymmiano, quando este compositor retoma e retorna "às águas" de sua poética na imagem da mulher associada ao mar. No trocadilho com "Morena do Mar", nasce "Marina", que revela o duplo fascínio de Caymmi reafirmado por Gilberto Gil.

Na canção "Marina", de 1958, ouve-se novamente o diálogo musical com o mar, com aquele ritmo que vem das ondas sonoras e deságua na canção e no nome feminino. Do compasso sem ornamentos, surge a face nua da linguagem de "Marina", exortada pelo compositor a ser um rosto sem pintura, sem excessos, a não ser com as cores que envolvem a própria miragem natural de seu corpo. A sedução acentua-se na nudez de seu despojamento simples, sem adereços que venham pôr sombra na tela cuidadosamente pincelada. Nesse contexto, a mulher associa-se ao próprio corpo da canção, autorizada pelo estilo marcante de seu compositor: "Marina, morena, / Marina, você

---

73 Em C. Rennó (org.), op. cit., p. 145. O depoimento de Gilberto Gil sobre a letra da canção dialoga bem com uma das partes: "Conheci uma garota que era do Barbalho / Uma garota do barulho / Namorava um rapaz que era muito inteligente / Um rapaz muito diferente / Inteligente no jeito de pongar no bonde / E diferente pelo tipo / De camisa aberta e certa calça americana / Arranjada de contrabando / E sair do banco e, desbancando, despongar do bonde / Sempre rindo e sempre cantando / Sempre lindo e sempre, sempre, sempre, sempre, sempre / Sempre rindo e sempre cantando"; idem, p. 144.

106   GILBERTO GIL: A POÉTICA E A POLÍTICA DO CORPO

se pintou / Marina, você faça tudo / Mas, faça um favor / Não pinte esse rosto que eu gosto / Que eu gosto e que é só meu / Marina, você já é bonita / Com o que Deus lhe deu".

Em *Realce*, de 1979, Gilberto Gil gravou "Marina"; dessa atitude do cantor emergem duas questões. A primeira refere-se ao fato da escolha dessa música dentre o elenco das composições caymmianas. Ao se rever a discografia deste artista, nota-se que ele não gravou muitas músicas de Caymmi, embora se defina como um seguidor de sua história; essa canção foi a eleita. A segunda reporta-se ao próprio tom impresso no disco, no timbre do seu título *Realce*, que leva a pensar a vontade presente no gesto dessa repetição de "Marina", em outro tempo e com outro tônus musical.

O título de *Realce* já é índice da interpretação que foi realizada em "Marina", trinta anos depois de seu surgimento na voz de Caymmi. O ritmo impresso por Gilberto Gil não agradou a todos, descontentando principalmente aqueles admiradores afeiçoados ao tom de voz e à melodia construída pelo seu criador[74]. Na recusa desses, rejeitou-se a maquiagem completa do rosto de Marina, expressamente proibida na letra e no ritmo da canção. Desse modo, Gilberto Gil transgride a ordem dada pelo pai e, na releitura do texto prévio, afirma o deslocamento e a diferença nas malhas da dinâmica da tradição.

Inúmeros acordes e cores foram agregados à música caymmiana. De fato, Gilberto Gil pintou Marina, mas não se tratou de uma mancha nem de mácula no retrato. Há a polifonia de instrumentos em relação à música precedente, com o caráter multifacetado e simbólico inserido na pintura da face musical e feminina. A pintura remete à consciência exposta diante das transformações que ocorreram entre a música interpretada por Gilberto Gil e a criada por Dorival Caymmi. No intervalo da fala masculina, ocorre a produção de outro sentido, quando "Marina" pode ser ouvida no corpo em trânsito, entre hotéis e cidades, de passagem por lugares e janelas que envolvem e

---

74 Entre eles, está Risério, para quem a interpretação de Gilberto Gil representou a maquilagem completa do rosto de Marina. Segundo ele, "a personagem de Caymmi pedia apenas um favor, exatamente o que Gil resolveu não atender. Era preferível um canto a palo seco ao excesso de cosmético"; *Caymmi: Uma Utopia de Lugar*, p. 36-37.

permitem a emergência de territórios dúplices. Na interpretação de *Realce*, nasce outra "Marina" e um outro olhar frente a ela, que não lhe nega o direito de se maquiar. Na mudança do ritmo impresso por Gilberto Gil, adensa-se a transformação de sentido: no requebro, dá-se a permissão para se pintar, embora a letra da canção negue e diga as mesmas palavras de Caymmi, em seus versos: "Me aborreci, me zanguei / Já não posso falar / E quando eu me zango, Marina / Não sei perdoar".

A música desenvolvida sobre a matriz caymmiana ganha um tom lépido, em contato com o som da flauta e o jogo da voz de Gilberto Gil. Ao pintar o rosto de Marina, este se torna ainda mais urbano, penetrando em outros campos simbólicos, para enfrentar diferentes espaços e outros mares. O ritmo recriado sinaliza e afirma, na segunda versão, a autonomia de "Marina" diante do autor e, também, diante do masculino. Na regravação, nota-se a impossibilidade de reprimir a escolha de "Marina, morena"; a distribuição das cores vem iluminar as atitudes do corpo, como se houvesse o outro na imagem, que só seria notado com os matizes agregados à primeira gravação. Gilberto Gil expõe a certeza de que nada poderá conter o desejo guardado em "Marina", e o amante terá de suportar o seu rosto no realce de outras cores. Desse modo, ele distende a força de "Marina", desenhada por Caymmi, e dá vazão a seu destino, como canção e como mulher-sereia.

A novidade do ritmo está em agregar outro sentido para aquilo que já estava codificado e situá-lo em outro tempo e espaço, consoante as exigências da produção artística, voltada ao mercado fonográfico e ao público. Nesse artefato de releitura do outro, delineia-se o duplo em Gilberto Gil: na costa do mar de Dorival Caymmi, faz-se a revisão de preceitos formais e também das mudanças que ocorreram no horizonte social brasileiro e em outros arredores do globo, com as transformações de sentido que isso acarreta.

A praia de Caymmi não se esbarrou em penedos nem se reprimiu nos recifes e pedras de Itapuã. As cores sugeridas pela suposta maquiagem da primeira versão de "Marina" não se tornaram reativas ao imperativo que negava a sua prática: "Não pinte esse rosto [...] que é só meu". As praias levaram o rosto de *Marina* para o reencontro com o sentimento mais amplo na voz

108 GILBERTO GIL: A POÉTICA E A POLÍTICA DO CORPO

de Gilberto Gil; ela é regravada para mover a dança daqueles que se encantaram com o mundo aberto pelo mar de Caymmi, na miragem contemplada da janela, de onde se avistava a psicologia do homem comum presente no cotidiano de Salvador, e também por outras gerações ulteriores às praias e às sereias de Itapuã. No interstício da janela, Gilberto Gil deixa entrar o mesmo e outro vento; espalha-o em ondas sonoras pelas cidades do Brasil, na interface do duplo, no diálogo entre as arestas das palavras do outro, no realce das duas "Marina".

Assinala-se, na façanha da maquiagem de "Marina", a ambivalência presente também nas janelas: a dinâmica do duplo entre o dentro e o fora. Nesse sentido, a janela representa o limite que impede a completa separação entre o espaço de exterioridade e o de interioridade. A princípio, se há o encontro lírico com a intimidade, com os convites das marcas do corpo da "Morena do Mar" – vivida na voz de Caymmi e na costa marítima da Bahia, nas telas da memória –, não se opõe à exterioridade. Diante do apelo ao mar que ressalta da janela, contempla-se e se recria o Brasil na imensidão refulgente da orla entre o inconsciente e a consciência da história social das praias brasileiras, refeitas no entredizer e no entrecompor da cena caymmiana. O ritmo de Caymmi transfigura-se em *Realce* de Gilberto Gil, que o reconhece como um pai Buda nagô: "Dorival é Buda nagô / Filho da casa real da inspiração / Como príncipe, principiou / A nova idade de ouro da canção / Mas um dia Xangô / Deu-lhe a iluminação / Lá na beira do mar (foi?)"[75].

Composta em 1991, a canção "Buda Nagô" é mais que uma homenagem prestada a Dorival Caymmi: "Dorival é a mãe / Dorival é o pai / Dorival é o peão / Balança, mas não cai"[76]. Essa música também nasce em um quarto de hotel, em Roma, à noite, quando se observa a retomada da mesma e da outra cena do Hotel Danúbio. A janela que levou até Caymmi foi um show da família de Bob Marley na cidade italiana, do qual Gilberto Gil havia sido um dos participantes. Interessa sublinhar a repetição da cena do corpo em passagem, que elege a geometria e a óptica do quarto de hotel como espaço para situar a sua memória, para intensificar experiências intersubjetivas

75 Buda Nagô, em C. Rennó (org.), op. cit., p. 338.
76 Idem, ibidem.

A GEOGRAFIA DO CORPO: TRAVESSIA PELO NORDESTE

e afirmar a pulsação de fragmentos de narrativas biográficas concentradas e dispersas no ritmo das canções.

Tal como se havia revelado em "Domingo no Parque", há de se considerar a modificação daquela paisagem: a música não seria *à la* Caymmi, mas *para* Caymmi. Na transposição geográfica, o nome do pai surge na refazenda dos conteúdos recalcados de uma cultura colonizada, ocidentalizada, que teve na Igreja católica um de seus vetores maiores de poder. A cidade romana revela a cifra secreta de outra cidade, de outra lógica cultural. Dorival desponta, então, na paisagem de outra Roma: "Dorival é um monge chinês / Nascido na Roma negra, Salvador / Se é que ele fez fortuna, ele a fez / Apostando tudo na carta do amor / Ases, damas e reis / Ele teve e passou (iaiá) / Teve o mundo aos seus pés (ioiô) / Ele viu, nem ligou (iaiá)"[77].

Os versos trazem referências à biografia de Dorival Caymmi, interpretada e reescrita por Gilberto Gil em seus acordes. Quando deixou Salvador no navio Itapé, com 23 anos de idade, em 1º de abril de 1938, Caymmi não possuía planos nítidos sobre a carreira profissional. Embarcava para a então capital do Brasil com a expectativa de inserir-se no mercado de trabalho, já que, em Salvador, as tentativas com esse propósito não haviam alcançado êxito. Naquele centro urbano, a música ainda não se tinha projetado decisivamente em seu futuro, e o violão, guardado em papel de embrulho nos primeiros dias no quarto da pensão de dona Julieta, no centro do Rio de Janeiro, mal sabia o que o esperava nos próximos meses. Muitas músicas ainda inacabadas e trazidas da paisagem baiana ganhariam corpo e voz nas andanças de Caymmi pelas ruas e noites cariocas[78].

Na letra da sua canção, Gilberto Gil ressalta não somente o sucesso vertiginoso conquistado pelo ex-sogro e compositor baiano, que teve "um mundo a seus pés". Apresentam-se afetos compartilhados, além do quadro de valores marcantes da vida do "Buda

---

77 Idem, ibidem.
78 Canções como "O Que é Que a Baiana Tem", "O Mar" e "A Lenda do Abaeté" nascem no compasso de Dorival Caymmi pela cidade do Rio de Janeiro. Antes costumava buscar sua fonte de criação na leitura das ruas e dos pregões escutados na rua do Carmo, mas, longe de sua terra natal, revive as cenas do passado e as reintegra ao presente, na contemplação de outras praias. Em um dos seus depoimentos, Caymmi confirma: "Eu ia sentir o cheiro do mar ali na Praça Mauá". Cf. S. Caymmi, op. cit., p. 111.

110   GILBERTO GIL: A POÉTICA E A POLÍTICA DO CORPO

Nagô", com os quais se define a realeza da sua inspiração e de sua história, comparável à de Buda: "Seguidores fiéis (ioiô) / E ele se adiantou (iaiá) / Só levou seus pincéis (ioiô) / A viola e uma flor"[79]. Na analogia a Sidarta Gautama, sobressaem-se as aproximações inevitáveis entre Caymmi e aquele príncipe-sábio, dono de um trono, mas que rejeitou as loas vazias prestadas aos reis[80]. Similarmente, Gilberto Gil interpreta o silêncio de Caymmi, quando este deixa de compor, como a atitude de quem não se permitiu seduzir e cegar-se pelo poder da riqueza e da glória: "Ele viu, nem ligou (iaiá)"[81]. Sensível à simplicidade e ao despojamento na forma de conduzir a biografia caymmiana, à maneira do mestre afro-asiático, os versos da canção caracterizam o "Buda às avessas".

No jogo entre "ases, damas e reis", Gilberto Gil destaca a diferença entre os dois príncipes. A biografia de Caymmi reescreve-se na canção como sinal indicativo da crítica à lógica ascética; afirma o saber e a alegria que as ruas da Bahia ensinaram-lhe a apreciar e a usufruir. Longe de sentir-se inadequado às palavras que definem o mundo na sua orquestração desconcertante e incerta, para Caymmi as cenas da vida não têm ensaio; exigem o tempo instantâneo e concreto para a apreensão da realidade e do presente. Desse modo, sem a angústia e a ansiedade que acompanham a escolha ascética dos santos e mártires, as canções caymmianas desfrutam do sentimento de pertença ao mundo, no encontro com as praias, as paisagens e as "Rosas" do Brasil: "Rosas formosas são rosas de mim / Rosas a me confundir / Rosas a te confundir / Com as Rosas, as rosas, as rosas de abril".

Com as rosas e as ondas que chegam à praia, observa-se a melodia na inflexão da música modulada à exaltação da vida.

---

79 Em C. Rennó (org.), op. cit., p. 338.
80 Discorre Gilberto Gil: "As semelhanças, por mim engendradas, dessemelhanças entre as trajetórias do Buda e do Caymmi, o nosso Buda ocidental, atual, trans-preto e transreligioso. Um, abandonando o palácio e a vida principesca para iniciar sua peregrinação ascética de abdicações e mortificações, até sentar-se cansado, como conta a lenda, debaixo de uma árvore e, aí, se iluminar. E o outro obtendo a, segundo meu ponto de vista, iluminação – elevação de espírito que ele demonstra ter –, no percurso de uma vida mundana, de um roteiro que passa por lugares comuns .[...].
    A iluminação de um homem comum e a desnecessidade da visão sacralizante de um espaço especialmente ungido para obtê-la. Esses os sentidos de 'Buda-Nagô'". Idem, p. 339.
81 Idem, p. 338.

Dessa sintonia, Caymmi extrai os signos e os acontecimentos da trama social brasileira que irão povoar a grafia da história de suas canções, sempre atentas ao rumor do mar e ao marulho das esquinas no desenho de seus pincéis. A vida para ele é um bem-querer que, na semelhança e na diferença dos versos dedicados a "João Valentão", exige a entrega a seus cantos e encantos: "Porque não há sonho mais lindo / Do que sua terra / Não há".

Não foi apenas no Nordeste de Luiz Gonzaga que Gilberto Gil foi encontrar o compasso de sua canção. Ao traçar as linhas dos versos de "Buda Nagô", não há apenas o tributo dirigido a Dorival Caymmi: na pulsação contagiante do ritmo, no jogo com os pares e com as antíteses, desfruta-se a forma de sentir e avaliar a riqueza artística de Caymmi para a grafia da cultura brasileira; essa música não se restringe apenas à vontade de interpretar e reverenciar as praias e as sereias. Também se desenha a geometria das afiliações de valores com os pais espirituais: "Mas um dia Xangô / Deu-lhe a iluminação". São encontros afetivos, filosóficos e estéticos que também marcaram a biografia de Gilberto Gil: "Na praia de armação (foi não) / Lá no jardim de Alá (foi?) / Lá no alto sertão (foi não) / Lá na mesa de um bar (foi?) /Dentro do coração". Na filosofia caymmiana, espreita-se o declínio da perspectiva dualista na maneira de entender o "Buda Nagô", na fronteira entre o Oriente e a África[82]. Assim, nas ilações do lance de dados da existência de Caymmi, as cadências de oposição desfazem-se no duplo e no reinventar do próprio nome, o "Buda Nagô": "Dorival é ímpar / Dorival é par / Dorival é terra / Dorival é mar".

Nos versos da canção, Dorival Caymmi insere-se na rítmica atenta ao molejo do corpo: o poder do "pé, da mão, do céu e do chão". Entre o céu e o chão, situa-se o despojamento e a liberdade de criar, como crise de valores e princípios metafísicos em meio aos quais localiza-se o alicerce da Roma sagrada. Entre o Oriente e a África, emerge a estratégia da janela, a partir da qual Caymmi, entre o profano e o sagrado, pôde ouvir a crise do pensamento

---

82 J. M. Wisnik faz a análise do papel da música popular para o processo de fundação do país, presente nas canções, quando se apreende o desenho da "filiação a uma paternidade plural, múltipla e dialógica, [...] o pai baiano brasileiro universal, africano e oriental, surpreendido por Gilberto Gil em Dorival Caymmi como 'Buda Nagô'". A Gaia Ciência, *Sem Receita*, p. 237-238.

112 GILBERTO GIL: A POÉTICA E A POLÍTICA DO CORPO

dirigido pela premissa da unidade, atrelada à soberania do logo-centrismo ocidental: "Dorival tá no pé / Dorival tá na mão / Dorival tá no céu / Dorival tá no chão". Ao pé e à mão correspondem os movimentos articulatórios exigidos pela sua música, por meio dos quais se ressignifica o corpo na cultura brasileira, no desprezo do riso maroto à paisagem idealizada do além-mar. Nas malhas interpretativas de Gilberto Gil em "Buda Nagô", a corporeidade desenvolve-se mediante a dança construída no intervalo das antíteses, entre o objetivo/subjetivo, no limiar da fresta entre o céu e o chão, nas palavras de Caymmi:

Eu tenho o fascínio do chão. Eu sou um homem que olha muito pro céu, por instinto. Contemplação de praia vazia pra mim é um preenchimento natural. E olhar o chão assim [...] aí eu andava cutucando, examinando isso de perto. Encontrava uma folha, um cisquinho, umas terrinhas, caquinhos de louça, lixazinha de caixa de fósforo, um palitozinho de cera, que antigamente se usava palito de fósforo de cera. E encontrava bombinha de lança-perfume jogada, de outro Carnaval, encontrava continhas e coisas assim, encontrava as maiores bobagens, tudo que tinha jeito curioso, uma pedrinha, eu metia no bolso e furava, né?[83]

No sentido sugerido por essas palavras, pode-se dizer que Caymmi inaugura a sua poética entre o céu e o chão; nele, ativa-se a potência da fronteira, apreendida também por Gilberto Gil. Disso resulta a valorização do irrisório e do simples na maneira de sentir e abordar o mundo, o "cisquinho" que não o torna menos complexo e menos rico. Nesse contexto, permite-se pensar a potência do cisco, cuja matéria insinua-se como ínfimo objeto, porém, quando se desloca para os olhos, impede-os de enxergar e distinguir a paisagem. O incômodo provocado pelo cisco, o cerceamento da visão, afirma o momento em que as poses sociais caem diante do deslocamento momentâneo e imprevisto do sentido e, desse modo, no chão de Caymmi, refulge a estética dos pequenos acontecimentos, quando as narrativas coletivas são repassadas pelas experiências subjetivas diante do inesperado, como na tempestade em "A Jangada Voltou Só", sem o controle do leme da razão.

83 S. Caymmi, op. cit., p. 47-48.

Ao rastrear o chão onde se imprime a escrita e a psicologia do homem comum, divisa-se o limite com o céu e, nesse intervalo, desponta o brilho do mar no horizonte musical brasileiro, cujas águas desfazem os conceitos dicotômicos: o natural e o cultural, o sublime céu e a profana terra. Assim, em "Buda Nagô", revelam-se a riqueza e as possibilidades de vida inerentes à poética das ruas, no tecido alusivo às cores e ao panorama cultural do Brasil, no limiar do plano concreto de apreensão da realidade, quando não se abstrai o mundo, colocando-o na dimensão do intocável: "No Abaeté tem uma lagoa escura / Arrodeada de areia branca / Ô de areia branca / Ô de areia branca". Em "A Lenda do Abaeté", o inominável apreende-se do visto e do refletido nas águas escuras da lagoa; pois as abstrações, presentes apenas nos contornos restritos ao céu, tornam a vida social impensável.

A plasticidade da pintura do Abaeté parece falar por si mesma, no entanto nasce da experiência permeada pelas músicas, histórias ouvidas na Bahia e de um modo próprio de desnudar a linguagem, que Dorival Caymmi aprendeu a decifrar quando veraneava na juventude, em Itapuã. A canção não é o refúgio nem o asilo para a solidão do artista, pois há, na dupla visão entre a areia clara e a sombra da lagoa, o formato da magia e do mistério evidente na vida e na alquimia da linguagem caymmiana, sem negar o poder e a realidade descritos em "A Lenda do Abaeté" e de sua gente.

Por um lado, ao falar do personagem Buda Nagô, as areias das praias de Gilberto Gil reverberam os raios solares da poética e do ritmo caymmianos, no remanejo e rearranjo das hierarquias estabelecidas, no modo de coreografar as diferenças no Brasil. Se Dorival é ímpar e par, há nesse jogo a ambivalência de sentidos no duplo: é ímpar no sentido de sua diferença, de sua singularidade; contudo, faz-se par, na interface com o outro, quando se garante o convívio social. Por outro lado, o jogo de Gilberto Gil afirma a zona intervalar, quando a viola tange o declínio das polarizações, como índice de reconfiguração estética, política e contra os padrões morais ascéticos, nomeadamente de inspiração greco-romana. Por meio desse modelo, corpos foram produzidos à margem da cultura; no entanto, no ritmo da música popular, na voz e na viola de Caymmi, eles ganham visibilidade: a cultura praieira degusta e "come beiju", no pirão

114 GILBERTO GIL: A POÉTICA E A POLÍTICA DO CORPO

que vem da terra e do Nordeste do Brasil: "Dorival é Eva / Dorival Adão / Dorival é lima / Dorival limão / [...] Dorival é índio / Desse que anda nu / Que bebe garapa / Que come beiju".

Dorival Caymmi ajudou a construir os caminhos e a fama da música popular brasileira. Em 1938, o jovem compositor baiano entrou para a Rádio Nacional e, com ele, notava-se a afirmação da música urbana, que antes era definida, por Mario de Andrade, como "popularesca", no timbre afinado pela dicotomia ao popular; este último restrito às canções folclóricas[84]. É possível ler a genealogia da expressão "música popular brasileira" a partir de Dorival Caymmi, na travessia feita por Gilberto Gil, quando sobrevêm as pressões estéticas e políticas, que se enlaçam à efervescência e à afirmação da República no Brasil.

O personagem do Buda Nagô rastreia e participa de um conjunto de forças sociais e de sintonia artística, que concorreu para constatar o caráter não universal da expressão "música popular"; índice do fenômeno estético e cultural desentranhado das lutas e encontros entre os diversos agentes e atores sociais implicados com a história política brasileira. Sobre esse enfoque, merecem destaque as palavras de Carlos Sandroni, para quem "a ideia de 'música popular' tem um pressuposto comum à de república: trata-se da ideia de povo"[85]. Segundo este autor, a partir dos anos de 1930, as músicas urbanas, com a emergência dos discos de vinil e a crescente voltagem de propagação dos rádios, vão possibilitar o surgimento de outro sentido para o "popular", antes associado majoritariamente à música rural. Atrelada a esse impulso que animava as vozes e os acordes tocados nos rádios, nascia a expressão "música popular" associada à ideia de "povo brasileiro", no influxo cada vez maior nos limites urbanos. Com suas peças musicais, Dorival Caymmi é a afirmação desse fenômeno cultural e político brasileiro.

Nos anos de 1950, o Brasil ainda assistia à dicotomia entre o folclore e o popular. A primeira palavra mantinha-se definida nos contornos da música rural anônima e não mediada; já ao popular cabia a música urbana, de caráter autoral, divulgada no rádio e nos discos, pois a televisão mal se anunciava naquele

84 Cf. A. Risério, *Caymmi: Uma Utopia de Lugar*, p. 13-14.
85 Para esse recorte temático, foi valioso o ensaio de C. Sandroni, Adeus à MPB, em B. Cavalcante et al.(orgs.), *Decantando a República*, v. 1, p. 25.

período. Os anos de 1960 traziam a sedução dos meios midiáticos, do mercado fonográfico crescente e, com esse impulso, confirmava-se a proveniência de outro sentido para a expressão "música popular", unida ao adjetivo brasileira. Para Carlos Sandroni, a sigla MPB constituía, portanto, "uma senha de identificação político cultural", emergente nessa época[86]. Em sintonia com a partitura da MPB, conjugava-se uma forma de compreender também um projeto político para a nação, quando se pregavam e se legitimavam ideais republicanos e, em certa medida, dava-se a invenção coletiva da voz e da expressão do "povo brasileiro".

Desde os anos de 1960, o movimento tropicalista afirmou a necessidade de rever a travessia pela sigla da MPB e suas orientações estéticas e políticas, com consequentes conflitos. Gilberto Gil transitou também pelas forças que acompanharam a roda da MPB em sua vida e no Brasil. Revê o saldo dos acordos sociais possibilitados pela sua música, repassa a crônica dos fatos dos dias vividos, na expectativa do aceno aos sentidos vindouros, inseparáveis da dinâmica, da ordem e da desordem das cidades, que, ao mesmo tempo, segregam e ampliam os horizontes das canções. A sigla da MPB dos anos de 1970 passaria por transformações de forças e vontades, que exigiriam a atenção redobrada para o balanço geral dos sentidos estéticos e políticos delas resultantes.

Em "Fechado para Balanço", canção composta exatamente em 1970, quando Gilberto Gil já estava no exílio em Londres, observa-se – no léxico do mundo empresarial e administrativo – um momento da biografia do compositor e também de análise do que representou a escolha e a decisão pela música popular brasileira. A canção lembra a formação acadêmica em Administração de Empresas, iniciada em 1961 na Universidade Federal da Bahia[87]. A música só entrou como atividade fundamental e

---

86 Segundo C. Sandroni, "a concepção de uma 'música-popular-brasileira', marcada ideologicamente e cristalizada na sigla MPB, liga-se ao momento da história da República em que a ideia de 'povo brasileiro' – e de um povo, acreditava-se, cada vez mais urbano – esteve no centro de muitos debates, nos quais o papel desempenhado pela música não foi dos menores"; idem, p. 29.

87 Essa canção remete ao momento da biografia de Gilberto Gil, da sua dupla face como artista e como administrador, que resulta na afirmação da sua vocação para o campo político, notadamente quando ficou à frente da Fundação Gregório de Matos e, por fim, quando atuou como ministro da cultura. A formação acadêmica já revelava a face de Gilberto Gil seduzida pelo plano do trabalho administrativo,

única na vida desse cantor em 1966: "Gasto sola de sapato / Mas aqui custa barato / Cada sola de sapato / Custa um samba, um samba e meio". Por entre as contas, Gilberto Gil reflete sobre os esforços e os ganhos que as canções trariam para sua vida e para a história da cena política e cultural brasileira: "Eu Tô fechado pra balanço / Meu saldo deve ser bom / Tô fechado pra balanço / Meu saldo deve ser bom / Deve ser bom"[88].

O próprio tropicalismo encarregou-se de discutir as exigências impostas à MPB quanto à restrição aos temas fechados ao âmbito nacional[89]. A militância estudantil e o clima de ditadura militar marcaram a sigla num atrito com a vontade modulada pelos códigos estipulados pela chamada "esquerda" política. Assim, "Domingo no Parque" participou da reviravolta, dos ruídos que sua música inauguraria para um público acostumado e afeito às canções de protesto. Segundo Caetano Veloso, o próprio Gilberto Gil temia os efeitos de sua canção. Tal como Caymmi em 1938, quando estreava na Rádio Tupi, cantando "Noite de Temporal", outro caminho seria aberto para a música popular brasileira com a entrada em cena de "Domingo no Parque":

Como o que viria a se chamar tropicalismo pretendia situar-se além da esquerda e mostrar-se despudoradamente festivo, nós nos sentíamos imunes a julgamentos desse tipo. Parti para a aventura de "Alegria, Alegria" como para a conquista da liberdade. Depois do fato consumado, eu sentia a euforia de quem quebrou corajosamente amarras inaceitáveis. Gil, ao contrário, considerando que, se se dava tamanho peso ao que se passava em música popular, e se nós estávamos tomando atitudes drásticas em relação a ela, algo pesado

que lhe deu condição de ocupar, durante dois anos, o cargo de fiscal de imposto no Ministério da Fazenda e, posteriormente, em 1965, de se empregar na empresa Gessy Lever, em São Paulo. Tal formação poderia ser entendida como o indício de uma vontade que se expandiria no campo da política oficial.

88 Em C. Rennó (org.), op. cit., p. 119.

89 O sentido que se apoderou da sigla nos anos de 1980 já não era o mesmo dos anos de 1970. Com a força das telas da TV e do mercado fonográfico, em muitos momentos, a sigla apareceria alheia às exigências e às demandas impostas à defesa do projeto político nacional e de luta democrática. Segundo Sandroni, o sentido restrito à sigla, na qual se encontrava a música popular associada à defesa dos ideais republicanos brasileiros, seria diluído em nome de uma abertura a novos integrantes como, por exemplo, o rock nacional. Nos anos de 1990, o Brasil assistiria à emergência de outro capital simbólico agregado à MPB, associado à etiqueta mercadológica como uma marca de consumo no mercado fonográfico. Cf. C. Sandroni, Adeus à MPB, op. cit., p. 31.

A GEOGRAFIA DO CORPO: TRAVESSIA PELO NORDESTE

deveria nos acontecer em consequência – um cálculo que eu, em minha excitação, evitei –, entrou em pânico. Na noite de apresentação de "Domingo no Parque", ele se escondeu sob os cobertores no quarto do hotel (nós estávamos morando provisoriamente no Hotel Danúbio, em São Paulo), tremendo com que parecia ser uma febre repentina, e se recusou a ir para o teatro [...] iniciava um romance com Nana Caymmi, filha de Dorival. Nana, que tinha cantado "Bom Dia", do próprio Gil, no mesmo festival, para os apupos da plateia, esforçava-se para convencê-lo a ir enfrentar o seu destino[90].

Do quarto do Hotel Danúbio, "Domingo no Parque" anunciava o esboço das mudanças pelas quais passaria a música popular no Brasil, o reinventar da composição urbana feita "*à la* Caymmi". Décadas depois, em outro quarto de hotel, em Roma, "Buda Nagô" aparece como signo de transformação do impulso iniciado desde o tropicalismo, quando se pregavam as alterações dirigidas à sigla MPB, com outra "orientação estético-política"[91]. Em "Buda Nagô", Gilberto Gil elabora também um discurso sobre si e sobre a história da música popular no Brasil; ele se produz dentro e fora da tradição caymmiana, da história musical brasileira, no ritmo de um balanço e de uma cadência que não cai: "Dorival no Japão / Dorival samurai / Dorival é a nação / Balança, mas não cai".

Se, de um lado, Gilberto Gil captou em Luiz Gonzaga a senha para lidar com os meios comerciais de comunicação de massa, no trânsito entre a música rural e a urbana, de outro lado, ele amplia isso com Dorival Caymmi. Tanto no ritmo imposto a "Marina" como em "Buda Nagô" imprime-se a vontade de expandir e atualizar a face musical caymmiana, numa época em que a própria sigla MPB revia os seus limites e os seus conflitos: "Dorival vai cantar / Dorival em CD / Dorival vai sambar / Dorival na TV". Assim, no jogo duplo entre Dorival Caymmi e Luiz Gonzaga, desentranha-se o duplo de si mesmo, inscrito no nome: Gil (berto) Gil. No intervalo da grafia do seu duplo acrônimo, nota-se a abertura – simplificada e reinventada na síncopa da vogal da forma "berto" – a reverberar no próprio significante, que marca a fronteira entre a poética e a política,

---

90   C. Veloso, *Verdade Tropical*, p. 179-180.
91   C. Sandroni, Adeus à MPB, op. cit., p. 29-30.

118 GILBERTO GIL: A POÉTICA E A POLÍTICA DO CORPO

apreendida na força e na fenda aberta pelas canções desses três nordestinos.

Em depoimento à revista *Carta Capital*, Gilberto Gil oferece o seu testemunho: "Eu já quis ser Dorival Caymmi e Luiz Gonzaga. Aliás, eu sou"[92]. Não seria possível, nem necessário, mensurar quem está mais desenhado, quantitativamente, nas inflexões rítmicas e na biografia do corpo daquele que foi um dos mentores do tropicalismo, se é o primeiro ou o segundo nome; tampouco a análise permite a síntese dos dois pais. O duplo, inscrito no corpo poético-musical e na cifra do nome Gil (berto) Gil, confirma a janela, a fronteira, que sempre se renova em cada hotel, na reinscrição do nome e no corpo da história musical do Brasil. Entre o sertão e o mar, entre o baião do rei da sanfona e as praias do príncipe Buda nagô, o artista baiano reinventou também a dupla face no duplo de seu nome.

Na leitura anagramática do prenome "Dorival", captam-se os ecos sonoros do significante, que traz a inscrição da dor e, ao mesmo tempo, do verbo rir. Ao gesto associativo entre as duas palavras, corresponde o jeito próprio de este compositor elaborar o destino, já potencialmente inscrito e sugerido na grafia do próprio nome. As associações entre a dor e o verbo rir conjugado na terceira pessoa evocam a filosofia de quem soube fazer do riso uma forma de burlar a dor, um modo de não ser ultrapassado por esta. Assinala-se no nome um aspecto da subjetividade e de transformação do signo linguístico: a dor que se inscreve, a princípio, como "rival" – a forma utilizada por tantos ascéticos para desprezar a vida – é reinventada pelas notas musicais, entre o dó e o mi (de Caymmi). Também no "val" (de Do-ri-val), forma apocopada de vale, decifram-se as possibilidades e se exploram as zonas intervalares, presentes no tecido do próprio nome e da história da música popular no Brasil.

Em sua canção, Gilberto Gil decifra o que estava guardado em potencial no nome de Dorival Caymmi e o rebatiza como Buda Nagô. Todavia, o prenome inscreve-se em anáfora entre

92 Em P. A. Sanches, Os Doces Vampiros, *Carta Capital*, a. 13, n. 412, p. 50. Comentário sobre o espetáculo *Os Doces Vampiros*, que teve como atriz e protagonista a filha do compositor, Preta Gil. Como o tema do espetáculo versava sobre a relação conflituosa entre os fãs e os artistas, o cantor baiano traz o assunto sob o enfoque do artista como fã: "Sou a hipérbole disso. Eu dizia 'eu quero ser Dorival Caymmi'".

os versos: "Dorival é belo / Dorival é bom / Dorival é tudo / Que estiver no tom". E afirma a simplicidade aprendida com o Buda Nagô, com os versos que ensinam como em "Pescaria": "Ô canoeiro / Bota a rede / Bota a rede no mar / Ô canoeiro / Bota a rede no mar". Dessa maneira, o fluxo da música caymmiana transborda e o afirma como um dos maiores intérpretes da cena cultural brasileira, sendo uma referência não só para a sua família biológica; o seu nome acaba assumindo uma função paradigmática: há um modo de pensar e de compor *à la* Caymmi. Em Gil (berto) Gil, extraem-se a realeza e o destino de quem soube tecer e destecer a refazenda da grafia do Brasil, na melodia que "balança, mas não cai", evocada e inscrita, anagramaticamente, em Caymmi.

DIA DORIM NOITE NEON: NAS VEREDAS DO *GRANDE SERTÃO*

> *Eu atravesso as coisas – e no meio da travessia não vejo! – só estava era entretido na ideia dos lugares de saída e de chegada. Assaz o senhor sabe: a gente quer passar um rio a nado, e passa; mas vai dar na outra banda é num ponto muito mais abaixo, bem diverso do que primeiro se pensou. Viver não é muito perigoso?*[93]

Dia Dorim Noite Neon é o título do disco gravado por Gilberto Gil em 1985, cuja escolha das palavras traz a nítida referência à obra *Grande Sertão: Veredas*, de João Guimarães Rosa. O foco atrativo da relação dialógica repousa na alquimia do signo Diadorim, o nome próprio que insinua os traços marcantes na caracterização do célebre personagem do romance rosiano. Entretanto, a entrada em cena da protagonista ganha roupagem diversa e amplia os sentidos potenciais guardados no seu nome e no sertão de Guimarães Rosa: "Amor vem de amor. Digo. Em Diadorim, penso também – mas Diadorim é a minha neblina"[94].

Se, na neblina desconcertante de Diadorim, o personagem Riobaldo desenha o seu conflito e a sua história, é nessa mesma

93 J. Guimarães Rosa, *Grande Sertão: Veredas*, p. 28.
94 Idem, p. 21.

neblina que Gilberto Gil encontra caminhos para entender a dinâmica do sertão e do Brasil nas canções desse álbum. À palavra "Diadorim" imprime-se outra grafia, fundamental para expandir a temática abordada por este compositor na releitura das lutas e das vozes sertanejas, que tanto povoaram a vida e as cantigas desse leitor de Guimarães Rosa. A travessia pelo nome de Diadorim é a entrada e a saída não somente para o rio rosiano, tomadas aqui neste texto, mas também pelas águas das palavras, pelos ecos das letras e melodias que pertencem a esse disco.

A questão emergente aponta para a polissemia do significante Diadorim, retomado pelo cantor popular na decantação da palavra rosiana. Em *Grande Sertão: Veredas*, a travessia pelo ser-tão, o ser tanto, absorve o nome próprio no curso das águas sempre inacabadas do rio, na correnteza de sons, na rítmica reimpressa em *Dia Dorim Noite Neon*: "O senhor... Mire veja: o mais importante e bonito, do mundo, é isto: que as pessoas não estão sempre iguais, ainda não foram terminadas – mas que elas vão sempre mudando. Afinam ou desafinam"[95]. Gilberto Gil afina e desafina as notas existentes em "Diadorim" com outro diapasão e seu gesto abre divisas e fronteiras, recolhe segredos guardados nas veredas da composição rosiana.

As trilhas interpretativas insinuam-se na própria reinvenção do signo linguístico, prática que se aprende e se legitima com as dobras da escrita de João Guimarães Rosa. Ao decantar o nome do personagem rosiano, acorda-se para o dia, presente no sertão no significante Dia Dorim, como também se inclui a constelação sêmica exposta em "Noite Neon". Articula-se a travessia pela paisagem noturna das cidades – a música urbana –, sem negar o sol sertanejo nos compassos da música rural. Esse é um dos muitos segredos que Gilberto Gil afirma na posição de leitor de Guimarães Rosa: o paradoxo como forma de reconstruir o pensamento, ruptura necessária com os maniqueísmos redutores: "o que vale é o que está por baixo e por cima – o que parece longe e está perto, ou o que está perto e parece longe. Conto ao senhor o que eu sei e o senhor não sabe, mas principal quero contar é o que eu não sei se sei, e que pode ser que o senhor saiba"[96].

95 Idem, p. 20.
96 Idem, p. 149.

A GEOGRAFIA DO CORPO: TRAVESSIA PELO NORDESTE   121

Se o senhor a quem Riobaldo se dirige é um presumível sujeito douto, este funciona como o leitor ideal na imagem especular. Sendo assim, a face imaginária do outro se empresta ao lugar de um pressuposto saber. Nessa trama da linguagem de Guimarães Rosa, pode-se constatar o jogo no qual o leitor é convidado a participar da narrativa. Gilberto Gil retoma o não saber de si e do mundo, expresso na voz do personagem Riobaldo, e alarga a vontade de ler a fronteira nos limites entre o dia e a noite, entre a épica e a lírica, entre a literatura e a canção popular, nos ventos que cortam tanto a cidade como o sertão brasileiros. Assim, não se experimenta a exclusão dos contrários, tampouco se aposta na simples harmonia, sem conflitos entre a posição regionalista e a cosmopolita. A divisão do nome da personagem sinaliza menos uma solução; trata-se mais de problematizar as interpretações dadas para o Brasil, latentes na obra do escritor mineiro.

Quando Gilberto Gil reinventa o signo nominal "Dia Dorim", a forma "dorim" apresenta-se, sintaticamente, na função análoga à do modificador do nome, ao assumir o papel desempenhado pelo adjetivo em contraposição a neon, com o qual perfaz a parelha no título do disco. Se, por um lado, dorim lembra a cor dourada do sol sertanejo no compasso inscrito na própria aliteração com o dia, por outro, traz a ambivalência desse dia, na sugestão da forma diminutiva para a palavra dor: dorim, uma dorzinha que acompanha a travessia pelo rio de Guimarães Rosa[97] e, também, pelo riacho de Gilberto Gil, sem que isso venha embotar o brilho e a beleza das paragens da palavra cantada e decantada no sertão-mundo como figura em "Casinha Feliz": "Onde resiste o sertão / Toda casinha feliz / Ainda é vizinha de um riacho / Ainda tem seu pé de caramanchão"[98].

Em "Casinha Feliz", uma das músicas que compõem *Dia Dorim Noite Neon*, capta-se a magia da simplicidade sertaneja designada pelo sufixo diminutivo, e a força de resistência do sertão presentificada na entrega à superfície de pequenos riachos, pois se aprende que "a vida é ingrata no macio de si; mas transtraz a esperança mesmo no meio do fel do desespero. Ao que,

97   Quanto à interpretação do nome Diadorim como o diminutivo para dor, dureza e duração, ver A. M. Machado, *Recado do Nome*, p. 39-43.
98   Em C. Rennó (org.), op. cit., p. 308.

122   GILBERTO GIL: A POÉTICA E A POLÍTICA DO CORPO

este mundo é muito misturado"[99]. No riacho da canção, Gilberto Gil retoma a eficácia do diminutivo, o fio de água que interliga ao rio volumoso, Riobaldo, de Guimarães Rosa.

Nesse contexto, a capa do disco participa da rede significativa conectada às letras e melodias das canções, pois, à esquerda da fotografia de Gilberto Gil, observa-se, em cor vermelha, a impressão não somente do nome "Dia dorim". Para marcar o intervalo e a reinvenção do nome do personagem rosiano, utiliza-se um hexagrama do *I Ching*: nomeadamente Lü, o viajante. A leitura desse hexagrama alude aos personagens rosianos, à viagem pelo sertão das terras dos Gerais, pois para aqueles que "não têm morada fixa, seu lar é a estrada"[100]. No julgamento do hexagrama, menciona-se também a importância dos diminutivos, um sinal para seguir as trilhas sonoras deixadas pela expressão "Dia dorim" e também pela canção "Casinha Feliz": "O viajante. Sucesso através do que é pequeno"[101]. Na figura composta pelo hexagrama com suas linhas a serem decifradas, sugere-se um atalho interpretativo do *Grande Sertão: Veredas*, de uma de suas camadas possíveis de leitura a partir não de Riobaldo, o grande rio, mas na ênfase ao pequeno através do jogo de paradoxos entre o rio e o riacho do sertão de "Dia dorim".

A utilização do *I Ching* é uma vereda para caminhar por Gilberto Gil e por Guimarães Rosa. Se o livro clássico tem sido adotado como oráculo ao longo da história da China, o sentido empregado no disco não adquire o caráter apenas divinatório. Sobretudo, conquista-se o valor metafórico: são sinais que apontam para elementos da biografia do músico baiano, sua face oriental, e confirmam a vontade de decifrar o segredo das linhas do tecido rosiano. Além do mais, acena-se para a mudança de enfoque dado pelo disco[102].

Quem lida com *I Ching* precisa ser mais que um leitor de signos, de linhas cortadas e abertas. Em cada imagem, defron-

99   J. Guimarães Rosa, op. cit., p. 144.
100   R. Wilhelm (org.), *I Ching*, p. 172.
101   Idem, ibidem.
102   Sobre o uso do *I Ching* por Gilberto Gil, vale conferir o ensaio de A. Antunes, que alude ao fato de o compositor baiano, certa vez, ter jogado o *I Ching*, fazendo a seguinte pergunta: "O que eu sou afinal?". A resposta do oráculo recaiu no hexagrama número dois, todo formado de linhas abertas: o receptivo, que tem como imagem a terra e como atributo a devoção. Cf. O Receptivo, em C. Rennó (org.), op. cit., p. 13.

A GEOGRAFIA DO CORPO: TRAVESSIA PELO NORDESTE   123

ta-se com a demanda do desejo expressa na pergunta a ser respondida pelo livro; pois é a vontade de saber que move as mutações. Sobretudo, a resposta exige a habilidade de decifrar o segredo contido nos trigramas combinados em pares. Com efeito, a sugestão do manuseio do *I Ching* presente na capa do disco constrói uma teoria sobre esse leitor de Guimarães Rosa: o viajante pelas margens dos rios, pelas paisagens do dia e da noite, pois este pode se reconhecer no discurso de Riobaldo dirigido ao seu suposto leitor: "o nome de Diadorim, que eu tinha falado, permaneceu em mim. Me abracei com ele. Mel se sente é todo lambente – 'Diadorim, meu amor...Como era que eu podia dizer aquilo?'"[103].

A pergunta de Riobaldo deságua em Gilberto Gil de maneira transfigurada; pede do viajante o desejo de fitar o rio do tempo rosiano, para encontrar outra forma de escrita para o nome de Diadorim na refazenda do hexagrama Lü: o valor do pequeno, do diminutivo. Nesse contexto, a habilidade do cantor popular encontra-se em lidar com os intervalos e com as fissuras do riacho guardado no nome "dorim". Há o enigma da linguagem no grande sertão de Riobaldo, que se reflete e se transforma nas mutações especulares do *I Ching*, transposto para o disco.

Na alquimia das palavras rosianas, o sentido especular e afetivo agregado ao sufixo diminutivo reinscreve-se nas formas "casinha" e em "dorim"[104]. Por meio desses signos, Gilberto Gil "transtraz" a grande correnteza do rio rosiano, o Rio São Francisco, símbolo da unidade nacional, no sentido do riacho e da

---

103   J. Guimarães Rosa, op. cit., p. 187.

104   Aqui, o sentido dado ao diminutivo não se casa com aquele atribuído por Sergio Buarque de Holanda em *Raízes do Brasil*. Para ele, a forma seria um dos traços que definia o homem cordial brasileiro. Pelo contrário, vê-se outro sentido crítico na decantação do nome rosiano por Gilberto Gil, que abre caminho para a reflexão descolonizadora das práticas sociais no Brasil. Segundo L. Roncari, ao comentar as observações de Buarque de Holanda, Gilberto Freyre vê a cordialidade como um traço característico do brasileiro, em particular, do mulato: "Ao mesmo tempo que fácil no riso – um riso não já servil, como o do preto, mas quando muito, obsequioso e, sobretudo, criador de intimidade – tornou-se o mulato brasileiro, quando extrovertido, como Nilo Pessanha, transbordante no uso do diminutivo – outro criador de intimidade. O 'desejo de estabelecer intimidade', que o ensaísta Sergio Buarque de Holanda considera tão característico do brasileiro, e ao qual associa aquele pendor, tão nosso para o emprego dos diminutivos, que serve para nos 'familiarizarmos com os objetos'"; *O Brasil de Rosa*, p. 35.

124 GILBERTO GIL: A POÉTICA E A POLÍTICA DO CORPO

fluidez sonora de um ritmo que verseja na canção, no trânsito entre a literatura e a música popular no Brasil.

Na decantação empreendida pelo compositor, enfatiza-se não somente a importância dada ao diminutivo; ressalta-se também o valor do fonema |d| em *Grande Sertão: Veredas*. Em princípio, os críticos dessa obra abordam a dominância dos elementos formais, sempre na ênfase ao processo de reinvenção linguística elaborada por Guimarães Rosa. Entre esses, ressalte-se o ensaio de Haroldo de Campos, estudo cuidadoso da complexidade musical das palavras e dos fonemas repetidos nessa obra rosiana, na esteira da definição do desenvolvimento de timbres e da temática musical na leitura da personagem Diadorim.

Segundo este autor, configura-se a isomorfia entre o nome Diadorim e o conteúdo biográfico da personagem, na relação íntima e indissociável entre a forma e o conteúdo, entre a *res extensa* e a *res cogito*, pois, nesse compasso isomórfico, encontra-se o enigma da linguagem rosiana e os motivos musicais de *Grande Sertão: Veredas*. Na travessia dessa abordagem interpretativa, pode-se acentuar o nexo fonético nas aliterações que vão constituir os timbres sonoros e temáticos do romance e também suas reverberações no disco de Gilberto Gil. Assim, no intervalo criado com "Dia dorim", o compositor popular capta a força do fonema |d|, signo sonoro privilegiado na obra rosiana, que, de acordo com Haroldo de Campos, funciona "como um dos principais temas-timbres que irrigam de musicalidade a narração"[105]. Segundo o ensaísta, o |d| caracteriza o dilema do "ser ou não ser" hamletiano, respectivamente o Deus ou o diabo, sendo este último definido nas páginas do romance como o que não existe, o que não pode ser nomeado – traço que marca a ambivalência do próprio personagem rosiano.

---

105 Segundo H. de Campos, é relevante observar o nexo fonético entre as palavras "demônio" e "redemunho", que retomam a epígrafe de *Grande Sertão: Veredas*, "O diabo no meio do caminho", um dos grandes temas da obra: "A tomada de consciência do processo de tematização 'musical', e seus desenvolvimentos timbrísticos, nos leva a distinguir, em meio à floresta de sons que, por quinhentas e setenta e uma páginas, atravessamos no 'Grande sertão', certas gamas girando em torno de fonemas privilegiados. Dentre estes, um predomina, algo assim como uma fonte sonora de onde dimanam os principais temas-timbres que irrigam de musicalidade a narração: o fonema representado pela letra D"; Um Lance de "Dês" do Grande Sertão, em E. Coutinho (org.), *Guimarães Rosa*, p. 334.

Captam-se da análise de Haroldo de Campos um ponto convergente e um divergente em relação à presente leitura do título do disco. Pode-se dizer que Gilberto Gil, consciente ou intuitivamente, seleciona do *Grande Sertão* de Rosa o nome Diadorim, pois essa palavra reúne toda a densidade de signos e motivos musicais. Entretanto, a significação-chave para a decantação realizada em "Dia dorim" requer ser lida não mais pela premissa da situação dilemática, marca do drama ao gosto de Shakespeare, modulado pela conjunção "ou". No álbum, acentua-se o que está no "meio do caminho", na multiplicidade de sentidos com os quais se possibilita a estética da fronteira deste cantor popular, distante da dúvida hamletiana. Portanto, considere-se que a repetição do timbre musical do fonema |d| e do diminutivo no título *Dia Dorim Noite Neon* instaura outra leitura da travessia pelo "meio do caminho", não mais no dualismo dilemático e usual existente em Deus ou o demo.

A recriação do nome assinala a isomorfia presente no título do disco e na canção "Casinha Feliz": a valorização da fronteira, o meio do caminho entre o dia e a noite, entre a cidade e o sertão, com diferentes reverberações semânticas, pois o sufixo diminutivo *-im* agrega mais que a imprecisão de gênero na passagem existencial de Diadorim[106]. Trata-se de pensar, no título do disco, o timbre inconfundível não só de Guimarães Rosa, mas de Gilberto Gil: o timbre musical do cantor popular acena para o potencial de sentido a ser reinventado na fenda aberta em "Dia dorim", o que está ainda por ser dito e decifrado, como manancial de transformação de conteúdos recalcados nas redes culturais. Na reinvenção formal do título *Dia Dorim Noite Neon*, algo se faz no "meio do caminho" entre a arte literária e a canção popular no Brasil.

É nítida, em "Casinha Feliz", a presença do diálogo entre a literatura e a música popular; nesse caso específico, não só por

---

106 Segundo W. Bolle, "a figura bissexual de Diadorim é um meio para evidenciar, por contraste, o que há de unilateral e redutor no retrato do povo apresentado por Euclides da Cunha. O autor d'*Sertões* valoriza o sertanejo apenas como guerreiro – postura sintetizada na frase que se tornou célebre: 'o sertanejo é, antes de tudo, um forte'. Quase todos os demais valores culturais das pessoas do sertão – suas práticas religiosas, forma de organização econômica e política, sua fala, sua sensibilidade e, em particular, todo o universo feminino – são relegados à margem ou desprezados"; *Grandesertão.br*, p. 214-215.

126   GILBERTO GIL: A POÉTICA E A POLÍTICA DO CORPO

assumir a matriz rosiana: "De dia, Diadorim / De noite, estrela sem fim / É o Grande sertão: veredas / Reino da Jabuticaba / As minas de Guimarães Rosa / De ouro que não se acaba"[107]. Observa-se a qualidade poética que as letras das canções conquistam no cenário cultural brasileiro e, sobretudo, em Gilberto Gil. Nesse sentido, a matéria literária não apenas constitui uma fonte de inspiração; ela participa de um modo próprio de a canção popular trazer diferentes rios de linguagem e de fluxos culturais que diluem a dicotomia entre o popular e o erudito no Brasil, entre a alta literatura dos grandes rios e as expressões poéticas dos pequenos riachos[108].

Nos versos logo acima, o compositor alude à mina rosiana com, no mínimo, três vetores de sentido: primeiro, refere-se ao sertão de Minas, da Serra dos Gerais, de onde Guimarães Rosa extrai um saber sobre o Brasil e sobre o poder da palavra oral, cantada e decantada em seu romance épico. Segundo, marca o diálogo intenso entre a canção popular e a literatura, como uma "mina que não se acaba", pois disso resulta tanto a revitalização do literário quanto a reinvenção do popular[109].

Por fim, o terceiro ponto refere-se ao modo como o artista baiano retoma o tecido crítico diante do sistema de exploração praticado pelo colonizador, que extorquiu impiedosamente a riqueza das terras, deixou cicatrizes e um repertório de valores nas malhas do imaginário brasileiro. Mesmo diante da exploração colonial, as "minas" socioculturais resistiram, e nasceu o sentido paradoxal emergente dessa realidade. No limite legado ao desespero e ao abandono de tantas vidas na história do Brasil, presenciados

107 Em C. Rennó (org.), op. cit., 308.
108 Sobre esse enfoque temático, J. M. Wisnik afirma que: "a relação entre canção popular e literatura, no Brasil, se ela de fato existe como atração magnética numa parte respeitável dessa produção, não se deve a uma aproximação exterior em que melodias servem de suporte a inquietações 'cultas' e letradas, mas à demanda interior de uma canção que está a serviço do estado musical da palavra, perguntando à língua o que ela quer, e o que ela pode. É o que se apresenta no samba rap 'Língua', de Caetano Veloso, em cujo estribilho ('Flor do Lácio Sambódromo / Lusamérica latim em pó / O que quer / O que pode / Esta língua?')"; Gaia Ciência, op. cit., p. 225.
109 Na opinião de H. Buarque de Hollanda, desde os festivais promovidos pela TV, nota-se como a letra da canção pede "um certo status literário". Segundo ela, não se trata de afirmar que a literatura está se fazendo em outros canais, como na música popular, mas de perceber "como a literatura como tal evidencia uma falha tática e permite uma evasão de valores novos para outras linguagens"; A Participação Engajada no Calor dos Anos 60, Impressões de Viagem, p. 40.

em muitos lugares do sertão e na periferia de grandes metrópoles deste país, disseminam-se para o mundo as palavras de Guimarães Rosa, que se expandem nos ecos de Gilberto Gil.

Na dupla face da fronteira inscrita na letra, a expressão "Dia dorim" traz recorrências culturais, políticas, antropológicas e biográficas, calcadas na realidade brasileira e no sertão interpretado por Gilberto Gil em seu disco. Desse modo, o personagem Diadorim encarna, no próprio corpo, o manejo impresso na linguagem rosiana, retomada pelo compositor baiano: a travessia pelo nome traduz o conflito entre conceitos definidores do território masculino e os índices do universo simbólico onde sempre se situou o feminino, porém não se restringe a esse enfoque.

O título do disco *Dia Dorim Noite Neon* é o convite aberto para pensar essa dupla face diadorina – masculina/feminina, diurna/noturna – e a dupla face de Gilberto Gil entre o poético e o político, da qual se desenha e se confirma a potência da zona de fronteira na canção e no corpo deste artista. Nas veredas musicais do álbum, desdobra-se a travessia rosiana com as trilhas da história de resistência e de conflito no Brasil de ontem e de hoje, com as minas da canção popular brasileira, redescoberta em cada fogueira de beira de casa ou no fogareiro de carvão: "Onde resiste o sertão / Toda casinha feliz / Ainda cozinha no fogão de lenha / Ou fogareiro de carvão"[110]. O enigma do fogo recompõe também o cenário do romance rosiano como signo do desejo, magma da luta que impõe revisar os códigos patriarcais que regem o sertão e muitas cidades do Brasil: "Fui fogo depois de ser cinza. Ah, algum, isto é o que é, a gente de vassalar. Olhe: Deus come escondido, e o diabo sai por toda parte lambendo o prato. Mas eu gostava de Diadorim para saber que esses gerais são formosos"[111].

Retomando o hexagrama apresentado na capa do disco, as linhas da parte superior do desenho referem-se ao fogo. Nesse caso, apenas sugerida no formato do trigrama presente na contracapa desse disco, a imagem refulge como signo emblemático para falar do sertão em Gilberto Gil, ele próprio filho de Xangô, orixá ligado ao fogo. No retrato da cena sertaneja, a noite aparece recomposta pela figura do cantor com o violão.

110 Em C. Rennó (org.), op. cit., p. 308.
111 J. Guimarães Rosa, op. cit., p. 41.

A nítida combinação entre o fogo e o canto – a expressão musical que celebra – resiste e faz das agruras do sol do sertão um saber sobre a força criadora da música popular no Brasil. O fogo espalha-se e se glosa no neon da cidade cantada pelo violão deste compositor.

Nos traços chineses retomados na capa do disco, imprime-se o valor associativo e simbólico da cor vermelha para desenhar o hexagrama; no encarte, as letras das canções também são apresentadas enfaticamente com essa mesma cor. A marca cromática alude à vitalidade do sol e do fogo, e compõe o rito da criação sugerido no *I Ching*: a capacidade de transformar a força destrutiva em agente de transmutação. Nesse contexto, o fogo é o feixe de luz presente nas festas ígneas – desde as fogueiras de São João – e também na reinvenção do título do disco, quando a chama une-se ao brilho do neon. Os efeitos da claridade espalham-se como um farol para o viajante de terras sertanejas, pela geometria das cidades que compõem as mais diferentes linguagens brasileiras nas andanças intensas de Gilberto Gil.

O fogo está associado ao poder do desejo, expresso no canto que reinventa possibilidades para a grafia social e remete, também, à excitação do imaginário. Com essa abordagem, a canção "Febril" – a quinta música do elenco que integra o disco – agrega-se ao significante "fogo". O corpo, onde pulsa a combustão da matéria humana, rejeita a acomodação e se inflama perante os gestos dos espectadores: "Veio gente me pedir esmola / Veio gente reclamar uma escola / Veio gente me aplaudir / Veio gente vaiar / Veio gente dormir nas cadeiras"[112]. Nesses versos, entoa-se a posição crítica do artista diante do palco, como leitor dessa plateia. Tem-se a disposição invertida, pois o artista enxerga as fileiras diante do tablado e estranha os rostos que o observam, com o distanciamento necessário para instaurar a percepção espetacular do momento. As luzes acendem-se ante a heterogeneidade de atitudes dos espectadores, com a manobra e o deslocamento do olhar que permite ver a todos como atores de uma cena.

Em face disso, o sentimento de estranheza revela-se no lume do palco e da solidão do artista em seus versos: "E eu cantava aquela música, aquela música / Alucinação / Como se

---

112 Em C. Rennó (org.), op. cit., p. 294.

eu fosse um punhado de gente / E aquela gente ali, não / Como se o salão repleto fosse um deserto". A travessia pelo deserto é retomada em cena diversa, na paisagem do paradoxo do palco cheio e vazio ao mesmo tempo. Esse momento traz o instante de revelação, a exacerbação da diferença, quando – assim como nos viajantes Diadorim / Riobaldo – dissemina-se o canto que o outro precisa sentir e decifrar, tal qual descrito no canto de Siruiz no *Grande Sertão* rosiano: o jagunço de voz bonita e bem entoada que guarda, em sua melodia, sinais não exclusivamente restritos à história de Riobaldo[113]. Em Guimarães Rosa, a canção pede para ser decifrada, assim como, em Gilberto Gil, exige ser vertida em destinos do Brasil.

A fronteira entre o sertão e a cidade, entre ser artista e espectador da cena, atravessa os versos de muitas canções desse disco e se harmoniza na reinvenção da personagem Diadorim. A coragem sertaneja desdobra-se nas arenas da vida pública do cantor popular, mesmo para quem, em muitos instantes, prefere sentir o prazer de usufruir o fogo no silêncio da solidão: "Tanta gente, e estava tudo vazio / Tanta gente, e o meu cantar tão sozinho / Todo mundo, mundo meu / Meu inferno, meu céu / Meu vizinho". O compasso suave e modulado de "Febril" fala dos não ditos da história, resulta da compreensão *à la* Riobaldo de que o sentido das canções encontra-se no leitor que pode e quer ouvir o recado dos morros do sertão e das cidades do Brasil.

Assim, da porta de uma dessas casas típicas sertanejas, Gilberto Gil devolve o olhar que Guimarães Rosa lançou sobre o dia e sobre o "dorim" de cada sertanejo, no sentido latente que corta tantas trilhas da realidade brasileira. Desde a música regional – baseada no xote, no xaxado, nos forrós das sanfonas e das zabumbas, nos frevos e maracatus, na flauta da banda de pífanos – este compositor caminha pelas veredas da polifonia social brasileira, sem esquecer o samba carioca, os ecos do violão compassado da bossa nova e a música carnavalizada da Bahia. Do grotão sertanejo às grandes cidades, a música

---

113 Referência ao personagem Siruiz, cujo canto traz o destino de Riobaldo nas suas entonações e letras. Também na novela *Recado do Morro*, Guimarães Rosa tematiza a canção como maneira de trazer o recado e as sinalizações para a leitura do contexto em que se encontra o protagonista e o rumo de sua história. Sobre esse enfoque de leitura, consultar dois ensaios: a análise da novela *Recado do Morro*, em J. M. Wisnik, O Minuto e o Milênio..., op. cit., p. 169-190; e L. Roncari, op. cit., p. 76.

130 GILBERTO GIL: A POÉTICA E A POLÍTICA DO CORPO

apreende o grande ser-tão musical, possível nas múltiplas faces guardadas no nome Diadorim, quando o conteúdo das culturas, a princípio recalcadas pela persistência da prática colonizadora entranhada no Brasil, pode e deve falar.

Na análise da imagem apresentada na capa do disco, nota-se a presença de uma lâmpada acesa no interior da casa, apesar da intensa luminosidade comum aos dias sertanejos. Antevê-se do umbral da porta a escuridão e a clareza, dispostas lado a lado, fronteira na qual se encontra Gilberto Gil. Este se apresenta vestido de branco, com um olhar que se esgueira para um ponto, de onde se convidam outros olhos a percorrer o interior e o exterior da casa sertaneja. Tal como na lembrança rosiana, o gesto de ver é uma maneira de se apropriar dos acontecimentos, de conferir existência a vidas humanas: "os olhos nossos donos de nós dois"[114]. Assim, a combinação da luz com a sombra localiza o compositor no limite ambivalente do visível e do invisível, entre o dito e o não dito, com a perspectiva oblíqua que testemunha a existência do mundo e do outro: "Há no seu olhar / Algo de saudade / De um tempo ou lugar / Na eternidade / Eu quisera ter / Tantos anos-luz / Quantos fosse precisar / Pra cruzar o túnel / Do tempo do seu olhar"[115].

Desse modo, sinaliza-se o mote e uma gama de situações sociais que vão ser pensados a partir desse álbum, como na canção "Nos Barracos da Cidade". Nesta música, uma das mais conhecidas do disco, revê-se o problema da aplicação da lei no Brasil, como já se delineava nos conflitos vividos no mundo sertanejo de Guimarães Rosa. *Grande Sertão: Veredas* desnuda um país em transição entre o regime monárquico e a República; na persistência do poder das oligarquias que fazem a própria lei e põem em crise a soberania popular e os ideais republicanos. Uma cena do clássico rosiano desvenda o abuso e o excesso de poder do sistema patriarcal, na passagem da lei do mais forte, remanescente do pai da horda primeva – a lei de um só –, para a necessidade de um sistema de leis a serviço de todos. No recorte do julgamento de Zé Bebelo, quando este é apanhado pelo grupo de Joca Ramiro, o narrador Riobaldo deixa entrever a in-

---

114 J. Guimarães Rosa, *Grande Sertão: Veredas*, p. 93. A citação se refere ao momento em que Riobaldo encontra o menino Reinaldo pela primeira vez, às margens do rio São Francisco.

115 Seu Olhar, em C. Rennó (org.), op. cit., p. 293.

A GEOGRAFIA DO CORPO: TRAVESSIA PELO NORDESTE

terpretação do Brasil feita por Guimarães Rosa, com a exposição da fragilidade do cumprimento das leis produzidas pelo Estado, em benefício do sistema de leis internas da jagunçagem[116].

No rio volumoso do grande sertão, lê-se a correnteza da história colonial brasileira, cujo princípio de lei legitimava as exclusões na voz imperial do colonizador. As águas rosianas diluem-se e se espalham em riachos de fluxos críticos e sonoros, como se revelam em Gilberto Gil. Em seu disco, retoma-se o segredo guardado no nome Diadorim para mostrar a cena do sertão atualizada em "Nos Barracos da Cidade", no conflito entre o gesto autoritário monolítico, presente na paisagem do sertão dos Gerais, expandindo-se para as cidades brasileiras: "Nos barracos da cidade / Ninguém mais tem ilusão / No poder da autoridade / De tomar a decisão / E o poder da autoridade / Se pode, não faz questão / Se faz questão, não consegue / Enfrentar o tubarão"[117].

Nos versos da canção, sugere-se a dificuldade em tornar efetivas as leis, na prática de uma política econômica e cultural socialmente equânime. O segredo lido por Gilberto Gil remete à lógica dos imperativos coloniais guardados no inconsciente da história dos brasileiros, na qual se situa o palimpsesto do passado escravocrata do Brasil. Nos rastros dessas linhas, delineia-se a prática do mandonismo, na qual se possibilita a aparição do jagunço. O tema eleva-se nas terras de Diadorim e se difunde até a canção popular que lê as linhas cifradas na palavra do outro e trata das promessas não cumpridas por aqueles que se beneficiam com esse sistema social excludente.

---

116 Sobre o controle da lei no sertão e no Brasil, quanto ao jogo do poder, Guimarães Rosa repassa a história da vida política brasileira, tanto na figura de Zé Bebelo, imagem do legalista no sertão, quanto na sua contraposição a Joca Ramiro, senhor do mando e da lei de um só. A cena do julgamento de Zé Bebelo é uma síntese dessas questões: "Que visse o senhor os homens: o prospeito. Aqueles muitos homens, completamente, os de cá e os de lá, cercando o eco em raia da roda, com as coronhas no chão, e as tantas caras, como sacudiam as cabeças, com os chapéus rebuçantes. Joca Ramiro tinha poder sobre eles. Joca Ramiro era quem dispunha. Bastava vozear curto e mandar. Ou fazer aquele bom sorriso, debaixo dos bigodes e falar, como fala constante, com um modo manso muito proveitoso: – 'Meus meninos… Meus filhos…' Agora, advai que aquietavam, num estatuto. Nanja, o senhor, nessa sossegação, que se fie! O que fosse, eles podiam referver em imediatidade, o banguelê, num zunir: que vespassem. Estavam escutando sem entender, estavam ouvindo missa. Um, por si, de nada não sabia; mas a montoeira deles, exata, soubesse tudo. Estudei foi os chefes"; *Grande Sertão: Veredas*, p. 169.

117 Em C. Rennó (org.), op. cit., p. 302.

132 GILBERTO GIL: A POÉTICA E A POLÍTICA DO CORPO

A divisão do nome em "Dia dorim" retrata a brecha por onde se questionam as divisões e os contrastes no sertão do Brasil. As rachaduras em "Casinha Feliz" dialogam com "Nos Barracos da Cidade", promovendo o trânsito de imagens e de vozes que fazem revirar os dilemas da sociedade brasileira[118]. Na reflexão de muitos de seus valores interpretativos, esta não se despede de hábitos coloniais e da vocação para os mandos e os desmandos, desde a persistência do coronelismo político em alguns recantos do Brasil até o clientelismo, o jeito malandro de burlar a lei.

Como interface ao disco, a capa apresenta outro caminho para se chegar à canção "Casinha Feliz", ouvindo o recado deixado com a ressignificação do nome Diadorim. Nas vestes construídas por esta personagem, manifesta-se menos a burla da lei e mais a estratégia cênica na qual se expressa o gesto de mudança e o questionamento da ordem patriarcal vigente. Nesse sentido, não é difícil ver indicações de Diadorim como personagem emblemática da teoria do drama em Guimarães Rosa, pela encarnação mesma da trajetória própria à cena dramática em seu corpo: a mulher-atriz que se transmuta na roupagem masculina, para participar do bando de jagunços e perseguir a vingança de quem matou o seu pai.

Cabe ressalvar que, antes de uma situação dramática, existe uma linguagem dramática responsável pela dinâmica textual. No drama, presume-se o diálogo, a forma persuasiva e envolvente por meio da qual se conclama uma reação, mesmo quando se acentua o monólogo, como se observa mais nitidamente no texto construído pelo personagem Riobaldo, que se coloca em posição dialógica com um pressuposto senhor. Desse modo, a linguagem rioubaldiana insere-se na grafia do

---

118 Seguindo as trilhas abertas por "Jagunços Mineiros de Claudio a Guimarães Rosa", de A. Candido, Wisnik afirma que Guimarães Rosa fez do jagunço a imagem emblemática daquele espaço: *Grande Sertão: Veredas* é também um imenso recado, através do qual pende surpresa, entre um e outro, entre a falta de lei e a lei que falta, a pergunta infinita por uma metafísica da Lei que rege o desejo e a violência [...]Talvez seja a coalizão de mandonismo com malandragem, pilares da formação brasileira, unificados no campo de uma sombria complementaridade sem brechas, que dê o tom a essa conjuração cósmica convergindo para uma violência sinistramente festiva, que se configura, de todo modo, como uma espécie de *karma* – herança incontornável da experiência histórica inscrita no inconsciente social, cuja superação é um enigma"; O Famigerado, *Sem Receita*, p. 143-147.

A GEOGRAFIA DO CORPO: TRAVESSIA PELO NORDESTE   133

drama, principalmente quando vem associada à participação do leitor no jogo das tramas das palavras, que inscrevem cada letra e som em um desejo e numa intenção[119]. Manifesta-se no *páthos* de Riobaldo não só a função fática da linguagem, mas também a função emotiva, já que o rio de palavras corre de um sujeito que fala e se faz na exigência da construção da escrita. Nesse caso, o personagem aparece dotado de autonomia em relação à própria trama, contudo, é por meio de sua memória que ela se articula[120].

Considerando aspectos do drama trágico presente em *Grande Sertão: Veredas*, pode-se ver em que medida a personagem Reinaldo-Diadorim atualiza a travessia de Antígona. A filha responsável pelos cuidados em relação ao destino do pai, Édipo, a pretexto de preservar a imagem do irmão Polinices, transgride a lei imposta por Creonte. No encontro com o seu desejo de morte, a firme determinação de cobrir o corpo insepulto do irmão apresenta-se disfarçada pelo discurso da honra e da justiça. O fogo de Antígona também se revela ao meio-dia, em pleno sol, quando ela deixa escapar o seu grito. No caso de Diadorim, o ímpeto de vingar a morte do pai é também o discurso construído que a protege do seu desejo feminino e acentua a impossibilidade de amar como mulher. Analogamente à filha de Édipo, ela guarda o enigma de seu destino no próprio corpo: "Diadorim queria o fim. Para isso a gente estava indo"[121].

Ampliando essa análise sobre Diadorim – retomada e transfigurada na canção de Gilberto Gil –, é possível ler, no contexto das vestes diadorinas, mais a grafia da vontade performática do que, necessariamente, do drama helênico trágico, embora não exclua completamente estes últimos adjetivos[122].

---

119 Quanto à análise da vertente dramática em *Grande Sertão: Veredas*, ver o ensaio de R. Schwarz, Grande Sertão: Estudos, em E. Coutinho (org.), *Guimarães Rosa*, p. 378-389.

120 Para o olhar excludente, a caracterização de um gênero pode supor o seu isolamento em relação aos demais, mas pode situar-se como parte de estratégia de leitura. Assim, é possível depreender alguns traços definidores do dramático através da insistência de alguns signos e do comportamento em relação à linguagem, pela prática do discurso e da combinação dos termos. Cf. E. Staiger, *Conceitos Fundamentais para uma Poética*.

121 *Grande Sertão: Veredas*, p.25.

122 A propósito do trágico W. Bolle, ao comparar *Grande Sertão: Veredas*, de Guimarães Rosa a *Os Sertões*, de Euclides da Cunha, ressalta que este último

134 GILBERTO GIL: A POÉTICA E A POLÍTICA DO CORPO

Diadorim adota a roupa dos jagunços com o propósito de ação, que caracteriza o performático. Nesse contexto, o corpo assume-se como agente de transformação, pois não se sobressai apenas o aspecto representativo, tal qual se acentua na teoria do drama. Considera-se que realizar o teatro não se restringe a representá-lo: "Vida devia de ser como na sala de teatro, cada um inteiro fazendo com forte gosto seu papel, desempenho. Era o que eu acho, é o que eu achava"[123]. Assim, Diadorim atua com a invenção de suas vestes e, nesse sentido, pode-se percorrer o itinerário retomado por Gilberto Gil, quando reinventa a força do nome do personagem rosiano: a música, com seu poder de luta e de ação sobre o mundo, aguça o lume performativo do corpo e da canção popular no Brasil.

Na atitude performática, não se presume a falência do discurso, contudo, ressalta-se o corpo como agente de ação. Nesse aspecto, os versos do cantor baiano comungam mais com a personagem de Diadorim do que com Riobaldo. Esta identificação evidencia e justifica a escolha do termo para compor o título e a letra da canção "Casinha Feliz", impressa no timbre musical de seu disco. Na escolha da grafia "Dia dorim" proposta em meio às redes do mundo rosiano, a personagem aparece menos como ator e mais um atuante da cena; há a criação do vocabulário próprio, de acordo com as habilidades pessoais, físicas e intelectuais da persona assumida. O processo da refazenda da personagem surge da empatia com o próprio modelo de ação impresso no romance, no rastro das pegadas de Guimarães Rosa.

Em *Grande Sertão: Veredas*, Diadorim escolhe as vestes e os elementos que compõem o seu corpo e a sua voz de maneira consciente, como rejeição ao sistema de leis que excluía a mulher da tomada de poder e a colocava suscetível aos desmandos

---

privilegiou a historiografia baseada no heroísmo e no *páthos*, em que se inclui o dilaceramento trágico. Ao contrário, no primeiro, mostra-se a superação do sofrimento pelo luto de Riobaldo elaborado em sua narração. Ainda segundo Bolle, "narrado num estilo patético e sublime o aniquilamento da comunidade de Canudos é apresentado por Euclides da Cunha em forma de tragédia, 'gênero literário que dignifica os personagens e os seus feitos, enfatiza o caráter conflituoso e fatal de sua vida, enobrece as suas derrotas com uma auréola heroica'. À concepção trágica, Guimarães Rosa contrapõe uma historiografia que narra a história dos sofrimentos como história da paixão"; Diadorim: a Paixão como *Medium-de-Reflexão*, op. cit., p. 221.

123 *Grande Sertão: Veredas*, p. 159.

A GEOGRAFIA DO CORPO: TRAVESSIA PELO NORDESTE 135

e à violência masculina: "Mulher é gente tão infeliz"[124]. Basta lembrar que o próprio Riobaldo relata os estupros cometidos pelo bando. Ao mesmo tempo, descortinam-se as malhas do inconsciente que fazem a filha de Joca Ramiro eleger o jaleco, os coturnos, as calças masculinas e destinar-se à impossibilidade de amar, com o consequente trajeto até a morte. Ressaltem-se a ausência da referência materna e a vontade de ser o filho idealizado pelo pai; afinal, Diadorim transfigurara-se no jovem Reinaldo antes mesmo do assassinato de Joca Ramiro, portanto, com a anuência paterna[125].

Diadorim aprende a lidar com a exterioridade, com o trabalho de modular a roupagem ao tom musical da voz e do olhar, por um processo mais de aderir ao ritual da guerra, em função de determinado espaço e tempo no impulso da atuação, em vez daquele da representação. Nessa abordagem, entende-se que a personagem rosiana atua mais do que representa. O cenário onde ela opera confunde-se com o próprio cotidiano do sertão, e, nesse caso, o corpo é o sujeito e o objeto da cena; nele se inscrevem o texto da cultura e o desejo inconsciente. Diadorim confronta-se com seu público, os jagunços, e encena entre os seus espectadores, frente ao outro. Assim, observa-se uma espécie de comunhão, no menor distanciamento entre o objeto da cena e o espectador.

Seguindo os rastros de Diadorim, Gilberto Gil também assume o cotidiano como palco no seu processo de atuação com o corpo: a voz, as roupas, os gestos, as palavras e o canto são elementos indispensáveis para produzir o seu agir sobre o mundo e se apropriar das representações sociais e históricas gravadas na superfície corporal. A expressão artística dá-se a partir de habilidades pessoais, apresentando a sua visão da trajetória política e cultural na maneira de colocar o corpo no tom da música, da voz, no ritual das festas de rua e dos espetáculos, no fluxo de interação de diferentes linguagens que nascem do

---

124 Idem, p.114.
125 Quanto ao disfarce, a cumplicidade entre Joca Ramiro e a filha é sugerida na passagem em que Diadorim beija-lhe a mão e o grande chefe manifesta diferente apreço por esse jagunço entre os demais: "Diadorim olhava; e tinha lágrimas vindo por acaso. Decidido, deu um à-frente, pegou a mão de Joca Ramiro, que firme contemplado, só um instante, seja, mas o docemente achável, com um calor diferente de amizade. A quantia que ele gostava de Diadorim"; idem, p. 161.

136 GILBERTO GIL: A POÉTICA E A POLÍTICA DO CORPO

confronto incessante com o aspecto multifacetado de si mesmo e das culturas contactadas.

Na atitude performativa, costuma-se reivindicar a presença mais da persona do que do personagem. Este é mais referencial e discursivo, enquanto a persona remete ao papel e à função das máscaras. Quando Diadorim ouve a notícia súbita da morte de Joca Ramiro, espera-se que a máscara caia e um outro discurso apareça. De fato, a cena apresenta o uivo da personagem, expressão da dor diante da perda, seguido de desmaio. A síncope de Diadorim finaliza-se exatamente quando estavam prestes a retirar o jaleco, momento no qual a veste seria removida. Entretanto, a máscara do jagunço não foi desfeita, e o segredo continuou guardado até o instante final de sua morte. Quando chora a perda do pai, Diadorim embrenha-se pelos matos e, em solidão, exprime o seu sofrimento. Nesse recorte cênico, a dor apresenta-se como a força que desnuda. O consequente choro é também expressão da falência do discurso como elemento único para retratar o vivido.

No trajeto pelas paragens do sertão e da literatura, o corpo da mulher era legado ao silêncio e permanecia invisibilizado pelas mais variadas imagens estereotípicas. Ao final, a construção da cena performativa de Diadorim deixa entrever justamente esse corpo sempre ocultado. Na persona assumida por Reinaldo, observa-se a ausência do ser prometido, aquilo que só se menciona e se deixa ver quando é agregada a marca do suplemento[126]. Com efeito, Gilberto Gil retorna ao tema denso e enredado do disfarce de Diadorim. A personagem traz à tona o esforço de tornar o corpo feminino visível, justamente quando, na máscara imantada na percepção de Riobaldo, acaba por envolver a adição de algo mais do que apenas o seu corpo. No contexto rosiano, a personagem adentra o território dos jagunços para ouvir, nos ecos da fala masculina, a ausência feminina nas cenas coletivas, onde impera um determinado tipo de ator social. Paradoxal-

126 P. Phelan questiona: "se as mulheres não são reproduzidas na metáfora e na cultura, como é que elas sobrevivem? Por que as mulheres participam na reprodução de sua própria negação? A questão é saber quais os aspectos dos corpos e das linguagens das mulheres que permanecem fora do metafórico e dentro do real histórico. De que modo as mulheres se reproduzem e se representam a si mesmas dentro das figuras e metáforas fornecidas pelas formas de representação e cultura homossexual"; A Ontologia da Performance, *Revista de Comunicação e Linguagens*, p. 171-191.

A GEOGRAFIA DO CORPO: TRAVESSIA PELO NORDESTE 137

mente, utiliza-se do corpo para falar da ausência deflagrada no próprio corpo. Assim, ao reconduzir a personagem como "Dia dorim", o compositor popular denuncia, na narrativa diadorina, temas de seu tempo e de sua biografia: os corpos invisibilizados pela história colonial e escravocrata do Brasil.

Nas canções desse disco, a história de Diadorim emerge como uma teoria sobre o corpo e suas máscaras. No jogo performativo em Gilberto Gil, a persona não possui um texto prévio, pois pede e sugere o texto à medida que vai sendo incorporada; não se sabe ao certo que resultado será obtido. Assim, o processo de criação possui o componente consciente e inconsciente, quando o corpo passa a agregar o potencial de signos e de ação: "O corpo não traslada, mas muito sabe, adivinha se não entende"[127].

Nesse conjunto de forças, dá-se a transfiguração do trágico retomado do mundo mítico, metamorfoseado no sertão brasileiro em Guimarães Rosa, e reescrito na leveza e no vigor da canção popular. No timbre musical e no ritmo, transmuta-se, performaticamente, a forma de ler as culturas e os espaços sociais no Brasil. Deste modo, o corpo de Gilberto Gil emerge como potencial para reinventar as relações entre a arte e a história brasileiras, na passagem entre o poético e o político. A música assume a forma de atuação cívica, detentora de um *éthos* que não se reduz ao campo da política institucional. Para o compositor baiano, a atividade da canção popular agrega o vínculo estreito com a realidade social brasileira, sendo uma maneira de atuar, de convocar as mais diversas reações, de negociar e transmigrar valores, quando se ensaia, em uma das suas canções do disco, a troca do "logos da posteridade pelo logo da prosperidade".

Na canção intitulada "Logos versus Logo", a prática musical cruza o campo da filosofia e da política. A troca e o valor da permuta do substantivo "logos" por "logo" adquirem o domínio crítico da posição ambivalente desta última palavra no contexto contemplado: ela tanto pode significar a conjunção conclusiva, como pode se referir ao advérbio de tempo. Nos dois casos, sinaliza para a crítica ao "logos da posteridade", atrelado às grandes artes canônicas; potencializa-se a teoria estética que considera a

127 *Grande Sertão: Veredas*, p. 25.

138 GILBERTO GIL: A POÉTICA E A POLÍTICA DO CORPO

arte como uma forma de investir na ação social e na transformação do presente, no quadro da função performativa da música
popular no Brasil: "E o bom poeta, sólido afinal / Apossa-se da
foice ou do martelo / Para investir do aqui e agora o capital /
No produzir real de um mundo justo e belo"[128].

Nos versos, exprime-se a teoria estética que venha privilegiar não o valor da posteridade, o atributo de imortal conferido
às grandes artes, transformadas em patrimônio inatingível para
a grande maioria da população. Em nome do louvor e do culto
da imagem, o artista transforma-se em estátua pública, homem
imortal, e por isso mesmo uma figura inacessível, na mítica e
auratizada presença, com pouco alcance social. Desse modo, os
versos expõem a exigência de pensar a arte nos moldes da "prosperidade", que venha elaborar um nível de reflexão sobre a arte no
presente, sobre as condições sociais e políticas em que se situam
as mais diferentes culturas no Brasil e além deste país: "Celebra
assim, mortal que já se crê / O afazer como bem ritual / Cessar da
obsessão pelo supremo ser / Nascer do prazer pelo social"[129].

Ao atravessar a linguagem e o itinerário performativo de
Diadorim, Gilberto Gil injeta vitalidade na personagem a partir
da disposição rítmica que reverte o império do logos, da razão
privilegiada, para a esfera da prosperidade, decorrente da eficácia da canção, capaz de afetar e marcar a história individual
e coletiva nas paragens brasileiras. É notório que muitas letras
de canções deste compositor são empregadas no ensino formal brasileiro, não só por assumir a interface com a literatura,
a exemplo desse disco, mas também porque conquista o lugar
de preferência no gosto do leitor, por apresentar as palavras e o
ritmo que retratam o seu cotidiano. Assim, a seleção do mundo
imagético de Guimarães Rosa, efetuada pelo cantor popular,
aponta para mudanças presentes nas escolhas e hábitos culturais no Brasil, quando, através da canção, muitos leitores irão
tomar conhecimento da existência da prosa rosiana, considerada por alguns hermética e difícil[130].

128 Em C. Rennó (org.), op. cit., p. 303.
129 Idem, ibidem.
130 W. Bolle acentua que o tema do hermetismo da escrita rosiana, considerada
por muitos críticos como difícil, traduz a reflexão sobre a grafia da história
brasileira. Ironicamente, na trama da conversa, a escrita mostra-se em forma
dialógica quando o grande problema do Brasil é a falta de diálogo entre as

A palavra é vida impalpável, entretanto se refaz no corpo de Diadorim e de Gilberto Gil: a corporeidade que permite rever a etnografia brasileira e a história contada sobre os vários sertões. A propósito, retome-se o testemunho do ministro e artista, ao comentar a gestão do ministério da cultura durante os quatro anos do primeiro mandato de Luiz Inácio Lula da Silva. Por ocasião da cerimônia de entrega da Ordem do Mérito Cultural, refere-se ao tema aqui abordado: "Eu me sinto satisfeito por nesses quatro anos ter me reencontrado com a minha gente. Emprestei um pouco de minha voz, meu corpo, um pouco de minha vida"[131]. O artista proferiu essas frases diante de quinhentas pessoas, dentre as quais se encontravam o presidente da República, personalidades do meio político e produtores culturais. Após o breve silêncio sobre as frases ditas, o ministro da cultura, emocionado, chorou em frente a essa plateia, que o aplaudiu de pé.

Diferente de Diadorim, Gilberto Gil libertou o choro, sem esconder-se do público e dos meios midiáticos. A personagem rosiana ocultou o segredo até a extenuação da cena, por isso mesmo encontrou-se com a morte; e o pranto decorria de uma perda profunda, de um diálogo sempre contido, tanto com Riobaldo quanto com Joca Ramiro. Já o cantor fez da máscara do ministro-artista um jogo dialógico entre o político e o estético, na forma de lidar com os recados e os segredos disseminados em suas canções e no próprio corpo[132]. No meio do caminho

---

classes e estratos sociais. Para W. Bolle, "com *Os Sertões*, a sociedade brasileira ganhou uma obra-prima, mas, como diria João de Régis, continuou faltando uma conversa'. Eis o ponto estratégico da intervenção de Guimarães Rosa. As questões estruturais mal resolvidas do livro de Euclides – o modo de narrar, a figura do narrador e o problema moral – são radicalmente reelaboradas em *Grande Sertão: Veredas*. Assim como o texto precursor, também o romance se configura como um discurso diante do tribunal. O narrador Riobaldo está às voltas com a tarefa de explicar e justificar um ato culposo: o pacto que ele fechou com o diabo. Ato que pode ser igualmente considerado um crime fundador, se o interpretamos alegoricamente como falso contrato social, ou seja, como representação da lei fundadora de uma sociedade radicalmente desigual"; Guimarães Rosa e a Tradição dos Retratos do Brasil, op. cit., p. 38-39.

131 A. Matais, Gil Chora e Diz que Gostaria de Continuar no Governo, *Folha On-line*, disponível < http://tools.folha.com.br >. Conferir também Gil Chora na Frente de Lula ao Comentar Gestão na Cultura, *A Tarde On line*, disponível em < http://www3atarde.com.br >. Acesso em 8 nov. 2006.

132 Vale lembrar o trecho em que Riobaldo ressalta a força da canção para traduzir a sua história pessoal e a do sertanejo descrito por Rosa: "tanto que o inimigo não dava de vir, pois bem, a gente fica em nevosias. Alguns não. Feito aquele

140   GILBERTO GIL: A POÉTICA E A POLÍTICA DO CORPO

entre a projeção biográfica e, ao mesmo tempo, a de tantas vozes culturais, que se fizeram entre o mesmo e o outro, nas águas guardadas no sertão do Brasil, um corpo vive e se entregou a uma travessia histórica. Afinal, ele aprendeu: "a vida é de cabeça para baixo, ninguém pode medir suas perdas e colheitas. Mas conto. Conto para mim, conto para o senhor. Ao quando bem não me entender, me espere"[133].

Luziê que cantava sem mágoas, cigarra de entre-chuvas. Às vezes, pedia que ele cantasse para mim os versos, os que eu não esqueci nunca, formal, a canção de Siruiz. Adiante versos. E, quando ouvindo, eu tinha vontade de brincar com eles. Minha mãe, ela era que podia ter cantado para mim aquilo. A brandura de botar para se esquecer uma porção de coisas, as bestas coisas em que a gente no fazer e no nem pensar viver preso"; *Grande Sertão: Veredas*, p. 158.

133 Idem, p. 97.

3. A Representação da África no Corpo de Gilberto Gil

A CASA BAHIA-ÁFRICA

Vertigem verga, a virgem branca tomba sob o Sol /
Rachado em mil raios pelo machado de Xangô[1].

"Eu me sinto em casa aqui, me sinto na Bahia", declarou Gilberto Gil à imprensa, durante visita oficial à África em novembro de 2003, quando integrou a comitiva do presidente da República Luiz Inácio Lula da Silva. Como ministro da cultura, sua presença ganhou destaque devido ao conhecimento que ele demonstrou dos países visitados, à recepção calorosa dos admiradores do seu trabalho artístico e, também, ao entusiasmo manifesto através da sua dança e de seu canto.

Segundo reportagem do jornal *Folha de S.Paulo*, o ministro-artista dançou de forma descontraída em Moçambique, na Namíbia e também cantou, de maneira improvisada, em São Tomé e Príncipe. A matéria jornalística traz o depoimento de Marco Aurélio Garcia, para quem "O Gil arrasou. Muitas

---

1 Chuck Berry Fields Forever, em C. Rennó (org.), *Gilberto Gil: Todas as Letras*, p. 178.

vezes, ele é mais conhecido do que o próprio Lula"[2]. Essa declaração do assessor do presidente da República é confirmada pelo próprio Luiz Inácio Lula da Silva que elogiou a desenvoltura do ministro. Em outra matéria do mesmo jornal, divulga-se que "Gilberto Gil tem sido a alegria da comitiva. Além de conhecer razoavelmente a África e sua história recente, o ministro tem dado canjas em jantares e solenidades"[3].

Duas fotografias apresentadas pelo jornal citado em datas diferentes registram a performance, a exultação visível do ministro-artista e, para o tema aqui abordado, também merecem destaque. Uma primeira cena fotografada (Figura 2) mostra o recorte da coreografia improvisada de Gilberto Gil ensaiando passos, com os braços abertos, vestido formalmente de paletó e gravata entre dançarinos moçambicanos, logo após um show da Companhia Nacional de Canto e Dança em Moçambique.

A outra imagem fotografada (Figura 3) retrata o artista brasileiro embalado pelo ritmo da Namíbia, também usando terno e gravata como convém a um ministro de Estado. Ao lado de dançarinas descalças, vestidas de capulanas amarelas, cujos tecidos traziam desenhos diversos, o ministro da cultura não usufruiu passivamente da recepção à comitiva no aeroporto de Windhoek. Ele se uniu às dançarinas e, prontamente, integrou-se ao grupo com sua dança. As duas fotografias permitem não só o registro de uma viagem, mas possibilitam, sobretudo, chegar ao público a construção de uma imagem e de uma atitude política, na qual o corpo do ministro-artista é elemento indispensável.

Ao contrário do que podem sugerir as fotografias e os depoimentos anteriormente divulgados pela *Folha de S.Paulo*, Gilberto Gil não foi um simples animador eleito para a alegria da comitiva presidencial. Durante muito tempo, o Brasil produziu a inexistência de sua herança africana, devido à prática da monocultura europeia, etnocêntrica. A viagem do ministro da cultura, em comitiva presidencial à África, permite examinar

---

2 Comitiva Avalia que Ministro da Cultura "Arrasou", *Folha de S.Paulo*, 8 nov. 2003. Na matéria, acentua-se ainda que: "Se há um consenso na comitiva presidencial à África, ele se chama Gilberto Gil, o compositor, cantor e ministro da Cultura que deu canja para presidentes, parecia à vontade"..

3 Black is Beautiful, *Folha de S.Paulo*, 6 nov. 2003.

FIG. 2. *Observado pelo presidente Lula, o ministro Gilberto Gil, que tem dado canjas em solenidades, dança após um show da Companhia Nacional de Canto e Dança de Moçambique.* Folha de S.Paulo, 06 nov. 2003. Foto: Marlene Bergamo/ Folha Press.

FIG. 3: *Refazenda: Gilberto Gil, ministro da Cultura, dança ao som da Namíbia, em recepção promovida no aeroporto de Windhoek à comitiva do presidente Luiz Inácio Lula da Silva.* Folha de S.Paulo, 7 nov. 2003. Foto: Marlene Bergamo/ Folha Press.

a complexidade de motivos e de signos que emerge desse deslocamento do olhar.

A análise a respeito dessa travessia – e também suas implicações no âmbito de uma política de afirmação das diferenças – precisa ser contextualizada na dança extensa e no canto mais amplo do artista baiano, considerando o seu valor metafórico e a heterogeneidade de razões que a caracterizam.

Pensar como Gilberto Gil representa a África com o corpo em sua poética e na política é uma questão que deve ser contextualizada na obra musical do compositor baiano, através de seus discursos, de entrevistas concedidas à imprensa, bem como analisada em sua performance como artista brasileiro e ministro da cultura. Tendo em vista o passado escravocrata no Brasil e a experiência da diáspora africana, cabe indagar quais as representações da África que puderam e podem ganhar visibilidade na trajetória artística e política do cantor baiano, consagrado como uma das vozes brasileiras que conquistaram notoriedade nacional e internacional.

Nesse sentido, uma das questões levantadas é se Gilberto Gil não seria a forma viável de se estabelecer o fio condutor que facilitaria a viagem rumo à política de reconhecimento de um passado histórico, principalmente, para o Brasil. Trata-se de uma comitiva integrada por um famoso artista brasileiro, de afrodescendência incontestável, que ocupa o cargo de ministro da cultura. A cartografia desse deslocamento traduz não apenas a refazenda da história do compositor baiano, como também proporciona uma reflexão sobre a África com a qual ele se identifica e confere existência no seu canto, na sua dança: na sua refestança.

O que há de Bahia na África que Gilberto Gil reconhece e o que há de África na Baía de Todos os Santos celebrada por ele em seu discurso? A princípio, a resposta parece óbvia: a Bahia foi quem "deu régua e compasso" para o compositor; também foi nesse estado onde o Brasil colonial teve seu início. Na geografia baiana, encontrou-se e encontra-se um contingente humano e cultural transposto de várias partes da África, quando do trânsito dos escravos para o Brasil. E é nesse ponto, nessa confluência de fronteiras e mapas que se desenha a reflexão a ser traçada.

Em muitas canções e discursos de Gilberto Gil, a Bahia assume o lugar de origem. Essa região reveste-se com uma rede de signos, portadora de uma mitologia pessoal. O espaço baiano ganha significado não só pela perspectiva do seu nascimento como sujeito, mas também como o solo onde se plantaram as raízes do Brasil. Em entrevista ao jornal *A Tarde*, o artista dispõe a geografia baiana como território histórico dos descobrimentos – a construção do Brasil como colônia – e também inventa o espaço de tradição e matriz cultural:

> A Bahia, com seu passado, com a sua dinâmica, com a sua capacidade de invenção, de reinvenção das formas culturais, será sempre um objeto privilegiado da ação cultural pública no Brasil, independentemente de quem esteja no comando do Minc. Porque a Bahia é uma referência fundamental da cultura brasileira. Não dá para pensar o Brasil fora disso. A Bahia é célula mater, é celeiro, é matriz. E há coisas demais que precisam ser feitas lá. O Recôncavo, por exemplo, não sai da minha cabeça. Penso que está na hora de o Recôncavo baiano ser objeto de um foco cuidadoso, de uma atenção carinhosa e de uma ação objetiva por parte do ministério da cultura em parcerias com o governo estadual e os governos municipais da região. É natural. Além disso, não se esqueçam de que sou baiano. Baiano e estrangeiro, como dizia a canção tropicalista. Mas, sobretudo, baiano[4].

Contextualizando o Brasil de ontem e o de hoje, respectivamente a partir de um olhar colonial e pós-colonial[5], avalia-se em que lugar a Bahia e a África estão no mapa melódico e político do cantor. A viagem de Gilberto Gil ao território africano, numa comitiva presidencial, conquista um sentido não só para ele, como sujeito, mas para todos aqueles brasileiros que o veem dançando e cantando. A poética e a política do corpo permitem problematizar os signos constituídos do imaginário brasileiro sobre a África; questiona-se se a dança de seu corpo concede

---

4 R. Noblat; B. Fernandes, Temos de Completar a Construção da Nação, *A Tarde*, 5 jan. 2003, p. 6.

5 O termo "pós-colonial", apesar de todas as controvérsias quanto a seu uso, é utilizado aqui a partir da crítica que se volta não apenas para as condições das sociedades ex-colônias, mas para a necessidade de verificar as representações sociais dos colonizadores e dos colonizados. A análise discursiva possui o olhar atento às questões de âmbito político e econômico, prevendo uma forma de ação concreta. O prefixo *pós* funciona não somente para dimensionar a crítica posterior ao declínio do colonialismo político, mas presume a crise dos paradigmas da modernidade ocidentalizada, sem a qual o colonialismo não se sustenta. Cf. M. V. de Almeida, Um Marinheiro num Mar Pós-colonial, *Um Mar da Cor da Terra*, p. 227-245.

146 GILBERTO GIL: A POÉTICA E A POLÍTICA DO CORPO

a abertura de horizontes para a exposição de referências culturais multifacetadas do continente africano. Considera-se a possibilidade de Gilberto Gil tecer um fio que liga a Bahia a uma África que ele tenta resgatar não só para o mundo, mas, principalmente, para os brasileiros.

O Brasil, antes, era uma colônia de importação não somente de corpos; somavam-se os bens simbólicos. Gilberto Gil traz à cena a emergência de um olhar sobre a herança africana, que não pode ser esquecida na formação da história da cultura brasileira. Entretanto, o olhar identifica o que já esperava na viagem. O artista reconhece a Bahia em África. Há uma expectativa da comitiva presidencial que não estranha a atitude do ministro, quando ele declara sentir-se na Bahia. Nesse sentido, o que se legitimava no ritmo do corpo do artista, era menos o continente africano e mais os valores simbólicos considerados africanos pelos brasileiros, validados na dança, no ritmo e na fala do ministro da cultura.

Na frase "Eu me sinto em casa aqui, me sinto na Bahia", não só se confirma a invenção da Bahia africanizada, como de uma África ainda vista pelos olhos do compositor brasileiro como a origem, a terra *mater*. Ao ser interrogado sobre as possibilidades da cultura brasileira frente ao mundo, Gilberto Gil declara:

> Tudo o que ela tem, suas originalidades, suas peculiaridades, seus híbridos, suas misturas com os ingredientes de fora, suas interconexões com a Europa, suas origens na África, suas matrizes asiáticas. Mas tenho a impressão de que o atrativo hoje de todas essas culturas que são exuberantes e feéricas e insinuantes é o fato de que elas são misturas bem complexas de coisas locais, portanto coisas diferentes do resto do mundo, mas coisas do mundo também, coisas que vêm[6].

A princípio, pode-se entender a retórica de Gilberto Gil, a de levar e sentir a Bahia em África, como meio de articular a política de reconhecimento da história da travessia pelo mar, na rota que interliga o Atlântico ao Mediterrâneo; disso resultou a constituição da América e das narrativas escravocratas no Brasil. A geopolítica do conhecimento considera o pressuposto básico de que, a partir das margens ou das periferias, as estruturas e/

6 Gilberto Gil: Ninguém Segura este País, *Caros Amigos*, a. 10, n. 109, p. 30.

A REPRESENTAÇÃO DA ÁFRICA NO CORPO DE GILBERTO GIL   147

ou formas de poder tornam-se mais audíveis. Problematizam-se os modos de legitimação da soberania epistêmica, avaliam-se o contexto, as condições socioculturais nas quais ela é formada e as relações entre o saber canônico e o não canônico.

O artefato do totalitarismo epistêmico contou com o discurso neutro da ciência moderna ocidental[7]. Não se cogitava a análise dos termos e das razões balizadoras do paradigma científico, constitutivo da modernidade tida como universal, que se articulava e se mantinha pelas relações de colonialidade do saber. Uma das grandes contribuições dos estudos pós-coloniais refere-se à interpretação da colonialidade do saber e do poder[8], antes apagada no processo de construção da ciência moderna. Com o discurso que divulgava o declínio do colonialismo político, a colonialidade persistia inalterada. Desse modo, a situação colonial foi encoberta pelo próprio anúncio da libertação das colônias, pelo estabelecimento do fim das relações coloniais.

Entre os termos marcantes no léxico dessa modernidade, encontravam-se a noção de reconhecimento e a de tolerância. Nesse contexto, o prefixo re-, na palavra reconhecimento, ainda pode ajustar-se à política da analogia, quando o outro é reconduzido ao paradigma prévio, de acordo com a lógica territorial dominante. Nesse aspecto, o local fica subjugado às referências culturais estabelecidas previamente pelo plano do paradigma científico da razão universalista, ocidentalizada.

A arquitetura do saber hegemônico eurocentrado assenhoreou-se do conhecimento sobre o outro, nos moldes de um reconhecimento: o mesmo ratificado[9]. Entretanto, vê-se a

---

7 Ver B. de S. Santos et al., Introdução para Ampliar o Cânone da Ciência, em B. de S. Santos (org.), *Semear Outras Soluções*.

8 A expressão "colonialidade do poder" advém da teoria desenvolvida pelo sociólogo peruano A. Quijano, para quem o neologismo "colonialidade" não pode ser confundido com o momento político colonial, ou seja, com o colonialismo que perdurou na América Latina do início do século XVI até o começo do século XIX, quando os países de dependência espanhola e o Brasil libertaram-se do jugo dos países colonizadores, da Espanha e de Portugal, respectivamente. Cf. A. Quijano, Colonialidad del Poder, Eurocentrismo y América Latina, em E. Lander (org.), *La Colonialidad del Saber*, p. 201-246.

9 Como bem ressalta W. Mignolo: "O que parecia natural para Copérnico, Galileu ou Kant na Europa não surgia, da mesma maneira, em alguém em África ou na Ásia. Mas o problema não está na prática daquilo a que se tem chamado 'ciência'. O problema, o enorme problema, emerge da forma como a 'revolução

148 GILBERTO GIL: A POÉTICA E A POLÍTICA DO CORPO

emergência de diferentes paradigmas de ciência que não negam a historicidade de diversas culturas presentes em tantos desenhos do mapa mundial, como na África. Essa negação foi concebida pela retórica de tantos escritores canônicos, cientistas e filósofos célebres, pertencentes à dita biblioteca universal. A fim de que se ouçam outras vozes esquecidas, apagadas em uníssono pela orquestração da geopolítica do Ocidente, descerram-se as estratégias de naturalização das diferenças.

Cabe indagar o que representaram as viagens de reconhecimento e de exploração e como aquelas se distanciam dessa empreendida por Gilberto Gil cinco séculos depois. O olhar do viajante colonial transportava suas expectativas e seu projeto imaginário. Há mais de quinhentos anos, quando foi escrita a Carta de Pero Vaz de Caminha, lê-se a descrição da nudez das índias com as pudendas sem pelos que lembravam, analogamente, as crianças inocentes[10]. As pinturas desenhadas sobre a pele dos indígenas não eram consideradas como vestes sobre o corpo, porque o olhar que as observava partia do imaginário ocidental cristão. O descompasso entre a visão do colonizador e as experiências culturais dos autóctones denunciava o desconhecimento ou a negação do conceito diferenciado de nudez para os indígenas, não coincidente com o do europeu colonizador. A situação do olhar colonial era de absoluta distância, de ofuscamento em relação à cultura e à realidade do outro observado.

Nos diários de viagem, inúmeras veredas dos mundos dos nativos não puderam ser descritas. Muitas paisagens foram completamente abandonadas pelo traço dos viajantes, não eram valorizadas, porque não possuíam elementos pertencentes à civilização ocidental. Durante a colonização dos espaços, o olhar do viajante produzia as ausências, os silêncios e os equívocos que

---

científica' foi concebida. Ela foi concebida como um triunfo da modernidade na perspectiva da modernidade, uma autocelebração que ocorreu em paralelo com a crença emergente na supremacia da 'raça branca'. O problema estava na falta de consciência de que a celebração da revolução científica enquanto triunfo da humanidade negava ao resto da humanidade a capacidade de pensar"; Os Esplendores e as Misérias da "Ciência", em B. de S. Santos (org.), *Conhecimento Prudente para uma Vida Decente*, p. 670.

10 Segundo H. Macedo, "a percepção do desconhecido acaba sempre por voltar a ser um reflexo do conhecido"; Reconhecer o Desconhecido, *Partes da África*, p. 161.

A REPRESENTAÇÃO DA ÁFRICA NO CORPO DE GILBERTO GIL 149

sustentaram a monocultura do saber eurocêntrico, mecanismos que criaram o Ocidente como parâmetro de civilização[11].

As perspectivas pós-coloniais reveem a miopia e a amnésia provocadas pela ocidentalização da história, cujo projeto requer descolonizar os saberes, pois disso resulta a abertura de horizonte para compreender as formas de invisibilizar as mais diversas culturas e, ao mesmo tempo, identificar a violência epistêmica do colonizador[12]. A miopia precisa ser corrigida e, nesse processo de reflexão, ganha-se a certeza de que o inexistente é produzido. Dessa forma, quinhentos anos depois, a viagem de Gilberto Gil pode e deve ser lida sob outro prisma, como instrumento para afirmar a poética e a política das diferenças.

A manobra política com o corpo não integra apenas Gilberto Gil aos grupos locais; já o sintoniza com o território africano. Em muitas partes da África, as capulanas não representam apenas uma maneira de as mulheres se vestirem. As cangas pintadas, desenhadas, muitas vezes inscritas, assumem papel comunicativo; o tecido do vestuário é um texto, cujos traços, impressos pelas mais diversas mãos, trazem as reivindicações de muitas culturas e narrativas africanas. Em suas vestes, as inscrições do passado e do presente afastam-se dos princípios eurocêntricos de pensar a arte e acentuam a prática política com o corpo[13].

---

11 Para W. Mignolo, descolonização é um tipo de desconstrução, mas que não pode ser confundido com o uso dado por Derrida, já que o autor francês "insiste en una perspectiva universal asentada en su crítica radical monotópica del logocentrismo occidental, entendido como una categoría universal entrelazada con el mundo colonial/moderno [...]. Supongo que las dificultades de Derrida con el colonialismo están relacionadas con su resistencia, y quizá su ceguera, con respecto a la diferencia colonial". Cf. Pensamiento Fronteirizo e y Diferencia Colonial, *Historias Locales/Diseños Globales*, p.148.

12 Há duas premissas básicas que tomamos emprestado para pensar o projeto para "Reiventar a emancipação social", a primeira diz respeito à diversidade epistemológica, com o ocaso da monocultura do saber, maneira encontrada de atingir a pluralidade de práticas sociais; a segunda premissa envolve a transformação da ciência, que deixa de ser o único modo de conhecimento legítimo, pois a hegemonia científica moderna ocidentalizada não pode ser descontextualizada dos fatores políticos e da ascendência do capitalismo. Cf. B. de S. Santos et al., Introdução para Ampliar…, em B. de S. Santos (org.), op. cit., p. 60.

13 Segundo M. P. Menezes, "mais do que um simples rectângulo [sic] de tecido estampado, a capulana é de fato um meio de comunicação, usado em determinadas circunstâncias para alcançar determinados objetivos. Normalmente de algodão, a capulana (também designada de kanga ou leso nas regiões mais setentrionais da África Oriental – Amory, 1985; Beck, 2000) é estampada e trabalhada ao redor de toda a borda do tecido, com desenhos multicoloridos.

150 GILBERTO GIL: A POÉTICA E A POLÍTICA DO CORPO

Como no tecido das capulanas, Gilberto Gil sintoniza-se à África no manejo da sua dança, sendo possível ler em seus gestos outra forma de definir a política do corpo. Empreender a atividade de valorização cultural, de produção de visibilidade de diferentes sociedades africanas, antes excluídas do mapa, exige a prática de descolonização dos saberes, que não se restringe ao âmbito somente discursivo, pois atravessa o magma da corporeidade e de culturas marcadas pela oralidade[14]. Evidentemente, isso reivindica a crise paradigmática ocidental no modo de entender também a descolonização do corpo: este passa a ser o palco e o ator da manobra política. A dança do ministro na África traz a necessidade de reavaliar também o conceito de arte e de filosofia, de se problematizarem as estratégias de políticas culturais.

Por ocasião do lançamento do Festival África-Brasil, ocorrido, oficialmente, entre os dias 18 e 20 de novembro de 2005, em Salvador, o jornal baiano *A Tarde* publica matéria que reforça a ideia da política de reconhecimento em Gilberto Gil. O título da reportagem divulga, com letras maiores e em destaque, que "Gil Quer Reconhecimento da Cultura Negra pelas Elites"[15]. A assertiva sugere o recorte da interpretação que o jornal realiza do evento, das palavras do ministro da cultura, e requer a revisão de paradigmas, com os quais se leem e se reintegram as políticas de afirmação das diferenças. Essas precisam ser articuladas dentro da crise dos próprios termos definidores da modernidade, de acordo com diferentes contextos de onde fala o músico baiano: "Eu tenho a impressão de que a

Os tons dominantes variam de região para região, assim como variam os temas que muitas vezes contam histórias tradicionais, lembram datas comemorativas, etc. Por vezes as capulanas apresentam, na barra, uma mensagem, sob a forma de provérbio ou de metáfora"; As Capulanas em Moçambique, em R. L. Garcia (org.), *Método Métodos Contramétodo*, p. 113.

14 A propósito desse tema, L. C. Padilha adverte para o perigo de se cair novamente no hábito das dicotomias, por meio do qual se reproduz o clichê dualista que "atribui à África apenas o peso da tradição oral e do arcaico, deixando para a Europa o papel da modernidade que se associa ao universo da escrita". Para a autora, considerando o exemplo das literaturas africanas de língua portuguesa, que se fazem e ganham visibilidade principalmente a partir da segunda metade do século XX, é preciso pensar a inter-relação entre oralidade e escrita, na esteira do "isto e aquilo, e não do isto ou aquilo". Cf. A Semântica da Diferença, em *Anais do Congresso da Abralic* v. 1, p. 257-262.

15 *A Tarde*, 15 set. 2005, p. 6.

sociedade brasileira, especialmente as elites, em que há pouca participação negra, deveria tomar consciência da importância fundamental da cultura negra para a formação da economia do Brasil, da cultura e do processo civilizatório brasileiro"[16].

Nesse enfoque interpretativo, a revisão do conceito de reconhecimento apresenta-se, portanto, necessária, tendo em vista os princípios que sustentaram o seu uso pelo paradigma da modernidade ocidental[17]. A fim de produzir um conhecimento crítico, é necessário empreender a crítica do conhecimento hegemônico; sem cair, porém, em novas hegemonias. Para tanto, requisita-se a emergência de uma geopolítica dos saberes, na qual Gilberto Gil situa-se e segundo a qual o verbo "reconhecer" não deve ser mais conjugado como sinônimo de constatar passivamente a diferença ou como parte do discurso restrito à celebração da alteridade.

As palavras do ministro da cultura trazem linhas de reflexão questionadoras das bases discursivas que interligam o conceito de modernização e de desenvolvimento com a imagem da história ocidentalizada. Ao buscar os laços com muitos países da África com a grafia do corpo, Gilberto Gil revê a escrita elaborada pela gramática da cultura etnocêntrica ocidental que se legitima como o parâmetro de civilização[18]. Dessa forma, ao resgatar a África para a Bahia e, simultaneamente,

---

16 Idem, ibidem.

17 W. Mignolo faz a genealogia do termo reconhecimento delimitando-o ao uso comum da modernidade: "a colonialidade abre-se a 'uma outra lógica', a do pensamento da fronteira e da diversidade de hermenêuticas pluritópicas em que se encontram dois modos territoriais de pensamento (o da modernidade europeia e o da diversidade de conhecimentos locais para além da Europa), um 'dependente' do outro (por ser considerado inferior). Mas isso já não acontece com base nos princípios de "reconhecimento" e da 'tolerância' promovidos a partir da perspectiva da modernidade, mas com base na participação comum e em relações 'inter-epistêmicas'"; Os Esplendores e as Misérias da "Ciência", em B. de Sousa Santos (org.), op. cit., p. 691-692.

18 Quanto ao processo de ocidentalização dentro da própria Europa, nega-se o Oriente em seu próprio continente. Segundo E. Dussel, há uma mudança de sentido do que se chamava Europa: a diacronia Grécia-Roma-Europa é uma invenção romântica do século XVIII, pois o que prevalece como Ocidente, na Europa, é o Norte; os países considerados desenvolvidos. A parte oriental do continente é formada pela Grécia e países do mediterrâneo, e parte do Norte da África; os países da Península Ibérica como Portugal e Espanha são colocados numa posição não Ocidental; Europa, Modernidad y Eurocentrismo, em E. Lander, op. cit., p. 57-70.

152 GILBERTO GIL: A POÉTICA E A POLÍTICA DO CORPO

levar a Bahia para a África, o cantor e ministro permite conexões entre esferas locais e representações imaginárias; com as tensões e os confrontos entre fantasias e fantasmas do passado colonial.

Em "Lamento Africano", canção de 1980, adaptada do folclore angolano, Gilberto Gil apresenta três estrofes somente com a repetição do verso "Mama, mama, ê"[19]. Nesse contexto, as ecologias de pertencimento envolvem o corpo marcado pela experiência diaspórica: a princípio, não se despede completamente da origem e, para resgatá-la, inevitavelmente, inventa-se o espaço de tradição. Com isso, esboça-se, nas malhas do imaginário e na poética do artista, o mito da terra *mater*. Lida-se com o fantasma do passado, transformando-o em uma fantasia do presente, como forma de o sujeito diaspórico estruturar-se no campo simbólico e social. Assim, o corpo de Gilberto Gil partilha de diferentes temporalidades, próprias da experiência da diáspora, quando afirma o encontro de culturas heterogêneas, descontínuas, que se cruzam, chocam-se e se refazem em campos sociais diversos.

Cabe sublinhar a metáfora da casa na retórica de Gilberto Gil, quando da sua viagem, em comitiva presidencial, à África. O exame dessa escolha terminológica – a casa para se reportar à Bahia, estando na África – aponta para a questão da fantasmagoria: os fantasmas do império, da escravidão e o sofrimento advindo disso tudo. A retórica poderia também ser interpretada, de forma redutora, pela via apenas do reconhecimento dos fantasmas, que circulam pelos arredores da casa mal-assombrada pós-colonial e escapam à representação. Outras questões, todavia, emergem.

No jogo retórico do ministro e do artista, a utilização metafórica da palavra casa sugere a teoria dos fantasmas pós-coloniais. Esses, ainda que intangíveis, exigem a interpretação dos imperativos impressos pelos colonizadores, remanescentes na caixa de ressonância do sujeito colonizado[20]. Se a narrativa logocêntrica ocidental, firmada pela ciência moderna, produziu a ausência dos corpos não ocidentais, estes reapa-

---

19 Em C. Rennó (org.), op. cit., p. 233.
20 Sobre o tema, vide a coletânea M. C. Ribeiro; A. P. Ferreira (orgs.), *Fantasmas e Fantasias Imperiais no Imaginário Português Contemporâneo*.

recem na fantasmagoria da casa e demandam outra forma de lidar com os fantasmas, não mais restrita ao âmbito da perspectiva memorialista dos mitos imperiais. Não se trata somente de reconhecer que os fantasmas existem; é preciso conhecer como adquirem uma função performática no discurso e se transformam na máscara do sujeito da enunciação, que agita e motiva as ações.

O tema da casa amplia a rede de interpretação da frase do cantor baiano à ficção da noite, quando a cena fantasmagórica geralmente ganha existência. Mas de que noite se está falando, reporta-se ao Iluminismo, que trouxe a luz ao Ocidente e destinou o outro à noite? A grafia da casa da Bahia na África, no corpo de Gilberto Gil, marca o caráter fantasmagórico da linguagem na prática imperialista: a escrita ocidentalizada produz rasuras, quebras de destinos humanos e, com isso, cria a fantasmagoria do mundo que ameaça a tranquilidade da sua própria narrativa logocêntrica. Quando o trauma vivido não pode ser narrado, os espectros fazem ecoar as indagações presentes nas vozes dos vencidos na construção da história ocidental. Os fantasmas reaparecem para dizer que as narrativas estão incompletas, inacabadas e muitas não puderam sequer ser contadas[21].

A estética da casa em Gilberto Gil presume a conexão Bahia--África e pede a leitura atenta a esse deslocamento do corpo. Não é mais possível esconder o passado traumático colonial; nem é necessário inventar a infância idílica em Ituaçu, na Bahia. O passado deste músico baiano, em determinado momento da sua biografia, exige o conhecimento de fatos históricos que lhe dizem respeito como artista e como cidadão brasileiro. O trauma histórico da escravidão de tantos grupos étnicos na África, levados depois para o Brasil, não precisa ser somente lembrado nem simplesmente reconhecido, como pretende um tipo de narrativa memorialista. As cenas domésticas mostram que a memória não se confunde com a fantasmagoria: a primeira não prescinde da narrativa, já a segunda existe, precisamente, graças ao fato de uma história

---

21 Cf. a esse respeito a análise valiosa desenvolvida no ensaio de J. Labanyi, O Reconhecimento dos Fantasmas do Passado, em M. C. Ribeiro; A. P. Ferreira (orgs.), op. cit., p. 61.

154 GILBERTO GIL: A POÉTICA E A POLÍTICA DO CORPO

ter sido interrompida. Os fantasmas falam de um arquivo que não foi aniquilado; a questão é saber em nome de quem ecoam os fantasmas e quais as ameaças que sua imagem pode fazer ressurgir.

Na fronteira entre os dois espaços, Bahia e África, a retórica da casa de Gilberto Gil possibilita questionar as estratégias utilizadas para lidar com os espectros decorrentes do colonialismo. A fronteira é o espaço intervalar propiciador de algo mais que o aparecimento dos fantasmas. Sobretudo, permite pensá-los não somente como ameaças, mas como um conjunto de forças, ainda difuso e sem contorno, que produz a inquietação necessária para a construção de outras narrativas. A estética fantasmagórica, longe de constituir apenas o quadro de horror, pode trazer o potencial de leitura, atenta à exigência de uma política social, que desloque a colonialidade do saber. Os fantasmas a assombrar a casa não se apresentam tão sobrenaturais, pois remetem à história que ainda não pôde ser contada e falam das nações construídas pelas mil e uma noites produzidas com a polarização Ocidente-Oriente, por meio da qual se exclui a Bahia-África.

A interpretação da fronteira, inscrita na casa entre a Bahia e a África, impede que encaixemos o mundo na polaridade de duas grandes metanarrativas: a do Ocidente e a do Oriente. A casa fronteiriça vem apontar para o declínio do pensamento polarizado e constrói a possibilidade de pensar a noção de interidentidade com Gilberto Gil. A experiência diaspórica vem romper com o modelo identitário de base essencialista, põe em declínio a metafísica da diferença e evoca a força política da interidentidade, de que esse artista baiano é um grande exemplo[22].

Para Boaventura de Sousa Santos, é preciso ver quem fala, e em nome de quem, quando usa a noção de fronteira. Esta não se confunde com o exílio, pois neste há a presença nítida e dicotomizada entre o nós e o eles. Já na zona fronteiriça, essa divisão não se observa nitidamente, pois o sujeito vive como migrante deslocado, um nômade crítico; ele vive entre o nós e o eles. Na fronteira, "a base é a ambiguidade que se esmera por

22 A Fronteira, o Barroco, o Sul, Constelações Tópicas, *A Crítica da Razão Indolente*, p. 347-383.

A REPRESENTAÇÃO DA ÁFRICA NO CORPO DE GILBERTO GIL   155

ser uma casa em comum", declara o sociólogo[23]. Essa casa com dupla face, possui um potencial emancipatório, pois presume a zona de indecidibilidade discursiva, com contornos sempre redesenháveis; o que possibilita a fluidez de signos na migração de códigos entre as relações sociais. Na interpretação apresentada por Santos, a fronteira não se confunde com a margem, pois esta requer o centro para se firmar, quando se cairia novamente na forma canônica de entender as políticas culturais. Nesse sentido, ao se permitir a experiência da zona de fronteira, o corpo ativa a força do deslocamento e investe na política de articulação da diferença, sem, contudo, canonizá-la.

A interidentidade da casa Bahia-África desenhada por Gilberto Gil pode e deve ser lida nesse contexto de transição paradigmática: o da crise do termo reconhecimento para emergência do crivo do conhecimento e da invenção de outras formas de conhecer e de reconhecer. Nesse caso, vale lembrar as ponderações de Boaventura de Sousa Santos, que considera a necessidade de rever a noção de reconhecimento e sua relação com a política da diferença, atentando para o sentido perverso com que esse nome foi aclamado pela vontade da globalização hegemônica, quando a política de redistribuição converte-se em medida paliativa, baseada nos interesses manejados pelo Banco Mundial e pelo Fundo Monetário Internacional. Para tanto, o autor sedimenta o projeto cultural aliando o trabalho mútuo do reconhecimento aos planos de uma política de equidade ou redistribuição de poder, a partir da encruzilhada de culturas e de formas de entender a potência criativa das fronteiras[24].

---

23 Nuestra América: Reinventando un Paradigma..., *Chiapas*, n. 12, p. 31-69. Partindo do ensaio "Nuestra América", do sociólogo cubano José Marti, B. de S. Santos descreve a emergência de um tipo de sociabilidade ou subjetividade de quem vive cruzando fronteiras, quando há a colagem e o entrecruzamento de diversos materiais históricos e culturais. Santos afirma que "da perspectiva de uma pós-modernidade de oposição, é central a ideia de não pode haver reconhecimento sem redistribuição. Quiçá a melhor maneira de formular essa ideia seja recorrer a um preceito modernista. Temos o direito de ser iguais sempre que as diferenças nos diminuam; temos o direito de ser diferentes sempre que a igualdade nos subtraia características. Há aqui um híbrido normativo: é modernista porque se baseia em um universalismo abstrato, porém é formulado de forma tal que sancione uma oposição pós-moderna baseada tanto na redistribuição como no reconhecimento".

24 Cf. Idem, p. 40.

156 GILBERTO GIL: A POÉTICA E A POLÍTICA DO CORPO

A imaginação arquitetônica da casa entre a Bahia e a África presume o cruzamento pelo mar e a construção da interidentidade na poética e na política do corpo de Gilberto Gil. Ao permitir o encontro e a interação social, a zona de fronteira acentua o seu poder de reinventar as normas de interpretação das realidades sociais e descentraliza os núcleos fechados como modos de constituir o saber. Segundo Santos, "viver na fronteira significa ter de inventar tudo, ou quase tudo, incluindo o próprio acto [sic] de inventar"[25]. As hierarquias tornam-se frágeis nas zonas fronteiriças; com a instabilidade própria dessa experiência, emerge um espaço sempre provisório e temporário, o que, por essas características, impede a construção de uma identidade monolítica.

Nessa rede intergeográfica, para o artista, a Bahia assume o espaço possível de reinventar o Brasil, de reconstruir a história brasileira pela via da música popular e do gingado do corpo. A ocidentalização europeia afirmou-se na dicotomia erudito e popular: a arte erudita foi eleita e legitimada como o espaço privilegiado de expressão dos vencedores; na esfera popular, ficam, portanto, os vencidos[26]. Diferentemente da Europa, cabe frisar a mediação do discurso musical e artístico no Brasil como instrumento para participar politicamente da construção imaginária da nação. Sob o influxo da fronteira, a música de Gilberto Gil assume-se como índice de transição paradigmática e como forma desconstrutora da prática dominante na ocidentalização da própria Europa, que se fez negando os países do Sul do continente europeu, quando hierarquizou a via artística popular como inferior[27].

---

25 A Fronteira, o Barroco, o Sul..., op. cit., p. 348.
26 Segundo Labanyi: "Estamos aqui perante um fenômeno curioso e um tanto triste, uma vez que os países da Europa do Sul, que foram constituídos pelos países do Norte da Europa como os vencidos da modernidade, interiorizaram a tal ponto o seu suposto demérito histórico que se desdobraram em chamadas de atenção para as realizações de sua cultura erudita. O resultado de tal esforço agravou ainda mais a votação ao esquecimento das formas de cultura popular que abundam nesses países"; O Reconhecimento dos Fantasmas..., em M. C. Ribeiro; A. P. Ferreira (orgs.), op. cit., p. 62.
27 Na leitura de Labanyi, "é de notar que também se atribui à modernidade o facto [sic] de ter criado a divisão entre a cultura erudita e a cultura popular o que, como sugere Bakhtin, levou a cultura popular a passar à clandestinidade ou à marginalidade"; idem, p. 62.

A REPRESENTAÇÃO DA ÁFRICA NO CORPO DE GILBERTO GIL 157

No contexto brasileiro das narrativas rítmicas dos sambistas, a canção popular escuta e localiza as rasuras sonoras onde se inscrevem códigos sociais – de classe, de sexo, de raça – e de construção cultural. Em 1965, Gilberto Gil entoa a canção "Eu Vim da Bahia", conhecida nacionalmente na voz do bossa-novista João Gilberto. Na sua rítmica, o samba traduz acentuações deslocadas entre dois pontos simultâneos, entre os quais se experimenta um vazio por muitos interpretado como uma síncopa, que aponta para o corpo ausente na cena cultural brasileira: o do afrodescendente[28]. É preciso, contudo, atentar para o fato de a rítmica do samba ter sido sempre pensada em termos da síncopa, o que ainda revela um modo europeu de ler esse ritmo[29].

Nesse sentido, o samba pede um ouvido atento às transformações de sociabilidade, pois é um ritmo capaz de inscrever culturalmente o corpo ao ancorá-lo no contexto social e também é detentor de força emancipatória, de descolonização da arte. A prática do músico baiano nasce do diálogo com a dimensão estética da rua, do samba de roda, das canções praieiras de Dorival Caymmi e dos rumores das festas da Bahia: "Eu vim da Bahia cantar / Eu vim da Bahia contar / Tanta coisa bonita que tem / Na Bahia, que é meu lugar / Tem meu chão, tem meu céu, tem meu mar / A Bahia que vive pra dizer / Como é que se faz pra viver"[30].

Mas de que Bahia vem mesmo Gilberto Gil – "Eu vim da Bahia / Mas eu volto pra lá / Eu vim da Bahia / Mas algum dia eu volto pra lá" –, que representações podem ser observadas na leitura que o cantor constrói da dinâmica e do desloca-

---

28 Cf. M. Sodré, *Samba, o Dono do Corpo.*

29 No Brasil, a rítmica marcada por deslocamentos acentuais remonta ao lundu e se consagra no maxixe e no samba, com a acentuação em pontos não tônicos da métrica regular do compasso. Segundo J. M. Wisnik: "Essa concepção padeceria, no entanto, do defeito de ser pensada segundo o ponto de vista da música europeia, pois reduz os processos rítmicos – ditos sincopantes – a um desvio da norma compasso, isto é, a uma espécie de exceção insistente, que se torna, no entanto, paradoxalmente, a regra definidora da música popular brasileira. O assunto ganharia então, segundo Carlos Sandroni, em ser pensado diretamente segundo a lógica rítmica conatural às músicas africanas, que se não baseia na medida regular de compasso, que não subdivide o tempo em células regulares, mas o produz por meio da adição de células desiguais, pares e ímpares, gerando múltiplas referências de tempo e contratempo, que entram continuamente em fase e defasagem"; Machado Maxixe, *Sem Receita*, p. 46-47.

30 Eu Vim da Bahia, C. Rennó (org.), op. cit., p. 58.

158 GILBERTO GIL: A POÉTICA E A POLÍTICA DO CORPO

mento entre o vir e o voltar para a geografia baiana? Como demonstra a canção, na trama artística deste compositor, a Bahia agrega uma constelação de signos poéticos que povoa a história de seus projetos e sonhos, como cantor e compositor popular: "Onde a gente não tem pra comer / Mas de fome não morre / Porque na Bahia tem mãe Iemanjá / De outro lado o Senhor do Bonfim / Que ajuda o baiano a viver". O território baiano encerra, sobretudo, a dimensão metafórica de palimpsesto da memória, de superfície corporal onde se cruzam códigos, destinos e desejos de transformação: "Pra cantar, pra sambar pra valer / Pra morrer de alegria / Na festa de rua, no samba de roda / Na noite de Lua, no canto do mar".

Para Gilberto Gil, a Bahia não é só passado, uma relíquia ordenada em ruas e sobrados banhados pelo mar, nem apenas o arquétipo da cultura brasileira, mas representa também o chão onde se reuniram as vontades de outros artistas para traduzir a racionalidade capaz de superar a dicotomia *res cogito/ res extensa* e a distinção entre crítica e política. Daí, no início dos anos de 1960, resultou o primeiro encontro de vozes que, no Teatro Vila Velha, iria marcar a trajetória da música popular brasileira com o movimento tropicalista. Nas ruas, viu-se emergir a agitação cultural intensa, que adquiriu coragem para fomentar políticas culturais inovadoras para sua época.

O chão baiano atraiu forças e vozes questionadoras da arte que se fazia naquele momento no Brasil, e disso germinou o sentimento de efervescência cultural vivido na cidade de Salvador, entre o fim do Estado Novo, em 1945, e o fim dos anos de 1960. Para citar alguns dos nomes contemporâneos a Gilberto Gil, temos uma ampla cadeia de vozes composta por, entre outros: o cineasta Glauber Rocha; o compositor Caetano Veloso; o poeta Wally Salomão; Martim Gonçalves na direção da Escola de Teatro; Lina Bo Bardi, à frente do Museu de Arte Moderna; Rolf Gelewsky, que deu novo fôlego à primeira Escola de Dança do Brasil; o nascimento dos projetos dos Seminários de Música, com Koellreutter[31]. Antonio Risério situa essa Bahia também numa perspectiva global:

---

31 Cf. A. Risério, *Avant-garde na Bahia*, p. 22-24, 135- 155. A explosão da política universitária do reitor Edgard Santos – nomeado no governo de Eurico Dutra, pós-Estado Novo, até o momento em que deixa o cargo em 1961, quando da

A REPRESENTAÇÃO DA ÁFRICA NO CORPO DE GILBERTO GIL   159

Pensada como uma capital do Atlântico Sul, ela aparece na História fazendo a triangulação Portugal-Brasil-África – vale dizer, como um dos pontos centrais na teia de conexões planetárias que vai sendo tecida na expansão do mundo ocidental sobre o globo terrestre. Base político-militar e entreposto comercial, peça-chave de um imperialismo lusitano que dobra o cabo africano e se projeta no espaço asiático, a Cidade da Bahia foi, no dizer de Donald Pierson, um dos mais ricos portos do mundo – muito antes que Nova York saísse da infância. E é maravilhoso que, nascida na manhã mesma do confisco do planeta pelo Ocidente – e "o confisco do planeta pelo Ocidente é definitivo" –, tenha se desenvolvido como uma sociedade sincrética, cujos frutos mais expressivos vão rebentar invariavelmente no âmbito da cultura mestiça. Isto é que, no contexto do processo da universalização do Ocidente, que a fez surgir clara e opulenta a cavaleiro do Atlântico, ela tenha se erguido para afirmação do múltiplo e do diverso. Da diferença, como hoje se costuma dizer, do seu "carnaval biológico" ao seu carnaval semiótico, a Bahia, em vez de propiciar a uniformidade cultural absoluta prevista no avanço do Ocidente, firmou-se como cidade ocidental, sim, mas de um ocidente ao ocidente do Ocidente – sítio de signos híbridos, que reconhece a sua singularidade[32].

A citação é apresentada com um recorte mais extenso por fazer ressoar uma série de inquietações, entre as quais destacam-se duas. A primeira refere-se ao seguinte ponto: o que significa definir a Bahia como "um ocidente ao ocidente do Ocidente, um sítio de signos híbridos"? Os dois termos em minúscula, presentes na assertiva, dizem que não há um mesmo Ocidente, pois a expansão imperialista europeia faria surgir não apenas ocidentes menores; poderia proporcionar a emergência de outros espelhos que, obliquamente, destronariam a soberania ocidental. As palavras em minúscula funcionam como eco da forma maiúscula, que, justamente pelo jogo da repetição, marca o caráter barroco da frase. A emergência política do cultismo traduz, no excesso da forma, a maneira de inscrever a Bahia no tempo e no espaço brasileiro e mundial. O eco repercute com a marca de estranhamento, sintoma da

posse de Jânio Quadros – apresentou e desenvolveu projetos culturais de grande repercussão para a cena baiana, que marcaram a emergência da Bahia como um polo de reinvenção das normas estéticas e culturais vigentes, até então, no Brasil.
32 Idem, p. 153.

160 GILBERTO GIL: A POÉTICA E A POLÍTICA DO CORPO

crise paradigmática do Ocidente, posta em discussão, pois o problema amplia-se quando o Brasil pode vestir-se de Ocidente para a África, por trazer gestos e meneios tradutores da colonialidade do saber.

Ainda que seja antropofagicamente – como queriam os tropicalistas –, há a ocidentalização da Bahia no discurso de Antonio Risério, como insígnia ou a maneira de inseri-la no mapa da história, não mais como fantasma pós-colonial, mas como sujeito de outra narrativa oblíqua, na encruzilhada das esquinas baianas. Primeiro, ressalte-se o uso do artigo indefinido *um* no discurso do autor, para marcar que não há um único Ocidente. A expansão colonialista antevia que ampliar os espaços traria a certeza dos vastos ganhos materiais, contudo isso poderia acarretar também perdas. O medo da devoração pelo outro eclode, pois, ao impor o imaginário ocidentalizado, nasce a angústia europeia: a de ser engolida pelos grandes mares e espaços desse outro, no cruzamento tenso de culturas, de que poderia resultar a revisão das normas impostas pelo próprio Ocidente[33]. Surge o tema da dobra ocidental, das vagas barrocas que refazem o traçado do projeto colonialista, inscrevendo a história em diferença, com o evidente ocaso do tempo linear. A forma encontrada – à maneira da filosofia oswaldiana – para sair do confisco patrocinado pelo Ocidente refere-se à relação especular, em que o mesmo se repete em diferença.

Na citação de Risério, a segunda questão a ser observada é sua definição da Bahia como um porto que permite a triangulação Portugal-Brasil-África, ou seja, um espaço de conexões planetárias. Na triangulação, um ponto-chave a ser sublinhado é o valor numérico e simbólico do triângulo, que já desmonta o pensamento polarizado, sustentáculo do barema eurocêntrico; sempre norteado pelas redes duais de oposição, sem as quais também o capitalismo colonial e o moderno não se consolidariam. O triângulo desenha, portanto, outra geometria espacial e política que afirma o terceiro lugar como índice de estratégia crítica na forma diferente de entender as culturas e o padrão de poder mundial.

---

33 Montaigne já advertia para a grande angústia que poderia se apossar das naus colonizadoras europeias quando houve expansão do seu império. Cf. M. C. Ribeiro, Apresentação, em M. C. Ribeiro; A. P. Ferreira (orgs.), op. cit., p.10.

Em diálogo com Antonio Risério, é pertinente observar o perfil da imagem da Bahia feita por Gilberto Gil, quando retoma o signo da encruzilhada entre as Áfricas e as Américas. Por ocasião da II Conferência de Intelectuais da África e da Diáspora (Ciad) em julho de 2006, em Salvador, o ministro concedeu ao jornal *A Tarde* uma entrevista intitulada: "Esta Cidade Continua a Ser uma Grande Encruzilhada de Culturas". O título da matéria jornalística foi recortado da própria fala deste artista baiano:

> Minhas primeiras palavras serão para expressar minha felicidade com a realização da segunda Conferência de Intelectuais da África e da Diáspora no Brasil, nesta Cidade da Bahia, uma cidade negra, centenária, encruzilhada entre as Áfricas e as Américas. Nos tempos nefastos da escravidão e do tráfico de escravos, por aqui passaram muitos dos quatro milhões de africanos e africanas que vieram construir o Brasil. Hoje, esta cidade continua a ser uma grande encruzilhada das culturas africanas, afro-americanas e afro-caribenhas. Na Bahia, africanos e afrodescendentes de *todo mundo estão em casa*, abrigados e afagados pelos seus parentes e, neste ambiente de intimidade fraterna, poderão expor e debater em família as possibilidades de intercâmbio e cooperação entre os países do continente africano e os brasileiros e americanos que compartilham da mesma herança cultural[34].

De algum modo, as palavras do consagrado compositor retomam a citação de Antonio Risério. Os dois autores acentuam a situação estratégica da cidade de Salvador, sua posição na Costa do Atlântico, seu relacionamento com o resto do globo e, sobretudo, seu papel geocultural no mapa do Brasil. Para Gilberto Gil, a triangulação amplia-se numa rede de encruzilhadas, uma estratégia geográfica que aponta para o espaço fronteiriço no modo de entender outra lógica, criada do encontro e da necessidade das diferentes culturas africanas, afro-americanas e afro-caribenhas.

Por ocasião da II Ciad, a cidade de Salvador surge novamente como porto para abrigar um evento de tal porte: suas

---

34 O jornal dedicou o caderno especial "Saudações, África" ao evento do II Ciad, em que se encontra uma página inteira com recortes de falas de Gilberto Gil, de onde foi extraído esse trecho. Cf. Esta Cidade Continua a Ser uma Grande Encruzilhada de Culturas, *A Tarde*, 12 jul. 2006, p. 05, grifos meus.

162 GILBERTO GIL: A POÉTICA E A POLÍTICA DO CORPO

ruas permitem rever o padrão que alicerçou o poder do capital mundial globalizado, cujo início remonta à constituição das Américas. Portanto, a encruzilhada assume em Gilberto Gil valor simbólico e, ao mesmo tempo, filosófico, de acordo com a perspectiva de conhecimento não eurocentrado. A Bahia é posicionada estrategicamente como forma de espreitar as lógicas de dominação e de controle desse padrão de poder mundial, que teve início com a emergência da América, há quinhentos anos, e que hoje culmina na chamada globalização hegemônica.

Em momentos e em contextos diferentes, o signo da encruzilhada descrito pelos dois autores baianos traz à imagem da cidade de Salvador outra questão: como um sistema de poder de caráter mundial pode ser descentralizado no encontro de forças políticas de cooperação e de mobilização das culturas afro-americanas, africanas e afro-caribenhas. No processo de constituição da América, no início do século XVI, também se constituíam a geopolítica e a organização geoeconômica de alcance mundial. Nesse sentido, vale trazer a contribuição do pensamento de Aníbal Quijano, quando este afirma que um dos elementos fundamentais desse padrão de poder mundial é o conceito de raça[35]. Segundo o sociólogo peruano, é preciso ver historicamente a construção da ideia de raça, pois adquire sentidos diferenciados com a emergência da América: a identidade racial passa a ser um instrumento de classificação social, assim como o controle e a articulação das formas de trabalho, com os produtos e os recursos.

Nesse contexto, é preciso situar o porto da cidade de Salvador e o jogo duplo e especular da Bahia em Gilberto Gil. Ele

35 Segundo A. Quijano: "A América se constituiu como o primeiro espaço/tempo de um novo modelo de poder de vocação mundial e, assim e por isso mesmo, como a primeira id-entidade da modernidade. Dois processos históricos convergiram e se associaram na produção desse espaço/tempo e se estabeleceram como os dois pilares do novo modelo de poder. De um lado, a codificação das diferenças entre conquistadores e conquistados na ideia de raça, ou seja, em uma suposta diferença de estrutura biológica que colocava uns em uma situação natural de inferioridade com relação a outros. Essa ideia foi assumida pelos conquistadores como o principal elemento constitutivo, fundante, das relações de dominação que a conquista impunha. Em decorrência, com base nisso foi classificada a população da America e, depois, do mundo, nesse novo modelo de poder. De outro lado, a articulação de todas as formas históricas de controle do trabalho, de seus recursos e de seus produtos, em torno do capital e do mercado mundial"; Colonialidad del Poder..., em E. Lander (org.), op. cit., p. 202.

idealiza a Bahia como origem – a casa – ao levá-la para a África. Ao mesmo tempo, oferece à África o sema da origem, ao trazê-la para a Bahia: "Na Bahia, africanos e afrodescendentes de todo o mundo estão em casa"; afirma o artista baiano no recorte de entrevista acima. O problema da transposição especular da origem – da Bahia *mater* para a África *mater* na expressão do sentimento de Gilberto Gil – pode e deve ser abordado considerando o contexto da travessia pelo mar quinhentos anos depois. Nesse sentido, o ocidentalismo apresenta-se no eixo da articulação planetária, só possível pelo acesso ao Atlântico.

O Brasil seguiu o cânone colonizador: a África encontrava-se ausente das discussões políticas e filosóficas. Foi principalmente na música, na expressão artística, assim como na religião de afrodescendência, a exemplo do candomblé, que a África de alguma forma apareceu e se mostrou reinventada na cena cultural brasileira; em alguns casos, de uma maneira mítica. Na análise histórica de Gilberto Gil, a poética e a política do compositor baiano abrem espaço para refletir sobre o olhar dirigido à África. Em sua canção "Funk-se Quem Puder", de 1983, desenha-se outra travessia (antes feita somente pelo navio, mediador de comunicação e trocas culturais): a via musical. Nessa passagem pelo Atlântico, a subjetividade do compositor resgata a imagem da "mãe África": "Funk-se quem puder / Se é hora da barca virar / Não entre em pânico / Jogue-se rápido / Nade de volta à mãe África"[36].

Fantasiada de mãe negra, a palavra África absorve e reflete a transformação do fantasma da escravidão no Brasil em fantasia. A mitificação parece ser inevitável, pois se a terra originária está para sempre perdida, a maneira comum de recuperá-la é por meio de uma imagem idealizada, pelas narrativas fundadoras, que caracterizam os mitos: "Na degustação do ritmo / Música em todos os átomos / Nade de volta à mãe África / Sambe e roque-role o máximo". Esse gesto imaginário excede o padrão maniqueísta; não cabe espreitá-lo pela lógica do bem ou do mal; contudo merece ser avaliado segundo parâmetros críticos pós-coloniais, em que as realidades sociais – antes mitificadas – devem ser vistas historicamente e no contexto do presente. O tema da diáspora pelo Atlântico Negro revê a cartografia de

36 Em C. Rennó (org.), op. cit., p. 266.

164 GILBERTO GIL: A POÉTICA E A POLÍTICA DO CORPO

fundação dos princípios que afirmam a identidade, entre os quais se encontram as marcas do mito.

O verso "Funk-se quem puder" alude a uma expressão de caráter coletivo, que remete a uma postura individualista própria às amarras da livre iniciativa do capitalismo: "salve-se quem puder". Todavia, a troca do termo verbal "salvar", retirado do léxico português, pelo substantivo em língua inglesa "funk" apresenta outras reverberações significativas; o substantivo designa um ramo da música considerada negra, emergente nos Estados Unidos, que leva a conectar a rede de comunicação afrodiaspórica e o papel da música em meio a isso[37]. Através do verso, Gilberto Gil despede-se da abordagem da soberania nacionalista, fechada no território brasileiro, para reportar à perspectiva transcultural, relacionada à imagem do mar – corporificada na metáfora do verbo "nadar" – inscrita em "Nade de volta à mãe África".

A música, no caso o funk, nasce da possibilidade de comunicação e entendimento da realidade afrodiaspórica, quando a arte musical não é considerada o meio de salvação, mas um instrumento crítico e criativo para driblar o território circunscrito ao imaginário colonizado: "Funk-se quem puder / Se é tudo que resta a fazer / Não perca o ânimo / Chegue mais próximo / Sambe e roque-role o máximo". A expressão musical é uma maneira de construir noções de solidariedade, de sentimento de pertença social, a exigir que o compositor seja um outro tipo de marinheiro: a viagem é sem salva-vidas e não dispensa a política da dança e do canto. Gilberto Gil sabe muito bem como navegar por essas águas, sem naufragar.

A diáspora africana, que migra para os Estados Unidos e para a América do Sul, acaba por inventar uma África graças à necessidade de afirmar a diferença atrelada à política de tradição

---

37 Segundo P. Gilroy, "o movimento contemporâneo das artes negras no cinema, nas artes visuais e no teatro, bem como na música, que fornecia o pano de fundo para essa liberação musical, criou uma nova topografia de lealdade e identidade na qual as estruturas e pressupostos do Estado-nação têm sido deixados para trás porque são vistos como ultrapassados [...]. A história do Atlântico negro, constantemente ziguezagueado pelos movimentos de povos negros – não só como mercadorias, mas engajados em várias lutas de emancipação, autonomia e cidadania –, propicia um meio para reexaminar os problemas de nacionalidade, posicionamento (*location*), identidade e memória histórica"; *O Atlântico Negro*, p. 59.

e da herança cultural. Nesse contexto, ressalta-se a importância da tradição, pois ela possibilita afirmar a identidade frente ao outro, principalmente quando se considera o cenário escravocrata, quando o sujeito sente-se expatriado e sem nome. A chave dessa leitura é não coincidir a tradição e o mito como realidades interdependentes. Na cena contemporânea, a mitificação pode constituir também um prejuízo, principalmente quando mascara e elimina da África os problemas políticos que se fizeram ao longo de sua história e pelos quais esse continente também é responsável. O mito confere um sentido de suspensão temporal, que esvazia o papel da crítica e da leitura contextualizada e, dessa forma, obtura-se a avaliação do presente, com o perigo de negar as diferenças e o caráter heterogêneo dessas geoculturas: afro-americanas, afro-caribenhas e africanas. Os signos da maternidade ou de família sugeridos por Gilberto Gil em sua poética podem também enevoar o poder desse encontro entre as culturas afrodiaspóricas e as africanas, com os seus projetos políticos e de emancipação social.

Entre as particularidades da viagem de Gilberto Gil à África, é preciso entender a construção que realiza da Bahia e do continente africano, estabelecendo os nós de tensão em que o próprio artista traz a ambivalência dos estereótipos na forma de ler a "mãe África". Em alguns momentos, ele assume duplamente a vontade de conhecimento e, ao mesmo tempo, o desejo de reconhecimento, com a complexidade de relações de poder e de saber, que sustenta a situação da diáspora africana.

No passado, quando são auscultados os mesmos tambores vindos da África, esses se estranham e se chocam com outros sons produzidos em diferentes sítios do território africano. Evidentemente, os tambores evitam a amnésia; é o signo que articula a rede de pertencimento ao imaginário africano, porém representa uma imagem estereotípica das culturas africanas, que traduz também a fantasia: o medo e o desejo a respeito do outro. Em sua canção de 1976, "Chuck Berry Fields Forever", Gilberto Gil resgata a memória da África na percussão de sua música e, ao mesmo tempo, com o batuque dos tambores estimula a audição de outras formas de saber que vêm da África, ainda que sob o mesmo signo repetido nessa canção: "Trazidos d'África pra Américas de Norte e Sul / Tambor

166 GILBERTO GIL: A POÉTICA E A POLÍTICA DO CORPO

de tinto timbre tanto tonto tom tocou / E a neve, garça branca, valsa de Danúbio Azul / Tonta de tanto embalo, num estalo desmaiou"[38].

A aliteração da consoante dental "t", presente em toda a primeira estrofe, reinventa o ritmo dos tambores vindos de muitos pontos da África para as Américas. No verso "tambor de tinto timbre", a cor vermelha, através da associação poética, lembra o movimento dos corpos, os capítulos das histórias de tantas vidas que atravessaram o Atlântico para participar, definitivamente, da construção das Américas, que jamais poderão ser esquecidos. O transe e o trânsito de circulação de outro capital simbólico fazem destoar a valsa branca do "Danúbio Azul". O sentido desse deslocamento cultural só poderia ser avaliado *a posteriori*, pelas flutuações do navio musical que cortava o sol e o mar na formação de culturas: "Vertigem verga, a virgem branca tomba sob o Sol / Rachado em mil raios pelo machado de Xangô / E assim gerados, a rumba, o mambo, o samba, o rhythm'n blues / Tornaram-se os ancestrais, os pais do rock and roll"[39].

Todavia, a África não se reduz apenas ao batuque, e Gilberto Gil sabe disso. É inseparável da emergência das visões diaspóricas o surgimento de outros olhares discordantes, de quem permaneceu na terra, formando, portanto, uma rede discursiva crítica, desenvolvida pelos próprios africanos em e com África. Há um emaranhado de rumores dissonantes, que interrogam a legitimidade dos discursos dos intelectuais e artistas mantenedores de certa visão desse continente, deixada por eles no passado, ou mesmo mitificada pela distância territorial e de entendimento de valores culturais. Tratar-se-ia de uma África mais conhecida pelas referências discursivas e narrativas fundadoras.

Nesse momento da leitura, não se está argumentando a favor da dicotomia dentro e fora, tampouco em nome da validação do discurso endógeno. A premissa não se restringe a afirmar o conhecimento de dentro da África, mas com a África,

---

38 Em C. Rennó (org.), op. cit., p. 178. O título da música remete a uma música dos Beatles, "Strawberry Fields Forever"; emerge como índice do trânsito além-mar, em que o Ocidente é lido e transfigurado, como forma de, politicamente, pertencer e ter entrada ao mundo europeu, maneira de antropofagizar a cultura do Outro.

39 Idem, ibidem.

a partir dela, tendo em vista, comparativamente, as diferentes e conflitantes abordagens existentes. Considerando que as formas de saber constroem e legitimam as formas de exercer o poder, é preciso, portanto, questionar o tipo de razão e de epistemologia dominantes na escrita sobre a África[40]. Vive-se a crise não apenas do modelo econômico e social hegemônico, perverso em suas relações de dominação. Há de se notar a crise de paradigmas com os quais se leem e se traçam as fronteiras e divisões do mapa.

Achille Mbembe, sociólogo do Congo, esboça o projeto de leitura crítica de duas vertentes filosóficas que nortearam, preponderantemente, a interpretação realizada sobre a África: uma primeira de base marxista, de cunho econômico; a segunda, apoiada no caráter nativista, sob o incentivo da visão restrita à metafísica da diferença. O autor acentua três eventos históricos utilizados como argumentos por essas correntes filosóficas dominantes: a escravidão, o colonialismo e o *apartheid* na África[41]. Contra a perspectiva totalizadora e de vitimização das sociedades africanas, o ensaísta revê a premissa de reificação da história da África, desatenta à lógica que torna os diferentes sujeitos africanos impotentes diante das narrativas sempre escritas por um demiurgo invisível e sobrenatural. A reificação celebra um conjunto de práticas de sujeição, que nega a responsabilidade dos africanos nesse processo:

O que poderia parecer a apoteose do voluntarismo, paradoxalmente é acompanhado de uma falta de profundidade filosófica e de um culto à vitimização. Filosoficamente, a temática hegeliana da

---

40 Ressalte-se o trabalho de V. Y. Mudimbe, em que o autor mostra que a África foi inventada e, no nome próprio atribuído ao continente, há uma complexidade de características e processos históricos heterogêneos: "De qualquer modo, desde o século xv, a ideia de Africa misturou novas interpretações científicas e ideológicas aos campos semânticos de conceitos tais como 'primitivismo' e 'selvageria'"; *The Idea of Africa*, p. 11.

41 Vale lembrar a letra que Gilberto Gil revelou ter sido feita de encomenda, quando a música foi eleita como uma forma de protesto e pressão política contra o *apartheid*: "Ó, Deus do céu da África do Sul / Do céu azul da África do Sul / Tornai vermelho todo sangue azul / Tornai vermelho todo sangue azul / Já que vermelho tem sido todo sangue derramado / Todo corpo, todo irmão chicoteado – iô / Senhor da selva africana, irmã da selva americana / Nossa selva brasileira de Tupã". Oração pela Libertação da África do Sul, em C. Rennó (org.), op. cit., p. 305.

168   GILBERTO GIL: A POÉTICA E A POLÍTICA DO CORPO

identidade e da diferença, tal como classicamente exemplificada pela relação senhor/escravo, é sub-repticiamente reapropriada pelos ex--colonizados. Os ex-colonos atribuem uma série de características pseudo-históricas a uma entidade geográfica que está, ela mesma, subsumida a um *nome racial*[42].

Em desacordo com a interpretação totalizadora que define a África como negra, a partir do critério unicamente racial, Mbembe refaz a construção do ideário realizado pelo Iluminismo quanto à situação de diversas sociedades na África e de seus habitantes. Segundo ele, o Século das Luzes não se sustentaria sem a concepção racializada do corpo, a partir de uma ontologia da diferença africana, universalmente naturalizada[43]. A desertificação da África, as guerras e os conflitos entre os grupos locais, ou a exotização da paisagem – via safáris africanos –, com os tambores reboando em todos os cantos, são algumas das imagens estereotípicas que se reproduzem pela Biblioteca de Babel ocidentalizada, onde o corpo, metafisicamente diferenciado como negro, é invisibilizado.

Ao discutir o problema da canonização da diferença no discurso ocidental moderno no olhar dirigido à África, Achille Mbembe revê esse mesmo discurso assimilado também pelos diversos habitantes africanos; o que impediu que as diferenças produzidas em partes da África pudessem corporificar-se de outra maneira, que não por meio do nome racial[44]. A questão

---

42 A. Mbembe, As Formas Africanas de Auto-inscrição, *Revista Estudos Afro--Asiáticos*, a. 23, n. 1, p. 176-177.

43 Para o sociólogo, "o Iluminismo ofereceu três diferentes respostas com implicações políticas relativamente distintas. Um conjunto inicial de respostas sugere que os africanos poderiam ser mantidos dentro dos limites de sua suposta *diferença ontológica*. O lado mais sombrio do Iluminismo via no signo africano algo único, e até mesmo indestrutível, que os separava de todos os outros signos humanos. A melhor testemunha desta especificidade era o corpo do negro, que supostamente não continha nenhuma forma de consciência, nem tinha nenhuma das características da razão ou da beleza. Consequentemente, ele não poderia ser considerado um corpo composto de carne como o meu, porque pertencia unicamente à ordem da extensão material e do objeto condenado à morte e à destruição. A centralidade do corpo no cálculo da sujeição política explica a importância dada, ao longo do século XIX, pelas teorias da regeneração física, moral e política dos negros e, mais tarde, dos judeus"; idem, p. 178.

44 Para Mbembe, "não há nenhuma identidade africana que possa ser designada por um único termo, ou que possa ser nomeada por uma única palavra ou que possa ser subsumida a uma única categoria. A identidade africana não existe

A REPRESENTAÇÃO DA ÁFRICA NO CORPO DE GILBERTO GIL 169

central para a escrita cromática sobre a África é posta em crise pelo próprio pensador do Congo, que rejeita o caráter neutro do paradigma da modernidade. A crítica de Mbembe vem ressaltar que a memória do africano continental não é equivalente nem mesmo similar à memória dos afro-americanos ou dos afro-caribenhos, embora haja em comum entre eles o interesse na elipse de um capítulo, ao narrar a história da escravidão.

No silêncio entre os mares, não se pode deixar de ler que os africanos continentais participaram do processo escravagista. Não há um interesse por parte dos afro-americanos em lembrar desse fato, porque isso desculpabiliza o colonizador branco; é considerado como forma de atenuar a perversidade do sistema colonial escravocrata, de incentivar e camuflar as atitudes racistas. Por outro lado, muitos africanos continentais preferem não rever sua responsabilidade diante do processo da escravidão na África.

Para Mbembe, há o desejo comum em produzir essa elipse histórica, o que gera a fantasmagoria em torno dessa fala não dita. Esse gesto embaça os contextos diversos entre aqueles que se dispersaram pelo Atlântico e os que permaneceram no continente africano. A travessia pelos mares motiva traços mnésicos diferenciados com olhares sobre a escravidão também deslocados. Nesse recorte de leitura, não se trata de reivindicar a memória traumática, mas de ver as implicações da interpretação descontextualizada, que corrobora para construir a reificação da história africana e acentuar a imagem do continente vitimizado.

Convém questionar o papel das identidades como manobra de articulação política e de negociação de laços sociais também em Gilberto Gil. Portanto, cabe interrogar o valor que se confere ao papel da tradição na forma de se constituir a identidade[45]. No diálogo de Gilberto Gil com o pensamento

como substância. Ela é constituída, de variantes formas, através de uma série de práticas, notavelmente as práticas do *self*. Tampouco as formas dessa identidade e seus idiomas são sempre idênticos. E tais formas são sempre móveis, reversíveis e instáveis. Isso posto, elas não podem ser reduzidas a uma ordem puramente biológica baseada no sangue, na raça ou na geografia. Nem podem se reduzir à tradição, na medida em que o significado desta última está sempre mudando"; idem, p. 198-199.

45 De acordo com Mbembe, a identidade africana não deve ser esboçada com base no critério da unidade racial. O autor constrói seus argumentos no sentido de mostrar a diversidade dos habitantes da África; desde africanos de origem

GILBERTO GIL: A POÉTICA E A POLÍTICA DO CORPO

de Mbembe, não se pode pensar a formação de projetos identitários sem realçar o papel da filiação, da genealogia e da herança. Ainda que a origem seja uma ficção, ela emerge como a fantasia usada para alicerçar um conjunto de códigos tradicionais, que permite construir vínculos de pertencimento social. O projeto identitário não se concebe sem a noção de territorialidade; nesse sentido, a casa é a metáfora não só da extensão do corpo. Toma-se posse da geografia como estratégia para se inserir na rede de signos que particulariza uma dada cultura; é uma delimitação que localiza o imaginário do sujeito, de suas heranças e de sua genealogia de valores.

Desconstruir a fantasia de que existe uma origem do homem diaspórico, a casa na qual se unem os laços de pertencimento, não deve ser, portanto, o motivo que move a crítica ao discurso do ministro e artista baiano. É preciso avaliar a identidade que essa retórica produz e se essa estratégia de demarcação da casa pelo compositor conquista o espaço de abertura para a prática de política identitária distante das amarras da colonialidade do poder, ou se ela ratifica categorias estáveis de leitura feita sobre a África[46].

O universalismo vem sendo fortemente combatido por apoiar-se na crença de que existem verdades científicas, filosóficas e sociais válidas para todo o globo, ignorando as categorias de tempo e espaço. Os estudos sociais e antropológicos não podem desconsiderar a realidade de conhecimento

árabe, asiática, com ancestrais judaicos e chineses, como também ressalta o conflito e a participação de sírios libaneses, berberes, afro-brasileiros, fulanis e mouros. Para ele, a dicotomia branco/negro não atende à realidade africana, não reflete a sua complexidade social: "A produção de identidades raciais para além da oposição binária branco/negro cada vez mais opera de acordo com lógicas distintas, enquanto as velhas demarcações perdem seu aspecto mecânico e se multiplicam as oportunidades de transgressões. De várias formas, a instabilidade das categorias raciais demonstra que há muitos tipos de branquitude e de negritude [...]. A tentativa de se definir a identidade africana de forma simples tem ao longo do tempo falhado"; idem, p. 193 e 198.

46 Segundo I. Wallerstein, o eurocentrismo ergue-se como um parâmetro universal de civilização; o pensamento europeu sustenta-se no modelo de ciência social de acordo com processos universais que explicam o comportamento humano: "El universalismo es la perspectiva según la cual existen verdades científicas que son válidas a través de todo tiempo e espacio"; El Eurocentrismo y Sus Avatares, em W. Mignolo (org.), Capitalismo y Geopolítica del Conocimiento, p. 99.

A REPRESENTAÇÃO DA ÁFRICA NO CORPO DE GILBERTO GIL

diatópico, quando se descortinou a falácia da teoria desenvol-
vimentista, que consistia em situar o padrão moderno de desenvolvimento como uma realidade a ser seguida por outras
culturas, alheio à premissa social e econômica: o desenvolvimento aparece como uma categoria ontológica. Nesse sentido, a entrevista do ministro da cultura concedida ao jornal
A Tarde, por ocasião da Ciad, ensaia uma política nos moldes
da premissa universalista, que merece ser contextualizada e
melhor entendida:

> É importante a viabilização de um calendário de eventos de
> intercâmbio cultural que consolide o contato permanente entre ar-
> tistas, escritores, pensadores, produtores culturais e guardiões de
> saberes tradicionais, sem o que será impossível afinar as nossas per-
> cepções e a nossa sensibilidade.
>
> Um desafio imperioso é uma implementação de uma rede mun-
> dial de comunicação afro-diaspórica, que possa formar uma opi-
> nião pública internacional afrocentrada, capaz de intervir junto a
> cada governo nacional e junto às instituições internacionais como
> um elemento ativo de pressão em favor de um projeto de renasci-
> mento africano. Acreditamos, assim, que, deste amplo processo de
> mobilização, de pleno reconhecimento entre velhas e novas áfricas
> (sic), nascerá bela e frondosa uma nova identidade afroglobal, in-
> cludente, em rede, não eliminadora das identidades regionais e na-
> cionais, capaz de consolidar uma cultura negra universalizada. Isto
> nós queremos, isto nós podemos, isto nós faremos[47].

Para compreender esse ponto temático e ampliá-lo à fala de
Gilberto Gil, tanto o sociólogo peruano Aníbal Quijano quanto
o argentino Enrique Dussel oferecem contribuições[48]. Sobre a
expansão da geografia racializada do mundo, o primeiro sociólogo afirma que a colonialidade do poder está imersa em um
sistema de organização geocultural e geoeconômica da carto-

---

47 Esta Cidade Continua a Ser ..., *A Tarde*, 12 jul. 2006, p. 5.

48 E. Dussel discute como o processo de descobrimento e conquista da América
é parte do processo de constituição da subjetividade moderna. A modernidade
ergue-se quando a Europa – com as viagens além-mar – pode fundar-se na relação com o outro, quando pode se autoconstituir como egocentrado, colonizando
uma alteridade que lhe devolvia uma imagem de si mesma: "Esse outro, em outras palavras, não foi *des-coberto*, ou admitido, como tal, mas dissimulado, ou
en-coberto, como a Europa assumira que havia sido sempre"; Eurocentrismo y
Modernidad, em W. Mignolo (org.), op. cit., p. 58.

172 GILBERTO GIL: A POÉTICA E A POLÍTICA DO CORPO

grafia global. Segundo A. Quijano, propaga-se mundialmente a triangulação entre raça, controle do trabalho e controle epistemológico, como base da colonialidade do poder, quando as diferenças são naturalizadas[49].

Houve a estratégia de colocar a Europa como o eixo da modernidade; parte de um projeto político e econômico que pode e deve ser lido historicamente. Não há uma única modernidade, universal, como tampouco há uma única tradição; todos os países e regiões possuem suas tradições. O argumento que entende a colonialidade como elemento pertencente à esfera do colonizado e a modernidade como restrita ao continente europeu constitui o modelo canônico de interpretação da ciência moderna, já extensamente revisto. Criou-se a ideia equivocada de que a modernidade é um tema europeu e a colonialidade encontra-se fora da Europa[50].

Nesse debate acerca da identidade racial, pode-se situar na fala de Gilberto Gil a definição de uma "identidade afro-global" ou de uma "cultura negra universalizada". A proposta do músico baiano dialoga com o que disse Quijano, quando este considerou a raça como uma construção mental, peça-chave para consolidar o padrão de poder e das relações de colonialidade na América. Assim, as palavras do ministro-artista podem ser compreendidas como parte da consciência política que entende a "identidade negra" como maneira de lidar com um sistema-mundo de geografia racializada. Daí a necessidade

49 Cf. Colonialidad del Poder..., em E. Lander (org.), op. cit., p. 210. Para Quijano: "A associação entre ambos os fenômenos, o etnocentrismo colonial e a classificação racial universal, ajuda a explicar porque os europeus foram levados a sentir-se não apenas superiores a todos os demais povos do mundo, mas também, em particular, como *naturalmente* superiores. Essa instância histórica se expressou em uma operação mental de importância fundamental para todo o modelo de poder mundial, sobretudo acerca das relações intersubjetivas que lhe são hegemônicas e, em especial, de sua perspectiva de conhecimento: os europeus geraram uma nova perspectiva temporal da história e realocaram os povos colonizados, e suas respectivas histórias e culturas, no passado de uma trajetória histórica cuja culminação era a Europa [...]. De acordo com essa perspectiva, a modernidade e a racionalidade foram imaginadas como experiências e produtos exclusivamente europeus."

50 Wallerstein problematiza a geocultura e os paradigmas das ciências sociais mediante a crítica à visão universal que institui verdades e produz polarizações entre civilização e barbárie. Cf. El Eurocentrismo y Sus Avatares, em W. Mignolo (org.), op. cit., p. 99-103.

A REPRESENTAÇÃO DA ÁFRICA NO CORPO DE GILBERTO GIL   173

de um projeto de ação transnacional, que envolva as vontades daqueles que sofreram e sofrem com a naturalização das hierarquias sociais e econômicas.

O uso da palavra "universal", por Gilberto Gil, traz muitos problemas e está sujeito a revisões; porém, ao contextualizá-lo à Ciad, é possível delimitar a vontade que move a utilização do termo. A princípio, pode ser interpretado no sentido da crítica ao relativismo, ou mesmo ao pluralismo, por meio dos quais se institui a demarcação das diferenças de forma mais descritiva ou discursiva. Disso decorre a lógica do indiferenciado. A fim de marcar os desequilíbrios e os conflitos das diferenças sociais e políticas, tem-se a reivindicação da diversidade, embora definida em termos abstratos.

A fala de Gilberto Gil está situada no momento de um evento marcante para a Bahia e para o Brasil, a Conferência de Intelectuais da África e da Diáspora (II Ciad), que traduz a necessidade de instituir não só a crítica ao monolinguismo autoritário da epistemologia centrada na perspectiva do Ocidente. Trata-se também de uma tomada de atitude com caráter global, para avaliar medidas de solidariedade frente à perspectiva hegemônica de conhecimento e de divisão econômica em nível mundial[51]. No mínimo, o compositor baiano divulga que não há uma única realidade "uni-versal", sempre no âmbito de uma cultura europeia, mas estenda-se isso a uma perspectiva "pluri-universal"[52].

Nesse recorte interpretativo, a modernização não implica uma ocidentalização da sociedade. A modernidade deve ser vista como um fenômeno de todas as culturas, e não apenas da ocidental. Para tanto, Dussel cria a noção de transmodernidade, a fim de demarcar uma outra forma de modernidade, que não se restringe à filosofia e ao conhecimento eurocentrados. Os europeus definiram-se como a culminância de uma trajetória civilizatória, consoante a visão teleológica da história: de um estado de natureza primitiva até chegarem a ser os modernos da humanidade. Nessa teleologia ocidentalizada, o adjetivo "anterior"

---

51 Cf. B. de S. Santos et al., Introdução para Ampliar..., em B. de S. Santos (org.), op. cit., p. 21.

52 Assunto extensamente discutido pelo sociólogo W. Mignolo, para quem não pode haver um caminho "uni-versal", mas caminhos "pluri-versais". Cf. Os Esplendores e as Misérias da "Ciência", em B. de Sousa Santos (org.), op. cit., p. 678.

apresenta-se como sinônimo de inferior, e a tradição fica associada à ideia de passado, portanto, de anterioridade.

A perspectiva afrocentrada, oferecida pela fala de Gilberto Gil, pode ser lida como parte de uma atitude estratégica de mobilização social e política. Evidentemente, a rede de comunicação afrocentrada é uma maneira de cooptar forças e recursos; de trocar experiências e produzir o laço de pertencimento transnacional, capaz de enfrentar o poder hegemônico globalizado, racializado. Isso não significa exigir uma única identidade, pois envolve o jogo de pertença e de caráter identitário que deve lidar com a fluidez de diferentes significados culturais. Desse modo, enfatiza-se o convívio afrodiaspórico, o nascimento de uma prática política de cunho global, de experiência e trocas interculturais, com o desafio de não reincidir na representação de uma outra monocultura.

Há quem se oponha, entretanto, a essa abordagem afrocentrada como modelo estratégico de luta, menos apropriado quando se tem em vista o contexto afrodiaspórico. É a posição tomada por Paul Gilroy, para quem o nódulo do debate não deve residir entre uma perspectiva de cunho essencialista e outra de caráter antiessencialista. A questão da particularidade cultural essencialmente negra e o papel da expressão cultural esbarram em interpretações monoculturais, nacionais e etnocêntricas, com uma visão simplista da identidade racial. Segundo o autor, esse limite interpretativo não só empobrece a história cultural negra, como confere invisibilidade às diferenças existentes entre as culturas africanas continentais e além-mar.

De acordo com Gilroy, a posição antiessencialista, por outro lado, afirma a identidade como uma construção mental e histórica e, desse modo, também simplifica e descarta a questão da identidade negra. Não consegue explicar, contudo, a representação contínua e constante das formas racializadas de classificação social. Nesse contexto analítico antiessencialista, rejeita-se qualquer dinâmica unificadora de caráter racial, desatenta à estratégia política de se conectarem e de se manterem unidos, em rede global, os afro-americanos, os afro-caribenhos e os africanos, dispersos em diferentes partes do globo, como forma de questionar a hegemonia de poder ocidentalizada. Se a consolidação do modelo de poder mundial institui-se com a

A REPRESENTAÇÃO DA ÁFRICA NO CORPO DE GILBERTO GIL 175

emergência da América e de uma construção da ideia de raça, por que não utilizar a identidade racial como forma de rever os padrões mundiais de poder? Essa questão emerge na fala de Gilberto Gil e se apresenta conflitiva.

Para sair do impasse que representa a dicotomia entre essencialista e antiessencialista, a opção levantada pelo autor de *Atlântico Negro* é a noção da diáspora, como um operador crítico e de leitura, que enfoca o relacionamento entre identidades e não identidades, o fluxo constante da cultura entre o continente africano e os afrodiaspóricos[53]. Do estar fora e dentro desse continente, resulta a noção de "dupla consciência", atenta ao caráter problemático das divisões polarizadas – a essencialista e a antiessencialista – da identidade negra. Trabalhar nesses termos opositivos pode obrigar a tomada de posição que nuble a importância de pensar o poder de uma prática intercultural e transnacional sensível às diferenças culturais. Para ele, tanto a palavra *roots* (raízes) como *routes* (rotas) questionam a forma centralizadora do africanismo e do eurocentrismo.

Assim, a perspectiva do afrocentrismo ainda se apoia na abordagem linear do tempo, e disso resulta o equívoco de ler a tradição como uma realidade oposta à modernidade. Partindo dessa moldura de análise, a África e a Bahia não devem ser entendidas como lugares apenas da tradição. De modo geral, a cultura de afirmação identitária parece estar mais acostumada a pensar a identidade em termos de raiz, e não pela premissa do movimento, como processo de mediação. É a partir da própria noção de diáspora que também pode ser entendida a vontade afrocentrada presente no discurso de Gilberto Gil.

Em alguns momentos, o ministro-artista afirma como diretriz do conteúdo de sua política cultural a construção da identidade a partir de uma leitura e/ou invenção da origem, da tradição, em

53 Em Gilroy, a noção de diáspora rompe com o conceito de teleologia racial: "quero enfatizar que a diáspora desafia isto ao valorizar parentescos sub e supranacionais, e permitindo uma relação mais ambivalente com as nações e com os nacionalismos. A propensão não nacional da diáspora é ampliada quando o conceito é anexado em relatos antiessencialistas da formação de identidade como um processo histórico e político, e utilizado para conseguir um afastamento em relação à ideia de identidades primordiais, que se estabelecem supostamente tanto pela cultura, quanto pela natureza. Ao aderir à diáspora, a identidade pode ser, ao invés disso, levada à contingência, à indeterminação e ao conflito"; op. cit., p. 19.

que estaria não só a Bahia, mas também a reinvenção da África para os baianos e os brasileiros. Na poética e política de Gilberto Gil, a tradição precisa ser contextualizada em um debate que a reivindica diante de uma outra lógica temporal. É preciso estar atento para o significado do termo tradição, quando é evocado pela modernidade, com toda a complexidade de motivos e interesses que essa palavra pode corporificar[54].

Ouvida tanto em sua visita à África em comitiva presidencial, em 2003, quanto também no encontro da II Ciad em 2006, a retórica da casa Bahia-África nas falas de Gilberto Gil traz o tropo da tradição. Esta é situada na rede discursiva em torno da identidade étnica, pensada em termos territoriais: a Bahia. A diferença associa-se à dicção da origem; ficcionaliza-se um espaço de pertencimento como estratégia para se produzirem laços de consanguinidade, uma simbologia da cor, com o fim de agregar histórias, de cooptar propósitos e desejos em comum.

Trata-se de uma estratégia de Gilberto Gil contextualizada e necessária para o Brasil, que tenta reinventar a tradição africana como maneira de conferir sustentabilidade a um projeto político de afirmação identitária. Não foi à toa que se escolheu a Bahia como sede para o Festival África-Brasil e também da II Ciad. Desenha-se a vontade de buscar interpretações sobre a realidade brasileira em que se analisem as relações de poder dominantes por meio do questionamento identitário e da representação da África-Bahia para o Brasil.

É preciso ter em mente que trazer o discurso da tradição implica situar o processo histórico de invisibilização das culturas e de formas de dominação; também deve ser avaliado o papel das tradições nos diversos discursos historicamente contextualizados. No caso específico da África, esse papel é revisto por muitos estudiosos conscientes de que não basta falar em nome da tradição, pois é necessário verificar o modo como se leem as tradições, porque elas são eminentemente históricas.

---

54 Segundo Mignolo, "a questão aqui não é que a 'tradição' seja inventada. Isso é óbvio. O que não é óbvio é que a tradição tenha sido inventada na perspectiva da modernidade, porque a tradição era a diferença colonial necessária para afirmar a ideia da modernidade. Este privilégio oculto, disfarçado de triunfo celebratório da espécie humana, que se arroga o poder e o conhecimento que permitem classificar e dominar o resto da humanidade, é a colonialidade do poder"; Os Esplendores e as Misérias da "Ciência", em B. de Sousa Santos (org.), op. cit., p. 679.

A tradição pode ser e tem sido pensada considerando a própria crise paradigmática da modernidade, em que o futuro não é acenado como possibilidade de concretização das promessas do projeto incompleto da modernidade, mas é pensado na superação da soberania epistêmica. Nesse sentido, reivindicar o discurso da tradição merece ser contextualizado de acordo com as forças políticas mobilizadoras dessa exultação. É o que se observa no trabalho historiográfico de Anna Maria Gentili, quando traça a história da África subsaariana nos séculos XIX e XX.

"O leão deverá contar sua história. Não só o caçador". Inspirada nesta frase do escritor nigeriano Chinua Achebe, Anna Maria Gentili analisa a história da África subsaariana sob a disrupção da força e do argumento daquele que foi produzido como selvagem, como bárbaro e tribal: o leão africano. Reivindica-se a historicidade negada, desconhecida, por ter sempre sido contada pelo caçador e, dessa forma, denuncia-se a invenção da África fechada na imagem representativa da tradição. Colocando-se como opositor, o Ocidente encarna a imagem de desenvolvimento e de moderna estrutura social, graças à imposição dos mesmos métodos utilizados para avaliar culturas diversas da europeia. Quanto à África, no contexto colonial, dirigiu-se sempre o mesmo olhar que a definia como museu antropológico, relíquia historiográfica, mediante os padrões de civilização e de desenvolvimento atribuídos às sociedades e ciências ocidentais.

A imagem da tradição, segundo Gentili, criou o peso e a densidade que produziram, narrativamente, a imagem de paralisia da África. Foi negada a esse continente a sua dinâmica de transformação, associando-o ao estado de inércia e ao caráter débil dos movimentos, com a defesa de um obstáculo intransponível pelo próprio conceito imputado ao termo "tradicional". Dizer que à África se embutiu esse adjetivo significou, estrategicamente, negar a complexidade de sua história, as alterações sociais e suas resistências ao poder dominador, com as marcas de manipulação das tradições por quem detinha o poder[55]. Aplicam-se modelos estranhos à realidade africana

---

55 Cf. A. M. Gentili, *O Leão e o Caçador*, p. 10-11. "Tribo e etnia – na utilização que têm nas ciências sociais e na divulgação – veiculam, portanto, a noção de

178 GILBERTO GIL: A POÉTICA E A POLÍTICA DO CORPO

para pensar as culturas africanas. Dos diversos instrumentos para inventar o assombro em relação à África, ressalta-se a repetição do discurso quanto às divisões étnicas marcadas por ódios intransponíveis com a consequente escravidão dos vencidos e a visão de um território sempre reconhecido por um atraso atávico ou amaldiçoado por tragédias naturais. Enfim, emoldurou-se a imagem de uma África a salvar, a civilizar.

Gentili pondera: "As tradições, entretanto, nunca são um programa abstrato de crenças, pois confronta-se com a vivência e os problemas concretos de cada geração"[56]. Nesse sentido, cabe frisar que a autora não confina o termo tradição ao passado e à imobilidade, mas vê as culturas ditas tradicionais numa perspectiva dinâmica, em constante interação com a história, com suas transformações e com habilidade para incorporar códigos diferentes a partir do contato com diversas culturas. A questão é como produzir a tradição longe da perspectiva centralizada e do crivo linear do tempo da modernidade ocidental, usado, estrategicamente, para imobilizar sociedades e produzir o atraso de umas e o desenvolvimento de outras.

Por um lado, convém perguntar a que África Gilberto Gil está filiado em suas canções, se é a subsaariana, a referendada pelo nome racial. Não se trata apenas de celebrar a África, é preciso ver quem fala, de onde fala, com que vontade e em nome de quem. Sobretudo, impõe-se descolonizar o discurso hegemônico que nega a dinâmica social e política existente na África[57]. Por outro lado, deve-se enfatizar que a unidade racial africana caracteriza-se como mito; uma fantasia reto-

sociedades, as africanas, tradicionais, a que se atribui o significado de imóveis no tempo, fora da história, diferentes não apenas do ponto de vista da raça, mas também pela sua organização social e política. Portanto, segundo as teorias evolucionistas da época, sociedades inferiores aos povos que tinham uma organização política de escolha individual e de contrato. Tal como na Antiguidade grega e romana, os povos étnicos da época colonial passavam a ser 'os bárbaros' a civilizar através da submissão. Nesse contexto, a colonização podia ser teorizada e justificada como missão civilizadora do Ocidente. O escritor mais célebre do triunfante imperialismo britânico, Rudyard Kipling chamou a atenção a essa 'missão' de white man's burden, o fardo do homem branco"; idem, ibidem.

56 Idem, p. 17.

57 Segundo Mbembe: "A unidade racial africana sempre foi um mito. Este mito está implodindo diante do impacto de fatores externos e internos conectados com as formas pelas quais as sociedades africanas estão ligadas a fluxos culturais globais"; op. cit., p. 192.

A REPRESENTAÇÃO DA ÁFRICA NO CORPO DE GILBERTO GIL 179

mada pela própria entrada dos países africanos no mundo de fluxos culturais globais.

O debate em torno do papel da tradição no edifício do discurso colonial e pós-colonial pode e deve ser contextualizado no tempo e no espaço. Não se pode dizer que Gilberto Gil elabora um panegírico em direção à África para simplesmente elogiar a si mesmo, ou constituir o discurso da tradição nos moldes do paradigma evolucionista, em que a Bahia – ao ser assimilada à África – enquadra-se no escopo fechado da tradição, como imagem representativa do passado para o Brasil.

Entretanto, no corpo do ministro e artista, confirma-se a vontade e a necessidade de reinventar o significado de tradição cultural e, sobretudo, rever as formas de interpretar a tradição, as hierarquias e as estratificações sedimentadas no solo brasileiro. Nesse enfoque, o nome de Xangô emerge na escrita do corpo de Gilberto Gil – presente na epígrafe deste texto – não só como gesto de louvor ao candomblé, religião de descendência africana. O nome de seu orixá corporifica-se como o signo que o liga ao mundo da ancestralidade; impõe-se como forma de saber sobre seu passado e sobre o seu presente, numa dinâmica de diferentes temporalidades e formas de interpretar e viver as tradições culturais[58].

O Aganju, uma das variedades para ler o traço e a mitologia de Xangô, é celebrado, em muitas de suas canções, como um orixá, cuja epifania são os raios, os trovões, o fogo, a força criadora já sentida no ritmo das batidas das músicas do compositor baiano, espalhadas pelo Brasil e por tantos países. Xangô traduz o desejo de rever os antepassados com suas narrativas, de apreender e reintegrar os cultos de herança africana, deixada em silêncio por muitos brasileiros. Mas não é só isso.

O músico baiano evoca, na letra de "Kaô", o orixá da justiça como modo de exigir a socialização de outras formas de

---

58 P. Verger afirma que "o candomblé é o nome dado às manifestações de cultos africanos praticados na Bahia. Antigamente, este nome só era utilizado para esta região do Brasil. As cerimônias do mesmo gênero são conhecidas sob os nomes Xangô em Recife, macumba no Rio de Janeiro, tambor em São Luís do Maranhão e batuque em Porto Alegre [...] Desde algumas dezenas de anos, o termo passou a ter uma maior extensão. Candomblé designa, atualmente, o culto dos deuses africanos, prestado em todo o Brasil"; A Contribuição Especial das Mulheres ao Candomblé do Brasil, *Artigos*, p. 96.

180 GILBERTO GIL: A POÉTICA E A POLÍTICA DO CORPO

conhecimento e de entender o manejo político de quem reivindica o discurso da tradição: "Kaô / Oba oba oba oba oba / Oba oba oba oba oba / Oba oba oba oba / Xangô baobá oba Xangô"[59]. Destaque para o aspecto sonoro da melodia trabalhada por Rodolfo Stroeter e Gilberto Gil com a leveza do piano e recursos musicais que atualizam o ritmo da tradição popular numa perspectiva de encontro com outro tempo e outras formas de manifestações culturais, situando-os no presente e numa óptica transcultural.

Na análise da canção, ao se considerar a particularidade dos fonemas consonantais, quando nestes há um tipo de obstáculo na articulação sonora, o valor estilístico da vogal aberta |a| é trabalhado poética e politicamente. Nas palavras "oba, obá", a abertura da vogal propicia e acentua a fresta política, no horizonte brasileiro, provocada pela música popular e pela reivindicação da tradição não mais unificada e fechada em si mesma, mas em sintonia com a travessia histórica pelo Atlântico: "Kaô / Kabieci lê / Kabieci lê / Kabieci lê / Kabieci lê / Kaô kaô kaô".

Gilberto Gil fala em nome de uma justiça cognitiva – a espada do homem de Xangô – que conceda espaço à partilha de poder, e não simplesmente a uma tomada reativa do poder, quando só se inverte o vencedor no jogo de xadrez. Quando o jornal *A Tarde* divulga a matéria sobre a oficialização do Festival África-Brasil, em Salvador e põe como título a frase *Gil quer reconhecimento da cultura negra pelas elites,* é preciso ler essa assertiva em função de diferentes contextos[60]. Quem vai trazer o descentramento do saber hegemônico é aquele que foi silenciado e, dessa forma, ele pode e deve legitimar outras maneiras de conhecimento, sem cair, necessariamente, em ontologias geográficas e na posição discursiva da vítima.

Com a sua arte musical e a estética do corpo, o compositor baiano toma as rédeas da sua história e luta contra o próprio discurso de vitimização, que torna o sujeito impotente e frágil diante do seu destino. O cantor baiano não repete a mesma

59 Em C. Rennó (org.), op. cit., p. 354.
60 Gil traz a questão da ambivalência da tradição como projeto que impede falar em um nome racial nos moldes da teoria do africanismo, porque os contextos são diversos. Fala-se em um nome racial ainda no Brasil – discriminação afirmativa – consoante a proposta de reivindicação social, considerando as condições de subalternidade. Cf. *A Tarde*, 15 set. 2005, p. 6.

ladainha que apenas culpabiliza o outro, alienando-se de sua posição na engrenagem do sistema social e econômico. A propósito desse aspecto temático, Boaventura de Sousa Santos considera que "é preciso pôr fim à relação imperial destruindo todas as ligações em nível mundial e pessoal, o que significa deixarmos de estar do lado da vítima para nos tornarmos a própria vítima em luta contra a vitimização"[61].

Nos debates políticos e em diversos campos de análise sobre o processo democrático no Brasil, há dificuldade para formular medidas de discriminação afirmativa, pois esbarram nos limites do próprio verbo "discriminar", termo indicador ou índice do gesto de fascismo social. Confrontam-se várias teorias sociais que traduzem o conflito e a tensão quando se trata de implementar projetos que empreendam a partilha do poder, preso nas mesmas mãos centralizadoras de uma política hegemônica, por meio das quais se naturalizam as relações de poder. Em entrevista à revista *Veja*, o ministro e artista expressa, sucintamente, o projeto de discriminação positiva – no tocante ao tema das cotas raciais de acesso à universidade –, como estratégia para lidar com o corpo subalternizado em meio às políticas culturais e econômicas no Brasil: "Se estivéssemos em um Brasil em que todos fossem educados e ilustrados, evidentemente não teríamos mais setores populares diferenciados e a cultura estaria uniformemente espalhada. Na medida em que você precisa fazer ainda políticas de discriminação positiva, você faz. É uma prática que está se disseminando pelo mundo em vários setores"[62].

O relato da entrevista destaca os processos políticos desiguais, de sistemas econômicos perversos, que precisam ser analisados, considerando a exclusão racial, sem haver o apelo ao discurso da vitimização nem à prática condutora de homogeneização da figura racial do negro no Brasil. Gilberto Gil ensaia a interpretação de um projeto de reparação social que não minore a crise dos próprios conceitos e dos paradigmas mantenedores das relações de colonialidade. Nesse contexto, o corpo é visto como polo de embate dos conflitos, de lutas e tensões; palco de anomias e de resistências que atravessam as narrativas construídas pela nação imaginada brasileira. Trata-se de uma política que

---

61 A Fronteira, o Barroco, o Sul…, op. cit., p. 369.
62 Eu Grito Sim, *Veja*, 21 jul. 2004, p. 14.

GILBERTO GIL: A POÉTICA E A POLÍTICA DO CORPO

traz o corpo para o foco de análise, como um campo de possibilidades interpretativas, em contraposição a uma superfície corporal apenas considerada como veículo de reivindicações sociais
e de uma política de reconhecimento passivo das diferenças[63].

Se o conhecimento é situado, é possível ler o discurso de reparação social em Gilberto Gil de acordo com a realidade brasileira: "Reparação até que a gente tenha integração", afirma na
mesma entrevista citada. Diferentemente da postura de reivindicação da diferença canonizada ou da metafísica da diferença
racial, o ministro da cultura situa o tema da discriminação afirmativa no Brasil, como estratégia de redistribuição social, de
modo a exigir o compartilhamento do poder nas decisões do
país. É assim também que se pode entender a afirmação sobre
a cidade de Salvador: "uma cidade negra, centenária, encruzilhada entre as Áfricas e as Américas". Evidentemente, Gilberto
Gil não ratifica a perspectiva nativista nos moldes do Iluminismo; é preciso acentuar o contexto brasileiro e baiano em que
se faz essa declaração, em meio ao tema da diáspora africana,
considerando-se as feridas e fraturas coloniais:

> É claro que é um problema do povo brasileiro, dos vários setores
> excluídos no Brasil, mas, evidentemente, o negro precisa ser visto de
> forma diferenciada. É aquilo que eu chamo de reparação e que precisa
> continuar até que a gente tenha uma integração mais plena do negro
> na vida brasileira [...] Reparação para essa etnia que veio subjugada
> e que, mesmo assim, contribui para civilizar essa terra[64].

Na coreografia do corpo de Gilberto Gil, a viagem à África
permite a autocrítica da modernidade e de sua versão eurocêntrica. Possibilita pensar a realidade brasileira, com as diferentes
experiências e perspectivas de conhecimento, a fim de que se
faça justiça ao saber heterogêneo, sem considerá-lo à maneira
de entendimento relativista ou do pluralismo indiferenciado,

---

63 A universidade brasileira também foi veículo de colonialismo e produziu ausências. Essa é uma questão que deve ser analisada dentro de uma perspectiva
de contextualização do ensino universitário. A propósito, ver L. E. Mora-Osejo;
O. F. Borda, A Superação do Eurocentrismo, Enriquecimento do Saber Sistêmico e Endógeno sobre o Nosso Contexto Tropical, em B. de S. Santos (org.),
Conhecimento Prudente para uma Vida Decente, p. 711-720.

64 Cf. K. Sousa, Gil Quer Reconhecimento da Cultura Negra pelas Elites, *A Tarde*,
Salvador, 15 set. 2005, p. 6.

A REPRESENTAÇÃO DA ÁFRICA NO CORPO DE GILBERTO GIL 183

que leva à constatação apática e impede a articulação das diferenças culturais. Há de se observar a travessia histórica do continente africano, principalmente considerando a culminância da globalização hegemônica, cujo nascimento remonta à constituição das Américas[65].

No mapa geopolítico, costuma-se cair no equívoco de situar o global no eixo dos países desenvolvidos e o local no plano dos países periféricos ou semiperiféricos. O termo "encruzilhada", tal como utilizado por Gilberto Gil, aponta para a emergência do pensamento fronteiriço, no qual a Bahia não presume a localização ontológica, mas a dinâmica da passagem, a via de comunicação entre o local e o global. A circulação da música – aqui se encontra a repercussão da obra musical deste compositor baiano ao longo do Atlântico – estilhaça a estrutura dualista que localiza a África no enquadramento da origem, da pureza racial, numa oposição à América híbrida e desenraizada.

Na poética e na política do corpo do ministro e artista baiano, desenham-se o conflito e as tensões de outra lógica atenta aos monopólios de interpretação. A trajetória de Gilberto Gil pelo tropicalismo questiona a história nacionalista brasileira com as suas sociedades silenciadas, que reclamam por ser ouvidas não só nos morros e barracos da cidade. A arte deste músico, assim como sua própria imagem e discurso, está em constante transformação e se inscreve no processo histórico brasileiro no qual se nota a emergência de uma subjetividade que deseja descolonizar valores e posturas enraizados e naturalizados na sociedade brasileira. Parafraseando uma canção, o artista capta e exige "Mudanças" de paradigmas sociais: "Sente-se a moçada descontente onde quer que se vá / Sente-se que a coisa já não pode ficar como está / Sente-se a decisão dessa gente em se manifestar / Sente-se o que a massa sente, a massa quer gritar"[66].

Segundo o depoimento do compositor baiano sobre a letra da música "O Eterno Deus Mu Dança", a reinvenção da palavra "mudança" teria ocorrido ocasionalmente quando foi criada. A letra foi escrita em 1989, momento marcante para a vida política brasileira, pois se realizava a primeira eleição direta para presidente da República, pós-golpe de 1964. Também, em 5 de

---

65 Cf. A. Quijano, op. cit., p. 201.
66 Em C. Rennó (org.), op. cit., p. 327.

184   GILBERTO GIL: A POÉTICA E A POLÍTICA DO CORPO

outubro de 1988, havia sido promulgada a atual Constituição Brasileira, na qual se assegura o regime democrático e, entre as suas determinações, a prática do racismo passa a ser considerada um crime inafiançável e imprescritível, sujeito à pena de reclusão. Como os versos sugerem, o compositor capta o desejo de transformação social, a emergência de um sentimento coletivo que encontra, via canção popular e na dança rítmica, não só um acorde, mas um acordo e a necessidade de rever a exclusão social dos afrodescendentes no Brasil: "A gente quer mu-dança / O dia da mu-dança / A hora da mu-dança / O gesto da mu-dança".

O debate sobre o processo de redemocratização do Brasil não pode ignorar o papel da música como instrumento político de reconfiguração imaginária e questionamento dos alicerces do monopólio econômico de perspectiva eurocêntrica e/ou dos países do Norte: "Sente-se – e não é somente aqui, mas em qualquer lugar: / Terras, povos diferentes – outros sonhos pra sonhar / Mesmo e até principalmente onde menos queixas há / Mesmo lá, no inconsciente, alguma coisa está / Clamando por mu-dança". Assim, pensar a música dos africanos e dos seus descendentes diaspóricos significa entender não só que as tradições são reinventadas e os mitos são reincorporados às representações sociais, mas acompanhar os processos de legitimação social pela via da música, quando ela consegue exercer a força de propagação em dimensão planetária.

Nessa análise, cabe compreender a dança improvisada do ministro da cultura, em sua visita à África (Figuras 2 e 3), quando de sua viagem em comitiva presidencial, com o sentido mais extenso que o termo "mu-dança" presentifica na política e poética do corpo de Gilberto Gil: "O tempo da mu-dança / O sinal da mu-dança / O ponto da mu-dança". A decantação do substantivo no jogo da linguagem poética constrói outra plasticidade para a palavra e sugere o corpo dançante[67]. O modo particular de decantar o substantivo aproxima-se das práticas já sentidas nas narrativas orais, quando as palavras ganham um duplo sentido ao serem pronunciadas com outra dicção e com o valor simbólico que a entonação agrega. A decantação contida na palavra "mu-dança" é peça fundamental para ler a filosofia de Gilberto

---

67 Sobre a utilização do termo decantar, ver o prefácio ao primeiro volume de B. Cavalcante et al. (orgs.), *Decantando a República*, p. 17-22.

A REPRESENTAÇÃO DA ÁFRICA NO CORPO DE GILBERTO GIL 185

Gil, com suas formas de negociação social, cuja arte exige a transformação alquímica da linguagem poético-musical e também de códigos sociais[68].

Por um lado, a decantação, ao mesmo tempo em que celebra o canto, almeja a alteração de uma teoria crítica e estética da sociedade brasileira e, também, em escala global. Na operação por analogia, o termo *mu-* refere-se à região da Lemúria, uma terra mítica, de onde se teria originado a raça negra[69]. Assim, a dança aparece associada a essa entidade divina racializada, que não se confunde, no jogo paronomástico, com o código de lamúria dos vitimados, pois se observa a dinâmica de comunicação social afirmativa, atenta à coexistência de sociedades em uma economia mundial transescalar, isto é, que rompe com a lógica da escala dominante nas suas duas faces principais: o universal e o global. Por outro lado, a decantação inscrita em "mu-dança" remonta ao próprio tema do rito simbólico, tão comum no candomblé, que tem na dança o meio de socialização entre seus integrantes e, ao mesmo tempo, a maneira de proporcionar o transe dos corpos[70].

Ao contrário de uma diglossia social – quando a existência de códigos distintos representa a separação de funções claramente diversas, determinadas pela estratificação social – em que apenas

68 Wisnik analisa as relações e os conflitos entre o erudito e o popular no Brasil a partir do conto "O Homem Célebre" de Machado de Assis, quando se observa "que a década de 1870 acusa já o processo de transformação da polca naquela outra coisa que se chamará maxixe, por obra dos deslocamentos rítmicos que acompanham a africanização abrasileirada dessa dança europeia, isto é, a *decantação* das síncopas e a incisiva *mudança* de estado de espírito musical que isso implica"; Machado Maxixe, op. cit., p. 32, grifos meus.

69 Segundo Gilberto Gil, o vocábulo vem "para designar uma divindade, assim como a palavra 'mudança' transformada em nome próprio também de uma entidade divina, é uma licenciosidade poética, fundamentada semanticamente, contudo, numa relação com o termo Lemúria, do qual é extraído, e que é, segundo estudiosos esotéricos das idades, o nome da região pré--Atlântida, de onde ter-se-ia originado a raça negra"; em C. Rennó (org.), op. cit., p. 327.

70 Assim, segundo P. Verger: "os terreiros de candomblé, lugares onde se praticam os cultos, encontram-se geralmente instalados nos arredores das cidades [...]. Os deuses africanos (orixás dos nagô-iorubá, vodum dos daomeanos, nkici dos bantos) são aí adorados, em épocas determinadas. São lhes feitos em privado sacrifícios de animais e oferendas diante dos respectivos pegi (altares), os quais são seguidos de cerimônias públicas no barracão, uma vasta sala na qual os deuses são homenageados com cantos e danças executados ao som dos tambores"; op. cit., p. 96-97.

186 GILBERTO GIL: A POÉTICA E A POLÍTICA DO CORPO

um estrato goza de prestígio, a decantação elaborada por Gilberto Gil empreende a recusa ao monolinguismo ocidental: "Sente-se, o que chamou-se Ocidente tende a arrebentar / Todas as correntes do presente para enveredar / Já pelas veredas do futuro ciclo do ar / Sente-se! Levante-se! Prepare-se para celebrar". Trata-se de afirmar a zona de fronteira, a passagem por outras linguagens, com outros códigos circulantes, que não apenas exija o direito à diferença nos moldes de uma declaração ingênua. Como afirma o sociólogo marroquino Abdelkebir Khatibi, "um direito à diferença que se contenta em repetir sua reivindicação, sem questionar e sem trabalhar sobre os lugares ativos e reativos de sua insurreição, esse direito não constitui uma transgressão"[71].

Não se quer simplesmente cultivar um antieurocentrismo, mas uma conduta estética e crítica que reveja, no mínimo, o que estão chamando de Europa e de Ocidente. A diglossia afirma uma diferença entronizada; sempre pensada como verdade e dentro de um eixo de análise centralizador. Ao contrário dessa abordagem, a "mu-dança" – decantada pelo artista baiano – transgride a política já codificada e pede a dança do corpo atenta aos deslocamentos de linguagens artísticas e de discursos críticos. A exaltação do canto, em língua portuguesa, vem acompanhada de movimento rítmico e melódico, que demonstra a energia e a vontade de questionar os fundamentos de ordem cultural, como também os modos como se negociam as identidades sociais.

Na voz de Gilberto Gil, vê-se a concretização da encruzilhada entre as mais diversas formas de arte, rompendo as polaridades entre o erudito e o popular; pois o diálogo entre a literatura e a canção acentua-se sem guerras. Basta lembrar de letras como "A Linha e o Linho" e "Metáfora" – para citar apenas duas –, que comprovam como a construção da linguagem poética transita para a esfera do cancioneiro popular[72]. Talvez

71 Maghreb Plural, em W. Mignolo (org.), *Capitalismo y Geopolítica del Conocimiento*, p. 72.
72 Uma das marcas da música popular brasileira, segundo Wisnik é "a permeabilidade que nela se estabeleceu a partir da bossa nova entre a chamada cultura alta e as produções populares, formando um campo de cruzamento muito dificilmente inteligível à luz da distinção usual entre música de entretenimento e música informativa e criativa. Na canção popular brasileira das últimas três décadas encontram-se bases portuguesas e africanas com elementos do jazz e da música de concerto, do rock, da música pop internacional, da vanguarda

A música tenha conseguido realizar a "Mu-dança" não só na forma de recepção da letra-poema no Brasil, que tem Gilberto Gil como um dos seus maiores nomes. Ela emerge como uma das maiores forças de redefinição social e da identidade afro--brasileira.

Por meio das composições rítmicas, melódicas, do gingado do corpo e do conhecimento situado na realidade brasileira, encontraram-se meios de transformar destinos no Brasil, de resistir ao sofrimento advindo da escravidão no passado brasileiro e de negociar as posições sociais. Entretanto, boa parte dos afrodescendentes ainda se considera excluída dos lugares simbolicamente de prestígio, mesmo um século depois de abolido o sistema do trabalho escravo no Brasil. Gilberto Gil ensaia e concretiza as "mu-danças" que já vêm sendo sintonizadas desde o início da República, com mobilizações sociais diante dos gestos e práticas que colocam em crise os valores democráticos na sociedade brasileira.

A dança improvisada do ministro na África entrelaça o canto e os gestos capazes de processar a transformação de um tipo de consciência que não se define somente pelo eixo intelectual: é corporificada pelo cruzamento do sentir e do pensar a cultura, como parte também de uma memória emotiva. Gilberto Gil desenha um mapa corporal com o registro de ritmos e sons, que remonta desde sua fantasia, passando pela sua trajetória biográfica e que amplia as fronteiras entre a América e o continente africano. O artista baiano é porta--voz de uma "consciência bailarina"[73]. A "Mu-dança" enfatiza a articulação política dos meneios corporais – geralmente produzidos no cotidiano e no palco – que são significantes do ponto de vista social; não apenas por possuírem um caráter expressivo.

A consciência bailarina – tal como exercitada pelo ministro e artista – capta o mundo a partir da percepção de suas ondulações, da transformação que pode emergir nos encontros e nas

experimental, travando por vez um diálogo intenso com a cultura literária, plástica, cinematográfica e teatral"; A Gaia Ciência, *Sem Receita*, p. 215.

73 Termo empregado por Gilberto Gil ao elogiar o aluno Maicon Alisson, integrante do grupo de teatro do Liceu de Artes e Ofícios da Bahia, em Salvador. Alisson foi escolhido para apresentar o projeto Arte, Talento e Cidadania, do Liceu. O encontro aconteceu em 14 de agosto de 2003.

fronteiras interculturais, sem fazer da corporeidade uma serva da razão. De acordo com os versos do cantor, se há um deus eterno, ele se traduz na dinâmica da "Mu-dança", que reintegra a interioridade e a exterioridade nos movimentos entre o sujeito e o seu campo de atuação na sociedade. O corpo dançarino desenha o social e o político como um campo dinâmico e mutável, capaz de produzir outras partituras de sociabilidade. Assim, a "Mu-dança" sugere a perspectiva de um mundo visto pela física dos corpos em constante deslocamento, quando o presente emerge como possibilidade constante de reinvenção de si mesmo e das relações sociais: "O deus Mu-dança! / O eterno deus Mu-dança! / Talvez em paz Mu-dança! / Talvez com sua lança".

Apesar de toda a força de permanência do mesmo, Gilberto Gil aposta na política da diferença. Sua dança não retorna a um estado de unidade primordial. Re-encena o passado para falar do presente, repete os jeitos do outro, como forma de construir o diálogo entre a África, o Brasil e tantas outras vozes na América, abafadas pelos instrumentos de controle do poder econômico mundial. As cenas desse bailarino desmontam a dança como mera expressão espontânea de celebração social; ele desestrutura o formalismo rígido dos rituais políticos. A definição do sujeito, como entidade distinta e autônoma, é dada por um limite espacial, porém é questionada na fronteira. O toque é algo que marca o limite de um corpo, mas, ao mesmo tempo, atesta o fato de que o outro existe.

Na dança, o temor do toque é perdido, e os corpos entram em contato, em processo de comunicação. Cresce o sentimento de integração recíproca, quase instantânea, e os corpos humanos, antes indivíduos isolados, passam a se comportar como componentes de uma unidade mais ampla, multicorporal. Na refestança de Gilberto Gil, a dança traduz a arte dos convívios sociais, quando os gestos e os toques questionam a imobilidade impressa nas hierarquias socioculturais e permitem que múltiplas culturas aproximem-se e se refaçam. A "Mu-dança" sugere, portanto, o sentimento de virtualidade, entendido não mais como produção de puras imagens, incorporais, incapazes de ação. Trata-se de uma potência concreta de estabelecer ligações, de criar realidades, de integrar o disperso como forma de conexão política. Dessa maneira, unir a casa Bahia-África

A REPRESENTAÇÃO DA ÁFRICA NO CORPO DE GILBERTO GIL 189

insere-se em um projeto mais amplo de "Mu-dança", ao empreender a política da diferença e de compartilhamento do poder em escala mundial.

Quando recorre aos mitos fundadores da sua cultura, da existência coletiva e da sua música, Gilberto Gil procura resgatar e/ou construir a dignidade desse produto social. Evidentemente, não cabe aqui cobrar e exigir do músico que faça uma análise de dentro da África, como um cidadão que sempre viveu no continente africano. A dança elaborada nos acordes rítmicos do compositor e no gingado do seu corpo traduz a complexidade sociológica presente no Brasil e também na África, com a vontade de elaborar a "Mu-dança" de sentido, do ritmo que dinamize o *éthos* cívico: a construção da cidadania inclusiva, democrática, não somente guiada pela supremacia do mercado global hegemônico.

Os *flashes* fotográficos, disparados na viagem à África em comitiva presidencial, recortam um momento da biografia do músico e do ministro, quando a dança é o indício da emergência da "consciência bailarina". Essa permite pensar outros jeitos de sociabilidade, distante do desespero e do vazio decorrentes das promessas não cumpridas pela modernidade ocidental. Gilberto Gil não precisa ensaiar suas coreografias; ele as executa com uma habilidade muito própria, de quem sabe sentir e pensar a poética e a política do corpo: "Refestança, dança / Dança, dança, dança quem pode dançar / Refestança, canta / Canta, canta, canta quem pode cantar"[74].

O DO-IN ANTROPOLÓGICO

Em entrevista à revista *Veja*, evoca-se o quiasma que atormenta a recepção da imagem de Gilberto Gil: o hiato entre o estético e o político. Visto como signo emblemático da música popular brasileira, o compositor entra na cena da política para ser personagem do Planalto Central do país. Com o terno e a gravata, protagoniza outro enredo de sua biografia que, em princípio, parece antagonizar com a figura descontraída,

74 Refestança, em C. Rennó (org.), op. cit., p. 202.

190   GILBERTO GIL: A POÉTICA E A POLÍTICA DO CORPO

geralmente associada ao artista. A imagem do cantor ganha uma complexidade de sentidos que dispensa qualquer tentativa simples de interpretá-lo; é preciso compreender o seu caráter polifônico, multifacetado, de um sujeito em constante circulação, pelos vários palcos do Brasil:

– O senhor acha que as pessoas conseguem diferenciar o ministro do músico Gilberto Gil?
– Acho que não há necessidade de se fazer essa distinção. As pessoas sabem que eu sou o Gilberto Gil cantor, compositor e que estou ministro. Como dizem os americanos, sou uma pessoa só, mas com dois chapéus.
– É fácil trocar de chapéu?
– Fácil! É tirar o terno, pegar a guitarra, subir no palco e cantar[75].

Os "dois chapéus" de Gilberto Gil – como sugere o recorte do texto jornalístico – são a metáfora apropriada para pensar o corpo no projeto duplo de autorrepresentação. A resposta oferecida ao jornalista funciona como ponto de partida para refletir como os "dois chapéus" são avaliados no âmbito das discussões quanto à questão da identidade, com as implicações críticas, o valor político da permuta e a produção de signos em torno de sua imagem[76]. Ao contrário do que sugere a fala do compositor, a fronteira não parece tão fácil de ser compreendida. Entre um chapéu e outro, ocorre o confronto de caráter representacional e discursivo, quando os sentidos de feitio estético entram em conflito com os outros especificamente do campo político. Ao mesmo tempo, os dois chapéus conectam-se e desconectam-se na rede comunicativa, em um processo constante de interação com a sociedade. Na frase interrogativa do jornalista, nota-se a presença do olhar dicotômico, que concebe a zona de fronteira como zona de divisão; leitura pautada ainda no contexto filosófico no qual a conjunção *ou* prevalece, pois enfatiza a troca, quando o ponto principal é o deslocamento constante da imagem.

75 Eu Grito Sim, op. cit., p. 15.
76 Segundo Gilberto Gil e Risério, "existe classicamente uma visão de que as pessoas são divinamente loucas. É uma visão antiga, grega, socrática – e que está na base da teoria da inspiração. Dessa forma o poeta é condenado no tribunal do logos, do discurso racionalista de uma certa tradição ocidental, que é a tradição platônica"; *O Poético e o Político e Outros Escritos*, p. 16.

A REPRESENTAÇÃO DA ÁFRICA NO CORPO DE GILBERTO GIL

Na imprensa jornalística, observa-se certa patrulha ideológica que inibe o entendimento e o papel da fronteira entre os "dois chapéus" do ministro e do artista. É como se o político esvaziasse o discurso poético em sua especificidade; aceita-se bem a política como tema das canções; rejeita-se o artista que se arvora a seguir o caminho da atuação de cunho político--partidário, com a chegada aos círculos do poder oficial. Cria-se, portanto, o mal-estar em torno da aceitação da imagem de Gilberto Gil, já tão confortavelmente situada nos tablados da cena cultural brasileira.

Há os defensores de que, de um modo geral, o artista deve posicionar-se sempre no espaço acessível à liberdade crítica, tanto em relação ao governo vigente quanto às demais esferas do poder. Desse modo, ocupar um cargo oficial inibiria essa prática. Insinua-se também certo rebaixamento cultural do político ao associá-lo ao artista, principalmente se este dança e canta em eventos oficiais e festivos, promovidos para personalidades do mundo da política; ou ainda se problematiza o enaltecimento do cantor popular, que usa do prestígio do Planalto Central a fim de se representar como ministro da cultura no Brasil e no exterior. Nesse sentido, a aparição de Gilberto Gil desafia os protótipos já instituídos para delimitar a imagem do artista e do político: ora se suspeita do seu desempenho como músico, vendo-o como um aproveitador de espaços públicos para promover a si mesmo; ora se insinua a vontade de defini-lo como um político inábil para tomar atitudes eficientes nos espaços de administração pública:

Nesta segunda-feira, véspera da Copa do Mundo, Gilberto Gil mais uma vez vai se aproveitar de um momento de destaque do país no exterior para sacar seu violão. Um show dele na Alemanha vai "coroar" um evento patrocinado pelo ministério da Cultura – que ele próprio comanda. Gil vai apresentar "Balé de Berlim", samba que adoraria emplacar como o tema da copa. "O Carnaval não mata a fome / Nem mata a sede o São João / Nem só de pão vive o homem / Por isso viva a seleção", diz a letra débil (como era de esperar de uma parceria dele com o Zeca Pagodinho). Desde a ascensão de Gilberto Gil ao primeiro escalão da política tem sido assim. É impossível separar as missões oficiais do ministro daquilo que é puro marketing pessoal do cantor. Gil já cantou e dançou diante

192   GILBERTO GIL: A POÉTICA E A POLÍTICA DO CORPO

do presidente de Moçambique e engatou um batuque ao lado do secretário-geral da ONU, Kofi Anan. "Gil é a Xuxa do governo Lula: é só dar uma deixa que ele põe a plateia para dançar o Ilariê", diz um empresário musical[77].

A maneira como Gilberto Gil mostra-se publicamente e chega ao Planalto Central é mais complexa e não se restringe apenas ao projeto de autopromoção, como sugere a reportagem acima. A travessia artística do compositor exige a leitura crítica mais abrangente, em face das insinuações da matéria jornalística, que venha ampliar e rever as redes interpretativas e de comunicação quanto à imagem da sua poética e da sua política. A vitalidade da obra musical de Gilberto Gil – que idealizou, ao lado de Caetano Veloso, o movimento tropicalista – são inquestionáveis. A sua presença na construção da música popular brasileira registra-se na habilidade como a sua canção capta as transformações da vida urbana e rural do Brasil. A voz do cantor sempre esteve presente no carnaval baiano, em muitas festas juninas do Nordeste, na representação da arte que também não se furtou ao contexto da indústria cultural. Com o corpo, Gilberto Gil interpreta um campo de forças onde atua a poética e a política da cena brasileira.

No trecho da matéria jornalística, há a nítida conceituação de cultura ainda nos moldes da lógica que reafirma a hierarquia social, na maneira de classificar as mais diversas manifestações culturais. Na crítica à letra da canção "Balé de Berlim", nota-se um olhar que desconsidera o pagode como expressão cultural e põe o cantor Zeca Pagodinho como um artista menor, cuja parceria com Gilberto Gil só poderia resultar numa "letra débil". Esses operadores críticos habitam a lógica do saber hegemônico e excludente que revela os modos como se mantêm as relações de poder.

Nessa matéria jornalística, observa-se a necessidade da leitura sensível e atenta à teorização da fronteira entre o estético e o político na cena contemporânea, na qual se situa Gilberto Gil. A matéria pretende transformar o ministro da cultura na "Xuxa do Governo Lula" e, ao tentar fazê-lo, simplifica cenas da

---

77   S. Martins, Ministro em Causa Própria, *Veja*, 14 jun. 2006, p. 138-139.

A REPRESENTAÇÃO DA ÁFRICA NO CORPO DE GILBERTO GIL   193

poética e da política do corpo empreendidas pelo ministro[78]. É evidente que o artista ganha ao atuar na cena oficial enquanto ministro, pois circula com frequência na pauta diária dos grandes jornais brasileiros. Nessa análise, porém, o ponto-chave é questionar o discurso restritivo que faz dessa aparição apenas um motivo pessoal de projeção, negando a travessia artística do compositor, sua importância para a renovação da música popular brasileira e a riqueza da sua produção. O cantor baiano não esteve ausente da cena musical brasileira, tal como sugere a matéria jornalística; muitos prêmios internacionais já haviam sido conquistados, bem antes de ele enveredar pela política institucional. É preciso ler a biografia de Gilberto Gil a partir de uma perspectiva histórica, que traduza também a grafia da nação brasileira.

Portanto, cabe perguntar quais as vontades que moveram o ministro da cultura e um compositor consagrado como Gilberto Gil a unir-se, em parceria, a um cantor de pagode e apresentar-se numa Copa do Mundo de futebol. A trajetória tropicalista já havia ensinado a rever paradigmas de avaliação de sabor maniqueísta, de nítida ruptura com a prática artística que exclui a indústria cultural[79]. Numa dinâmica entre capital e trabalho, a própria música popular brasileira encontra meios de lutar contra a padronização da música popular no tocante às armadilhas da indústria cultural.

Gilberto Gil, mais do que ninguém, sabe disso. O samba é uma fonte de poder político para explorar as formas de resistência cultural, não só porque atua sobre o corpo, com sua pulsação

---

78 Nota-se a tentativa de desqualificação dirigida a Gilberto Gil na analogia feita à apresentadora de programa infantil da Rede Globo de Televisão, Xuxa Meneghel. Ressalte-se que o próprio Gilberto Gil, em 1991, criou uma canção que traz essa personagem global como eixo temático, sugerindo as possibilidades de interpretá-la de uma maneira menos simplista e mais voltada para a reflexão da cultura de massa e de entretenimento no Brasil, mediante a crise paradigmática na forma de ler o feminino e de repensar os padrões eurocêntricos e falocráticos veiculados pelos meios midiáticos no Brasil: "Xuxa / Bruxa / Ducha de água fria / No fogo do meu plexo solar / [...] Agri-/doce / Tal um sal de fruta / Vós me agradais quanto vós me agredis / [...] Gueixa disfarçada de boneca / Sudanesa travestida de alemã / Por que sois um mistério à luz do dia? / Por que sois sempre a noite de manhã?". Neve na Bahia, em C. Rennó (org.), op. cit., p. 342.

79 Segundo Caetano Veloso, "a música popular é a forma de expressão brasileira por excelência"; Verdade Tropical, p. 144.

194   GILBERTO GIL: A POÉTICA E A POLÍTICA DO CORPO

rítmica; principalmente, quando se desdobra como figuração e performance nas relações sociais. O samba nasce dos botecos, das esquinas do Brasil, das festas de rua e ganha a amplidão do jogo de signos, da bola no campo, em constante tensão entre as forças de cooptação do mercado e a força política e psicológica da música popular, quanto à sua capacidade de negociar as imagens, já demarcadas no campo das relações de poder[80]. A arte também vive o problema da fronteira, quando se vão pensar as identidades e os códigos de legitimação social.

O trecho da reportagem da *Veja* permite a reflexão sobre a dificuldade de ler a fronteira na corporeidade. Tem-se o hábito interpretativo de transformá-la no mesmo jogo, sempre marcado por exclusões; nos limites que a definem como realidade contraditória. Nota-se o atrito na recepção da imagem do político em Gilberto Gil, que faz eclodir o debate sobre o lugar e o papel da identidade. Esta pode e deve ser pensada tendo em conta as seguintes premissas: em que contexto, em qual momento e a quem interessa transformar a fronteira numa zona de divisão identitária. Ao invés disso, a fronteira manifestada na voz do artista implica trazer para o "Balé de Berlim" a noção de cultura como o espaço ou a possibilidade de traçar e rever os limites culturais, numa abordagem diatópica, sensível às diferentes formas de produzir saberes, consoante as orientações temáticas que não separam a leitura crítica da ação política.

No entanto, observa-se um perigo na fala inflacionada em nome da zona de fronteira, periculosidade pertinente em razão de seu potencial demolidor de idealizações identitárias. Na era da globalização, costuma-se ponderar sobre a abertura de fronteiras das redes comunicativas e de trocas, de intercâmbios internacionais, de instrumentos de propagação de saber em larga escala, de movimentos incessantes de capitais simbólicos. Com

80 Para J. M. Wisnik, "o fenômeno da música popular brasileira talvez espante até hoje, e talvez por isso mesmo também continue pouco entendido na cabeça do país, por causa dessa mistura em meio à qual se produz: a) embora mantenha um cordão de ligação com a cultura popular não letrada, desprende-se dela para entrar no mercado e na cidade; b) embora se deixe penetrar pela poesia culta, não segue a lógica evolutiva da cultura literária, nem se filia a seus padrões de filtragem; c) embora se reproduza dentro do contexto da indústria cultural, não se reduz às regras da estandardização"; O Minuto e o Milênio ou Por favor, Professor uma Década de Cada Vez, *Música Popular*, p. 178.

A REPRESENTAÇÃO DA ÁFRICA NO CORPO DE GILBERTO GIL 195

efeito, a zona de fronteira e a zona de contato definem-se como termos diversos, a serem revistos constantemente, porque seus usos podem ser efetuados com os mais diferentes propósitos. Da esfera econômica, a globalização alcança a perspectiva da cultura em nível global, através da propagação de imagens, do constante contato e conexão de mundos.

Nesse sentido, para Boaventura de Sousa Santos, a zona de contato não é sinônimo de zona de fronteira; são realidades distintas, embora imbricadas. A primeira é definida como uma descrição daquilo que se vai fazer na zona de fronteira; é a análise do espaço, no qual uma cultura encontra-se com outra e entre elas se estabelece uma possibilidade de confrontação e de diálogo. Nesse caso, interessa verificar quais as formas que puderam passar na zona de contato, quais as condições de tensão e de encontro entre as marcas e os traços de diferentes culturas relacionadas, de acordo com as regulações impostas pelo próprio processo de contato, que é sempre contextualizado e histórico[81].

Não é suficiente unir duas realidades desiguais e pô-las em contato para daí resultar a experiência de fronteira. É necessário perceber o momento e as possibilidades de troca, de negociação e de conflito. Há de se avaliar o processo de interação dialógica em que, na zona intervalar, um outro sentido eleva-se e se produz a partir daquele encontro de diferentes olhares e experiências culturais. Nesse contexto, os elementos em contato transformam a rede social da qual o sujeito faz parte, justamente porque a fronteira não é definida somente pela óptica da dimensão territorial. É preciso ver a zona de contato e a de fronteira no próprio corpo poroso, em trânsito, em permanente viagem. Os diferentes chapéus de Gilberto Gil permitem conhecer as duas zonas sem, evidentemente, negar as dificuldades para viver a experiência dos limites.

O próprio corpo do artista é uma zona de contato e funciona como um elemento aglutinador de forças conflitantes, porém é discutível se essa dinâmica se confunde com misturar. A mistura estaria mais apropriada para se refletir nos termos do pensamento dialético. Ainda que se opte pela leitura dialética à

81   A Fronteira, o Barroco, o Sul…, op. cit., p. 347-356.

196 GILBERTO GIL: A POÉTICA E A POLÍTICA DO CORPO

maneira de Adorno – de uma dialética sem síntese –, será preferível eleger outra postura interpretativa, por considerar que, enquanto ferramenta, essa ainda se apoia em polaridades. A zona de fronteira surge entre os dois chapéus de Gilberto Gil como estratégia que põe em crise as identidades demarcadas com as polaridades e evita o desenho uniforme na maneira de conceber o sujeito no seu relacionamento com o social.

Portanto, a noção de fronteira requer ser avaliada nos limites da globalização hegemônica e diante da emergência de movimentos contra-hegemônicos[82]. A zona fronteiriça permite não só o encontro com o outro, mas o declínio da representação fechada em si mesma. É um não lugar, um limite imaginário instaurado a partir do contato entre culturas diversas, que leva a projetar e a viver a noção da diferença, sem a qual é impossível pensar o valor e o papel das ficções em torno da identidade projetada sobre o outro. Daí ser inseparável o conceito de identidade e o de cultura: duas noções não tão simples de serem utilizadas, embora venham povoando fortemente boa parte do discurso acadêmico atual, principalmente quando se trata de trilhar pela via dos estudos culturais.

A fronteira merece ser problematizada de acordo com os diferentes vetores e contextos em que seu nome for evocado. Lembrando Etienne Balibar, Antonio Sousa Ribeiro ressalta a polissemia presente na zona de fronteira que, para alguns atores sociais, pode significar a oportunidade de reconfigurar identidades. Contudo, também pode restringir-se ao significado distópico, "funcionando como espaço de exclusão e de violência coerciva. Os conceitos de identidade diaspórica, hibridação e mestiçagem não dispensam, assim, uma especificação das

---

82 Santos questiona o tema do descentramento debatido pelo pós-estruturalismo, que, segundo o autor, tornaria a realidade impalpável, mais discursiva. Há o desafio de se agregarem alternativas de ação concreta quanto à luta contra a desigualdade social, diante da força do capitalismo liberal que se afirma no cenário da modernidade tardia. Ele rejeita o pós-moderno celebratório e, para tanto, defende uma prática que não se apoie numa teoria geral da pós-modernidade, de caráter europeu, mas se volte para práticas alternativas, situadas em conhecimentos contextualizados. Cf. B. de S. Santos, Do Pós-moderno ao Pós-colonial: E para além de Um e Outro, disponível em: <http://www.ces. fe.uc.pt/opinião/bss/150en.php>.

A REPRESENTAÇÃO DA ÁFRICA NO CORPO DE GILBERTO GIL 197

tensões que lhes são inerentes"[83]. Portanto, extrai-se da fronteira algo que tende mais para o nocional e menos para um conceito fechado e seguro. É evidente que isso pode ser aplicado a qualquer termo usado para a construção do argumento teórico a respeito da cultura. A zona de fronteira, entretanto, requer a própria marca de abertura do jogo de signos na sua imaginação, como sintoma de um jogo textual cuja identidade será sempre uma decisão estratégica, mas nunca descontextualizada e fechada em si mesma, distante do conflito de diferentes interpretações.

É impensável imaginar a cultura sem a noção de fronteira, principalmente em se tratando de realidades marcadas por movimentos diaspóricos e de globalização. A fronteira não deve ser entendida como um fenômeno uniforme, sempre regular e previsível. Nem deve ser lida em Gilberto Gil como meio de divisão, mas como possibilidade para desencadear complexas redefinições da demarcação dos campos sociais no encontro entre o local e o global. Sendo assim, o "Balé de Berlim" presume uma lógica que não se restringe à categoria do espaço, pois congrega uma constelação de signos que permite reinventar e ler as tradições sempre em mudança, pelo caráter débil de imposição das hierarquias nessa zona. Os "dois chapéus" de Gilberto Gil também partilham dessa complexidade de relações, distante de uma linha divisória entre o artista e o político.

O modelo de definição de cultura, sendo o de prestígio, determina a fronteira como um dilema, e não como uma aporia. A situação dilemática opera pela dúvida e pela exclusão, já o viés aporético tira proveito da zona de instabilidade própria da fronteira para atuar performaticamente: quando um gesto pode transformar-se de estético em político e vice-versa. No dilema, nega-se a ambivalência como modo estratégico de lidar com as crises identitárias, de se libertar da uniformidade pregada pela hegemonia cultural e pela estética do padrão dominante. Em matéria de José Geraldo Couto para o jornal *Folha de S.Paulo* acentua-se esse debate sobre a situação dilemática aqui referida:

---

83 A. S. Ribeiro, A Retórica dos Limites, em B. de S. Santos (org.), *Globalização*, p. 471. Nesse sentido, problematiza-se a utilização indiscriminada do termo fronteira, "nos usos mais marcadamente eufóricos desse conceito".

198   GILBERTO GIL: A POÉTICA E A POLÍTICA DO CORPO

Sucesso absoluto de público, o show de Gilberto Gil, anteontem à noite, na Casa das Culturas do Mundo, em Berlim, acabou por revelar sutilmente os dilemas e as contradições em que o músico e o ministro da cultura está envolvido [...]

Mas a escolha do repertório e, sobretudo, seu encadeamento revelaram muito da delicada situação em que se agita esse artista tornado homem político no momento de crise.

Numa interpretação vigorosa e irônica do tango "Cambalache", de Enrique Santos Discépolo, um clássico sobre a esbórnia política e social latino-americana, Gil enfatizou com gestos a parte da letra que diz: "El que no llora no mama, y el que no afana es un gil". Tradução da gíria portenha: "quem não chora não mama, e quem não afana é um otário". Levando em conta o governo de que o músico faz parte como ministro, o sentido se potencializa.

Em seguida a essa declaração entre cética e cínica Gil mostrou sua outra face, a utópica e conciliadora, com "Imagine", cujo refrão diz: "você pode dizer que sou um sonhador, mas não sou o único. Espero que um dia você se junte a nós e o mundo será uma coisa só"[84].

Gilberto Gil sabe que a Copa do Mundo oferece-se como uma grande oportunidade de comunicação e de encontro com as mais diversas culturas, quando a cidade, principal cidade-sede do campeonato, ganha um impulso e se assume como capital cultural. Os produtores de eventos e de espetáculos, os gerentes de museus, os artistas, os agentes culturais participam da vontade de transformar a Copa em um grande acontecimento, com potencial publicitário enorme para divulgar não só as marcas ao mercado consumidor, mas também como meio de legitimar os valores identitários. É nesse contexto mais amplo que se situa o samba "Balé de Berlim".

A situação da Copa revela-se como uma oportunidade não somente para unir um enorme contingente de pessoas das mais diversas partes do globo no país onde é sediado o evento. Em Berlim, como em outras cidades da Alemanha onde se podia assistir aos jogos da Copa do Mundo em 2006, havia uma elevada concentração de corporações internacionais, uma rede de comunicação agitada e incansável. As cidades passaram por um processo de reorganização em nome do evento; elas se assumiram como centros turísticos, o que envolve um grande trânsito

---

84 Show de Berlim Revela Arestas de Gil, *Folha de S.Paulo*, 27 mai. 2006, p. E7.

de pessoas e se exige, para isso, o controle, ao mesmo tempo, a ingerência de capital circulante, numa política de padrão global. Dessa forma, é preciso enxergar melhor o lance de Gilberto Gil no passe de bola para Zeca Pagodinho.

No espaço de liminaridade em Gilberto Gil, observa-se o encontro com abordagens que produzem desafios ao problema das hierarquias culturais. Ali também se desdobram várias migrações, o que causa impacto à ideia de homogeneidade cultural no debate sobre o corpo do artista e do político, quanto à realidade musical brasileira e quanto à homogeneidade cultural e étnica no Ocidente. O samba não desloca simplesmente o debate identitário do centro para as margens, do contexto das linhas divisórias europeias para o Brasil, mas possibilita pensar o conflito identitário, sobretudo, no próprio Brasil, quando se reproduz uma leitura de caráter excludente.

Ao aproximarmos o artigo do jornal *Folha de S.Paulo*, ao enfoque dado pela revista aludida anteriormente, sobre o mesmo tema, vemos que o crítico do jornal acentua a receptividade do show do ministro-artista, que motivou a dança de mais de 1,2 mil espectadores:

> O espetáculo, que botou para dançar a quase totalidade dos mil e duzentos espectadores presentes, abriu oficialmente a Copa da Cultura, série de duzentos eventos culturais brasileiros programados para vinte cidades alemãs durante a Copa do Mundo. Na superfície, o show de Gil foi uma celebração do caráter universal e fraterno da música: de Bob Marley a Luiz Gonzaga, passando por John Lennon e Chico Buarque, o músico exaltou a força da poesia cantada (e dançada) como elemento de troca e integração cultural. O público se encantou, por exemplo, com "Imagine" com arranjo acústico que incluía bandolim, pandeiro e acordeom de 120 baixos. Ou "Asa Branca" com guitarra elétrica e percussão eletrônica, música do mundo, enfim muito mais que o redutor rótulo de "World Music"[85].

Levar para Berlim o samba, o bandolim, o pandeiro; fazer ressoar na sanfona a força da *Asa Branca* de Gonzaga, do sertão de tantos brasileiros, os saltos de Bob Marley, tudo isso envolve um projeto também político. O futebol aparentemente

---

85 Idem, ibidem.

é apenas um jogo de noventa minutos. As revistas, os jornais, as câmeras fotográficas, as redes de televisão mostram o contrário, pois exibem, constantemente, as imagens e constroem arquivos, imprimindo, também, as possibilidades narrativas sobre as nações. Os movimentos são arquivados, são discutidos no outro dia e, dessa forma, uma bola entra na área do imaginário social. É evidente que o oportunismo de Gilberto Gil não pode ser interpretado como um lance restrito a uma moldura pessoal. O cantor desmonta o ataque do adversário com a dança do corpo, que cruza a linha do campo e invade um terreno que desafia a lógica própria ao saber hegemônico ocidental, eurocentrado: a das polarizações.

O show de Gilberto Gil não somente abriu oficialmente a Copa das Culturas, mas provocou o senso comum em uma tomada de bola corajosa, bem própria do artista. No lance vivo do compositor, há uma precisão no campo, quando dribla, ironicamente, as acusações em um passe de bola, como convém a um bom jogador. Lógico que se requer astúcia e uma história para lidar com uma plateia em escala planetária, com todos os perigos das acusações, atento às exigências e às expectativas diante de sua imagem e da possibilidade de marcar ou perder um gol a qualquer momento. Não se trata apenas de possibilitar, com o drible do corpo, a entrada da bola pela trave. Requisita-se a voltagem musical para desobstruir as passagens, mexer nas posições sociais definidas em arquibancadas da política brasileira e das cenas culturais em nível global.

Nesse sentido, vale lembrar o episódio de abertura do jogo entre Brasil e Argentina, no dia 2 de junho de 2004, em Belo Horizonte. A Rede Globo de Televisão apresentou para todo o Brasil a cena do ministro da cultura que deixou seu gabinete e prestigiou a seleção brasileira: Gilberto Gil cantou com Milton Nascimento o hino nacional brasileiro. Da mesma forma que em "Balé de Berlim", o jogo de futebol emerge novamente como palco para se encenarem abordagens que compreendam diferentes atores sociais e com a variabilidade de linguagens. O futebol assume-se, portanto, como espaço e estratégia para se negociarem os valores culturais.

Na tela da TV, surge a oportunidade de rever a própria definição do termo jogo e se revelam as implicações estéticas e políticas dessa aparição do ministro na abertura de uma partida de futebol. Nesse cruzamento de áreas, reivindica-se não somente o lugar do jogo entre as outras formas de manifestação cultural, mas apresentam-se personalidades do mundo artístico e político que legitimam o caráter lúdico da atividade humana, sem o qual é difícil entender também os processos culturais. É imprescindível compreender o papel do jogo, quando se vão pensar as manipulações das imagens, a transformação de códigos e valores nas relações socioculturais.

A definição de cultura abrange o componente lúdico e permite que os processos de interpretação das cenas socioculturais não dispensem a noção de jogo, a fim de lerem não só os gestos humanos, as atitudes e as regras do convívio em sociedade. Vale notar o relacionamento entre a palavra ilusão e o próprio termo jogo: o primeiro termo vem do latim *illudere* ou *inludere* e significa, etimologicamente, em jogo[86]. Se a fruição lúdica apresenta um sentido que transcende as necessidades imediatas, cria-se um campo de significação simbólica e estética, em que o ordinário não nega o extraordinário. Assim, também é possível dimensionar o lugar do futebol quando se requisitam estratégias de ação social entre o estético e o político no campo brasileiro.

Uma das cenas mais comuns observadas no Brasil é a prática do jogo de futebol: em qualquer terreno baldio, nos centros urbanos e rurais deste país, podem-se encontrar jovens praticando o esporte. O ordinário também pode ser interpretado pelo modo como se lida com as mesmas regras indispensáveis à constituição do jogo: estabelece-se uma ordem no campo, com árbitros, juízes e códigos. Entretanto, o aspecto extraordinário da partida de futebol traduz o aspecto imprevisível que caracteriza qualquer jogo, inclusive quando adquire conotações como agente de transformação e das negociações sociais. Nesse sentido, a letra da canção "Extra", composta em 1983, foi sensível ao momento brasileiro, quando medidas redemocratizantes – como a anistia, o restabelecimento de eleições

---

86 J. Huizinga desenvolve a proposta de definir não apenas o lugar do jogo entre as demais formas de manifestação cultural; determina pontos em que a própria cultura possui um significado e um caráter lúdico. Cf. Natureza e Significado do Jogo como Fenômeno Cultural, *Homo Ludens*, p. 3-31.

202 GILBERTO GIL: A POÉTICA E A POLÍTICA DO CORPO

diretas para governador, bem como o início da campanha pelas "Diretas já" – eram confirmadas pelas ruas brasileiras. A canção permite interpretar o papel da ilusão, na poética e na política do jogo com o corpo, que venha responder ao projeto de libertação de tantas vozes caladas e de reconstrução do Brasil: "Extra / Resta uma ilusão / Extra / Resta uma ilusão / Extra / Abra-se cadabra-se a prisão"[87].

Os versos transcritos aludem ao poder e ao papel da ilusão, do jogo com a linguagem, principalmente para a sociedade marcada por um regime de ditadura, como ocorreu no Brasil: "Baixa / Santo Salvador / Baixa / Seja como for / Acha / Nossa direção / Flecha / Nosso coração / Puxa / Pelo nosso amor / Racha / Os muros da prisão". No uso da forma imperativa dos verbos "baixar", "flechar", "rachar" e "abrir", observa-se uma gradação, que traduz o próprio movimento da criação poética e musical; a sua força para agir no campo de ressonância das relações de poder. O verbo "baixar" refere-se ao início da própria escrita da partitura musical e dos versos, momento de confluência entre a vontade e os signos do imaginário, que ganham uma determinação e propósitos concretos.

O termo "baixar" remete também ao léxico do candomblé – baixou o santo – e passa a refletir a experiência comunicativa entre o sagrado e o profano no corpo. Assim, tem-se a escrita e o ritmo como elementos que não dispensam o corpóreo. O segundo verbo, "flechar", remonta à figura mítica do Cupido – deus do amor e da criação –, cuja seta aponta para o jogo na sua dimensão criativa e erótica, não só no tocante ao âmbito poético, mas a partir do campo social. O compositor vem fazer mais do que um pedido de mudança: propõe rachar e abrir o tecido de significados, no jogo com as palavras, no projeto de união entre os homens pela via da ilusão amorosa e do jogo mágico de uma estética política.

Vinte anos depois de composta essa canção, observa-se que o jogo de Gilberto Gil não se restringe a seu acervo poético e melódico; e continua invadindo outros campos de atuação social. Ele empreende a estetização do político e a politização do estético. Trata-se da política na fronteira com o corpo: ele estetiza

---

87 Em C. Rennó (org.), op. cit., p. 262.

A REPRESENTAÇÃO DA ÁFRICA NO CORPO DE GILBERTO GIL   203

a política quando dança e canta ao lado de personalidades da esfera pública, em encontros oficiais; como também politiza o estético, ao aparecer como ministro da cultura, ao cantar na abertura de um jogo de futebol. Isso é possível pela zona intervalar que seu corpo articula, já que ele próprio se nomeou "um ministrartista".

O jornal *Correio da Bahia* escolheu como título da matéria na qual se encontra uma entrevista com o músico baiano a seguinte frase: "Eu Sou um Ministrartista". O neologismo aponta para a retórica cujo significante carrega uma proposta de vida que parece ser inconciliável para muitos fãs e para os oponentes de Gilberto Gil, principalmente para aqueles adeptos das antíteses, pertencentes à tradição dialética. Se esse substantivo composto for lido como síntese dos contrários, a junção ministro-artista negará a política do corpo realizada por Gilberto Gil. As perguntas constantes sobre o comprometimento de seu desempenho como ministro e, ao mesmo tempo, como cantor e compositor – na maneira de ressaltar negativamente as tensões e os conflitos entre a imagem do artista e a do político – traduzem a mesma ordem epistemológica que alicerçou a metafísica ocidental, baseada nas redes de exclusões. Não houve somente a síncope da vogal na construção do neologismo, mas o artifício de uma manobra mais do que linguística: "Eu sou um ministrartista (risos) e arte e política, se você pensar bem, sempre se misturaram em minha trajetória. Gosto de ser ministro, de desenvolver outro tipo de diálogo com a opinião pública. O show que resultou no CD e DVD tem muito disso"[88].

Mas como pensar o papel do jogo em Gilberto Gil, além do que sugere a sua canção "Extra"? Quando o ministrartista canta o hino nacional, ao lado de Milton Nascimento, fica estabelecido mais do que o rito do início da partida, ultrapassa-se o aspecto puramente formal. Nesse dueto, nota-se a abertura de outro campo, para além dos limites do estádio do Mineirão, que transcende as atividades puramente esportivas e questiona as bases de legitimação do afrodescendente no processo cultural brasileiro, sua inserção na travessia histórica do Brasil, não só

---

88 Eu Sou um Ministrartista, *Correio da Bahia*, 24 nov. 2004, p. 1.

naquilo que tangencia o passado, mas no projeto de reinventar a nação brasileira, no âmbito heterogêneo de afirmação democrática das culturas e de diferentes etnias

Os limites do jogo no campo de futebol podem ser transpostos para as regras do campo social. O estádio de futebol oferece-se como espaço para refletir sobre o debate em torno dos temas dos processos culturais, na travessia brasileira de Gilberto Gil, sem excluir o desempenho dos veículos de comunicação de massa. Segundo Roberto DaMatta, a antropologia e as ciências sociais precisam conceder a devida atenção à leitura de como a cena do futebol transforma e passa de "um código ideológico para um código visual, auditivo, táctil, corporal e de odores, totalizando a própria dimensão humana"[89].

Inegavelmente, o jogo de futebol apresenta a força aglutinadora, capaz de mobilizar multidões em direção ao estádio. De acordo com a premissa que fundamenta a separação entre o futebol e a sociedade como duas realidades independentes e opositivas, concluía-se que esse jogo funcionava como espécie de ópio para a população e, por conseguinte, trabalhava contra a sociedade. Essa leitura impediu que se enxergassem os aspectos simbólicos do jogo de futebol, que fosse visto como esporte de massas e, principalmente, como forma de dramatizar uma intricada rede de signos e valores socioculturais para as grandes populações. Assim, surge outra possibilidade de leitura para as cenas do futebol, não mais em desacordo com o exercício da cidadania brasileira, pois o equívoco está em acreditar que "o futebol milita de algum modo contra a sociedade brasileira e seus reais interesses"[90].

Para Gilberto Gil, o jogo de futebol apresenta-se associado ao campo social, mas não é visto pelo crivo negativo que o ajusta à vontade de alienação das massas humanas. Quando canta o hino nacional ao lado de Milton Nascimento, duas vozes confluem e, no mesmo instante, permitem que as notas sonoras carreguem significações políticas e deslizem pela sociedade brasileira. Uma bola é passada em parceria, para atingir uma rede de significantes que se afirma de maneira multiface-

89 Esporte na Sociedade, em R. DaMatta (org.), *Universo do Futebol, Esporte e Sociedade Brasileira*, p. 14.
90 Idem, p. 17.

tada por meio da perspectiva cultural menos monolítica, menos letrada e mais corporal. Assim, a emergência de outra narrativa para a reconfiguração imaginária da nação e a abertura para o caráter extraordinário do jogo estabelecem outros códigos no arranjo do tecido social brasileiro, sem excluir o papel do afrodescendente para a formação sociocultural do Brasil.

Nesse sentido, avalia-se o jogo de futebol pela via do drama, no significado mais amplo conferido a esse termo, pois a realidade é posta em suspensão no tempo da partida, e o campo de futebol torna-se o palco de antigas lutas humanas: ultrapassa a disputa entre os jogadores e expõe um torneio também de produtos em meio às propagandas e aos investidores estrangeiros[91]. O campo de futebol dramatiza a supremacia da força do mercado como modo de regulação social e também pode trazer o potencial especular que desloca pontos de resistência, ao fazer emergir a tensão e o conflito constantes capazes de romper as marcas e os grilhões de uma determinação social.

O jogo recapitula principalmente a história e os sentidos que atravessaram os modos de ler o corpo dos jogadores. No *homo ludens* Gilberto Gil, o corpo deixa de ser uma abstração, um suporte identitário, para ser a forma estratégica de produzir outra sensibilidade, e conferir diferentes sentidos às ações e aos comportamentos dos milhares de brasileiros que assistem ao campeonato de futebol, no grande estádio ou pela rede televisiva.

A partir do enfoque do ministrartista, abre-se espaço para refletir sobre a teoria de descolonização do corpo. A imagem refletida no espelho da nave ocidentalizada destina o corpo, de muitos atores sociais, a ver a sua imagem distorcida na silhueta da subalternidade e, dessa maneira, emerge o desejo de pertencimento ao suposto universo simbólico de valor. No contexto de crise do pensamento colonial brasileiro, a experiência da música popular no Brasil, o Carnaval e o futebol passam a assumir formas de experiência descentrada de poder a partir do corpo, quando o trabalho deixa de ser eleito como único meio de exigir e conquistar a cidadania.

Na Copa do Mundo de 1950, quando o goleiro Barbosa deixou a bola entrar na rede, o Brasil sentiu certo desestímulo frente

91 Idem, p. 21.

ao projeto de modernização do país: era o fim do governo Dutra, marcado pelo fracasso do liberalismo econômico adotado por aquele presidente, cuja reserva de ouro, acumulada no primeiro período de Getúlio Vargas, foi desastrosamente perdida na abertura às importações. Naquela cena da bola entrando na rede, além de um jogador afrodescendente deixar a cena do futebol, disseminava-se uma atmosfera de descontentamento e incertezas quanto ao futuro da democracia brasileira, embora ainda não fossem questionadas as forças que impulsionavam o jogo.

A emergência de Pelé durante a Copa do Mundo de 1958 levou o Brasil a remexer no baú de espantos diante do balé que seu corpo fazia no gramado. Era o momento no qual também eclodia a bossa nova, concedendo visibilidade internacional à música brasileira e em que o presidente Juscelino Kubitschek ratificava o projeto industrial do Brasil. O cenário era propício para que o jogo de futebol emergisse como possibilidade de driblar a hegemonia do poder do capital estrangeiro e pensar em um projeto cultural heterogêneo para a constituição das narrativas nacionais.

No contexto brasileiro de expansão industrial, as relações de colonialidade do poder eram sentidas na ausência do corpo do afrodescendente nas tomadas de decisão, sempre submetido aos regimes do *homo faber,* atrelado ao trabalho forçado, ao regime de semisservidão. O jogo de descolonização pode ser ensaiado com o corpo do *homo ludens*, quando se conquista o acesso a bens simbólicos e materiais, mas além disso, faz parte da própria estratégia de redefinição social. Desse modo, constrói-se uma crítica à maneira também de entender a corporeidade diante da engrenagem capital/trabalho.

Considerando o enfoque de teorias da cultura que incluam o aspecto corporal, Paul Gilroy destaca: "a autocriação através do trabalho e sua relação supostamente privilegiada com a aquisição da liberdade foram enfaticamente recusadas em favor de outras estratégias de autoconstrução social que reivindicam o corpo do mundo do trabalho e o fizeram ao invés disso o *locus* do jogo, da resistência e do desejo"[92]. O *homo faber* cede espaço ao *homo ludens* e, no campo de futebol, descortina-se

92 Op. cit., p. 16-17.

uma rede de forças econômicas e sociais, constantemente refeitas. Entretanto, em nome da lógica de poder compartilhado, é necessário estar atento para que não se entronize a diferença, como pretendia e pretende toda forma de fascismo social, que negaria o diálogo, por exemplo, fora do campo de futebol.

Desse modo, o *homo ludens* Gilberto Gil não só apresenta a seleção brasileira, mas também lança e joga com a fronteira entre o ministro e o artista, entre o *homo faber* e o *homo ludens*; escapando, dessa forma, ao confisco do conceito absoluto e excludente de cultura. Nessa abordagem, vale lembrar Antonio S. Ribeiro, que pensa o papel do jogo nos limites da fronteira, quando a especificidade da razão estética adquire a perspectiva também política, pois "no jogo, a voluntária aceitação de limites constitui um acto [sic] de liberdade que permite ao sujeito afirmar-se no plano da comunicação e da interação em comunidade"[93]. Com o canto e a presença do ministro da cultura, deu-se o sinal para além da simples partida de futebol no estádio do Mineirão.

Em seu discurso de posse como ministro, Gilberto Gil propõe um entendimento da noção de cultura que abala as hierarquias consolidadas pela eleição do saber erudito e acadêmico. Abre-se o campo político para ouvir o traçado de uma epistemologia crítica no modo de assimilar o processo cultural: exige-se o diálogo com outras formas de conhecimento, que venham pôr em colapso a perspectiva monolítica do conceito de cultura, ainda colonialista, mantido na valorização da prática letrada. A assunção de Gilberto Gil como ministro da cultura permite refletir sobre o exercício epistemológico dominante que silenciou tantas vozes e muitos ritmos, para desqualificar[94], ou mesmo negar, diferentes formas artísticas e culturais no Brasil e em várias partes do mapa mundial:

---

93 Op. cit., p. 478-479. O ensaísta baseia-se no pensamento de Schiller, "para quem 'o ser humano só joga quando é um ser humano na plena acepção da palavra, e só é um ser plenamente humano quando joga', para tecer considerações sobre a zona de fronteira com a sua força utópica de desencadear possibilidades sociais; longe da armadilha dos conceitos ditos absolutos".

94 Cabe distinguir os termos "noção" e "conceito". Derrida sugere que "conceito" traz a ideia do fechamento do signo, enquanto "noção" já implica um trabalho processual de constante leitura e descentramento do signo no jogo de interpretações. Cf. *Mal de Arquivo*, p. 43.

208 GILBERTO GIL: A POÉTICA E A POLÍTICA DO CORPO

O que eu entendo por cultura vai muito além do âmbito restrito e restritivo das concepções acadêmicas, ou dos ritos e da liturgia de uma suposta "classe artística e intelectual". Cultura, como alguém já disse, não é apenas "uma espécie de ignorância que distingue os estudiosos". Nem somente o que se produz no âmbito das formas canonizadas pelos códigos ocidentais, com as suas hierarquias suspeitas. Do mesmo modo, ninguém aqui vai me ouvir pronunciar a palavra folclore. Os vínculos entre o conceito erudito de folclore e a discriminação cultural são mais do que estreitos. São íntimos. Folclore é tudo aquilo que não se enquadrando, por sua antiguidade, no panorama da cultura de massa é produzido por gente inculta, por "primitivos contemporâneos", como uma espécie de enclave simbólico, historicamente atrasado, no mundo atual. Os ensinamentos de Lina Bo Bardi me preveniram definitivamente contra essa armadilha. Não existe folclore, o que existe é cultura[95].

A posse do ministro assume um sentido simbólico e implica a reconfiguração geopolítica da própria maneira de captar a cultura no início do terceiro milênio. É indispensável interpretar a ascensão política do cantor popular com lentes atentas a mecanismos que venham validar a multiplicidade de diferentes saberes que compõem o tecido social brasileiro. Em seu discurso, pode-se entrever a exaustão do modelo epistemológico norte- -eurocêntrico, cuja prática ratificou representações, sustentou a tradição crítica etnocêntrica, consolidou a ausência de países, de comunidades, de tantos saberes e de rostos nas tomadas de decisões políticas, sem o necessário compartilhamento de poder.

O entendimento do termo "cultura" apresentado por Gilberto Gil em seu discurso permite espreitar as lógicas de ocultação das diferenças. Assim, o debate que movimenta a discussão acerca das relações de poder, cujas práticas levam à produção de ausências, convida e dialoga com o pensamento desenvolvido por Boaventura de Sousa Santos quando delineia cinco tipos de lógicas produtoras de uma "sociologia das ausências". A primeira coincide com a destacada pelo ministro, em seu discurso. Trata-se da monocultura do saber, com o rigor na atividade exigida pela academia e pelo exercício científico, que invalida e justifica a negação de outras formas de conhecimento,

95 Discurso de Posse como Ministro da Cultura em 2002, disponível em: <http. www.gilbertogil.com.br>.

por meio da qual se desprezam a multiplicidade, a riqueza de experiências, as possibilidades artísticas, culturais e políticas, em diferentes camadas sociais e em vários pontos esquecidos pela cartografia dominante[96].

A primeira lógica adensa-se e irmana-se à segunda lógica que constitui o tipo de racionalidade ocidental: a monocultura do tempo linear. Distante das lições do corpo barroco – do aceno das dobras já desenhadas pela matemática de Leibniz –, a racionalidade soberana, plasmada na ascensão do capitalismo mundial, insiste na permanência do mesmo sentido no modo de interpretar o tempo. De acordo com o paradigma da narrativa linear, a forma de ação ainda se sustenta nas premissas do progresso como vetor de desenvolvimento, na euforia da modernização que atribui ao passado a ideia de atraso e traz o imperativo de manter as páginas da história atualizadas.

A velocidade e a voltagem das canções de Gilberto Gil são sensíveis à necessidade de pensar o tempo como uma questão que envolve a filosofia e a política com o corpo, diante da exigência e da vontade de mudança das relações na esfera social. O tempo deixa de ser confeccionado como um artefato abstrato e participa do sentido mais concreto, enquanto práxis que implica o palco do cotidiano. Portanto, entender as injunções do tempo constitui caminho para questionar as relações de dominação também sobre os corpos, refletir sobre os muros que aprisionam e controlam as expansões econômicas, os hábitos de vidas humanas e de resistência social.

Modifica-se a ideia de passado com base na urgência do presente, assim como o juízo sobre futuro. Em 1977, durante o governo de Ernesto Geisel, o Brasil ainda se encontrava vigiado pelos golpes violentos e torturas dos militares. No entanto, descortina-se a abertura política e um período de transição do discurso ditatorial para um discurso com laivos democráticos, a fim de garantir a própria sobrevivência dos militares no poder. Nessa conjuntura social, nascem os versos da bela canção "Aqui e Agora": "O melhor lugar do mundo é aqui / E agora / O melhor lugar do mundo é aqui / E agora / Aqui, onde indefinido

---

96 B. de S. Santos, *Para uma Sociologia das Ausências e uma Sociologia das Emergências*, em B. de S. Santos (org.), *Conhecimento Prudente para uma Vida Decente*, p. 735-775.

/ Agora, que é quase quando / Quando ser leve ou pesado / Deixa de fazer sentido"[97]. O corpo melódico e poético insere-se na dimensão da escuta do tempo, situa-se no instante e no contexto daquele momento histórico brasileiro para problematizar a força de transformação do presente, na sua expansão do amanhã: "Aqui, onde o olho mira / Agora, que o ouvido escuta / O tempo, que a voz não fala / Mas que o coração tributa".

A música ausculta a corrente que circula pelas vias coletivas e imprime uma poética corporal: o olho mira, o ouvido escuta, a voz silencia e o coração capta a pulsação do presente. Na grafia dos versos, a escolha e a seleção das palavras já apontam com nitidez para a inserção do corpo no debate sobre a temática do tempo e a sua relação com o processo social. Metonimicamente, o corpo é a personagem, o palco e a superfície onde se escrevem as narrativas das dinâmicas sociais e de linguagem que constituem as formas de representação. Portanto, Gilberto Gil não segue a estrada dualista de Descartes, pois não rejeita os sentidos como instrumento de apreensão da realidade. Se os sentidos são mentirosos como determinava o princípio cartesiano que pregava a existência somente pela soberania da razão, é preciso problematizar a semântica que busca somente a verdade e diminui o papel da "mentira", da ilusão e do erro, como formas de estabelecer os diagramas sociais, de impedir as escolhas e as oportunidades de acesso ao conhecimento e às experiências de vida.

Trinta anos depois, no Brasil e em outras partes do mundo globalizado, os versos da canção permanecem atuais. Exigem, além da consciência vigilante, a observação e a escuta dos silêncios de tantas culturas contidas nos barracos e casas das cidades, brasileiras ou não, afogadas em um cotidiano aparentemente sem saída. Valorizar a escuta do tempo presente requisita situar-se numa cadeia complexa de relações, de níveis sociais e de saberes que se expressam e se transformam continuamente, sinalizando para as possibilidades de mudança do cenário político e econômico. O presente revigora o solo de um terreno descrito como infecundo, tal qual se definem muitas sociedades – a exemplo das africanas – presas justamente pelo atavismo de tradições interpretativas, que produzem a ideia de atraso cultural.

97 Em C. Rennó (org.), op. cit., p. 196.

A REPRESENTAÇÃO DA ÁFRICA NO CORPO DE GILBERTO GIL   211

Na era em que, pela via da exacerbação tecnológica, a ciência passa a existir no campo social não mais como uma força de emancipação, mas cooptada pelas forças de regulação do mercado, o corpo insere-se no debate científico da globalização hegemônica. Pensar o corpo no aqui e agora requer avaliar as práticas e os discursos de regulação. A biopolítica, tal como foi acenada por Michel Foucault nos anos de 1980, previa a prática disciplinar sobre os corpos; disciplinas que os controlam, vigilantes de seus movimentos. O panóptico precisa ser atualizado para a dimensão de hoje, em nível global, quando as formas de poder também se transformam[98].

Os versos de Gilberto Gil conclamam a epistemologia atenta às negociações políticas e sociais a partir também de uma performance corporal, sem, contudo, negar a performance possível aos enunciados discursivos. Se a monocultura do saber abastece-se da soberania da razão como a causa primeira de produção de saber, trata-se de recuperar a legitimidade do conhecimento proveniente do corpo, mas sem cair em novas dicotomias: a razão não se constitui extrínseca ao corpo. Quando regido apenas pela mecânica, os movimentos corporais tornam-se previsíveis; porém, ao se inserir na ordem e desordem do social, eles participam da sinergia de diferentes desejos da qual pode emergir outro sentido, em ruptura com a lógica determinista e causal. O compositor recupera a construção da metáfora do tempo como o rio, correndo nas diversas artérias do globo: "Aqui perto passa um rio / Agora eu vi um lagarto / Morrer deve ser tão frio / Quanto na hora do parto"[99].

O aqui e o agora de Gilberto Gil funcionam como advérbios substantivados, como termos inseparáveis de uma ação social, quando vão ser pensadas as representações e subjetivida-

---

98 A crítica à teoria foucaultiana refere-se ao fato de, apesar de esta ter sido fundamental para pensar uma epistemologia não eurocêntrica, ainda estar presa a uma perspectiva eurocêntrica. Segundo Walter Mignolo, "as explorações das relações de poder por Foucault permaneceram na esfera da cosmologia ocidental, de forma muito semelhante àquela que levou o historiador americano da ciência Thomas Kuhn a limitar as suas 'revoluções paradigmáticas' ao âmbito estreito da ciência ocidental. Isto é, Foucault e Kuhn deverão ser considerados como autores de importantes contribuições para a crítica eurocêntrica do eurocentrismo"; Os Esplendores e as Misérias da "Ciência", em B. de Sousa Santos (org.), op. cit., p. 694.

99 Em C. Rennó (org.), op. cit., p. 196.

des consoante as questões de espaço-tempo: "O melhor lugar do mundo é aqui / E agora / O melhor lugar do mundo é aqui / E agora". O compositor evoca o tempo como agente e articulador de transformações para promover a análise e a expressão crítica dos modos de conduta social dominantes no Brasil e em várias partes do globo.

Movido pelo sentimento de indignação diante da permanência do mesmo quadro de exclusões – de quem prefixa uma única norma ou uma única medida de avaliação temporal, sempre nos limites do olhar teleológico e linear –, na canção "Tempo Rei", de 1984, interpreta um momento muito especial para a história da redemocratização do Brasil, instante de transição do poder militar para o civil: "Tempo rei, ó, tempo rei, ó, tempo rei / Transformai as velhas formas do viver / Ensinai-me, ó, pai, o que eu ainda não sei / Mãe Senhora do Perpétuo, socorrei". O compositor tece considerações sobre a lógica discursiva que sustenta a ação humana nas ruas, pois sem um juízo de valor, sem um pensamento que fundamente as divisões e a ordem do discurso, as práticas e as condutas sociais não se mantêm: "Pensamento / Mesmo o fundamento singular do ser humano / De um momento / Para o outro / Poderá não mais fundar nem gregos nem baianos"[100].

Como assinalam os versos, há o pensamento e a conduta epistemológica que fundam o Ocidente, na perspectiva de defini-lo como o lugar da história. A razão que sustenta e legitima a cultura dos "gregos", no entanto, não seria possível sem o outro, os "baianos", sem um contraponto, sem o ajuste dicotômico que alicerça as bases da hegemonia do saber ocidental. A lógica do tempo linear nega as repetições e, ao inventar o arcaico e o primitivo, obtura as resistências sociais e determina o atraso do outro em consonância com a permanência e o constante crescimento do Mesmo, considerado civilizado. Entender a lógica das relações de poder é a maneira de transformar essas relações: "Não se iludam / Não me iludo / Tudo agora mesmo pode estar por um segundo"[101]. Despedir-se da perspectiva do tempo teleológico e evolucionista significa refletir sobre a razão que "funda os gregos e os baianos", ao mesmo tempo em

100 Idem, p. 285.
101 Idem, ibidem.

A REPRESENTAÇÃO DA ÁFRICA NO CORPO DE GILBERTO GIL   213

que demarca a geografia do saber e das identidades: o lugar do Brasil na constelação do mapa mundial.

Em "Era Nova", de 1976, apesar de o compositor ainda usar o adjetivo "novo" – o que pode sugerir a dicotomia com o "velho", conforme a perspectiva do tempo cronológico –, Gilberto Gil elabora a metáfora dos cabelos, para trazê-la ao contexto de transformação constante do corpo em seu relacionamento com a história: "A verdade sempre está na hora / Embora você pense que não é / Como seu cabelo cresce agora / Sem que você possa perceber / Os cabelos da eternidade / São mais longos que os tempos de agora". Os cabelos representam, metaforicamente, um tipo de semivigília poética e crítica; traduzem a ideia de que o mundo está sendo tecido a cada instante e, dessa forma, evita o fim da história. Essa imagem poética funciona como índice de reconfiguração simbólica do tecido humano e social; impede a adoração de um passado, o retrato estático de um sujeito e de uma determinada realidade. A recriação do destino a partir do tempo presente pede o escutar do agora e, consequentemente, abandona a indiferença, o descrédito diante do futuro: "São mais longos que os tempos de outrora / São mais longos que os tempos da era nova / Da nova, nova, nova, nova, nova era / [...] Que sempre esteve e está pra nascer"[102].

Proclamar o fim da história representa para Gilberto Gil não apenas uma atitude simplista, mas um engano, fruto do pessimismo intelectual e do modelo que dividia o globo na balança entre o comunismo e o socialismo: "Não creio que o tempo / Venha comprovar / Nem negar que a História / Possa se acabar / Basta ver que um povo / Derruba um czar / Derruba de novo / Quem pôs no lugar"[103]. O peso político e econômico, os modos de representação de sujeitos e nações, as ficções narradas na cidade das letras concorreram para criar um sentimento de apatia e de negação do futuro: "Vem a História, escreve um capítulo / Cujo título pode ser 'Nunca mais' / Vem o tempo e elege outra história, que escreve / Outra parte, que se chama 'Nunca é demais'". Nesta canção, de 1991, pós-queda do Muro de Berlim, os versos do cantor colocam-se como resistência a esse tipo de atitude frente ao mapa do mundo e requisitam

102 Idem, p. 190.
103 O Fim da História, idem, p. 341.

214 GILBERTO GIL: A POÉTICA E A POLÍTICA DO CORPO

um jeito de corpo que não negue as estratégias de defesa de diferentes vidas e culturas; pois a história não precisa ser sempre um pesadelo terrível, de que os homens querem se libertar: "'Nunca mais', 'Nunca é demais', 'Nunca mais' / 'Nunca é demais', e assim por diante, tanto faz / Indiferente se o livro é lido / De trás pra frente ou lido de frente pra trás"[104].

Em muitos momentos, as ciências sociais concorreram para a produção da inexistência de muitos gestos e jeitos de manifestar a complexidade cultural. Também as artes praticaram a sociologia das ausências, desde o enfoque universalista das situações humanas ou a reprodução das mesmas exclusões sociais nas narrações das cenas. Assim, é preciso estar vigilante à terceira lógica de produção de ausências, tal como assinala Santos: a da classificação social e a sua prática comum de naturalizar as diferenças.

O paradigma epistemológico de dominação sustenta-se na hierarquia, que demarca a superioridade de um tipo de ator social sobre os demais, na produção da monocultura do saber. A partir da década de 1970, os estudos feministas e os movimentos sociais negros acordaram para o fato de que não há permanência da hegemonia do poder, da relação capital/trabalho, sem a discriminação racial e de gênero. Diante disso, mostrou-se urgente reorientar os pontos de discussão, avaliar como são edificados os saberes, de acordo com quais lógicas e como se ensinam as histórias sobre as culturas e os países, tendo em vista a participação de outras narrativas e de personagens ausentes, por terem sido considerados inferiores, incapazes e, mesmo, primitivos[105]. A partir do canto e da dança do seu corpo, a viagem de Gilberto Gil ao continente africano pode e deve trazer deslocamentos de leitura sobre o lugar do mapa da África, delimitado nas escolas e academias brasileiras.

Muitos brasileiros puderam ver na prática o jargão popular "Quem tem boca vai a Roma". Em 21 de julho de 2003, em Roma, Gilberto Gil participou de um movimento de resistência cultural com um grupo de ex-ministros da cultura europeus. Estrategicamente, o cantor brasileiro lançou "O Chamado de Roma" e declarou à imprensa que "a cultura

104 Idem, ibidem.
105 Cf. B. de S. Santos, Para uma Sociologia das Ausências..., op. cit., p. 735-775.

A REPRESENTAÇÃO DA ÁFRICA NO CORPO DE GILBERTO GIL   215

não pode ser excludente, deve ser entendida como uma constelação dinâmica na qual se inscrevem todos os atos criativos de um povo"[106].

Diante desse clamor vindo de Roma, seguindo o diagrama das lógicas levantadas por Santos, a quarta lógica define-se como a das escalas: quando é valorizado o universal e o global numa abordagem que suprime o local. Ainda no contexto da realidade pós-colonial, o epistemicídio revela-se na eleição de um conteúdo tido como universal, assente no discurso hegemônico do Norte, em contraposição ao saber produzido no Sul, nos países da América do Sul e na África para situar essa geografia na viagem política de Gilberto Gil[107]. O Sul é mais que um ponto geográfico; emerge para pensar outros saberes, e para deslocar a forma de estratificação social, baseada em um modo de ser e estar universalizado. Disso resulta a desertificação do local ou a negação de diferenças culturais, muitas vezes subjugadas e definidas sob o signo do folclore ou do exótico, também combatido pelo cantor brasileiro:

No sentido de que toda política cultural faz parte da cultura política de uma sociedade e de um povo, num determinado momento de sua existência. No sentido de que toda política cultural não pode deixar nunca de expressar aspectos essenciais da cultura desse mesmo povo. Mas, também, no sentido que é preciso intervir. Não segundo a cartilha do velho modelo estatizante, mas para clarear caminhos, abrir clareiras, estimular, abrigar. Para fazer uma espécie de do-in antropológico, massageando pontos vitais, mas momentaneamente desprezados ou adormecidos, do corpo cultural do país[108].

No discurso de posse, o ministro esboça uma definição de cultura a partir de um vocabulário que remete ao corpo e a uma medicina não ocidental: o "do-in antropológico". A prática exige massagear os vários pontos vitais adormecidos em diferentes culturas, e pede o deslocamento da última lógica produtora de

106   Disponível em: <http://www.uol.com.br/musicas/rapidas/afp/ult28ou547.shl>.
107   Santos utiliza o termo "Sul" como uma metáfora para pensar o eixo de produção de saber contra-hegemônico. No entanto, é preciso cautela para não cair na armadilha da dicotomia Norte e Sul, problema também discutido pelo autor em seu livro. Cf. A Fronteira, o Barroco, o Sul..., op. cit., p. 367-380.
108   O Chamado de Roma, op. cit.

216   GILBERTO GIL: A POÉTICA E A POLÍTICA DO CORPO

ausências: a da produtividade. O caráter heterogêneo das sociedades e as formas de avaliar a política das diferenças não podem
prescindir da crítica à formatação de cidadania, na qual só se con-
figure o sujeito produtivo, engajado à máquina de consumo.

Massagear os pontos vitais do corpo cultural significa uma
prática de produção de existências, de restituição de histórias antes negadas pelo totalitarismo da razão etnocêntrica. O
"do-in antropológico" de Gilberto Gil atinge pontos de uma
anatomia social e política, toca nas marcas da pele, sem dene-
gar as cicatrizes e as fissuras presentes na história do Brasil, no
aqui e no agora.

REFAVELA: INFERNO E CÉU

A díade centro/periferia prefigura-se quando se vai traçar a cartografia das cidades brasileiras, consoante as leis que regem a
hegemonia do mercado no horizonte do capitalismo em escala
mundial. A ordem que regula o meridiano de Greenwich como
um marco zero que divide os dois mundos funda o Oriente e
o Ocidente e assinala para a construção histórica na qual se situa também a América Latina[109]. Desde o início, o projeto de
controle do capitalismo em esfera mundial emerge sob a égide
do colonialismo eurocentrado, quando a Europa autoafirma-se
o centro e delimita a geografia periférica do mapa. A questão
básica é entender como essa lógica – internalizada na maneira
de construir e ler os espaços urbanos no Brasil – é refletida na
canção "Refavela" de Gilberto Gil, datada de 1977.

109 Para A. Quijano, ocorre uma nova delimitação geográfica da Europa como
     centro do capitalismo mundial a partir da constituição da América. O pensa-
     mento evolucionista e o dualismo apresentam-se como elementos nucleares
     para o êxito do eurocentrismo. Dá-se ênfase à civilização helênica porque esta
     já se situava na Europa; tenta-se apagar a parte islâmica e judaica, quando "a
     partir da derrota do Islã e do posterior deslocamento da hegemonia sobre o
     mercado mundial para o centro-norte da futura Europa, graças à América,
     começa também a deslocar-se para essa região o centro da atividade cultural.
     Por isso, a nova perspectiva geográfica da história e da cultura, que ali é elabo-
     rada e que se impõe como mundialmente hegemônica, implica, é claro, uma
     nova geografia do poder. A própria ideia de Ocidente-Oriente é tardia e se ini-
     cia com a hegemonia britânica. Ou ainda é preciso recordar que o meridiano
     de Greenwich atravessa Londres e não Sevilha ou Veneza?"; op. cit., p. 213.

A canção não se resume apenas ao neologismo criado pelo artista baiano. "Refavela" está sintonizada e atenta à economia das cidades, mas também à geofísica das ruas e dos morros, como textos com os quais se pode ler a história de exclusão social no território brasileiro: "A refavela / Revela aquela / Que desce do morro e vem transar / O ambiente / Efervescente / De uma cidade a cintilar"[110]. Segundo o músico, a canção nasce depois de sua visita à Nigéria, quando foi participar do Festival de Arte e Cultura Negra (Festac). Seu olhar defrontou-se com uma paisagem urbana que o fez lembrar-se dos conjuntos habitacionais surgidos no espaço urbano brasileiro na década de 1950[111]. Na ironia da cidade cintilante e efervescente, há a expressão de uma memória coletiva em crise e da necessidade de tecer considerações sobre a sintaxe do espaço urbano, com os semas associados ao signo da favela.

Segundo essa óptica do artista, a fisionomia das metrópoles brasileiras reflete as marcas da diferença colonial; uma geopolítica do conhecimento que permite pensar a favela como um "terceiro mundo interior"[112]. Nesse sentido, a canção questiona e reivindica os direitos epistêmicos que foram negados ao longo da história ocidentalizada pelas instituições que avaliam e determinam o *status* do chamado primeiro mundo: nomeadamente o Fundo Monetário Internacional, o Banco Mundial e a consolidada herança da ciência moderna norte-eurocêntrica. Assim, a refavela emerge como signo poético-musical que concede visibilidade a uma população silenciada nas tomadas de decisão e compartilhamento de poder; vem denunciar, ao mesmo tempo, a racialização do "terceiro mundo interior". Os africanos, os afrodescendentes e os índios foram postos na pe-

---

110 Em C. Rennó (org.), op. cit., p. 194.
111 Idem, p. 195. O cantor lembra-se da Vila Kennedy, projeto arquitetônico de Carlos Lacerda realizado em Salvador durante a década de 1950: a concepção dos conjuntos habitacionais pretendia retirar pessoas das favelas e reinseri-las de forma digna no espaço urbano. Segundo Gilberto Gil, muitas dessas habitações terminaram por se transformar em novas favelas.
112 A expressão é de B. de S. Santos e provém de um estudo realizado na favela do Jacarezinho, no Rio de Janeiro, no início da década de 1970. O autor descreve o sistema de lei interno, paralelo e, em alguns casos, em conflito com a legalidade oficial no Brasil. Cf. The Law of the Oppressed, *Toward a New Legal Common Sense*, p. 124-249.

218   GILBERTO GIL: A POÉTICA E A POLÍTICA DO CORPO

riferia mundial graças ao processo de construção da América e seus propósitos coloniais de poder[113].

A canção de Gilberto Gil defende a perspectiva do conhecimento a partir da própria crise do termo terceiro mundo, pois questiona o sentido redutor que essa expressão assume para pensar as diferenças no Brasil e na América Latina. A refavela constitui a maneira de rever o projeto de desenvolvimento social marcado pela enorme concentração de renda, a partir do exame das linhas de interpretação política ainda apoiadas no entendimento colonialista, quando se desenha, nos limites urbanos, a classificação social com base na ideia de raça: "A refavela / Revela o salto / Que o preto pobre tenta dar / Quando se arranca / Do seu barraco / Prum bloco do BNH". Contra a lei de gravidade da atmosfera norte-eurocêntrica, revela-se a tentativa frustrada de um "salto", pois não só se comprova como insuficiente, como também se mostra estratégico para manter grande contingente populacional na periferia da cidade e do mundo, maneira exigida pela política de produção do centro, que não se legitima sem a ideia de periferia.

Entretanto, a leitura da canção ficaria empobrecida se limitada a espreitar somente a lógica dualista centro/periferia – respectivamente, o erudito e o popular –, como se existissem naturalmente um fora e um dentro no formato de construção dos espaços urbanos. Assim, o prefixo *re-* soma-se ao substantivo e sinaliza a reinvenção da lógica, não mais binária, com a qual se sustentou a prática colonialista e se consolidou o império norte-europeu[114]. A música contextualiza a favela a partir

---

113   Segundo E. Dussel: "da nossa parte, como latino-americanos, participantes de uma comunidade de comunicação periférica – dentro da qual a experiência de 'exclusão' é um ponto de partida (e não de chegada) cotidiano, isto é, um *a priori* e não um *a posteriori* –, nós precisamos encontrar o 'enquadramento' filosófico dessa nossa experiência de miséria, de pobreza, de dificuldade para argumentar (por falta de recursos), de ausência de comunicação ou, pura simplesmente de não-fazermos-parte dessa comunidade de comunicação hegemônica"; *Filosofia da Libertação*, p. 60.

114   Ressalte-se o caráter redutor e problemático que a expressão "terceiro mundo" assume quanto ao aspecto politicamente generalizador, quando nega as diferenças entre inúmeras favelas do Rio de Janeiro, por exemplo, e as de La Comuna 13, em Medellín, na Colômbia, para citar dois casos. A propósito, Octavio Paz chama a atenção para esse assunto: "Na América Latina, pensar a diferença significa reconhecer aquilo que nos distingue, a heterogeneidade e a pluralidade étnica e cultural de nossos povos. A expressão Terceiro Mundo, com a qual se

A REPRESENTAÇÃO DA ÁFRICA NO CORPO DE GILBERTO GIL 219

da perspectiva da fronteira, possível pela travessia e pelo encontro com a história brasileira, cuja prática de colonialismo pretendeu negar a diáspora e a herança africanas como forma de impedir a construção heterogênea e descentrada do projeto de nação. Um projeto de que participaram e participam diversas etnias, tendo em vista os encontros com diferentes culturas em escala local e global: "A refavela / Revela o choque / Entre a favela-inferno e o céu / Baby-blue-rock / Sobre a cabeça / De um povo-chocolate-e-mel".

Entre o céu e o inferno, situa-se o prefixo *re-*, como índice da prática de leitura avessa ao binômio que ainda passeia por muitos discursos interpretativos das cenas nas quais surgem expressões artísticas e culturais no Brasil. A melodia e os versos de "Refavela" apresentam-se, portanto, como uma forma de reinvenção a partir da subjetividade de fronteira, de um modo de estar e viver a cultura pela via da música popular no Brasil, questionando a lógica que nega a arte e o saber produzidos na considerada periferia do capitalismo global hegemônico. Dessa maneira, o espaço urbano evidencia-se como um texto capaz de traduzir as políticas de divisão social, com suas manifestações culturais e artísticas.

Vê-se com Gilberto Gil que a música popular brasileira não se restringe apenas a uma mercadoria vendável, um modo de obter lucro imediato: trata-se de um instrumento poderoso e massivo para estabelecer confrontos e acordos socioculturais. O tema da favela expressa hoje uma exclamação urgente, quando os sistemas de narcotráfico se enredam pela pólis; momento em que a prostituição infantil toma as manchetes cotidianas dos jornais. Quase trinta anos depois, a canção promove uma análise penetrante da realidade social brasileira, pois possibilita refletir sobre o contexto marcado pela agudização da violência

quis preencher esse vazio, cria uma uniformidade fictícia (que é que tem em comum o Zaire e a Argentina, o Brasil e a Birmânia?) A América Latina pertence ao Ocidente tanto por suas línguas – o espanhol e o português – como por sua civilização. Nossas instituições políticas e econômicas também são ocidentais. Mas dentro dessa ocidentalidade se escondem o Outro, os outros: o índio, as culturas pré-colombianas ou trazidas da África pelos negros, a excentricidade da herança hispano-árabe, o caráter particular de nossa história... Tudo isso faz de nós um mundo distinto, único, excêntrico: somos e não somos o Ocidente"; Simetrias Iníquas: Diálogo sobre o Marxismo, *Convergências*, p. 93.

220 GILBERTO GIL: A POÉTICA E A POLÍTICA DO CORPO

urbana e sugere a crítica a uma lógica social e econômica insensível ao espetáculo de horror do crime organizado no Brasil.

Nos versos, a cidade representa um corpo gigantesco dentro do qual se situa a favela como a invenção de um fora. Ao contrário, o traçado da letra de Gilberto Gil aponta para a necessidade de reinvenção social, quando as frases melódicas repensam os laços de integração e acentuam o espaço de fronteira necessário para firmar a reinvenção do saber bem brasileirinho frente à hegemonia global. Tendo em vista o papel da arte e da cultura do afrodescendente em relação à política de descolonização do poder, há o nítido encontro entre políticas culturais e políticas urbanas: "A refavela / Revela a escola / De samba paradoxal / Brasileirinho / Pelo sotaque / Mas de língua internacional".

A refavela eleva-se como signo de redefinição do espaço urbano brasileiro. Os espaços construídos comportam significados sociais e dizem dos lugares a que muitos atores, predominantemente afrodescendentes, destinam-se no cenário político, nas tomadas de decisão. Nesse sentido, a refavela revê a estética da pólis no encontro estreito com o *éthos* de cidadania, com a necessidade de tornar complexas as relações entre música popular e dinâmicas urbanas de reordenamento social: "A refavela / Revela o passo / Com que caminha a geração / Do black jovem / Do black-Rio / Da nova dança no salão". Essa música aponta para a geopolítica da cidade e o aglomerado humano na periferia da urbe, principalmente no momento em que as cidades – basta citar Rio de Janeiro e Salvador – descobrem o seu valor turístico como base para a construção de um projeto cultural, feito para quem consome e abastece a economia de mercado.

Na morfologia nominal desenhada por Gilberto Gil, o prefixo *re-* pode ser melhor entendido se relacionado com dois outros termos presentes em sua poética: refazenda e refestança. O ministro define o primeiro termo mediante o contexto diaspórico: "Para continuar resistindo, os africanos submetidos ao cativeiro e seus descendentes tiveram que refazer tudo, refazer linguagens, refazer parentescos, refazer religiões, refazer encontros e celebrações, refazer solidariedades, refazer culturas. Esta foi a verdadeira Grande Refazenda"[115].

115 Esta Cidade Continua a Ser..., *A Tarde*, 12 jul. 2006, p. 5.

A REPRESENTAÇÃO DA ÁFRICA NO CORPO DE GILBERTO GIL   221

Nesse recorte, o prefixo *re-* do neologismo refazenda prefigura o movimento de resistência dos afrodescendentes, tanto no sentido de força de sobrevivência física quanto no de uma política de afirmação da diferença cultural, que acena para a necessidade de delinear uma prática de redistribuição social. Em face das exigências de análise da refazenda histórica do Brasil, Gilberto Gil cria a refavela, por entender que esses dois termos participam não só de forma cúmplice, como também são partes inextricáveis de um jogo de redefinição de valores indispensáveis para conquistar a dignidade da população de afrodescendentes no território brasileiro. É preciso reimaginar a favela, reconfigurando o imaginário da nação. Este representa, sobretudo, o potencial de criação incessante de figuras, de formas e imagens, tanto de âmbito social quanto psíquico e histórico. O que se costuma chamar de realidade e racionalidade são produtos da força do verbo imaginar[116].

Essa abordagem acentua uma vontade de compreender o que move o prefixo em refavela. "Reimaginar" a sociedade brasileira significa discutir o potencial de transformação do imaginário de acordo com uma proposta estética e política ciente do declínio da abordagem ontológica na forma de configurar as identidades. Nesse caso, à história também se agrega o sentido de uma *poiesis*, pois deixa de ser encarada apenas como um registro ou *mímesis* da realidade. Assim, a refavela permite pensar como a música popular constrói outras malhas de inteligibilidade e de existências no campo social.

Usar o termo refavela também implica refazer o valor simbólico atribuído aos espaços urbanos para além da lógica simplesmente funcionalista. É notório que o mundo físico, social e histórico é perpassado pelo simbólico, com todas as páginas de narrativas individuais e coletivas que cada lugar agrega. A ideia de que o simbólico está a serviço de um funcionamento social, de acordo com a óptica que o determina como preexistente, é inaceitável. As relações sociais são instituídas, não apenas por se sustentarem numa forma jurídica, mas porque foram simbolizadas. Dessa forma, uma política de afirmação e reconhecimento da diferença, atrelada a uma prática de redistribuição

---

116 A discussão sobre o imaginário como um princípio fundador da sociedade encontra-se em C. Castoriadis, *A Instituição Imaginária da Sociedade*.

dos espaços, pede a política de reinvenção ou reimaginação, tal como sugere Gilberto Gil, na maneira muito própria de construir a refavela e a refazenda nas frestas da história brasileira: "A refavela / Revela o sonho / De minha alma, meu coração / De minha gente / Minha semente / Preta Maria, Zé, João".

A sociedade faz e se refaz nos interstícios do simbólico, no potencial criador da zona de fronteira em que se situa a tríade poética: a refavela, a refazenda e a refestança. O primeiro termo presume o deslocamento de sentido, a exigir outras significações para além das formas canônicas atribuídas à favelização do terceiro mundo, com a capacidade de evocar outras imagens que não se restringem ao sabor das antigas dicotomias entre o velho e o novo mundo, entre o pobre e o rico, entre claros e escuros. Já a refazenda mantém vínculo com a refavela, por considerar que o processo de refazer a história implica intensificar as redes de comunicação, tendo em vista a necessidade de ressignificação da África, não somente para os africanos continentais, mas seria re-africanizar também para os brasileiros.

Utilizada por Gilberto Gil para reviver a memória do Brasil, a refazenda questiona a identidade nacional, que exclui o afrodescendente das suas cenas de representação afirmativa. Não se trata mais de folclorizar a diferença nem de simplesmente justapô-la em um quadro estável de diversidades culturais; tampouco se restringe a respeitar as diferenças, em um discurso celebratório. É preciso ler os limites e as fronteiras do recorte urbano não mais pela escavação de uma arqueologia das marcas do palimpsesto em que se situaria a África para o Brasil. A refavela é uma forma de reviver de outra maneira a África no mapa brasileiro, de possibilitar pensar o Brasil na Nigéria e esta no Brasil, numa confluência de vontades para a participação concreta de tantos sujeitos afrodescendentes que vivem à parte nos morros das cidades brasileiras. Mas não só aqui.

Nesse sentido, terceiro termo da tríade, a refestança aponta para a necessidade de atingir a valorização do palco do cotidiano, do presente, como forma de estimar a vida e sua força de criação. A refestança ratifica o momento em que as identidades transmigram, chocam-se e se refazem constantemente pelas mãos do simbólico e do imaginário. É uma festa de signos, com seu potencial subversivo de reinvenção das regras de conduta da sociedade, promovendo o encontro do passado colonial do Brasil com a abertura de horizonte para a reinvenção de um futuro não mais romantizado, mas um amanhã construído na íntima relação crítica e criativa com o presente: "A refavela, a refavela, ó / Como é tão bela, como é tão bela, ó".

4. Por entre as Linhas do Erotismo

O REBENTO DA CRIAÇÃO

Alguns temas poderiam ser deixados de lado na pesquisa relacionada à investigação da poética e da política do corpo de Gilberto Gil. Uma possível recusa de enfoque seria a abordagem quanto à temática do amor e do erotismo, porque é considerada um assunto de domínio privado, da ordem da intimidade, ou mesmo porque pertence ao círculo de estudo da lírica amorosa. Para a chave de discussão aqui desenvolvida, esse tópico merece destaque e será o fio condutor de leitura deste texto. Neste capítulo, a análise será conduzida no sentido de cotejar letras de suas canções, depoimentos e algumas imagens das capas de discos, na esteira dessa seleção temática.

De acordo com a perspectiva histórica e biográfica, serão observadas as relações entre o erótico e a composição poética, considerando os diferentes momentos e fases da vida do artista. Nesse caso, serão avaliados os procedimentos de criação do corpo biográfico, que articula códigos societários e discursos por meio dos quais decodifica o campo artístico e político por onde atua. Pensar o corpo de Gilberto Gil, tanto no âmbito da criação de sua grafia musical quanto de sua inserção na trama política, requer entender a compreensão do amor e do erotismo como realidades ancoradas no social, próprias do edifício imaginário das culturas.

Se o corpo possui história, é preciso rever os hábitos interpretativos, os silêncios e as tônicas na maneira como essa história foi contada e sentida. Se o lugar dos sentimentos e dos afetos esteve limitado – desde a emergência dos ideais românticos no final do século XVIII – à ordem discursiva que abriga a inserção do sujeito na ontologia da sua escrita, os signos amorosos pedem para ser decifrados na travessia por diferentes modos de subjetivação coletiva. Neste contexto, pensa-se o corpo de Gilberto Gil como superfície para encenação de representações de identidades, como também palco para a reinvenção simbólica de si e do outro conforme a perspectiva erótica.

Contemplando os estudos de Octavio Paz sobre o erotismo, pode-se dizer que o corpo erótico presume o "algo mais da linguagem"[1]. Considerado na engrenagem da maquinaria do desejo, o corpo não se restringe à demanda de satisfação sexual. Ultrapassam-se os limites fisiológicos, sem negá-los, quando se permite a aparição da fantasia, sem a qual o desejo não se sustenta. Assim, refletir sobre o erotismo é entender a criação do corpo na relação com a alteridade, já que o outro assume-se como elemento desencadeador do estado erótico, sendo, por conseguinte, peça inextricável do jogo social. Nesse foco de análise, o erotismo é a base da criação poética, pois as palavras deixam o chão do cotidiano comunicativo e alçam o plano da imaginação, no reinventar de códigos. Desse modo, a atividade artística alimenta-se da veia erótica que reivindica de si a capacidade de transformar também o mundo que a circunda.

É nesse princípio criador da fonte erótica – no qual se inclui o imaginário – que se situa a vertente de leitura sobre a linguagem da poética e da política do corpo ativada por Gilberto Gil. Em versos de "Rebento", canção de 1979, observa-se a cadeia de relações entre "o ato, a criação, o seu momento",

---

1 *Um Mais Além Erótico: Sade*, p. 35. Segundo O. Paz, o que diferencia o erotismo da sexualidade é a necessidade da representação, é o "algo mais da linguagem". Assim, o erotismo "é criação, invenção – nada mais real do que este corpo que imagino; nada menos real do que este corpo que toco e se desmorona em um monte de sal ou se desvanece em fumaça".

POR ENTRE AS LINHAS DO EROTISMO 227

quando a música e as palavras brotam na semeadura da arte, da grafia biográfica em meio aos solos culturais, como elementos indissociáveis do corpo. Coordenados entre si e apresentados nos versos, os substantivos mostram-se no enlace de sentido, pois "o ato" representa a potência concretizada no processo da criação, no momento em que a vida age e se reinventa nesse gesto. Nesses três substantivos, o compositor condensa mais que uma síntese do processo criativo. Trata-se de metalinguagem diante de sua poética e de sua política, um *éthos* assumido quando o corpo ganha forma e consistência social através de suas ações e, ao mesmo tempo, vai esculpindo o mundo com o qual ele interage: "tudo que nasce é rebento / Tudo que brota, que vinga, que medra / Rebento raro como flor na pedra / Rebento farto como trigo ao vento"[2].

A canção foi pensada para completar a trilogia do prefixo *re-*, presente tanto em refazenda quanto em refestança, no entanto ela não se adequou a essa função, que acabou por pedir a emergência do terceiro termo integrante: realce[3]. Mas, se não veio completar a trilogia, esta canção permite glosar os caminhos do processo criativo do compositor, considerando que o corpo é um campo de luta, de conflitos intersubjetivos, que brota como "flor na pedra" das relações de forças. O termo rebento, reiterado nas estrofes, explora agudamente a aliteração da oclusiva bilabial sonora, presente nos versos "Rebento, substantivo abstrato / [...] Como uma estrela nova e o seu barato / [...] Tudo que brota, que vinga, que medra / [...] Rebento, o coração dizendo: 'Bata' / A cada bofetão do sofrimento". Na repetição da consoante, a musicalidade traduz e constrói a irrupção do ato criativo, a princípio visto de modo abstrato, que, entretanto, adquire contornos materiais concretos e soa intensamente para lançar novos rebentos na "imensidão do som desse momento"[4].

A perspectiva desenvolvida por Gilberto Gil envolve a redefinição do ato de criar, tanto como processo quanto como produto, já que o rebento não é um fenômeno puramente social, ou mesmo linguístico, pois presume o engajamento do corpo

2 Em C. Rennó (org.), *Gilberto Gil: Todas as Letras*, p. 226
3 Ver idem, p. 222-223, depoimento de Gilberto Gil sobre a feitura da canção "Realce".
4 Idem, p. 226.

228 GILBERTO GIL: A POÉTICA E A POLÍTICA DO CORPO

com a cultura. O nascimento do rebento sugere a morfologia botânica, do broto como a "flor na pedra", mas também rompe a dualidade natureza e cultura, mente e corpo, lançando outra maneira de construir a epistemologia da corporeidade. Esta não é um reflexo da civilização, tampouco um mero instrumento para expressá-la; a cultura não se registra como um fora, quando a subjetividade poderia ser encarada como um processo de interiorização do exterior. Essa dualidade é também revista no "rebento" musical.

O desafio do "coração dizendo bata" permite examinar formas canônicas de entendimento e de reconfiguração da corporeidade. Quando se delineia a trajetória de Gilberto Gil desde o tropicalismo, passando por toda a sua carreira como músico e, ao mesmo tempo, no desdobramento pela política – no instante em que este assume o cargo de ministro –, devolve-se ao corpo o seu lugar de destaque, pois este não pode ser dissociado da práxis política de identidade e da construção artística.

O rebento, que a princípio seria um "substantivo abstrato", ganha forma, consistência rítmica e se alia ao desafio da re-favela, da refestança e do realce. Embora a canção "Rebento" tenha sido pensada em face da exigência de compor a trilogia do prefixo re-, isso não se concretizou por ela surgir mais como uma ponte que une e perpassa essas três formas, na intersubjetividade existente nesses três modos de agir poética e politicamente com o corpo. Essa trilogia não nomeia apenas projetos musicais e poéticos; assume os contornos de uma filosofia de vida e de política corporal. Com efeito, o rebento nasce de uma conjunção de forças históricas e sociais, porém não se restringe ao corpo reflexivo, elemento passivo do processo de construção cultural do Brasil.

No quebra-cabeça da formação do território brasileiro, o corpo de Gilberto Gil não representa apenas uma peça, ele é um agente que compõe esse próprio jogo, engajado às questões do seu tempo e da sociedade brasileira. No entanto, o engajamento não se define somente por se ocupar de uma causa social e defendê-la, mas pelo fato de o próprio corpo ser elemento ativo do processo cultural e de criação de valores na revisão de hierarquias sociais, sem reduzir-se, contudo, ao âmbito do comportamento, nos limites restritos ao ver, ao ouvir e ao falar.

POR ENTRE AS LINHAS DO EROTISMO

Trata-se de entender a corporeidade como um modo de conhecer e produzir a cultura, uma maneira de estar e de se fazer no mundo. Essa reflexão sobre o corpo pode ser ainda melhor compreendida ao se ampliar a rede musical do cantor.

Em 1974, Gilberto Gil compõe "Dos Pés à Cabeça". Como o próprio título sugere, o corpo assume o eixo temático da canção e proporciona o entendimento do que se está discutindo como uma política e poética corporal deste artista. Segundo os versos constituintes da primeira estrofe, o sujeito está indissociável do corpo, e este não se restringe à fisiologia, nem se resume a representar-se como espelho da trama social; é um corpo atuante: "Eu estou onde está meu corpo / Meu corpo, onde estão os meus pés / Meus pés, onde está o chão / Ou então / Onde a cabeça / Com seu pensar em vão"[5]. Nesses versos, o conhecimento ultrapassa a esfera do mental; atua dos "pés à cabeça", a romper a divisão clássica entre a abordagem restrita à fenomenologia ou afeita ao prestígio do cognitivismo.

Gravitando em torno "dos pés à cabeça", pode-se compreender a fronteira que atravessa essas duas configurações interpretativas, sem excluí-las. A primeira centraliza sua atenção no corpo como agente de percepção, pois é através dele que se apreendem as faces das pessoas, e é através dele que se percebe o mundo físico e cultural, na constante integração com a sociedade. No corpo, vive-se a possibilidade do "ato, a criação, o seu momento", em que a palavra "mundo" deixa de ser algo inominável, inapreensível no seu vazio e, por isso mesmo, concretiza-se na existência com o outro. Já a segunda perspectiva, a cognitivista, apoia-se nas premissas que regem a categorização do corpo como realidade passiva, cujas sensações e sentimentos vividos são projetados sobre a mente, que os esquadrinha e lhes faculta o entendimento. Tal atitude garante a estabilidade da cultura como elemento extrínseco ao corpo, assente na transmissão das gerações[6].

Em "Dos Pés à Cabeça", pode-se visualizar a poética e a política corporal que rompem com a divisão excludente entre as duas abordagens. O ponto de ruptura entre essas duas posições

5 Idem, p. 149.
6 As duas perspectivas são desenvolvidas por M. V. de Almeida em O Corpo Antropológico, *Revista de Comunicação Contemporânea*, n. 33, p. 49-64.

reside basicamente no sentido de abranger o rebento a partir do enfoque não mais dualista mente/corpo. A corporeidade torna-se a maneira de sentir-pensar o social e a subjetividade, quando esta será alcançada mediante a abordagem intersubjetiva, na constelação de outros corpos, sem que isso negue as diferenças que se fazem dos encontros e dos conflitos entre as identidades. Nesse sentido, conhecer é um processo histórico no trânsito inseparável entre natureza e cultura, que localiza o corpo nas condições de onde emanam convites e exigências de ação: "O meu corpo todo, eu acho / Vale quanto pesa e sente / Como pensa e é imenso / Como deve ser o voo / Da Terra pra Lua / E a noite da Lua / E a imensa viagem do dia do Sol"[7]. Sem cair no determinismo histórico, nem na dinâmica exclusivamente mecanicista, o corpo garante o constante fluxo e refluxo, no vaivém da dinâmica social.

Nisso constitui o desafio do corpo: romper com hábitos culturais que o definem como matéria-prima sobre a qual a história ocidental impõe e obriga a escrita de epistemologias consagradas. Desafio maior se acentua ainda quando o potencial do corpo permanece negado, exatamente por ter sido eleito o lugar de um saber soberano. Essa maneira de conceituá-lo continua subtraindo o seu potencial crítico e transformador, pois o define como fonte de verdade suprema, como uma entidade absoluta, de onde se extrai a totalidade de saber acerca do campo social. Nesse contexto, a música "Dos Pés à Cabeça" aposta na capacidade de a palavra se negar e possibilitar quando nega, de o corpo silenciar e dizer algo quando cala, de o poético ser político quando afirma não sê-lo; no constante jogo de paradoxos e de contradições que envolvem o erótico, a criação artística e o social, sem que a corporeidade se assuma como significante unificado, supremo e inquestionável.

Com efeito, se a verdade repousava na razão e se deslocou para o corpo, a mudança se limita aos termos, entretanto a vontade de verdade que anima essa conduta persiste, inviabilizando a produção de diferentes saberes e possibilidades de transformar a realidade social e histórica. Na diretriz totalizadora da abordagem quanto ao corpo, impõem-se ausências

7 Em C. Rennó (org.), op. cit., p. 149.

POR ENTRE AS LINHAS DO EROTISMO 231

e se anulam os diferentes modos de sentir-pensar as culturas; reprime-se a crise da matriz única e homogeneizadora, capaz de dinamizar as diferenças que motivam a história individual e coletiva.

A rejeição ao sujeito como matéria transcendental e a necessidade de acesso aos modos de constituição das malhas sociais pediram a emergência do corpo nos interesses de análises sociológicas, principalmente quando este se apresentou como núcleo de resistência e de reinvenção da cultura. O corpo passou a constituir-se um território de produção de saber, de sentir, um princípio de ação sobre o tablado social do qual ele faz parte. Na performance, o corpo requer uma visualidade sempre atenta à perspectiva que envolve o modo de estar no campo físico e psicossocial.

Assim, o erotismo não se inclui numa teoria abstrata sobre o corpo, detida no âmbito de uma política de relações de poder, que não demarca os modos e as epistemologias de opressão. O rebento-erótico vem para problematizar o corpo enquanto verdade, seja de natureza biológica, seja de natureza representacional-discursiva. O erotismo permite a ruptura do *habitus* entendido "como um sistema de disposições duradouras, princípio inconsciente e coletivamente inculcado para a geração de práticas e representações"[8]. Dessa forma, o erotismo revela-se um modo de deslocar o corpo do eixo do significante supremo, considerando os vazios de sua constituição e do campo social, ao mesmo tempo em que se reveem os locais imantados pela significação dos hábitos, que agem sobre os corpos e lhes dão o caráter estável.

A propósito da permeabilidade entre muitos veios musicais e o engenho artístico de Gilberto Gil na forma de sentir e deslocar os vazios, pode-se retomar uma outra canção composta em 1974, durante a censura no Brasil. Em "Copo Vazio", o compositor testemunha e problematiza a crise cultural vivida sob os efeitos castradores do Ato Institucional n. 5, o AI-5. A canção sugere a conjuntura social propiciadora do cerceamento das fontes de expressão criativa e o nascimento da autocensura no

8 O termo *habitus* é utilizado de acordo com o pensamento de Pierre Bourdieu, "como repetição de práticas corporais inconscientes". Cf. M. V. de Almeida, O Corpo Antropológico, op. cit. p. 59.

232 GILBERTO GIL: A POÉTICA E A POLÍTICA DO CORPO

trabalho criador do artista, sintoma de uma trama política, que teria, possivelmente, minado a efervescência cultural sentida no Brasil desde a bossa nova, passando pelo tropicalismo. A imagem do vazio do copo agrega a consciência das alterações de um quadro social e político que exigia de seus músicos e artistas o malabarismo do verbo, a arte de camuflar e de esconder suas críticas para driblar a vigilância dos militares.

A paisagem instalada na vida cultural brasileira pós-1968 é definida como uma realidade traumática para muitos brasileiros, cuja vacuidade imprimiu-se de forma concreta e incomparável na história do Brasil. A desmobilização dos artistas no imperativo de seus exílios, o declínio da arte polêmica e de protesto, a queda na venda dos jornais, livros e revistas, o expurgo intelectual nas universidades brasileiras, enfim, desse país castrado de suas possibilidades de livre expressão cultural resultaria a experiência inevitável e inconsciente do copo vazio[9].

Embora tenha sido um dos protagonistas desse capítulo e dessa paisagem brasileira, Gilberto Gil não determina que essa vacuidade seja absoluta e que haja, portanto, a incontornável asfixia social: o "copo está cheio de ar". Na leitura da canção, sente-se como o olhar do artista transfigura a transparência no vazio do copo, fazendo do vinho vertido a força imaginária que desloca e problematiza a vacuidade presenciada nas ruas e nas casas brasileiras: "Que o ar no copo ocupa o lugar do vinho / Que o vinho busca ocupar o lugar da dor / Que a dor ocupa a metade da verdade [...] / Uma metade cheia, uma metade vazia"[10]. As metades não se complementam, tampouco se excluem: trata-se de um copo cheio diante do vazio. Da experiência histórica brasileira, extrai-se a possibilidade de sentido, que não minimiza a dor diante da solidão e da violência vividas naquele momento de ditadura cerrada, mas isso não determinou a completa recessão criadora, pelo menos em se tratando de Gilberto Gil.

Desde as suas canções feitas no exílio londrino, como "Fechado para Balanço" – cujo título já é bem elucidativo daquele

9 Em sua análise do relatório feito pela revista *Visão* a fim de obter um retrato cultural dos anos de 1970, Z. Ventura constata a crise cultural do Brasil, e a subsequente estagnação do processo de criação artística: "um perigoso vazio cultural vinha tomando conta do país"; O Vazio Cultural, em E. Gaspari et al., *Cultura em Trânsito 70/80*, p. 40.

10 Copo Vazio, em C. Rennó (org.), op. cit., p. 157.

POR ENTRE AS LINHAS DO EROTISMO 233

momento –, até aquelas canções que registram o seu retorno para o Brasil, como "Back in Bahia", não se notou a recessão aguda provocada pela censura e pelo AI-5. Até 1978, quando o AI-5 foi extinto, a produção deste compositor prosseguiu, passando por muitas transformações que não representaram o colapso do seu processo criativo. Desse período também datam canções famosas como "Lamento Sertanejo", em parceria com Dominguinhos; "Cálice" em parceria com Chico Buarque; "Tradição", "Filhos de Gandhi" e "Preciso Aprender a Só Ser" todas compostas em 1973.

"Cálice" merece destaque pelo diálogo que mantém com "Copo Vazio" e por traduzir o talento de Gilberto Gil e de Chico Buarque para lidar com a pressão da censura. A repressão artística vivida naqueles anos de silêncio imposto pela ditadura militar ativou a natureza transgressora do erotismo poético que retomou, no enredo da linguagem e do inconsciente, o cálice (cale-se) convertido em música. O vazio do copo reaparece como correlato para a ausência do amigo Chico Buarque, com quem Gilberto Gil compôs a canção em 1973: "Como beber dessa bebida amarga / Tragar a dor, engolir a labuta / Mesmo calada a boca, resta o peito / Silêncio na cidade não se escuta". Na rede de comunicação musical e afetiva, fluía novamente a metáfora do copo, do cálice "de vinho tinto de sangue"[11].

O significante copo/cálice confirma a aliança entre esses dois artistas e é índice de uma ausência e uma presença: "de uma metade cheia, de uma metade vazia". Segundo depoimento de Gilberto Gil, "Copo Vazio" nasceu do pedido de Chico Buarque, muito censurado na época, para que ele compusesse uma canção para *Sinal Fechado*, um disco com trabalhos exclusivamente de autoria de colegas. Desse pedido, da libação do acaso e de um momento, tragou-se a bebida amarga de um Brasil cheio de vazios, simbolizado na ausência da voz de Chico Buarque, mas que, na nostalgia do vivido e do sonhado, no vinho sorvido, reapareceu no copo/cálice da canção. Assim, criava-se a maneira de declarar as crenças políticas e de disseminar a vontade de uma geração de músicos e letristas brasileiros, dentre os quais estava Gilberto Gil.

11 Idem, p. 138. O refrão de onde foi extraído esse verso, assim como a primeira estrofe citada acima, foram escritos por Gilberto Gil.

234 GILBERTO GIL: A POÉTICA E A POLÍTICA DO CORPO

Nessa trama política e poética, o copo não se contentou em ser uma metonímia do social, porque é um signo que remete ao corpo que sorveu a bebida e a outros tantos privados de sua liberdade de criar: "É sempre bom lembrar / Guardar de cor / Que o vazio de um rosto sombrio / Está cheio de dor"[12]. Entretanto, no copo cheio de ar, Gilberto Gil sente a densidade de vários sistemas culturais e emocionais, com suas ramificações e diálogos entre artistas e a coletividade. Para ele, a cultura alimenta-se de uma rede de afetos e de signos, que, quando combinados, produzem interesses em comum, ausências partilhadas e valores sociais[13].

Sob a égide de uma realidade brasileira repleta de imagens, de códigos e de cifras, não se lamenta apenas a repressão a um compositor como Chico Buarque. Dessa presença-ausência emergem outras vozes – dentre as quais está a de Gilberto Gil – como índice de um compromisso mais extenso, que envolve "biografias compartilhadas" entre esses dois artistas e outros partícipes de uma geração de músicos brasileiros[14]. "Copo Vazio" inclui o diálogo intenso com a dimensão amorosa que abarca a grafia do corpo de tantos outros músicos, justamente no processo de identificação com um momento, com uma causa, com o amigo Chico Buarque – uma referência e uma força propulsora para aquela geração de artistas –, atrelada ao sentimento de vazio do cálice, capaz de produzir laços de compartilhamento social. No depoimento sobre a criação de "Copo Vazio", Gilberto Gil revela o que representou Chico Buarque para a sua vida musical, ao mesmo tempo em que manifesta mais claramente a noção de biografias compartilhadas:

O Chico me pediu uma música; é um ídolo meu, um artista por quem eu tenho uma devoção extraordinária, uma admiração tão

---

12 Em C. Rennó (org.), op. cit., p. 157.

13 Apesar do declínio da concepção da cultura pautada na imagem de conjunto, ou na de estrutura, foi útil a definição dada por O. Paz, para quem "cada cultura é um conjunto de estruturas materiais, intelectuais e emocionais: coisas, instituições e homens que compõem uma sociedade, é predominantemente um sistema simbólico"; O Sentido é Filho do Som, *Convergências*, p. 38.

14 Z. Bauman refere-se à expressão "comunidade imaginada" no sentido sugerido por Benedict Anderson para tratar do processo de autoidentificação num aglomerado social composto por sujeitos desconhecidos e dispersos "com quem se acredita compartilhar alguma coisa suficientemente importante que se fale deles como um 'nós', do qual eu, que falo, sou parte"; *Amor Líquido*, p. 48-49.

POR ENTRE AS LINHAS DO EROTISMO   235

grande e também um espelhamento. Eu me espelho nele para tantas coisas. Ele é um dos grandes êmulos e motores da minha propulsão poética. Nela, ele é um motor de popa. Eu não teria sido o compositor que sou sem Caetano e Chico, que são os maiores responsáveis por tudo isso. Caetano, por circunstâncias baianas, um pivete comigo na rua da poesia; e Chico, que veio a se tornar amigo depois, em São Paulo [...]. Chico foi sempre assim, olímpico, nessa coisa da composição e da poesia e na interação com o mundo dos colegas. Olímpico como se estivesse numa competição estudantil junto a todos, mas havendo muito mais que o poder competir. Ele tem o gosto pelo desejo conjunto, uma ambição conjunta de fazer com todos[15].

Cabe destacar que o cálice compartilhado não resulta apenas de interesses em comum. Nesse sentido, desdobram-se as questões que Bauman levanta quanto ao sentimento de partilha de afetos, de comunhão de vontades na modernidade líquida, cujos laços parecem desfazer-se, quando os vínculos afetivos mostram-se mais frágeis e escorregadios. A questão da identificação partilhada projeta-se no campo do erotismo e de uma política de transformação social, quando o eu se converte em um nós, para lidar com as demarcações de poder e os confrontos de ordem econômica e social. Nesse caso, é sempre bom lembrar que o copo vazio traduz e questiona "a magia da verdade inteira, todo poderoso amor"[16], numa revolução que passa pelo erotismo do artista e da comunidade na qual ele se insere.

No jogo de paradoxos do copo da criação musical de Gilberto Gil, defronta-se com o dom e a magia da música para falar de um sentimento líquido, sorvido na matéria do cotidiano que se transfigura corpo adentro, ressurgindo em outra forma de matéria, no escoadouro da energia poético-musical. Aqui se desenha o potencial da carga erótica da fonte criadora deste artista, de que o vinho é uma metáfora capaz de transformar a cena do cotidiano em matéria poética e política. O líquido desaparece e ressurge transmutado em outro lugar, onde se escondem e reacendem as marcas de si e do Brasil: "É sempre bom lembrar / Que um copo vazio / Está cheio de ar".

Na montagem da cena em "Copo Vazio", insinua-se o tema da incorporação. No encontro de biografias e de culturas, o

15   Em B. Fonteles, *Giluminoso*, p. 164-165.
16   Em C. Rennó (org.), op. cit., p. 157.

236 GILBERTO GIL: A POÉTICA E A POLÍTICA DO CORPO

corpo participa da rede da memória social, com a codificação de gestos, do jeito diante da linguagem e do corpo nos círculos sociais, no ritual das festas e dos afazeres do cotidiano. O desafio em "Copo Vazio" resulta não somente da tarefa de escrever a pedido de outro músico e letrista, principalmente em se tratando de Chico Buarque. Defronta-se, sobretudo, com a problemática dos espelhos, das identidades, em que algo do outro fala e se estranha quando é incorporado. Nesse contexto temático, convém retomar as palavras pronunciadas por Gilberto Gil sobre o processo criativo desta canção:

Quando desliguei o telefone, estava diante de um desafio extraordinário. Absolutamente lisonjeado com o fato, mas ao mesmo tempo apavorado com a ideia: "Como que eu vou fazer uma música pro Chico? Como é que eu vou estar no lugar dele?" Sim, porque ele não estava pedindo só uma música para cantar. *Estava pedindo, na verdade, a nós todos para o incorporarmos.* Estava solicitando uma mimetização, que nós o mimetizássemos, vestíssemos suas cores e fôssemos seus camaleões. Porque ele precisava daquilo naquele momento; queria muito aquilo e era uma homenagem que ele nos prestava. Isso tudo me deu a ideia para a canção no meio daquele pânico e com aquilo na cabeça, rodando pela casa. Veio a hora do jantar, e jantei pensando naquilo. Falava uma coisa e outra, atendia o telefone, mas aquilo não saía da minha cabeça: "a música do Chico; o que vou dizer nessa canção para ele?"[17].

No recorte textual do compositor, o verbo "incorporar" aparece com as nuances e as questões significativas para a teoria de Gilberto Gil sobre o corpo na cultura. Segundo o depoimento apresentado, a incorporação atravessa, em princípio, o tema da *mímesis* e da originalidade ao mesmo tempo. O pedido do amigo era um desafio porque implicava o problema da identidade no jogo camaleônico de espelhos: é fazer para Chico Buarque, mas quem compõe é Gilberto Gil. Assim, incorporar o outro é trazê-lo para uma realidade que o ultrapassa, que o transfigura e, ao mesmo tempo, presentifica a história de vidas cruzadas, os ecos das ruas e esquinas do Brasil. A noção do corpo desenvolvida pelo artista baiano permite pensar muito bem as encruzilhadas das culturas, com suas fronteiras e graus

17 Em B. Fonteles, op. cit., p. 165. (Grifo nosso.)

de interpenetração. Assim, o copo vazio do vinho vertido é uma metáfora para definir o ato de criar: o incorporar do outro, na interseção de biografias, na transfiguração dos corpos. Portanto, estes não se limitam à biologia nem puramente à materialidade dos discursos.

De fato, Chico Buarque costumava oferecer ao amigo baiano, quando este ia à sua casa, um cálice de uma bebida italiana chamada Fernet[18]. O ritual da bebida revelava o caráter processual da amizade e, ao mesmo tempo, da incorporação de signos e de grafias unidas por laços afetivos e de identificação, com o estranhamento – sugerido no adjetivo "amargo" presente na fala de Gilberto Gil – diante da bebida tragada, dos acordes e dos versos nascidos em parceria, naquele momento de choque e de conflito na arena cultural no Brasil. Ao absorver algo do outro, a consciência incorporada marca o lugar das diferenças. Nesse caso, a expressão "bebida amarga" remete também à biografia compartilhada pela experiência sorvida diante do momento político da história brasileira, no reinventar desses dois artistas.

De acordo com a cena da casa descrita acima, entre telefonemas e falas entrecortadas no jantar, a criação de "Copo Vazio" retoma aquela outra cena de "Cálice", tendo em vista o princípio da dispersão e da concentração, nos atalhos da memória. Entre as marcas guardadas, fica o desafio do gesto incorporado, lida-se com a economia do desejo que envolve o sujeito, quando ele se afirma como voz e, ao mesmo tempo, como eco de uma coletividade. Na análise do erotismo de "Copo Vazio", é preciso problematizar e entender a dispersão nos seus múltiplos sentidos. A canção nasceu do olhar disperso e concentrado no cotidiano, quando, depois de ter tomado um copo de vinho em um jantar em sua casa, já de madrugada, Gilberto Gil defrontou-se com a taça sobre a mesa: "Pensando no que é que eu ia fazer pro Chico, eu de repente vi o copo vazio e concentrei o olhar nele para dali extrair emanações de imagens e significados"[19].

A dispersão é um tema que emerge necessariamente quando se vai pensar o erotismo e seu relacionamento com o social,

18 Cf. em C. Rennó (org.), op. cit., p. 139, o testemunho de Gilberto Gil sobre a composição de "Cálice".
19 Idem, p. 157, o depoimento sobre "Copo Vazio".

238 GILBERTO GIL: A POÉTICA E A POLÍTICA DO CORPO

sobretudo quando se desenha o erotismo na esfera também de uma práxis política e poética na construção do corpo biográfico. A dispersão assume seu caráter problemático exatamente quando se encontra com o dualismo, ao integrar-se ao par formado com a concentração. Reservou-se ao disperso o valor negativo quanto à prática interpretativa no tocante ao social. Em contraposição, observa-se a estima à permanência do olhar, à estrutura da sociedade, à intenção do sujeito social, à unidade de propósitos e de síntese, que impediram de compreender o disperso como um valor necessário para a recriação das relações humanas, das manifestações culturais e artísticas, sem, contudo, torná-lo excessivamente abstrato e fragmentário.

Por conseguinte, "Copo Vazio" surge da fricção e do trânsito entre o concentrado e o distraído. A distração do olhar, embebido pelo momento, passeia pela sala e pela memória esquecida, até deparar-se com o copo sobre a mesa. Dessa mobilidade, o olhar concentra-se sobre o objeto e desliza sobre as marcas inscritas no corpo biográfico e nos acenos musicais, devorando, no suposto vazio cultural brasileiro, as possibilidades de recriação de si e da solidez da censura, das medidas castradoras emprestadas aos artistas brasileiros. No confronto de alteridades e de posições políticas, a história das culturas pode abrir espaço para deslocar a dispersão como estratégia desconstrutora e não só corrosiva – como se quis com a evasão dos artistas brasileiros –, pois, através dessa força, a identidade deixa de ser definida pelo crivo do permanente e do estável, para sintonizar-se com a descontinuidade, com os limites do copo vazio, evitando reduzir a diferença ao retrocesso da origem, e volatilizá-la para uma esfera transcendental, distante das condições concretas de ação sobre a sociedade.

Pensar o erotismo de Gilberto Gil, evidentemente, presume problematizar o valor da dispersão[20]. O copo vazio resvala entre as

20 O. Paz discute o relacionamento entre a higiene e a repressão na sociedade americana. Para tanto, usa do recurso analógico, ao comparar a comida mexicana à americana e, com isso, pretende detectar o problema do erotismo e do desejo na culinária e sua ponte com o mapa do social. Segundo Paz, há uma preocupação exagerada dos norte-americanos com o valor da concentração: não se vê a mistura de condimentos; não se observa o convívio entre as frutas e os temperos com seu cromatismo variado; é uma cozinha sóbria, sem sabores heterogêneos. Nesse quadro analógico, delineia a sociedade norte-americana

POR ENTRE AS LINHAS DO EROTISMO   239

rígidas práticas políticas daquele período de censura e abre caminhos para que se faça um balanço cultural dos anos de 1970 no Brasil. Alegoricamente, o cálice vazio é um campo aberto pela música popular para as possibilidades de contato, para as pontes, as resistências afirmativas e a revisão da crise cultural instalada no pós-ditadura do país. Com efeito, o vazio do copo aponta, duplamente, para a imobilidade em que se situa o objeto-forma sobre a mesa e que sugere a imobilidade cultural para além dos limites das casas; ao mesmo tempo, alude à mobilidade do erótico expresso na veia poética, metaforizado no vinho disforme, vertido em canção. O desejo pode ser encenado no copo, quando põe "em movimento substâncias, os corpos e as sensações, pois é potência que rege os enlaces, as misturas e as transmutações"[21]. Assim, o vinho é o líquido sorvido, cuja substância de vida não baniu o desejo do "jantar" cotidiano.

Desse modo, pensar o erotismo no jogo de identidade presume a mão que acaricia o volume do copo/corpo, mas reconhece os vazios de que se alimenta a fluidez da imaginação do erótico. Portanto, a linguagem utilizada na letra da canção conquista o valor de qualidade que não se limita à fraseologia política comparável à música de protesto, tampouco se conforma com as facilidades utilizadas por muitos compositores, que usaram a censura como álibi para sua crise expressiva. No caso de "Copo Vazio", confirma-se o jogo entre a forma e o disforme, entre o copo no que ele tem de nominável e de inominável. Defronta-se, dessa maneira, com o jogo camaleônico entre o visível e o invisível, o que envolve o tema da percepção sociocultural na relação com o corpo.

Na cena da taça sobre a mesa, poder-se-ia interpretar a nítida separação entre o sujeito e o objeto, quando o mundo sociocultural soaria como um fora, extrínseco ao corpo. Nesse recorte, desenha-se o ponto de passagem, metaforizado pelo vinho, que interliga o corpo ao objeto esculpido sobre a mesa. Na percepção da vacuidade do cálice, não se registra apenas a representação

como aquela que, tal como na culinária, "teme os temperos como o diabo": a preocupação obsessiva pela pureza e pela origem dos alimentos corresponde ao racismo e ao exclusivismo. "A contradição norte-americana – um universalismo democrático feito de exclusões étnicas, culturais, religiosas e sexuais – se reflete em sua culinária"; Cama e Mesa, *Convergências*, p. 62.

21 Idem, p. 64.

240 GILBERTO GIL: A POÉTICA E A POLÍTICA DO CORPO

interna de um vazio exterior, nem a exteriorização do interior, como se a verdade viesse da soberania da mente. No vinho vertido, o copo vazio traz a crise conceitual quanto à abordagem da percepção da cultura e do tablado psicossocial brasileiro.

A percepção do objeto copo dá-se entre o corpo de quem bebeu o vinho da taça e, ao mesmo tempo, o objeto que convida o olhar. A percepção visual apreende-se entre o copo sobre a mesa e o cálice inscrito na cultura, na interação com o corpo de quem o vê, não havendo, portanto, dois objetos em separado, mas a fronteira na inter-relação dos corpos com outros territórios identitários. Tal como em "Dos Pés à Cabeça", o corpo assume-se como um modo de estar e de pensar a cultura; ele não existe à parte, é um elemento atuante no jogo da estruturalidade social[22]. Desse vaivém de imagens e de discursos, surge a força performática do erótico e do poético, sua vontade e potência de agir sobre a arte e sobre o campo político, como a formatação de objetos, dos corpos que podem atuar e construir os espaços sociais[23].

Na poética do vinho vertido, a superfície do copo vazio, sobre a qual se inscrevem os acontecimentos, é um lugar e um não lugar, porque se faz no limite e no choque de forças, no interstício dos discursos, quando um outro sentido eleva-se e toma posse das imagens e matrizes da cena sociocultural brasileira. Pensar o erotismo significa explorar o sentido da

---

22 O termo "estruturalidade" é usado sob a inspiração de J. Derrida, quando este afirma o caráter descentrado do jogo nas relações sociais e humanas, como crítica à vontade totalizadora presente na estrutura. Cf. A Estrutura, o Signo e o Jogo no Discurso das Ciências Humanas, *A Escritura e a Diferença*, p. 229-249.

23 Segundo Foucault, nem todas as relações produzem um objeto ou podem produzi-lo. O ensaísta distingue as relações discursivas primárias e secundárias das relações propriamente discursivas. As primeiras estão acopladas ao referente, palavras submersas no sistema dos signos, movidas pelo desejo de dar significação e de designar as coisas. Com as relações secundárias, presume-se o movimento reflexivo, quando se pode, por exemplo, conectar o discurso da família com o da delinquência, numa relação lógica de causa e efeito, premissa e conclusão. Estas duas primeiras distanciam-se das relações propriamente discursivas pelo fato de não possuírem a capacidade de produzir um objeto no discurso, independente da referência, enquanto as relações propriamente discursivas seriam aquelas que, no seu fazer, possibilitam a emergência do objeto do discurso. Portanto, o objeto não preexiste ao discurso. Neste caso, durante o exercício interpretativo, interessa uma lógica que não atrele o discurso à referência ou à vontade de representação. Cf. A Formação dos Objetos, *A Arqueologia do Saber*, p. 52.

POR ENTRE AS LINHAS DO EROTISMO   241

"proveniência"[24], quando a identidade humana não se define pelo que possui de autêntico ou permanente, mas por um aspecto mutante, no que tem de heterogêneo e multifacetado.

Na inter-relação entre copo vazio e cálice, nasce e resiste o rebento musical, diante das amarras do sistema de censura e também pela ameaça de outro sistema inconsciente: a autocensura vivida por muitos artistas naquele período cultural dos anos de 1970. Assim, o erotismo afirma uma política de "reação imediata / A cada sensação de abatimento"[25]. Tal como o corpo, a linguagem vem geralmente moldada pelo princípio da funcionalidade social, quando as palavras devem comunicar e confirmar a ordem do dia. Na contramão desse movimento, o erotismo do "vinho" vertido faz desabrochar outras modulações de sentido que acabam por oxigenar o corpo coletivo e cultural, e por abrir espaço para a reinvenção do social: "Outras vezes rebento simplesmente / No presente do indicativo / Como a corrente de um cão furioso / Como as mãos de um lavrador ativo"[26]. Nesse contexto, o termo "rebento" faz-se no arrebentar das correntes que aprisionavam as palavras e os sons nos departamentos de controle durante o regime político pós AI-5. Os versos trazem da memória as mãos que lavram outras formas de questionar os desmandos políticos, pois não se contentam em constatar a crise e o silêncio decorrentes da repressão cultural, utilizando-a como justificativa para o vazio criativo.

Em "Questão de Ordem", já se mostrava essa vontade que animou tantos rebentos de Gilberto Gil. A canção participou de um momento crucial da história brasileira e dialogou com as preocupações que desencadearam o movimento estudantil de maio de 1968, na França. Em março daquele mesmo ano, o Brasil assistia à cena de violência das tropas de choque da polícia militar contra os protestos estudantis, que resultou na morte de um estudante secundarista. Essa morte elevou ainda mais os ânimos

24 A proveniência já foi associada à noção da origem absoluta, mas não está se reportando a isso. Ao invés, usa-se o termo tal como Foucault o explora na sua leitura sobre a genealogia nietzschiana, para quem a proveniência diz respeito ao corpo como embate de forças, a atribuir sentido a uma quantidade de realidade, "lugar de dissociação do eu enquanto unidade substancial". Cf. Nietzsche, a Genealogia e a História, *Microfísica do Poder*, p. 22.

25 Rebento, em C. Rennó (org.), op. cit., p. 226.

26 Idem, ibidem.

242 GILBERTO GIL: A POÉTICA E A POLÍTICA DO CORPO

e os confrontos e, três meses depois, em protesto, estudantes, artistas e intelectuais realizavam a Passeata dos Cem Mil. A canção emerge como testemunho desse momento da história brasileira e da vida desse artista: "Se eu ficar em casa / Fico preparando / Palavras de ordem / Para os companheiros / Que esperam nas ruas / Pelo mundo inteiro / Em nome do amor"[27].

Essa época trazia circunstâncias históricas que abraçavam o pedido de revisão de políticas socioculturais. Viabilizavam-se os debates que questionavam os padrões epistemológicos vigentes, quando se exigiam outras metodologias de leitura quanto aos modos de controle político. O ano de 1968 representaria também o esfacelamento das forças que sustentavam o estruturalismo enquanto aporte crítico de análise textual[28]. Naquele momento, dava-se emergência ao corpo enquanto tema filosófico e sociológico, antes esquecido das cenas de relações de poder, que iria ocupar lugar de destaque na abordagem de intelectuais e, também, no cenário tropicalista. Assim, a temática do corpo brota com a vontade de transformar as relações de poder, já que os Estados modernos exigiam disciplinas de sujeição às populações com base numa anatomia social[29].

Atento aos panópticos espalhados pelo Brasil, principalmente durante a firme vigilância sobre os corpos no período da ditadura militar, Gilberto Gil sintonizava-se à força política e crítica do erotismo. Em "Questão de Ordem", o comandante falava em nome do amor, sentimento que aparece na sua dimensão coletiva associado à perspectiva política, como agente gregário com o qual se sustentam os laços de ordem social antimilitarista: "Se eu sair, demoro / Não mais que o bastante / Pra falar com todos / Pra deixar as ordens /

27 Idem, p. 100.
28 Ver a leitura de M. V. de Almeida, que problematiza o papel que o corpo assume como temática nas ciências sociais e na antropologia, nas últimas décadas. Cf. O Corpo Antropológico, op. cit., p. 49-64.
29 Disso resultariam trabalhos como *Vigiar e Punir*, cujo eixo de investigação residia no controle disciplinar, tendo em vista o domínio político sobre os corpos. A noção de biopoder, desenvolvida por M. Foucault, atrelava os mecanismos disciplinares à produção dos corpos, encarados a partir da genealogia de processos históricos de normalização do comportamento por meio de tecnologias de controle. O ensaísta acentua como um conjunto de regulamentos militares, escolares, hospitalares constitui um aparato técnico-político para controlar o corpo, que é diferente da escravidão, da vassalagem e do ascetismo. Trata-se de uma anatomia política que garante a manutenção do funcionamento social e econômico. Cf. Os Corpos Dóceis, *Vigiar e Punir*, p. 125-152.

Pra deixar as ordens / Que eu sou comandante / Em nome do amor"[30]. A partir dessa premissa, o sentimento amoroso afirma-se na construção de alteridades, na assunção de valores a favor da liberdade criadora, em oposição ao regime político em vigor no Brasil. Entretanto, o comandante do amor traz a ambivalência da sua ordem, mais esclarecida se comparada a outra canção.

Em "O Seu Amor", de 1976, Gilberto Gil ironizava o *slogan* da ditadura militar: "Brasil: ame-o ou deixe-o". A propaganda utilizava-se do signo do amor, atrelado à moldagem do nacionalismo reacionário marcada pelo maniqueísmo excludente, próprio do tipo de pensamento e dos valores que alimentavam a divisão da nação brasileira, no encalço do paradigma da hegemonia dos países de centro do Ocidente. Parodiando o lema da ditadura militar, o compositor ensaia a práxis amorosa, apostando na liberdade advinda do amor, necessária para produzir o projeto de nação democrática, ao contrário do que se via nas ruas brasileiras: "O seu amor / Ame-o e deixe-o / Livre para amar / Livre para amar / Livre para amar"[31].

A liberdade convocada nos versos entrelaça a sexualidade, o erotismo e o amor como elementos pertencentes à esfera do corpo, incluindo o social, sem abolir os paradoxos. No discurso da contracultura, por um lado, o erotismo promete a liberdade pela força da socialização do impulso sexual; por outro, afirma-se por participar da lei que garante os limites do convívio humano em comunidade. Desse modo, o erotismo define-se menos como freio e mais como a espora da sexualidade, com uma finalidade dupla: irrigar o corpo social sem expô-lo aos riscos destruidores nos conflitos de alteridade[32]. A liberdade aliciada pelo fluxo erótico não se possibilita alheia às histórias biográficas diferenciadas, conforme campos sociais também diversos. Assim, o corpo desprende-se das amarras do social

---

30 Em C. Rennó (org.), op. cit., p. 100.

31 Idem, p. 180

32 Embora não se confirme a separação entre a sexualidade e o erotismo, este é definido como sexualidade socializada. O corpo erótico carrega a tarefa de singularizar o outro em meio à sociedade, exigindo observar a diferença, enquanto a sexualidade apontaria para o plano mais geral das relações humanas, podendo cair no indiferenciado. Para desenvolver a distinção entre a sexualidade e o erotismo vide análise de O. Paz, principalmente nas imagens paradoxais "do freio e da espora", elaboradas em *Um Mais Além Erótico: Sade*, p. 25.

244 GILBERTO GIL: A POÉTICA E A POLÍTICA DO CORPO

pelo poder emancipatório do erótico, todavia, não se expande para além dos limites da sociedade; isso nada coincide com o regime de claustrofobia dispensado pelo modelo militar: "Quando me ocorreu o 'ame-o ou deixe-o', achei que era uma boa resposta para aquilo tudo, para aquele confinamento espiritual a que os detentores do poder àquela época se dedicavam"[33].

A ideia de um "amor livre para amar", expresso na canção, responde ao momento histórico brasileiro, mas sem se resumir a ele. Os versos de "O Seu Amor" reiteram a necessidade de potencializar o alcance político do erótico, ao mesmo tempo em que, com ele, constrói a reflexão sobre diferentes estilos de vida, como se anunciou com o movimento hippie. Nesse caso, a liberdade sexual acompanhava a expressão da contracultura, sensível às formas de atuação de poder sobre os corpos[34]. O anseio sexual surgia a reboque da ideia de subversão da ordem, quando o fluir do prazer questionava demarcações de códigos morais, de preconceitos enraizados e de estéticas canonizadas.

A estratégia da repetição paródica das ordens implícitas no aforismo é empregada para desarticular a marca difundida na memória social brasileira. O *slogan* militar utilizava-se do nome da nação com a vontade de síntese unificadora, imbuído do sentimentalismo de cunho reducionista, confirmado pelo conectivo "ou". A unidade nacional, guardada no mote militar, alimentava-se do constrangimento das diferenças em nome da construção identitária da nação, operada pelo conectivo de caráter excludente. Com a troca da conjunção nos versos do compositor, mostram-se a estratégia política do deslocamento do olhar, a conquista da leveza contra o peso e as amarras impostas à geo-

---

33 Em B. Fonteles, op. cit., p. 178.

34 O "Amor livre para amar" expresso na canção aponta para a diferença entre a sexualidade, o erotismo e o amor. A análise desenvolvida por Octavio Paz vem demarcar o erotismo e o amor como derivados do impulso sexual; porém, dele se distinguem, pois nenhum dos dois primeiros está a serviço apenas da procriação. Apesar dos méritos dessa abordagem, a distinção entre o amor e o erotismo parece problemática, uma vez que ela nega a dimensão histórica do amor e declara o sentimento amoroso como universal. A concepção de sexualidade parece também resvalar pela dicotomia natureza/cultura, sendo o erotismo a socialização do impulso sexual. Nos limites socioculturais existe a lei, graças à qual o erotismo concretiza a passagem da natureza para a cultura. Por outro lado, a escolha do objeto erótico manifesta-se mediante o campo de atuação do corpo, no meio social por onde este circula. Cf. O. Paz, *A Dupla Chama*, p. 5- 29.

POR ENTRE AS LINHAS DO EROTISMO 245

metria social brasileira naquele momento: "O seu amor / Ame-o e deixe-o / Ir aonde quiser / Ir aonde quiser / Ir aonde quiser".

Na rede de comunicação musical, a teoria do amor livre, muito disseminada pelo movimento da contracultura dos anos de 1960, afirmava-se com seu potencial político, que permitia trazer o corpo para a arena de discussões filosóficas e sociais[35]. Ampliava-se o sentido do erótico para a perspectiva coletiva descentralizada, sem impor uma teleologia totalizadora ao destino do Brasil e de sua gente. Se há uma potência a ser afirmada no amor, cantado entre os versos, é o próprio sentimento de liberdade que ele exige, seja do ponto de vista da relação entre as pessoas em determinado grupo e comunidade social seja no encontro com alteridades e os seus conflitos identitários. Na reversão do *slogan*, possibilitava-se a emergência de outra forma de entender o amor na própria descentralização de seus contornos austeros e asfixiantes do nacionalismo.

A paródia construída pelo compositor também abandonava o império da razão romântica. Em "O Seu Amor", não se pode confundir a liberdade prometida pela via do discurso amoroso com aquela apregoada pelo acervo de imagens e livros impregnados dos signos do romantismo nascido no final do século XVIII. Conforme esse plano de análise, a estética da canção exigia outro estilo de vida contrário aos ideais românticos, que eram usados como formas de domínio sobre os corpos, principalmente os femininos. A obra de Gilberto Gil atravessa essa crise de valores e de ideais, em sintonia com a crítica foucaultiana e sua noção de biopoder, embora esta negligencie a ascensão dos ideais de amor romântico e seu poder sobre a anatomia social[36].

---

35 Segundo depoimento de Gilberto Gil, "O Seu Amor" nasceu da vontade de fazer uma composição para ser cantada pelos quatro integrantes de Os Doces Bárbaros: "Vinha nele a restauração do sentido do amor, o mais profundo com toda a vivência amorosa e amorável que a minha geração tinha tido: o movimento hippie, com a ideia do amor livre e de superar as fronteiras... Sem curral e essas limitações todas de ciúme, amor possessivo, amor institucional e utilitário a serviço da economia"; em B. Fonteles, op. cit., p. 179.

36 Para A. Giddens, a teoria da biopolítica desenvolvida por M. Foucault tem a pertinência de examinar como o discurso torna-se peça inseparável do poder e é, ao mesmo tempo, fundante da realidade social que descreve e retrata. No entanto, o sociólogo tem ressalvas a essa teoria porque Foucault desconsidera as conexões entre o amor romântico e a sexualidade, fenômeno indispensável para entender as mudanças do paradigma da família e do relacionamento com as questões de gênero no tocante ao social. Cf. *A Transformação da Intimidade*, p. 34.

246 GILBERTO GIL: A POÉTICA E A POLÍTICA DO CORPO

Pelas Lentes do Amor

Ao se percorrer a obra poético-musical de Gilberto Gil, principalmente na primeira fase de sua carreira como compositor, entre 1962 e 1966, vê-se a presença da veia romântica. Em "Louco Coração", uma de suas primeiras canções, ouve-se o cantor entoar os versos "Meu coração / Falou / Que era seu / Todo, todo, todinho seu / O meu amor / Meu coração, meu louco coração / Que diz / Que só você, com você / Poderia algum dia / Ainda ser feliz"[37]. Nesta primeira estrofe, inscreve-se o desenho da concepção de amor que se contrapõe inteiramente à de "O Seu Amor". Na primeira canção, deflagra-se o estilo romântico de um "louco coração" atormentado pelo medo de perder o objeto de sua devoção. O ente amado, tal como se requer no paradigma romântico, projeta-se na moldura da idealização que o singulariza: nele está depositado "todo, todinho" o anseio de encontrar o paraíso idílico.

Em "Felicidade Vem Depois", também de 1962, observa-se o tom romântico: "Se você disser / Que ainda me quer, amor / Eu vou correndo lhe abraçar / Seus beijos, seus carinhos / Vivo a procurar / Como o poeta busca a inspiração / Nas noites de luar"[38]. Seguindo em primeira instância a bossa em "Desafinado" – "Se você disser que eu desafino, amor" –, ressalta-se a seleção dos signos que compõem a imagética do texto nas linhas do modelo de amor romântico; principalmente porque aponta para um modo de estar no mundo e diante do outro. O interesse veemente demonstrado na amada assevera o sentimento de urgência, que, com efeito, traduz uma forma de liberdade, por suspender o ritmo diário do cotidiano, numa espécie de rarefação da ordem imposta. No entanto, essa liberdade em nada coincide com a experimentada nos versos finais de "O Seu Amor": "Ame-o e deixe-o / Ser o que ele é / Ser o que ele é / Ser o que ele é".

Nesses versos, a liberdade é exigida por um discurso que se despede da visão individualista do padrão romântico e entra na esfera mais atenta à demanda política: o amor pede um estilo de vida e uma postura frente ao social e diante do outro. O ritmo impresso em "O Seu Amor" traduz a crise das conjun-

---

37 Em C. Rennó (org.), op. cit., p. 40.
38 Idem, ibidem.

POR ENTRE AS LINHAS DO EROTISMO   247

turas sociais que norteavam a soberania da razão e as bases da sociedade fechada, autoritária e patriarcal. Ideais como o casamento, a valorização do amor sublime sobre o ardor sexual, os laços entre família e maternidade, que tanto confinaram a mulher ao ambiente doméstico e marcaram a subordinação feminina ao âmbito do lar, também são questionados quando se põe em declínio o modelo romântico de amor. O "ame-o e deixe-o" participa de uma re-elaboração das condições de vida no Brasil, atenta à construção do espaço de intimidade como um tema também de uma política social.

Assim, em "Esotérico", de 1976, o tom leve e o ritmo dançante constituem o tipo de tônus amoroso que se segue próximo àquele expresso em "O Seu Amor". Paradoxalmente, desvela-se na presença amorosa a promessa de proteção diante do abandono, quando nada parece causar mais temor e insegurança do que a alteridade advinda desse mesmo amor; característica do mistério e da ambivalência experimentada por quem ama. Sendo assim, a angústia diante da suposta perda dilui-se na certeza de que "Não adianta nem me abandonar / Porque mistério sempre há de pintar por aí"[39].

Dessa maneira, vive-se o espectro da despedida, indício de ruptura com o ideal romântico de amor eterno, de único amor: "Pessoas até muito mais vão lhe amar / Até muito mais difíceis que eu pra você / Que eu, que dois, que dez, que dez milhões / Todos iguais"[40]. O ritmo compassado e solto demonstra-se na linguagem coloquial, no "pintar por aí", nas outras condições exigidas para amar, diferentes daquelas impostas pelo molde romântico[41].

O título "Esotérico" e o compósito de ideias constituintes dessa canção convidam a percorrer a capa do disco onde esta se encontra. A diagramação da capa de *Um Banda Um*, de 1982,

---

39 Esotérico, em C. Rennó (org.), op. cit., p. 181.

40 Idem, ibidem.

41 Segundo o depoimento de Gilberto Gil, a canção é "uma tentativa de transpor a ideia do mistério divino, místico-religioso, para o campo do amor terreno; de desmistificar e humanizar a categorização do esotérico como algo inatingível, colocando-o como inerente à nossa natureza, à complexidade de nosso afeto. O ímpeto da canção nasceu da vontade de falar do sentido esotérico das coisas através de algo que fosse demasiadamente humano como é a relação amorosa entre duas pessoas – não deixando, no fim, de remeter a questão para a divindade (qualquer mistério está aquém do mistério do Criador)"; idem, ibidem.

248 GILBERTO GIL: A POÉTICA E A POLÍTICA DO CORPO

sugere a atmosfera conceitual circulante pelas suas composições e, ao mesmo tempo, remete ao sentido etimológico do adjetivo esotérico. O ensinamento ministrado no círculo fechado a ouvintes escolhidos – para quem o ato de conhecer apresenta a dimensão de ordem transcendente e de caráter hermético – esboça-se no rosto de Gilberto Gil, parcialmente escondido e recortado na capa. Envolto na bruma de cor verde, no jogo de luz e de sombra, deixa-se descoberto um olhar que remete à sintonia construída na própria canção: "Até que nem tanto esotérico assim / Se eu sou algo incompreensível / Meu Deus é mais / Mistério sempre há de pintar por aí". Do encontro entre os corpos na sua interação social, sem a idealização exacerbada de si diante do outro, nem a crença no amor perene, o sentimento amoroso inscreve-se em uma zona não mais divinizada, inerente ao tom sublime dos ideais românticos: "Pessoas até muito mais vão lhe amar / Até muito mais difíceis que eu pra você".

Já em diversos closes, a contracapa do disco e o encarte reúnem vários corações verdes, em tamanho menor, como molduras para o rosto de Gilberto Gil. A trajetória desse ensaio fotográfico distribui o compositor em diferentes tomadas de cena e, em duas delas, vislumbra-se a camisa branca onde está escrito Gil. O nome do cantor, que já era uma celebridade naquela época, talvez dispensasse a grafia exposta na camisa, no entanto a inscrição ganha o valor de signo a ser decifrado. Na fotografia focalizada, vestir a blusa também se confirma como gesto de autoidentidade, cuja marca torna-se parte integrante do projeto musical e biográfico que acompanha o disco.

Nota-se a presença do compositor espalhada pela contracapa do disco, em cujo título, *Um Banda Um*, insinua-se o "um" em meio à banda musical e social com a qual ele se une. Nesse sentido, nada é tão esotérico assim, pois o nome Gil é o sobrenome de família, banda de que ele seria um integrante. Assim, reconhecer-se Gil é, simultaneamente, incorporar a vida de pessoas que compõem o campo afetivo e familiar, presente na sua rede de comunicação social, mas também significa assumir-se no amálgama das muitas faces que compõem o próprio sujeito Gil[42].

42 Segundo Gilberto Gil, a canção "Banda Um" refere-se também à Banda do Zé Pretinho de Jorge Ben Jor: "'Banda Um' é como se fosse o nosso hino, o nosso prefixo musical"; em C. Rennó (org.), op. cit., p. 245.

POR ENTRE AS LINHAS DO EROTISMO   249

O título *Um Banda Um* remete à palavra "umbanda", que se aproxima da trama de sentido já sugerida em "Esotérico" e em outra canção que compõe esse disco: "Banda Um". Se o adjetivo "esotérico" remete ao valor de grupo, unido pela vontade de produzir o código de conhecimento entre membros de uma coletividade, criam-se também laços identitários e de compartilhamento. Nessa instância, a ideia disseminada no título do disco projeta-se na rede filosófica da religião umbanda, nascida no Rio de Janeiro entre o fim do século xix e o início do século xx. Na sua genealogia, essa religião traduz o sistema complexo de incorporação de traços culturais distintos, na qual se integram elementos espíritas e bantos; estes já plasmados sobre elementos jeje-iorubás[43].

Nas trilhas do engenho da poesia concreta, usando a decantação da palavra "umbanda", mostra-se o sentido transfigurado que se imprime sobre esse termo e o valor representativo para a poética e a política presente na vida deste compositor. Segundo ele, umbanda representa "uma cisão do culto fechado das religiões, seja candomblé, seja a católica, ambas monísticas, cada uma com a *sua* verdade; o panteísmo necessário da umbanda, uma religião que não é uma, mas 'todas'"[44]. Nesse âmbito interpretativo, a religião da umbanda conquista o significado alegórico de descentralização da verdade; a filosofia de vida que concentra esforços na arte de incorporar diferentes elementos culturais, sem que nenhum se sobreponha entre si: "Banda Um que toca um balanço parecendo polca / [...] Banda Um que toca um balanço parecendo rumba / [...] Banda Um que é África, que é báltica, que é céltica"[45].

43 "Luís da Câmara Cascudo, baseado em Heli Chatelain (1894), registra que *umbanda* é um derivado de *quimbanda* e tem diversas acp. [sic] correlatas na África: 1. a faculdade, ciência, arte, profissão, negócio; a) de curar com medicina natural (remédios) ou sobrenatural (encantos); b) de adivinhar o desconhecido pela consulta à sombra dos mortos ou dos gênios e demônios, espíritos que não são humanos nem divinos; c) de induzir esses espíritos humanos e não humanos e a natureza para o bem ou para o mal; 2) a de forças em operação na cura, na adivinhação e no influenciar espíritos; 3) a de objetos (encantos) que, supõe-se, estabelecem e determinam a conexão entre os espíritos e o mundo físico". Cf. Umbanda, *Dicionário Eletrônico Houaiss de Língua Portuguesa.*
44 Em C. Rennó (org.), op. cit., p. 245.
45 Idem, ibidem.

A palavra "umbanda" contém o poder misterioso de unir diversas correntes religiosas, sem excluir nenhuma em particular. Trata-se da complexidade filosófica, de caráter polifônico, que abriga a riqueza inestimável dos encontros culturais no Brasil, na composição que não anula as diferenças em nome da primazia de um determinado valor de prestígio. Nesse caso, o sucesso dessa religião está em romper, na base, a natureza excludente e dogmática que parece residir em cada uma das religiões em si mesmas – seja o candomblé, o catolicismo ou o espiritismo –, sem que nenhuma delas venha adquirir soberania sobre a outra. Através do signo de "UmBandaUm", Gilberto Gil desenvolve a análise da complexidade da vida social brasileira, numa equação que rompe com os maniqueísmos, seja da hierarquia social, seja do ponto de vista étnico. Aqui se encontra a vocação para a arte que se anima no coração da música popular no Brasil. A voz e o ritmo deste compositor acenam para formas concretas de deslocar valores socioculturais enraizados na tradição filosófica da metafísica ocidental, ao sabor das velhas e perversas hegemonias, próprias aos colonizadores, que sempre operaram pela lógica da diferença suprema e única.

Assim, "UmBandaUm" problematiza a gestão global da vida: desloca a diferença colonial e põe em funcionamento uma política de desarticulação dos guetos sociais pela reconfiguração geo-histórica dos corpos e sua passagem na confluência de fronteiras culturais. Aqui, a atuação física do poder não somente dá-se sobre as consciências individuais, mas começa pelo modo de olhar o ritual sobre o corpo; as religiões, dos modos mais diversos, assumem as cerimônias ritualísticas que imprimem à corporeidade sinais de identificação social. "UmBandaUm" joga com a repetição do artigo indefinido', que coloca a banda numa zona fronteiriça, intervalar, permitindo rever as relações de subalternidade do corpo no confronto com a esfera social, no projeto de descolonização de valores e epistemologias que "evoca um bailado de todo o planeta"[46].

A decantação operada no título remete também ao campo conceitual da incorporação, quando a geofísica da banda, seja social seja poético-musical, exige refletir sobre os espaços de fronteira entre um e outro, que atravessam diferentes modos

46 Idem, ibidem.

POR ENTRE AS LINHAS DO EROTISMO   251

de subjetivação. "UmBandaUm" refere-se às práticas de inscrição e transmutação que, de alguma forma, relacionam-se com a conjunção reivindicada no verso "ame-o e deixe-o ser o que quiser". O bailado reinventado pelo ritmo de Gilberto Gil em "UmBandaUm" não elogia a fragmentação deliberada das religiões na bricolagem das identidades nem dilui o potencial político da diferença, que se refaz nas lentes que envolvem o olhar deste artista.

Diante desse jogo de reflexos e de ritmos, em "Lente do Amor" de 1980, Gilberto Gil antecipa sua teoria óptica baseada na estética amorosa, como veio afluente da política de Eros em *Um Banda Um*. Na superfície refratora da lente, na suposta transparência de seu corpo, desenha-se essa estética pelo seu poder de transmigrar posições, de reinventar códigos e dialogar com o outro. O *éthos* amoroso amplia a força do erótico e se apresenta, dessa forma, como "uma grande-angular" de onde se exprimem a refazenda de si e de tudo, a refestança com o outro e o realce de detalhes que compõem o campo focado, vislumbrando diferentes ângulos da realidade: "Vejo ao lado, acima e atrás / Pela lente do amor / Sou capaz de enxergar / Toda moça em todo rapaz"[47].

Se o amor define-se como a óptica que corrige a aberração cromática e esférica de um mundo estreito, comprimido na recusa das diferentes angulações socioculturais, o sentimento erótico, inserido com a ginga e o ritmo da canção, traz a política de reinvenção do social. A parte introdutória da música, suas interjeições, sua abertura de voz, com gritos vocálicos em suave e leve modulação, também tenta criar a abertura para a visualização concreta da força desse sentimento sobre o corpo de cada um e no encontro com o coletivo: "Pela lente do amor / Vejo tudo crescer / Vejo a vida mil vezes melhor / Pela lente do amor / Até vejo você / Numa estrela da Ursa Maior"[48].

Tal como a lente de uma objetiva, recoberta por uma camada antirrefletora, o sentimento vital de Eros tem o poder de fotografar os becos sociais e revelar uma saída, que faz escoar o desejo de transformação de si, do outro e de tudo que envolve as vidas humanas em sociedade. A lente desenvolvida

47   Idem, p. 237.
48   Idem, ibidem.

252   GILBERTO GIL: A POÉTICA E A POLÍTICA DO CORPO

pelo compositor possui focos de abordagem, capazes de colimar o feixe luminoso – composto de múltiplos valores –, que interage com sistemas culturais acoplados à rede de comunicação musical: "Abrir o ângulo, fechar o foco sobre a vida / Transcender, pela lente do amor / Sair do cético, encontrar um beco sem saída / Transcender, pela lente do amor / Do amor"[49].

Por um lado, a lente do amor funciona como instrumento convergente de forças, com a potência afirmativa de operar mudanças e de tocar nos tecidos da criação, que formam uma imagem de um objeto e de um corpo erótico. Por outro lado, a lente sugere a medicina da cura: "Mostrar ao médico, encarar, curar sua ferida / Transcender, pela lente do amor"[50]. Em sua leitura intertextual, o compositor revê o tema já desenvolvido mais largamente em "Está na Cara, Está na Cura", de 1974[51]. Nesse encontro reavivado na memória do artista, surge o ludo erótico na luta contra o medo da morte[52].

No instrumento óptico desenvolvido por Gilberto Gil, o amor produz a medicina com a anatomia dos corpos. A lente do amor ensaia menos uma teoria poética e mais uma arte protética: a prótese funciona como algo que se acopla ao corpo para que ele aja, sem que venha a substituir a falta, o vazio de que ela sempre trará a lembrança. A lente responde à demanda do corpo, dos vazios experimentados nesse encontro com o desejo e com o Brasil de antes e de agora, como forma de atuar em relação ao outro. A fragilidade da prótese amorosa não nega, contudo, a potência de sua ação.

49 Idem, ibidem.
50 Idem, ibidem.
51 Para a abordagem aqui apresentada, ver o ensaio de J. M. Wisnik a respeito de "Está na Cara, Está na Cura". O autor articula o jogo da cura a partir da análise dessa canção de Gilberto Gil: "a cara que quer fechar os olhos ao corpo cria a doença do seu medo, que é a caretice (a recusa do prazer, a rigidez da medula amedrontada). A música / poesia carnavalesca faz uma reviravolta e propõe a reversão da cara em cura. Aqui, como nas coisas que Freud falou sobre os chistes, o segredo é o brinquedo, a relação lúdico-erótica entre as palavras e o corpo, relação que vivemos mais plenamente quando mal sabíamos falar e não precisávamos investir tanto da nossa energia para reprimir o impulso ao prazer gratuito e sustentar a sisudez da realidade"; Está Cheio de Inferno e Céu, em A. Risério, *Gilberto Gil: Expresso 2222*, p. 104-105.
52 Ver a teoria de G. Bataille sobre o erotismo, segundo a qual "o erotismo é a aprovação da vida até na própria morte, evita a dissolução dos seres, por outro lado, se é levado ao seu extremo, culmina com a morte"; *O Erotismo*, p. 37.

No caleidoscópio de Gilberto Gil, a lente delgada do amor aposta no poder da imaginação para reinventar modos de convívio social. Sensível à percepção do outro em suas várias nuances, a lente abre o horizonte para os detalhes que constituem a multiplicidade de narrativas, de jeitos, de modos de existência, na sua variabilidade cultural, e é capaz de alterar o jogo de signos que compõe um tipo de sensibilidade brasileira: "Pela lente do amor / Sou capaz de entender / Os detalhes da alma de alguém / [...] Vejo a flor me dizer / Que ainda posso enxergar mais além"[53]. A questão é poder ressaltar, com a lente, o que parecia ausente; dispor de uma estética com a qual se possa encarar os medos e os conflitos nos processos socioculturais; vislumbrar saídas para o que parecia uniforme e fechado.

A estética amorosa desenhada pelo compositor acaba por confirmar uma posição diante da vida, que permite desembaçar o mundo enevoado pela miopia produzida pela visão arrogante e centralizada das mesmas imagens e mesmos atores sociais. A lente aplica-se diretamente sobre o olhar, a fim de corrigir as distorções diante da realidade, ao mesmo tempo em que permite enxergar os conteúdos negados pela miopia social: "Pela lente do amor / Vejo a cor do prazer / Vejo a dor com a cara que tem / Pela lente do amor / Vejo o barco correr / Pelas águas do mal e do bem". Análogo à lente de contato, uma prótese de matéria plástica e estética, o amor adere ao corpo de quem vê e de quem ama[54].

Em comentário sobre a criação dessa música, o compositor ressalta seu encontro com o cinema, cuja cena de um filme lhe serviu de meio de inspiração. Em *Blow-up*, o cineasta italiano Michelangelo Antonioni, em uma cena de vertente metalinguística, ressalta a potência das lentes da objetiva, que, na amplia-

---

53 Em C. Rennó (org.), op. cit., p. 237.

54 Tal análise inspira-se nos versos de Carlos Drummond de Andrade, em seu poema "Dentaduras Duplas", quando o poeta ensaia o que se está chamando aqui de uma teoria protética da poesia e do amor. Assim, uma boca sem dentes encarna o vazio demasiado que torna o mundo indigesto, além de experimentar o grotesco de sua matéria disforme e murcha; o que intimida sua aproximação com o outro. A poesia, assim como o amor, possibilita, na sua forma protética, o sentido estético e material capaz de resgatar "da boca" a sua capacidade de tocar mais livremente o corpo do outro. Trata-se de rever o valor e o poder do "falso", da mentira e da ilusão, tanto da arte quanto do amor. Cf. *Poesia Completa*, p. 68-69.

254 GILBERTO GIL: A POÉTICA E A POLÍTICA DO CORPO

ção da foto, é capaz de "revelar um corpo caído lá no fundo" da imagem, quando o fotógrafo não o havia notado. O enfoque do cineasta acabou por contribuir para essa estética das lentes em Gilberto Gil: a projeção imaginária, que se realiza sobre um recorte da realidade, permite ver o que estava ausente e reprimido na história; possibilita reinventar formas de percepção do social e de si, pois a "lente de amor tem este sentido da revelação, fazendo a assimilação e a comparação da revelação da película"[55].

Nesse depoimento dado por Gilberto Gil, destaca-se a relação entre a lente, apresentada na canção, e aquela desenvolvida pelas câmeras do cinema. Um primeiro equívoco a ser desfeito é o de se considerar, segundo ele, que o amor nasce como uma extensão da óptica, e esta como uma extensão da razão[56]. Se confinado à esfera do olhar, o sentimento amoroso confunde-se com uma atitude contemplativa e racionalista que nega a materialidade e subjuga o corpo. Nesse aspecto, o erótico se restringiria às emoções, aos sentidos corporais, caindo na sedimentada dicotomia mente/corpo.

Quando o compositor traz o cinema como matriz dessa canção, alguns outros pontos aparecem no tecido de análise. Se, por um lado, o amor não se define como sinônimo do erótico em Gilberto Gil, trazendo o primeiro uma noção de transcendência e de invisibilidade; por outro, ele o define como "um sentimento vital" cujas lentes da criação vêm imbuídas do desejo de tornar visível, de fotografar o que parecia somente invisível. Segundo ele, "Lente do Amor" é uma canção "para tentar traduzir isso para uma linguagem, puxá-lo, como se ele fosse fotografável [sic]. Como se fosse uma entidade do campo ectoplásmico áurico, que pudesse ser visto, puxado pela revelação"[57].

Os limites do campo óptico, tal como sugere a matriz *Blow-up*, dirigem o tema do corpo para a esfera do inconsciente óptico em Gilberto Gil. Nesse caso, a arte cinematográfica concretiza essa tarefa não apenas pelo modo com que o homem mostra-se diante da câmera; sobretudo pela maneira com que ele repre-

55 Em B. Fonteles, op. cit., p. 181.
56 Dois ensaios exploram bem essa temática da razão como extensão da óptica. Cf. M. Chauí, Janela da Alma, Espelho do Mundo; A. Novaes, De Olhos Vendados, em A. Novaes (org.), *O Olhar*.
57 Em B. Fonteles, op. cit., p. 181.

POR ENTRE AS LINHAS DO EROTISMO 255

senta a sociedade e seus conflitos, mediante o uso desse aparelho[58]. Através dos closes, dos jogos com os tipos de planos escolhidos, da ênfase em pormenores dos objetos esquecidos pelos hábitos, do olhar sobre ambientes considerados vulgares, o cinema permite enxergar os microacontecimentos que compõem e dirigem as atitudes nos embates sociais acenando para um espaço de reflexão crítica.

Retomando e expandindo o fio dessa rede interpretativa sobre o amor, a canção "A Linha e o Linho", de 1983, também extrapola o ideário romântico, de matriz europeia, e avança nas questões que remetem à estética da refazenda erótica[59]. Ocorre a transformação nas linhas que delineiam o espaço de intimidade: "É a sua vida que eu quero bordar na minha / Como se eu fosse o pano e você fosse a linha / E a agulha do real nas mãos da fantasia / Fosse bordando, ponto a ponto, nosso dia a dia"[60]. Se a teia de Penélope revelava a diagramação mítica do feminino no Ocidente, presa à corrente da espera, na posição passiva frente ao mundo e em face do outro, esse quadro transfigura-se na agulha imaginária do compositor.

Os versos trazem mais do que os ecos do amor romântico; eles apontam para a estética da invenção, que remonta à história familiar. Segundo depoimento de Gilberto Gil, ao compor o par formado com a linha e o linho, na diferença de um único fonema, ressurgia a cena de sua mãe bordando, ao lado da avó, os motivos inspiradores de sua canção: "Nossa colcha de cama, nossa toalha

---

58 Segundo W. Benjamin, "a natureza que se dirige à câmera não é mesma que se dirige ao olhar: a diferença está principalmente no fato de que o espaço em que o homem age conscientemente é substituído por outro em que sua ação é inconsciente". Abre-se a experiência do inconsciente óptico, do mesmo modo que a psicanálise nos abre à experiência do inconsciente pulsional. Cf. A Obra de Arte na Era de Sua Reprodutibilidade Técnica, *Magia e Técnica, Arte e Política*, p. 189.

59 Sublinhe-se que o romantismo de Gilberto Gil transforma-se na travessia de suas canções. "A Linha e o Linho" remonta, inicialmente, à "Flora", de 1979, por ter como motivo o enredo biográfico do artista e a relação com sua esposa. No entanto, as duas composições distanciam-se pelo fato de a segunda situar-se mais nos moldes do piropo, uma cantiga feita para conquistar a amada, enquanto a primeira desenha o traçado que ultrapassa essa atmosfera e permite pensar a invenção poético-amorosa. A propósito da presença do piropo na música popular brasileira, ver o depoimento de Chico Buarque em *Romance* (DVD).

60 Em C. Rennó (org.), op. cit., p. 264.

256 GILBERTO GIL: A POÉTICA E A POLÍTICA DO CORPO

de mesa / Reproduzidos no bordado a casa, a estrada, a correnteza / O Sol, a ave, a árvore, o ninho da beleza"[61].

Do fuso à roda de fiar, nasce a imagem do ninho, que revela a projeção imaginária da cena da família materna, no encontro com a primeira referência feminina, a da mãe, e, em seguida, a da avó. Na refazenda do tecido da memória, no quarto do Hotel Meurice, em Paris, quando foi composta "A Linha e o Linho", o olhar do viajante constrói os seus versos conectados ao entrelaçado mítico de tantas Penélopes: ele retoma o bordado de si, da história da canção popular e desfaz o nó que prendia a simbologia da criação desenhada nas mãos das fiandeiras. Com o suposto alheamento do mundo, no silêncio que permite os laços com o tempo, reconfigura-se o corpo da mulher, que trabalhava, na roca do seu desejo, a arte de fiar.

Na trama da canção, o compositor assume o lugar antes reservado às fiandeiras e propõe outro traçado para a cena familiar, uma costura feita do compartilhamento entre a linha e o linho. O enredo da canção apresenta-se sensível às transformações exigidas por uma política de revisão do que seria o "ninho de intimidade". Assim, com as lentes do amor, nos matizes melódicos da sua arte, Gilberto Gil potencializa a refazenda do imaginário do tecido da sociedade brasileira, promovendo o realce dos fios que entrelaçam os bordados do Brasil, no rebento da sua criação musical.

NÓS, POR EXEMPLO:
O EROTISMO BARROCO DE OS DOCES BÁRBAROS

Se muitas canções de Gilberto Gil contracenam com personagens que participaram da sua trama biográfica, e se em cada melodia adensa-se um fio da história brasileira, a malha do tecido da vida deste artista convida a cruzar outros fios, que remontam ao bordado barroco da tradição baiana. Entenda-se o barroco não mais restrito aos adornos tão caros à arquitetura das igrejas da Bahia, nem ao olhar prisioneiro de uma estética

---

61 Em C. Rennó (org.), op. cit., p. 264. Gilberto Gil afirma: "No final ainda me lembrei da minha mãe e da minha avó bordando nos panos os motivos que eu cito. Dias depois fiz a música".

POR ENTRE AS LINHAS DO EROTISMO 257

datada nos moldes de uma historiografia linear, sintonizada à periodização de estilos artísticos.

Se os encontros tonais desenvolvidos pela estética musical barroca pediam que se explorassem elementos contrastantes dentro da composição, essa vontade ampliou-se também em outras expressões artísticas, a exemplo da literatura. Esta permitiu entender a profusão de ornatos, pela ousada elaboração formal com a ênfase em recursos poéticos e retóricos, nomeadamente antíteses, oxímoros, além da abundância das alegorias e das metáforas. A estética barroca afirmou o caráter lúdico da poesia e apostou na invenção como marca da sua arte, a exemplo do conceptismo, do cultismo e do eufuísmo. Se pensada em termos do estilo artístico de tradição ibérica, a costura do bordado barroco aposta na exuberância da linguagem, no jogo das palavras, no excesso e no transbordamento de imagens. Da angústia incontornável diante do vazio, dos conflitos hiperbólicos entre o sagrado e o profano, resultam os arabescos e as dobras esculpidas para além dos anjos barrocos, dada a confluência de signos que marca o dinamismo desse estilo.

A questão é entender como a Bahia retomou os jogos de palavras e as pérolas trazidas na trajetória da cultura ibérica, disseminada no período colonial, e os atualizou[62]. Do encontro com a atmosfera imaginária dos indígenas autóctones, da forte presença cultural de africanos que chegavam ao porto e ao litoral baianos, definiu-se um modo próprio de significar o corpo na Bahia, em meio também a toda efervescência cultural no Brasil. De acordo com os matizes históricos vividos intensamente nesta região, confluiu-se para uma estética própria ao que se observava nas fulgurações de uma geração de artistas, que já se anunciava, entre as décadas de 1950 e de 1960, nas ruas da cidade de Salvador e nos ecos criativos manifestos na cultura popular do Recôncavo. Essa geografia ofereceu condições para a emergência de uma política corporal, isto é, a reinvenção de espaços sociais, da subjetividade que não passava apenas pelo discurso.

---

62 Faz-se referência ao próprio sentido etimológico da palavra barroco: "do port. *barroco* e do esp. *berrueco/barrueco* 'penhasco granítico, terreno irregular, barroca' [O barroco é] o termo usado para denotar pérola de superfície irregular". Cf. Barroco, *Dicionário Eletrônico Houaiss de Língua Portuguesa.*

258   GILBERTO GIL: A POÉTICA E A POLÍTICA DO CORPO

Do convívio de uma geração de artistas na Bahia, prefigurou-se a construção da tradição barroco erótica, desejosa de afirmar a sua diferença como forma de reverter a ideia de um Brasil homogêneo. Cabe frisar que essa vertente tradicional barroca é uma reinvenção, como ocorre com qualquer outra tradição, pois se efetiva com os discursos e as práticas artísticas, a afluência de condições históricas, as forças culturais e as vozes – sejam de intelectuais ou de artistas – que percorreram a sensibilidade e a travessia histórica dessa região e lhe deram existência. Nesse sentido, afirmar o barroco erótico baiano como invenção é estar ciente de que o discurso torna-se fundamental à realidade que ele pretende retratar ou identificar.

A tradição baiana do barroco não preexiste à prática discursiva e artística; participa de uma vontade de ler a posição desse estado como estratégia também política, contra a permanência do colonialismo nos limites do mapa brasileiro, frente ao eixo sul do Brasil. A emergência do barroco erótico, com o sentido filosófico e político, é realçada pela vontade de potencializar a cultura baiana como centro catalisador de forças de inovação na forma de introduzir outros atores, artistas e intelectuais, já que a Bahia encontrava-se, economicamente, em posição periférica diante do eixo sul, nomeadamente Rio de Janeiro e São Paulo.

Em se tratando de analisar o corpo de Gilberto Gil, cabe situá-lo na emergência dessa tradição barroca da Bahia. Para tanto, merece destaque o trabalho analítico de Antonio Risério que traz o esboço da erótica corporal com o convite e o argumento para a discussão temática em torno dos tropicalistas baianos. Para o ensaísta, a construção da Bahia como centro cultural anunciava-se entre as décadas de 1950 e 1960, a partir de três premissas principais: a primeira, pelo fato de essa geografia viver ativamente a cultura popular; a segunda premissa baseava-se na política educacional empreendida por Edgard Santos, então reitor da Universidade Federal da Bahia e, por fim, pela geração de artistas que apresentava a subjetividade aberta à reinvenção de signos culturais, de que o tropicalismo na música seria sua maior vertente expressiva[63].

---

63 Cf. Sob o Signo do Sincretismo, *Avant-garde na Bahia*, p. 148. Para a leitura do bordado barroco em Gilberto Gil, utiliza-se a análise de Risério, para quem a dia-

POR ENTRE AS LINHAS DO EROTISMO   259

Nessa abordagem, avança-se sobre a construção do ideário barroco nos limites da subjetividade formada por essa geração de artistas, dentre os quais se destacavam Caetano Veloso e Gilberto Gil[64]. Em seu ensaio, Risério estabelece uma ponte entre o Gregório de Mattos popular – com a notória destreza poética, o olhar astuto e crítico frente às esquinas baianas – e os tropicalistas[65]. Se o barroco é definido pela marca da ludicidade aliada ao prazer, desenhou-se uma ecologia baiana propícia à formulação dessa sensibilidade barroca, cujo expoente maior teria sido Gregório de Mattos. O poeta representava exatamente o encontro com a encosta popular da Bahia, segundo a qual se delineava "o barroco tropical", voltado para a pulsação das ruas, dos fluxos cotidianos e dos modos sociais vividos na cidade de Salvador.

Nessa linhagem de valores, Gilberto Gil inclui-se ativamente na construção da arquitetura imaginária da Bahia, com o repertório artístico atento à cultura de massa, aos acordes vislumbrados nas ruas e em ruínas da capital baiana. Nesse contexto, dar-se-iam os encontros de artistas que comporiam o campo magnético do tropicalismo e o cenário de Os Doces Bárbaros, já nos primeiros shows no Teatro Vila Velha. A princípio, aquilo que parecia ser uma aventura poética e musical acabou por se revelar como modo de sentir as possibilidades e as resistências presentes nas malhas da história da música popular. Com as vozes dessa geração baiana, ambicionava-se, portanto, outra mirada sobre o Brasil.

lética do cosmopolita e do antropológico na Bahia não pode esquecer o barroco de Gregório de Mattos. Dessa veia aberta, do encontro com as ruas e a cultura popular baiana, emerge a diferença em relação à matriz europeia. A. Risério persegue uma linhagem baiana até chegar ao tropicalismo, "do barroco ao neobarroco, ambos florescendo em exuberância a estética erótica", avessa ao ascetismo.

64 Idem, p. 148-149. No ensaio de Risério, a construção do erotismo e sua associação com o barroco pautam-se primeiramente na análise empreendida por O. Paz em *A Dupla Chama*, sobre o erotismo e sua relação com a poesia. Há alguns pontos, entretanto, que merecem ser repensados: o primeiro ponto a ser frisado é que a análise de Paz apoia-se na tradição de autores que pensaram o erotismo no Ocidente, principalmente Bataille, no seu clássico *O Erotismo*, e também em Freud, nas contribuições da psicanálise sobre esse tema, além de *O Banquete* de Platão. A análise de Paz baseia-se nas concepções do erotismo como representação, como metáfora para a sexualidade, de que resultaria a conclusão de que a poesia é a "poética corporal" e o erotismo uma "erótica verbal".

65 Idem, p.151-152. Segundo Risério, Caetano Veloso representa uma dobra da voz criadora, popular e inventiva já sentida em Gregório de Mattos.

A exaltação da Bahia não se restringiu à voz dos baianos e participou da explosão de signos associados à contracultura no Brasil. Segundo Heloisa Buarque de Hollanda, "a Bahia é descoberta como paraíso oficial das minorias: a marca profunda da negritude, dos rituais africanos, da cozinha sensual, do ócio, da mescla do primitivo e do moderno, é associada à disposição libertária do tropicalismo"[66]. Mesmo que esse barroco tropical tenha contribuído para criar estereótipos quanto à Bahia – como o lugar da festa e da preguiça, da alegria do Carnaval e dos corpos sensuais, no sentido exótico com o qual se camuflam as discriminações e o racismo –, a região surge como eixo de excelência cultural nas vozes e nas estratégias de intervenção política e artística, presentes no Cinema Novo de Glauber Rocha, nas canções de Gilberto Gil e Caetano Veloso, analisadas por Risério[67]. Assim, o discurso barroco erótico participa da interpretação do Brasil em sintonia com a arte tropicalista, com o desejo de liberdade unido a uma outra geografia deste país.

Nesse caso, sublinhem-se as parcerias e ressalte-se que o prefácio para o livro de Risério é de Caetano Veloso; nas dobras do tecido barroco, o primeiro enaltece o segundo e vice-versa. O preâmbulo reúne as palavras do compositor que testemunham e gravam a Bahia, com seu dado diferencial, na memória da inteligência brasileira, como marca de um pensamento na cultura, da emergência de outra subjetividade frente ao Brasil: "O que aconteceu na Bahia dos anos cinquenta ao início dos anos de 1960 é um aspecto determinante da história recente da cultura brasileira"[68].

As palavras de Caetano Veloso ultrapassam o elogio esvaziado comum aos prefácios. O compositor chega a afirmar: "Risério revela o sentido de minha própria inserção no mundo. Ele não tem ideia de quanto lhe devo por este livro. É como se

---

66 O Susto Tropicalista na Virada da Década, *Impressões de Viagem*, p. 75.

67 Cf. *Avant-garde na Bahia*, p. 136. Dessa leitura entre gerações, da encruzilhada Bahia, Europa e África, emerge a ecologia e a sensibilidade baianas capazes de criar uma alegoria barroca do Brasil – e o cinema de Glauber Rocha afirma-se nessa direção, abrindo caminhos para um modo próprio de pensar o neobarroco. Tem-se, assim, uma filosofia e um estilo de vida, a estética e a política que trazem o erótico para a cena brasileira e, com ele, uma estratégia para desarticular a posição da Bahia frente ao Brasil e frente ao mundo.

68 Prefácio, em A. Risério, *Avant-garde na Bahia*, p. 9-10.

POR ENTRE AS LINHAS DO EROTISMO 261

eu não soubesse bem quem eu era antes de lê-lo"[69]. Nesse comentário, o artista nascido em Santo Amaro ratifica a ideia da Bahia como um polo de explosão cultural, no perfil que marca o rosto da tradição barroca baiana, na confluência dos ecos de *Terra em Transe* (1964) e de *Deus e o Diabo na Terra do Sol* (1967), de Glauber Rocha.

Nesse mosaico barroco, também se situam Gilberto Gil e os seus companheiros do grupo Os Doces Bárbaros, cujo nome nasceu como refluxo dessa veia de criação em face do movimento introduzido pelo quarteto formado por Gilberto Gil, Caetano Veloso, Gal Costa e Maria Bethânia. De acordo com Caetano Veloso, o senso de grupo era muito forte entre eles e, diante da ameaça de rupturas proposta pelo tropicalismo, o valor gregário do quarteto adquiria o ímpeto para interrogar o tecido da música popular e, ao mesmo tempo, conquistar "uma espécie de estratégia de lançamento definitivo do grupo baiano, com seu peculiar repertório de interesses"[70].

Como resistência a esses artistas baianos, o *Pasquim*, conhecido jornal carioca da década de 1970, pejorativamente apelidou o grupo de "baihunos". O novo adjetivo imputado ao quarteto trazia, com nitidez, o sentido de desqualificação dirigido a esse grupo: era a mesma retórica utilizada pelos colonizadores diante dos indígenas e dos africanos que habitavam a colônia brasileira. O filme *Os Doces Bárbaros* denunciava, em seu título, a ironia quanto à visão que o colonizador guardava dos povos colonizados, vistos como bárbaros ou selvagens. A doce agressividade desses "novos bárbaros" tinha muito a ensinar aos neocolonizadores, inclusive àqueles brasileiros que reproduziam a situação colonial dentro do Brasil. Ao associar o grupo baiano aos hunos – povo bárbaro e nômade da Ásia central, que invadiu e dominou grande parte da Europa – estava marcada a resistência às ideias tropicalistas e a tudo que esse movimento representou como abalo aos modos de conduta estética e musical até então vigentes.

Segundo Caetano Veloso, havia o interesse em chamá-los de "bárbaros invasores", por ferirem a nobre proposta de música engajada, que se acolhia nos festivais de canção desde os

69 Idem, ibidem.
70 *Verdade Tropical*, p. 147.

262 GILBERTO GIL: A POÉTICA E A POLÍTICA DO CORPO

anos de 1960[71]. Dessa maneira, o nome "doces bárbaros" parodia e desloca o "folclore nacionalista", que rejeitava a guitarra, a
cultura de massa, a exemplo do que acontecia com Chacrinha e
Roberto Carlos[72]. O grupo baiano disseminou a rede comunicativa que incluía também os Beatles e os ventos trazidos pela
contracultura, amplificados nas canções e nos jeitos de corpo
que uniam o quarteto.

Em texto datado de agosto de 1976, intitulado "Doces Bárbaros, Apenas Nós", Caetano Veloso traçou o perfil do grupo:
"Saímos por aí sem a intenção de criar ou resolver problemas,
esmiuçar problemas ou aceitar provocações"[73]. A afirmação do
cantor poderia soar falsa devido à aparente tranquilidade; ou
revelaria o tom de deboche frente à importância do tropicalismo para a interpretação da realidade cultural brasileira. Entretanto, a frase implica mais do que a denegação da vontade
revolucionária do grupo: o quarteto ensaiava, na doçura estratégica e crítica dos "bárbaros", não a simples invasão do Brasil
pela Bahia, mas a chave para entrar numa outra atmosfera estética e, ao mesmo tempo, uma estratégia de ação não apenas
discursiva – já desenvolvida pela militância de esquerda da
época –, suporte da arte de conteúdo politicamente engajada
exercida até então. Aqui, já se insinuava o papel da corporifica-
ção da experiência compartilhada, não somente entendida pela
via do discurso racional e cognitivo, em que o corpo se reduz a
um veículo de interpretação da realidade sociocultural.

Em "Doces Bárbaros, Apenas Nós", a atitude do grupo poderia ser entendida como pueril e alienante, em face da exigência crítica e política que se pedia da arte e da *intelligentsia*

---

71 Em depoimento, Caetano Veloso confirma que a ideia do nome do grupo brota
   do encontro casual dele com Jorge Mautner na praia de Ipanema, ao comen-
   tarem o discurso reativo do *Pasquim* quanto ao grupo baiano. Segundo eles,
   o adjetivo "doce" lembra a situação de Jesus, um doce bárbaro que pregava a
   mudança por outra via, que incluía o sentimento e o afeto, a compaixão e o
   perdão, em contraposição aos outros bárbaros que invadiram Roma. Cf. A.
   Waddington, *Outros (Doces) Bárbaros*.
72 A expressão "folclore nacionalista" é usada por Caetano Veloso como crítica ao
   programa televisivo *Frente Única da Música Popular Brasileira* liderado dentre outros por Elis Regina, que surge em substituição ao *Fino da Bossa*: "ficou
   claro entre nós que todo aquele folclore nacionalista era um misto de solução
   conciliatória para o problema de Elis dentro da emissora e saída comercial
   para os seus donos"; *Verdade Tropical*, p. 161.
73 *O Mundo não é Chato*, p. 104-105.

brasileira pós-1964. Naquela época, ou se assumia uma dicção política, de atitude claramente demonstrada nas letras e nos discursos em defesa da liberdade nacional – com projetos nítidos de tomada de poder –, ou a arte seria considerada nociva ao plano emancipatório da nação. Ainda na crônica sobre o grupo, o artista afirmou que "mostramos com simplicidade a poesia e a música da vida, do que vive, do que está vivendo – os Orixás, as pessoas boas, bonitas e fortes, os peixes e a esperança"[74]. O discurso, porém, mostrava-se vago para o modelo preferido pela esquerda tradicional.

A discrepância entre a postura tomada pelos tropicalistas e aquela que se elegia entre os militantes nacionalistas e populistas ocupou o debate em torno do papel político da música popular no Brasil. O horizonte dessa discussão ficou bem delineado em outra fala de Caetano Veloso quando, em breve comentário sobre Chico Buarque – a respeito do engajamento do discurso político da música popular como agente de transformação social –, considerou que "no Chico Buarque o importante é o sambinha mesmo, o interesse dele por justiça social é uma coisa que pode ou não servir a ele"[75]. Os tropicalistas imprimiram a crítica que questionou o aporte teórico revolucionário, restrito ao grupo seleto da esquerda intelectual, artística e estudantil, que se alimentava no ninho de suas próprias ideias e se mostrava impotente para atingir as camadas populares do Brasil, na hegemonia de seu próprio ideário discursivo.

Frente a isso, a postura dos tropicalistas incomodou muito, a ponto de os acusarem de conceder espaços para uma visão conformista do Brasil. O exemplo mais citado desse clima hostil frente aos baianos foi o ensaio de Roberto Schwarz, para quem o tom e o ritmo do tropicalismo envolveriam o país na atmosfera excessivamente abstrata, contraditória e atemporal, danosa ao projeto de democratização política e cultural do país. A vontade alegórica associada à arte dos tropicalistas seria responsável pelo olhar absurdo impingido ao Brasil naquela época. Contra tal perspectiva, são agudas as palavras de José Celso Martinez Corrêa, que discordou da abordagem

---

74 Idem, ibidem.
75 Apud F. Pinheiro, Introdução, em E. Gaspari et al., op. cit., p. 11.

de Schwarz e ressaltou a atitude crítica e ousada dos baianos, principalmente pelo valor concedido ao corpo. Para o diretor teatral, os tropicalistas não conseguiam ser bem compreendidos e eram rejeitados, "porque ali estava sendo falada uma linguagem do corpo que fica difícil de ser percebida dentro da cabeça do marxismo tradicional"[76].

As palavras de José Celso tocaram no papel da estética e da arte projetada pelo tropicalismo, na qual se aguçaram os sentidos para a emergência do corpo na cena política e cultural brasileira. Nesse enfoque, o erotismo, ativado em sua potência crítica, instaurava a crise de paradigmas que sustentavam o ideal revolucionário da esquerda, desatento às formas de controle do sistema social e econômico vigente, que abastecia o mercado publicitário produzido pela retórica esquerdista. Os tropicalistas vêm fazer outro tipo de atuação, nos moldes da performance, de que resulta uma ação para além do modo exigido tanto pela direita quanto pela esquerda tradicional[77].

O debate sobre o papel revolucionário do tropicalismo não se limitou às décadas de 1960 e 1970. A discussão foi retomada em muitos momentos, principalmente quando houve a publicação de *Verdade Tropical*, livro de Caetano Veloso. Isso se deveu principalmente ao fato de este autor tocar no nervo da questão: a crise do pensamento que definia o tropicalismo como as portas abertas para a visão abstrata dos problemas sociais brasileiros. Em resposta a isso, Caetano Veloso continuou afirmando os tropicalistas como aqueles que comandaram um comportamento revolucionário, colocando-se como realidade diferencial frente às vertentes da arte engajada feita até então, principalmente aquela desenvolvida por Geraldo

---

76 Apud H. Buarque de Hollanda, O Susto Tropicalista na Virada da Década, op. cit., p. 70. José Celso Martinez Corrêa define o tropicalismo como um movimento que aposta na potência revolucionária do corpo para além do engajamento exigido pela ala militante da esquerda no Brasil.

77 Naqueles anos de censura rígida, quando os militares impediram a exibição da peça *Roda Viva*, de Chico Buarque, dirigida por José Celso, acusaram-na de subversiva porque encenava práticas canibais, deixava os corpos nus dos atores e dessacralizava os símbolos religiosos. Diante disso, Veloso declarou-se identificado com tal atitude cênica do diretor. Cf. A. Antenore, O Tropicalismo no Cárcere, *Folha de S.Paulo*, 2 nov. 1997, p. 9.

POR ENTRE AS LINHAS DO EROTISMO   265

Vandré e pelo Teatro de Arena de Augusto Boal, na década de 1960[78].

Em comentário sobre *Verdade Tropical*, Gilberto Gil concordou com a postura declarada por Caetano Veloso. Embora cinco relatórios descobertos pela *Folha de S.Paulo* – dos antigos arquivos do extinto Departamento Estadual de Ordem Política e Social (Deops-sp) – dessem pistas e argumentos contrários a tal perspectiva, pois neles não se escolhia o tropicalismo como um movimento subversivo dos mais especiais dentre as formas de expressão artística daquela época, lê-se o seguinte depoimento do compositor baiano: "Os documentos parecem-me mera encenação, pistas falsas, para dar um tratamento de normalidade à nossa prisão. Na verdade, como ressalta Caetano, a inteligência mais sofisticada do Exército entendia que significávamos um perigo maior que a esquerda formal. Não enxergavam em nós as manobras clássicas do marxismo, mas as táticas modernas da nova esquerda"[79].

Ao afirmar o tropicalismo como um movimento estético mais decisivo para a transformação do cenário político e cultural brasileiro, Gilberto Gil traz à tona o fracasso do discurso da ala marxista ortodoxa, que rotulava os companheiros e formava uma casta privilegiada da inteligência brasileira, fonte de denúncia da opressão social vivida pelo povo no Brasil. Essa mesma esquerda constituída por estudantes, intelectuais e outros militantes mostrou-se hegemônica, caindo na mesma

---

78 Embora demonstre profunda admiração pelo trabalho de Augusto Boal, em especial, pela montagem *Arena Conta Zumbi* e da realização do musical *Arena Canta Bahia*, feito com o grupo baiano sob sua direção, Veloso afirma uma postura contrária: "Boal, em defesa das opções estéticas da esquerda, desancava o nosso trabalho num manifesto assinado e distribuído à entrada de uma faculdade em São Paulo aonde nós, os tropicalistas, tínhamos sido chamados para um debate sobre o movimento [...]. Isso tudo, no entanto, – e apesar de todo o sofrimento – mostra, a meu ver, a riqueza da experiência com Boal. Ela serviu como estágio de sociabilidade em um grande centro, além de ter sido um período de adestramento cênico. As divergências de visão e de atitude que aí aparecem em embrião desenvolveram-se e aprofundaram-se muito em dois anos, e durante o tropicalismo tínhamos posições ostensivamente antagônicas, mas em nenhum momento perdi de vista a grandeza e a importância de Boal e do Arena"; *Verdade Tropical*, p. 82-88.

79 O jornal *Folha de S.Paulo* dedicou um caderno a *Verdade Tropical*, em que destaca-se o depoimento de Gilberto Gil. Cf. Gil Fala da Guerra, *Folha de S.Paulo*, 2 nov. 1997, p. 11.

266   GILBERTO GIL: A POÉTICA E A POLÍTICA DO CORPO

postura arrogante e excludente contra a qual lutavam. A estratégia política dos tropicalistas, nesse caso, quebrava a dicotomia entre expressividade estética e arte engajada, apoiando-se também no gesto performativo, por entender que o próprio sistema econômico e social já havia integrado a seu dinamismo o grito eloquente da militância de esquerda[80].

Assim, a valorização que o tropicalismo concedeu à performance não vinha dissociada de um debate maior sobre o corpo. Tratava-se de uma *autopoiesis* corporal, imersa, desse modo, na confluência cultural e histórica em constante processo de produção. Na orquestra profusa e entrelaçada com as marcas da estética e da erótica barroca, já sentida na Bahia desde Gregório de Mattos, os corpos dos tropicalistas criaram ornatos com fios musicais diversos, que ultrapassaram, entretanto, a dimensão da Bahia e do Brasil. Por meio da agulha da criação musical, tanto Gilberto Gil quanto Caetano Veloso usaram os mais diversos materiais no tecido das suas composições e de suas vestes, que configuraram o sentido de abertura para outras mentalidades e maneiras de pensar a arte, como também revelavam a disposição corporal para assimilar e inventar outros jeitos de se colocar frente ao Brasil. Dos bordados da costura do manancial popular vivo, contemporâneo de uma conjuntura de vozes em uma situação econômica periférica, nascia também o imaginário para o tropicalismo.

Do primeiro encontro na inauguração do Teatro Vila Velha, em 22 de agosto de 1964, ficaram gravados na memória de Gilberto Gil, Caetano Veloso, Maria Bethânia e Gal Costa não apenas a alegria e o sucesso do primeiro show, intitulado *Nós, Por Exemplo*. Ali surgia o desejo de pertencimento e a vontade compartilhada de um grupo de jovens artistas, no cenário cultural da Bahia. Tal encontro foi tão afetivo e eficaz que, em 1976, o mesmo grupo resolveu resgatar o fôlego e a ambição assumida no compasso daquele primeiro show em Salvador. O registro inesquecível da retomada do grupo baiano foi divul-

---

80 Apoiando-se na teoria de Benjamin, H. Buarque de Hollanda afirma que "o aparelho burguês de produção e publicação é capaz de assimilar uma quantidade surpreendente de temas revolucionários e, inclusive, propagá-los, sem pôr em risco sua própria permanência e a da classe que o controla". A Participação Engajada no Calor dos Anos 60, op. cit., p. 35.

gado no documentário *Os Doces Bárbaros*, dirigido por Jom Tob Azulay.

O quarteto apresentou-se pela primeira vez na capital paulista, no Anhembi, em junho de 1976. Iniciava-se uma turnê que percorreria mais de dez cidades brasileiras e foi transformada no documentário que constitui um retrato dos shows e de um momento cultural do Brasil, além de trazer depoimentos e as performances desenvolvidas pelo quarteto – desde o ensaio do grupo no Canecão à estreia no Anhembi –, indispensáveis para a leitura do erotismo, aqui retomado. O filme evidencia a experiência ousada desse grupo baiano e, ao mesmo tempo, representa o arquivo que traz a inscrição do grupo, a assinatura de posturas corporais diante de um momento cultural e em face da música popular realizada até então no Brasil.

Aprendia-se com os "hunos baianos" uma lição: as transformações de ordem social exigem posturas corporais revisoras de hábitos e de modos de conduta frente ao outro. Na tela, falava-se da existência corporificada da cultura através de suas roupas, seus gestos, seus cabelos, e do jeito muito próprio de rever os sestros das relações de poder. A primeira cena de *Os Doces Bárbaros* saúda, em "São João, Xangô Menino", o tom libertário e festivo com o qual se expressava o desejo compartilhado e contagiante do grupo. Com os bustiês e as barrigas à mostra, Gal Costa e Maria Bethânia uniam-se no compasso das saias longas de tecido branco, que acompanhavam a inscrição de suas vozes e o despojamento feminino no tablado do Anhembi. Ao lado dessas cantoras e de Caetano Veloso, vestido com uma malha colada a todas as partes do corpo, Gilberto Gil atuava deixando apenas o rosto e as mãos à mostra. A malha cobria e, ao mesmo tempo, desenhava a silhueta do cantor como uma peça de roupa íntima; ela rompia com o estilo engomado, com as medidas padronizadas para as regras de apresentação em palco e não ocultava nem reprimia as manobras no ar.

Vista a cena hoje, a malha de Gilberto Gil molda o tom de descontração e de humor, com o qual os pulos, os braços abertos e a dança são temperados. Dessa maneira, disseminava-se a marca expressiva do experimentalismo estético e do caráter multifacetado do grupo, sem que isso significasse uma atitude despolitizada. No cenário onde se contempla um desenho de meia-lua ao

268 GILBERTO GIL: A POÉTICA E A POLÍTICA DO CORPO

centro, carregou-se no improviso em diálogo com a atmosfera da contracultura que se ensaiava nas ruas brasileiras. O bailado do quarteto em nada se aproximava das coreografias formais: a improvisação encarnava o aceno de liberdade e, ao mesmo tempo, apostava no gesto político do corpo, cujo ritmo executava uma peça musical com um conjunto de indicações cênicas que assinalava a exaltação dos compassos de revisão da música popular brasileira. Assim, o improviso não poderia ser confundido com a pura impulsividade do grupo, que assumia a liberdade de suas escolhas e intuía o impacto que sua estética poderia acarretar.

Como no jogo acrobático, Os Doces Bárbaros demonstraram audácia e perícia no mosaico de seus passos e de imagens múltiplas que questionavam a paisagem gravitacional, impressa desde a cominação do regime militar no Brasil. O comportamento desse grupo aproximou a performance do efeito de escândalo, com a vontade de suscitar a reação do público. O show revestiu-se com o traço da doce agressão, a atitude corporal que incluía a possibilidade de recuperar a qualidade tátil da arte musical, expressa na película do cinema. Assim, as músicas deviam atingir as roupas, e as atitudes podiam despertar outros atores sociais. O silêncio exigido no toque de recolher dos militares, naqueles anos finais da década de 1960, foi invadido pela ousadia de um grupo de artistas, cujo comportamento sobre o palco golpeava o espectador[81].

Sentia-se o choque moral embalado no ritmo das melodias, possível pelo movimento da imagem também dos corpos projetados na tela do cinema. Remasterizado em 2004, o filme de Jom Tob Azulay permite verificar a mudança de lugares discursivos trazidos pela contracultura e a abertura de ângulos de observação: desde os cabelos usados, passando pelas roupas e o consumo de drogas, tudo parecia conceber e pedir outro posicionamento frente ao que se passava no Brasil e no mundo. Nesse sentido, *Os Doces Bárbaros* registrou cenas imprescindíveis para entender a travessia de Gilberto Gil pelo imaginário

---

81 Sobre a percepção tátil no cinema, Benjamin afirma: "o cinema produz o efeito de choque que precisa ser interceptado por uma atenção aguda. O cinema corresponde a metamorfoses profundas do aparelho perceptivo como experimenta o passante quando enfrenta o tráfego, por exemplo"; A Obra de Arte na Era de Sua Reprodutibilidade Técnica, op. cit., p. 192-193.

POR ENTRE AS LINHAS DO EROTISMO   269

da contracultura, dentre as quais se destaca a cena da prisão do cantor na cidade de Florianópolis.

As imagens do julgamento deste artista – com a participação permitida do promotor público Valdomiro Borini – enriqueceram o roteiro fílmico. Podem-se ouvir as palavras do delegado Eloy Gonçalves de Azevedo, que deu voz de prisão ao cantor, quando este foi revistado no quarto do Hotel Ivoram, onde os policiais encontraram a "erva maldita". Se a condenação de Gilberto Gil por porte ilegal de maconha serviria de exemplo e intimidação para outros jovens da época, o efeito imprevisível da cena atribuía ao cantor um gesto de desobediência civil: ele desafiava serenamente o comportamento de gerações passadas e de uma exigência política de disciplina. Durante o julgamento, a fala do compositor é um sintoma da mudança de sinais impressos em parte da juventude do Brasil, que fazia da droga o signo de ruptura, o motivo para pensar modelos de vida e, ao mesmo tempo, a caricatura de uma época.

Acompanhado pela máquina do escrivão, o delegado afirmava que Gilberto Gil "gostava da maconha e que esta o auxiliava na introspecção mística"[82]. Longe de ser uma opção de fuga e de desalento, como faziam alguns artistas que usavam drogas naquela década, cujo resultado culminaria em suas mortes, para o compositor baiano a droga era uma escolha clara diante da rede comunicativa da contracultura. No jogo argumentativo desse cantor, ao contrário de produzir apenas um alienado, a droga facilitava seu projeto de criação artística, pois permitia um estado alterado de consciência durante o ato de compor[83].

Gilberto Gil construía um discurso atual e estratégico para aquele momento; além de representar uma política de recusa aos padrões da asfixia militar experimentada no Brasil. Assim,

---

82 Frase transcrita da cena do julgamento em *Os Doces Bárbaros*.

83 Em um depoimento sobre o tema das drogas, Gilberto Gil faz a seguinte declaração: "tive três coisas que chamo de aliados e que ajudaram na descontração do olhar interior. A maconha, sem dúvida; depois o LSD e a Yuasca. Essas três coisas me deram uma motivação onírica, muita carga de sonho para a fantasia interior. No sentido da viagem, deram muito veículo. Trapézios e gangorras onde me balancei, onde ia e voltava e, principalmente, na descontração para poder contemplar e ser contemplado, bafejado por situações que possibilitavam a flutuação, que me punha acima, me elevava e fazia boiar e flutuar sobre a realidade. É onde você percebe o que é estar destacado dela, acima dela e, ao mesmo tempo, reunido a ela de novo"; em B. Fonteles, op. cit., p. 136.

270   GILBERTO GIL: A POÉTICA E A POLÍTICA DO CORPO

a droga assumia uma função paradoxal: era um veículo de alienação social e de autoconhecimento, um meio que fragilizava e fortalecia a capacidade crítica e criativa deste artista. O deboche e a ironia das declarações do cantor, expressos várias vezes durante o julgamento, apenas ensaiavam, nos risos contidos em seu rosto, o projeto da refazenda da história brasileira, ouvido nas frases ditadas ao escrivão: "Assim, as palavras primeiras de Gilberto Gil podem ter a mesma ressonância rítmica e poética da refazenda, o abacateiro, mas não encontram ressonância na ciência e na experiência humana".

Na delegacia de Florianópolis, veem-se livros sobre uma mesa, dos quais se insinua uma assertiva do *I Ching*. Naquele momento de desafio e tensão, a frase dita pelo artista – "A perseverança leva ao bom fim" – sugere a consulta ou a lembrança do oráculo. A resposta contida no *I Ching* era a representação de um estilo de vida escolhido pelo cantor e um sinal de fé de que o destino de sua arte e de seu propósito político, diante daquela década, merecia ser vivido: "A gente não tem dúvidas a respeito do que a gente é. A gente é isso. Somos pessoas de hoje, século xx, 76". As palavras do cantor sintonizavam-se com a afirmação de outro membro de Os Doces Bárbaros.

Quando foi interrogada sobre sua carreira artística, ao preparar-se para um show do quarteto baiano, Maria Bethânia afirmou: "Eu quero ser fiel a mim". Tal como nas palavras da cantora, sentia-se em Gilberto Gil a fidelidade diante de suas crenças e diante de uma atmosfera artística instaurada pelo grupo naquele momento histórico brasileiro. No instante de sua prisão, a postura serena frente ao acontecimento em Florianópolis inibia o tom contestatório no discurso do cantor, embora isso não negasse a indignação em face da atitude de ver a sua liberdade de escolha cerceada:

> Eu outro dia estava pensando, eu sou maior de idade, tenho trinta e quatro anos, sou pai de cinco filhos, sou uma pessoa experimentada em vários sentidos. Tenho concepção relativamente clara sobre o bem e sobre o mal e sobre o que está fora do bem e do mal. Quer dizer, pelo menos vontade de aprender sobre isso; venho colocando minha vida para aprender sobre isso, a superação desse problema todo, da dúvida, da culpa, essas coisas todas. A gente está vivendo um momento que a gente busca uma descon-

POR ENTRE AS LINHAS DO EROTISMO 271

tração no mundo inteiro com relação a novos hábitos, a formação de padrões, de novos conceitos de atitude social, sobre comportamento particular, sobre privacidade, sobre respeito à vida privada das pessoas[84].

Não foi a primeira vez que a tranquilidade de Gilberto Gil foi testada pela escuta de policiais. Ela também foi sentida em 1968 quando, em 27 de dezembro, o artista foi escoltado por agentes da Polícia Federal e acabou preso durante uma semana, em uma solitária no quartel da Polícia do Exército, no bairro da Tijuca, no Rio de Janeiro. Depois, permaneceu preso por quase dois meses em outro quartel da Polícia do Exército, em Deodoro, também no Rio de Janeiro. Na cela, Gilberto Gil descobriu a macrobiótica: em *Barra 69*, show de despedida para o exílio, seu corpo emergiu sensivelmente magro e ligeiro, como as malhas em *Os Doces Bárbaros* deixam ver tempos depois. Também foi naquele local onde nasceram as canções "Vitrines", "Cérebro Eletrônico" e "Futurível"; de lá ecoaram o verso e o ânimo que o acompanhariam por muitas outras jornadas: "Eu cá com meus botões de carne e osso / Hum, hum / Eu falo e ouço / Hum, hum / Eu penso e posso"[85].

Os dois meses de prisão de Gilberto Gil ensinaram-no a descobrir a força de sua tranquilidade e de seus propósitos artísticos, novamente expressos na cena de seu julgamento em *Os Doces Bárbaros*. No quadro cênico de sua condenação em Florianópolis, visto três décadas depois, a serenidade do artista aparece no filme como o capítulo que beira a comédia, pelo tratamento das situações discursivas, dos costumes e pelo anacronismo das vestes dos seus personagens, que envolviam aquele cenário da década de 1970. O texto fragmentado e desconexo do artista – um discurso frouxo e risível –, frente à ação judicial de prendê-lo, aproximou-se da composição cômica; lembrou a situação burlesca, com a qual se ridicularizaram os princípios reguladores da própria prisão do cantor. A calma de seu rosto insinuava certa ironia ao discurso moralista pregado nas vozes do delegado e do promotor de justiça naquele tribunal:

---

84 As últimas quatro citações foram extraídas do documentário *Os Doces Bárbaros*.
85 Cf. Cérebro Eletrônico, em C. Rennó (org.), op. cit., p. 103.

Chegamos a esse ponto das circunstâncias, né [sic]. A vida é um processo, é uma sequência de fatos, de atos, é uma inter-relação entre os atos e os fatos. Por isso mesmo, exatamente por ver dessa forma, eu tenho a impressão que nada disso nos abala muito, quer dizer, pode nos abalar além, digamos assim, das superfícies do corpo e da alma, porque no fundo mesmo do espírito da gente, a gente está forte. A perseverança leva ao bom fim. A gente está seguro, acho que o Chico[86] também pode falar. A gente ficou muito junto da verdade. Acho que isso ajudará muito, a gente está nessa, a gente está aí, a gente não tem vergonha de nada. A gente não tem dúvidas a respeito do que a gente é. A gente é isso. Somos pessoas de hoje, século XX, 76[87].

As imagens do julgamento aludiam a uma encenação improvisada, nos rastros da comédia de costumes. Nelas, destacam-se os traços psicológicos dos personagens, chegando, por esse meio, à interpretação de determinado segmento da sociedade, quando foram representados os comportamentos e os valores de uma época, deixando ver, ao mesmo tempo, passagens da história brasileira. O conteúdo da cena do julgamento acabou por vestir-se de um tom satírico e de caráter predominantemente político-social e pareceria forjado, não fossem as provas documentais de que aquilo tudo, de fato, aconteceu.

Graças ao flagrante delito, o "ídolo da música popular brasileira" e integrante de Os Doces Bárbaros foi condenado à internação no Instituto Psiquiátrico São José, localizado nas proximidades de Florianópolis. De lá foi transferido para o Sanatório Botafogo no Rio de Janeiro, onde ficou por um período considerado suficiente à sua recuperação. O grupo baiano ficou sem Gilberto Gil por um mês, sem poder circular nos palcos do Brasil como planejava. Durante trinta dias, o famoso artista permaneceu recluso no sanatório. Foi-lhe permitido apresentar-se com o grupo somente após liberação judicial, porque considerava-se que o trabalho faria bem ao tratamento dispensado "à recuperação do artista"[88].

Tratava-se, sobretudo, de abranger o cotidiano e o papel que os mais diferentes atores assumiam na cena das ruas e dos acontecimentos; e o filme tira proveito disso. Assim, cabe

86 Menção ao baterista Chiquinho Azevedo, também réu pelo mesmo motivo.
87 Citação transcrita do filme *Os Doces Bárbaros*.
88 Idem.

POR ENTRE AS LINHAS DO EROTISMO 273

perguntar que personagem Gilberto Gil adotou naquele julgamento em Florianópolis e de que cenas ele emergiu como protagonista da reviravolta no cenário cultural e político brasileiro pós-ditadura. Se os gestos autoritários do colonizador foram assimilados pela cultura, e se esta é socializada pelo movimento de seus integrantes, o corpo estético vem definir-se nas manobras políticas em seus múltiplos movimentos e tradições. Evidentemente, isso implica pensar a tradição e os costumes relacionados à produção de novas tecnologias de controle e compreender a cena contemporânea brasileira a partir da música e da dança segundo a corporalidade de seus atores sociais.

Dessa forma, o julgamento jurídico assumiu seu caráter teatral, cujo grupo de atores dramatizava o desenrolar ou o processo cultural e político brasileiro da década de 1970, em seus mais diferentes aspectos: nos cabelos, nas vestes de seus personagens, nas falas e nos silêncios com os quais se montou a arena do psicológico, da moral e do social no tablado brasileiro daqueles anos. No final da década de 1960, ouvia-se o trote dos cavalos dos militares que açoitavam os estudantes nas ruas do Brasil, porém, quanto mais vozes se calavam, mais os ânimos se insurgiam e marcavam o retrato de uma década em convulsão.

Em 21 de abril de 1960, Brasília trazia as cores da nova capital do Brasil na sua alvorada, embalada pelo ritmo da bossa nova e dos sonhos de Juscelino Kubitschek, mas o compasso do país que prometia abrir-se para novos movimentos culturais e políticos diluiu-se no decorrer daquela década. Segundo o depoimento do cineasta Cacá Diegues – uma voz que viveu o clima espalhado pelo Brasil naqueles anos iniciais da década de 1960 –, sentia-se o otimismo contagiante, a expectativa de que o Brasil fosse dar certo com o projeto de nação do futuro: "Eu me lembro de ter, pessoalmente, o sentimento de ser objeto de uma graça de ser brasileiro, porque estava convencido de que o Brasil era o futuro da humanidade". Essa atmosfera criava indícios de que "estava se fundando uma nova civilização, era uma coisa megalômana mesmo"[89].

---

89 Transcrições do depoimento concedido ao documentário *História Viva: Brasil Anos 60*.

274   GILBERTO GIL: A POÉTICA E A POLÍTICA DO CORPO

Com o fim da era JK e com o passo malsucedido de Jânio Quadros, o Brasil assistia ao desafio assumido por João Goulart, em comício de 13 de março de 1964, quando prometeu realizar a reforma agrária e tributária: desenhava-se a reforma da sociedade brasileira. O ano de 1964 viria dizer que o sonho inocente de João Goulart acabou despedaçado nas armas dos militares. A crença no progresso do Brasil esmaecia não somente na frase inscrita na bandeira nacional, mas se confirmava em cada esquina onde se observava a ação cada vez mais agressiva dos militares. Iniciava-se o período de confronto e tensão marcado pelas tropas do Exército nas ruas e, mesmo nos quartéis, reinava a indisciplina e o conflito diante da prática da tortura deliberada entre os próprios funcionários públicos. Enfim, os militares sentiam-se inseguros diante de sua organização, politicamente, criminosa[90].

Nessa atmosfera de passagem entre sonhos e pesadelos, nasce o tropicalismo, e Os Doces Bárbaros cantam quase uma década depois. O filme registrou a estética irônica e a arte de crítica comportamental que abriu caminhos para entender a força política na trama e na transa expressiva dos palcos. Atualizava-se o sentido do performativo a fim de rever as modulações identitárias, ancoradas na corporalidade dos artistas. Os gestos do grupo baiano questionavam os processos que sedimentaram as práticas e as exigências identitárias no território brasileiro. Para tanto, o caminho não se restringiu ao discurso, pois o corpo assumia-se como local privilegiado das operações políticas de deslocamento de controle, tanto do ponto de vista da categoria de gênero quanto de uma visão étnica. Os Doces Bárbaros sabiam muito bem que estavam mexendo com os hábitos comportamentais da juventude e com os dogmas de muitas gerações, como se confirma no depoimento de Gilberto Gil:

> Não imaginava que os militares investigassem Caetano desde 1965. Eu mesmo só senti a barra pesar em setembro de 1968, três meses antes da prisão. Lembro-me bem de quando se abateu sobre mim o sentido da tragédia. Estávamos preparando um programa para televisão, o *Tropicália ou Panis et Circenses*, que contaria com a participação de Emilinha Borba, Dalva de Oliveira, Vicente Celes-

90 Cf. E. Gaspari, Alice e o Camaleão, em E. Gaspari et al., op. cit., p. 12-38.

POR ENTRE AS LINHAS DO EROTISMO 275

tino e outros cantores da velha guarda. Ensaiávamos à tarde, na Som de Cristal, uma gafieira paulistana. Havia um momento – a hora da música "Miserere nobis" – em que encenávamos a Santa Ceia. Eu interpretava um Cristo alegórico. Vicente se indispôs com a coisa. Considerou uma profanação intolerável e gritou lá do fundo: "O Cristo negro ainda posso admitir, mas as bananas representando o pão sagrado, de jeito nenhum". Na mesma noite, ele morreu em um hotel de São Paulo, fiquei impressionadíssimo. Respeitava muito Vicente, embora não gostasse de como cantava. Quando menino, temia aquele vozeirão, aquele canto operístico. Por isso, diante da morte dele, tive o sentimento profundo de que estávamos todos envolvidos em uma dimensão trágica[91].

O recorte do texto revela bem o traço performático esboçado desde o projeto tropicalista. Gilberto Gil relembra a elaboração desse mesmo programa televisivo no qual era refeita a anatomia da Santa Ceia. O ponto de partida era a questão do corpo de Cristo: rever a invenção ocidental do cristianismo na performance do próprio corpo do Redentor. Se na assertiva do apóstolo João "o verbo se faz carne", a chave desse show tropicalista não se limitaria a ler os sinais já impressos na frase bíblica[92]. Em 1968, o lançamento do disco *Tropicália ou Panis et Circensis*, em um programa de comunicação de massa, sintonizou a nação com o poder tropicalista de assumir o corpo como ponto de inserção num debate que envolvia a crise de valores morais e estéticos[93].

A medida da Santa Ceia ocidental impõe lugares também políticos e codifica a mecânica dos corpos que subordina o

91 Gil Fala da Guerra, *Folha de S.Paulo*, p. 11.
92 L. Mammi mostra como "a sensualidade existia antes do cristianismo, do contrário o cristianismo não poderia excluí-la, mas ela nasce como um princípio espiritual justamente no momento de sua exclusão. A sensualidade seria uma disposição do espírito que o próprio espírito exclui de seu universo ético-racional"; O Espírito na Carne, em A. Novaes (org.), *O Homem Máquina*, p. 110.
93 A respeito da prisão de Gilberto Gil e Caetano Veloso, vale consultar o trabalho de C. Calado, que sustenta a tese de uma força revolucionária do movimento tropicalista: "Numa ocasião, um oficial com todo o jeito de estar ligado ao setor da inteligência das Forças Armadas foi à cela de Gil, aparentemente para conversar. Em um tom quase amistoso, o militar acabou expondo um ponto de vista mais plausível para justificar a prisão: 'Você sabe porque está aqui, não é? Vocês estavam pisando em um terreno perigoso. Incitar a juventude, num momento tão difícil para o país, com esses guerrilheiros por aí, é uma coisa muito perigosa. Vocês nem imaginam o que estão promovendo', disse o oficial, menosprezando a inteligência do prisioneiro"; apud *Tropicália: A História de uma Revolução Musical*, p. 14.

gráfico de valores presentes na sociedade brasileira. No entanto, o tropicalismo reinventou a Santa Ceia e substituiu, no cardápio sagrado, o pão pelas bananas. Não bastasse isso, o Cristo, ao centro da mesa, era negro. Disseminava-se, pela rede de televisão, a paródia da Santa Ceia como estratégia de leitura crítica. Afirmava-se, sobretudo, a função da performance, pois há certos valores que só podem ser deslocados dessa maneira, no jogo com os meios midiáticos; e os tropicalistas sabiam disso.

Não é fácil mudar os condicionamentos mentais e os preconceitos que se ergueram com a prática colonialista nos séculos de escravidão negra no Brasil. Essas transformações pedem estratégias que mexam com os automatismos corporalmente assimilados, na mecânica entre o despertar da consciência do corpo e sua relação com a cultura. A intelectualidade brasileira estranhava as questões postas dessa forma: a esquerda militante da época parecia desconsiderar tal aspecto de análise; e a tradição de músicos populares, em alguns momentos, mostrava-se aflita diante da ousadia dos tropicalistas.

A atitude reativa de Vicente Celestino, lembrada por Gilberto Gil no comentário à *Folha de S.Paulo*, poderia ser lida, erroneamente, como rejeição aos estereótipos das bananas: fruta associada à ideia do paraíso tropical brasileiro, à caricatura do Brasil divulgada por Carmem Miranda e retomada, irônica e estrategicamente, pelos tropicalistas. A atitude daquele cantor, porém, parecia envolver mais uma questão de âmbito moral, ao se ferirem os costumes e os ritos que pertencem à tradição religiosa cristã.

A fenda tropicalista na paisagem cultural brasileira não representou a simples mistura das tradições, tampouco visou apenas preservá-las em suas diferenças: era um projeto de mercado, sem que isso renunciasse também a um projeto político. Era necessário rever as hierarquias de valor social e refazer as ficções socioculturais impostas como tácitas e inquestionáveis. Por exemplo, trazer Vicente Celestino para a cena, levar Os Mutantes para o tablado de seus shows significava unir diferentes correntes da estrutura social brasileira e atingir os mais diversos níveis e gostos coletivos, para refazer a rede cultural do país. O próprio corpo de Vicente Celestino e a sua voz estavam imersos em uma tradição, em um sistema de tabus religiosos e estéticos.

POR ENTRE AS LINHAS DO EROTISMO

Em 1996, durante entrevista ao programa *Roda Viva* da TV Cultura, Gilberto Gil recordou o episódio marcante da morte de Vicente Celestino que, na época, gerou não só um conflito com o amigo Caetano Veloso, mas expôs o tamanho do desafio do projeto tropicalista. O fato de ter havido a discussão à tarde entre Vicente Celestino e os mentores daquela proposta da Santa Ceia tropicalista, seguida à noite da notícia da sua morte, abalou Gilberto Gil, que se declarou intimidado diante do acontecido:

> Eu naquele dia amofinei, no dia, no dia do negócio lá, na Som de Cristal. Primeiro, pelo momento, o ensaio à tarde, a própria indignação do Vicente, do saudoso Vicente naquele momento lá no ensaio às 4h00 ou 5h00 da tarde, quando ele fez aquela defesa veemente da intocabilidade do valor cristão, do mito religioso para ele, da ideia do Cristo, por causa da condição, da qualidade apócrifa e meio [...] enfim, daquela ceia montada por José Celso e por todos nós. Enfim, eu tinha ficado muito abalado com aquilo, aquele velho maravilhoso, aquele decano, aquela figura respeitabilíssima e tal me passando um carão assim, eu tinha ficado muito chocado com aquilo[94].

As palavras defensivas de Vicente Celestino emergiam como sintoma de resistência ao ideário do tropicalismo e recusa à vontade de revolução comportamental. Quando Gilberto Gil e Caetano Veloso foram presos, o fato teria ocorrido principalmente em razão de eles transgredirem os padrões de conduta social, de extrapolar a dimensão discursiva já codificada pela música engajada de esquerda. A realidade física e imaginária da nação brasileira pedia, contudo, que se agitassem os dogmas religiosos centralizadores – que impediam de ver, por exemplo, o candomblé como uma religião e uma filosofia

---

94 Os eventos teriam intimidado Gilberto Gil, e deixado entrever suas diferenças em relação a Caetano Veloso quanto à ousadia que estavam chamando de projeto tropicalista: "Naquele evento tropicalista no Som de Cristal, no dia da morte de Vicente Celestino, naquele dia a gente teve um pega difícil, porque Caetano, leonino, afirmativo como ele é, quer dizer, enfim, o enfrentar obstáculos, para ele, é uma coisa automática, ele não pensa no problema, na vulnerabilidade ou qualquer coisa desse tipo, ele, como é leonino que é, a inexpugnabilidade é natural nele, então ele vai enfrentando". Transcrição da entrevista concedida por Gilberto Gil ao programa *Roda Viva* da TV Cultura

278 GILBERTO GIL: A POÉTICA E A POLÍTICA DO CORPO

de vida –, com os acervos de valores culturais que sustentavam a divisão sociopolítica do país[95].

Sensível às buzinas teatrais do Chacrinha, atento ao poder político do cinema, o filme *Os Doces Bárbaros* nasce como desdobramento do projeto tropicalista de dialogar com os mais diferentes segmentos da sociedade brasileira. Para tanto, despede-se do preconceito em relação aos meios de comunicação de massa e entende que o projeto político de emancipação da sociedade brasileira não pode desconsiderar o papel desenvolvido pela mídia e novas formas de arte como o cinema. Dessa forma, a qualidade das canções do show dos Doces Bárbaros e a dança de improviso de seus integrantes jamais poderiam ser confundidas com bizarria despropositada.

O filme exibe a trama imaginária do quarteto baiano, dos seus jogos alegóricos, do choque de atitudes e a perplexidade diante da agressão imposta nas marchas dos soldados, nos combates das ruas e entre as paredes dos quartéis. O documentário acompanhava uma linha de episódios marcantes da cena cultural brasileira que revelava a abertura de horizonte político. O ano de 1976, quando foi produzido o longa-metragem, abraçava um Brasil já em processo gradual de desmonte da ditadura, quando também a esquerda sofria transformações no seu organograma de ação. Aos poucos, a censura à imprensa deixava os nós folgados, e vários jornais alternativos circulavam pelas ruas brasileiras, a exemplo do *Pasquim* e do *Opinião*[96].

O documentário mostra esse processo de transformação pelo qual passava a cena política brasileira. Nesse sentido, o corpo de Gilberto Gil representa não só o arquivo dessas

95 Em *Os Doces Bárbaros* é mostrada, por exemplo, no camarim de Maria Bethânia, a foto de Mãe Menininha do Gantois, além do depoimento da cantora sobre a sua relação com o candomblé. No repertório do filme, há também músicas dedicadas aos orixás, nos ecos das batidas escutadas nos terreiros de candomblé.

96 Segundo E. Gaspari, o ano de 1976 apresentava as transformações da própria crise da ditadura, das dificuldades para se manter a mesma direção política que havia começado em 1964. Naquele ano, os brasileiros já sentiam que, embora as torturas continuassem no DOI-Codi de São Paulo, essa prática apontava para uma crise dentro do próprio regime. Houve muitos fatos que assinalavam o declínio da ditadura, um deles foi quando Geisel demitiu o general Ednardo d'Avila Mello e "afirmou o poder da República sobre o aparelho da repressão política", em 1976. Cf. Alice e o Camaleão, em E. Gaspari et al., op. cit., p. 13.

transformações, como é agente dessas mudanças. Os capítulos que tratam das décadas de 1960 e 1970, no Brasil, não poderão deixar de lado as narrativas que envolvem a emergência da voz dos tropicalistas, participantes ativos da travessia desse período. Diante disso, acompanhar o corpo do artista, com seus diferentes cortes de cabelo, suas diversas roupas, suas falas fragmentadas, seu jeito próprio de tocar o violão, significa repassar esses momentos da história brasileira: o corpo de Gilberto Gil não interpreta abstratamente os conflitos sociais e políticos deste país.

Enquanto Gilberto Gil sempre revela vocação para o estrelato e se mantém em constante processo de adesão aos novos rumos da sociedade brasileira, o seu lugar vai sendo permanentemente reconquistado. O projeto de estrelato acabou sendo o laço que também unia o grupo baiano. Entenda-se esse empenho a reboque do papel dedicado à performance do próprio quarteto, quando a dimensão espetacular do cotidiano e da experiência vivida permite analisar o grupo atrelado à produção da cultura e também atento às injunções do mercado fonográfico.

A anatomia espetacular do documentário alude ao debate sobre o performativo na grafia corporal do grupo baiano e a sua atuação por diferentes níveis e solos da sociedade brasileira. Se o filme tem um caráter experimental – entendendo-se a experiência como aquilo que permite as relações intersubjetivas –, delineia o encontro desse quarteto e insinua as divergências entre os seus componentes. No entanto, as diferenças reuniram-se e dialogaram a partir do jogo de expectativa estética, de um propósito de revisão da história musical brasileira, que deixava escoar formas de expressão política e cultural de uma geração de artistas.

Nesse sentido, o corpo não é só um texto por onde se decifra a travessia social brasileira, mas a peça fundamental para transformar as relações de poder nas sinalizações políticas de um país em transição de valores. Nas cenas do filme, a dança e os gestos de Gilberto Gil mostram a vontade de usufruir esteticamente desse momento de transformação política, ao espetacularizar o corpo no campo de ação do cotidiano. É um projeto que envolve a história de vida coletiva, do grupo de atores para além do campo de encenação prevista pelo show nos palcos. Os Doces Bárbaros captavam os acontecimentos e produziam o acaso com o qual se permitiam interpretar, através de seus corpos, um anseio também político no processo de transformação social do Brasil.

De um lado, se a performance do grupo descrevia a atmosfera onírica da contracultura e as fabulações possíveis de um Brasil; por outro, convidava o espectador a ativar a sua imaginação criativa. A música "Peixe", de autoria de Caetano Veloso, uma das composições que constituem o repertório escolhido para o show, é um exemplo que deixa ver o caráter performático do grupo sobre o palco, buscando, nas águas imaginárias de sua criação, rever as orlas e as franjas de outra pescaria musical: "Peixe, deixe eu te ver, peixe / Verde, deixe eu ver o peixe", do reino dos mares e dos rios brasileiros. Os artistas rolavam pelo tablado, num processo que envolvia a expectativa e a fluidez dos corpos, como se a procura pelo peixe tivesse que ser vivida imaginariamente, para que o objeto de desejo se desenhasse possível na concretização de sua existência. Desse modo, o peixe entrevia-se na coreografia improvisada, no sentido de viver a escuta nas vagas de outras vozes brasileiras.

Quando foi apresentada ao público nas telas do cinema, a música "Peixe" iluminou a dança dos quatro integrantes de Os Doces Bárbaros, largados ao chão, com as pernas para cima. Em cena, vislumbrava-se Gilberto Gil – de cabelos trançados e calças jeans – a levantar-se como se estivesse à procura do peixe. Envolvido pelo clima de liberdade, o artista baiano ensaiava, com o corpo, a plasticidade do peixe, a encenação da sua morfologia no mar da realidade pós-tropicalista e da atmosfera utópica vivida pela contracultura também no Brasil.

Seguindo os acordes e os gritos em "Peixe", a trama do palco é paradigmática do outono da teoria esquerdista tradicional e da crise da palavra política na "Terra em transe" brasileira. A canção passava a exigir outro tipo de escuta, requeria a expressividade vocal de quem fala, contrapondo-se ao modelo do grande vocalista. Trata-se de música mais falada do que cantada, que tira proveito do silêncio, do efeito do fragmentário e da alegoria, de maneira, porém, diversa daquela ensinada na bossa de João Gilberto. A simplicidade da letra e os ruídos

POR ENTRE AS LINHAS DO EROTISMO   281

líquidos na pescaria dessa composição musical impactavam a expressividade grave das canções de protesto. Na cena dos peixes doces bárbaros, a canção constituía, assim, tanto uma crítica ao tônus respeitável da retórica política como uma revisão dos preceitos pregados pelo tropicalismo.

Em 1977, "Peixe" comporia a trilha sonora do programa *Sítio do Picapau Amarelo*, adaptação da obra de Monteiro Lobato para a televisão. Associada ao mundo mágico e fabuloso construído pelo escritor, a voz de Os Doces Bárbaros espalhou-se por todo o Brasil, consoante a proposta que incluía os meios midiáticos e o mercado fonográfico. "Peixe" é assimilada com seus diversos significados, com uma natureza dupla: remontava ao mar da Bahia de Caymmi e também tornava-se o símbolo das cores de uma renovação musical, pintadas no quadro imaginário do tropicalismo, nos "Rios de prata piratas / Voo sideral na mata / Universo paralelo"[97].

O peixe representava o signo de uma busca, da vontade de abrir passagem para outros rios de linguagem, para revirar as "Águas de Março" bossa-novistas, sem negar o papel desse movimento e, ao mesmo tempo, o seu anacronismo. Os integrantes de Os Doces Bárbaros estavam cientes de que a década de 1950 não constituía um paraíso brasileiro anterior à ditadura militar. Esta habitava o inconsciente histórico brasileiro e não era extrínseca à realidade das ruas do Brasil, não sendo responsabilidade apenas da intervenção imperialista norte-americana[98].

---

97 Sítio do Pica-Pau-Amarelo, em C. Rennó (org.), op. cit, p. 189.

98 Sobre esta perspectiva, Caetano Veloso afirmou: "de fato, nós tínhamos de destruir o Brasil dos nacionalistas, tínhamos que ir mais fundo e pulverizar a imagem do Brasil carioca (Celso Furtado, em *Formação Econômica do Brasil*: 'a ideia de unidade nacional só aparece quando se transfere para o Rio de Janeiro'), o Brasil com seu jeitinho e seu Carnaval, [...] acabar de vez com a imagem do Brasil nacional popular e com a imagem do Brasil garota da Zona Sul, do Brasil mulata de maiô, de paetê, meias brilhantes e salto alto. Não era apenas uma revolta contra a ditadura militar. De certa forma, sentíamos que o país ter chegado a desrespeitar todos os direitos humanos, sendo um fato consumado, poderia mesmo ser tomado como um sinal de que estávamos andando para algum lugar, botando algo de terrível para fora, o que forçava a esquerda a mudar suas perspectivas. Nós não estávamos de todo inconscientes de que, paralelamente ao fato de que colecionávamos imagens violentas nas letras de nossas canções, sons desagradáveis e ruídos nos nossos arranjos, e atitudes agressivas em relação à vida cultural brasileira nas nossas aparições e de declarações públicas, desenvolvia-se o embrião da guerrilha urbana, com a qual sentíamos, de longe, uma espécie de identificação poética"; *Verdade Tropical*, p. 50-51.

282   GILBERTO GIL: A POÉTICA E A POLÍTICA DO CORPO

Gilberto Gil desejava expandir o gesto revigorante e a verve inovadora do grupo baiano, que poderia servir para lançar e consolidar outros juízos de valor estético, com os quais seriam discutidas as regras e/ou verdades canonizadas pelo gosto da elite intelectual e artística brasileira. O artista que se deixara encantar pelo violão de João Gilberto – e o abandono da sanfona, em 1961, é o testemunho disso – antevia que o encontro do quarteto baiano poderia viabilizar a pulsação de um estilo de vida, a transfiguração de valores diante dessas vozes que se manifestavam como prática corporal, rejeitando e recriando as convenções da dança e da música, já convencionalmente decodificadas no cenário cultural do Brasil desde a bossa nova: "Nós somos apenas vozes / Do que foi chamado de "a grande expansão" / Pé no chão da fé"[99].

Somadas à canção "Peixe" de Caetano Veloso, outras músicas compuseram o repertório do filme e muitas delas são de autoria de Gilberto Gil: "Chuck Berry Fields Forever", "O Seu Amor", "Esotérico", "Pé Quente, Cabeça Fria" e "Nós, Por Exemplo". Esta última canção, criada especialmente para Os Doces Bárbaros, retomou, em 1976, algo para além do título do primeiro show em 1964, no Teatro Vila Velha: eram vozes em uníssono, ecos imprecisos de um momento exemplar da música popular brasileira, que passava por um processo de revisão de paradigmas, considerando já as transformações pós-tropicalistas. Se há o novo é pela leitura da tradição, o que impede de pensar a história de uma maneira linear: "Nós somos apenas vozes / Nós somos apenas nós / Por exemplo / Apenas vozes da voz"[100]. A letra de "Nós, Por Exemplo" reflete a ironia do grupo, que interpelava os modelos de comportamento a serem imitados e, ao mesmo tempo, colocava-se numa posição quase exemplar, sem conseguir conter a crise dos discursos circulantes na intelectualidade brasileira em relação ao próprio legado do tropicalismo.

A questão básica delineada desde o movimento tropicalista e que percorreu o pós-tropicalismo[101] em Gilberto Gil e Caetano Veloso era entender o poder da música popular: a capa-

99 Nós, Por Exemplo, em C. Rennó (org.), op. cit., p. 177.
100 Idem, ibidem.
101 Entenda-se a utilização do prefixo "pós" com o significado menos linear e cronológico, e mais como o momento de leitura crítica do tropicalismo.

cidade de desentranhar as mazelas, as feridas do inconsciente histórico colonial brasileiro e, ao mesmo tempo, acentuar o potencial transformador da cultura no Brasil. Para tanto, pretendia-se uma dinâmica estética e comportamental que deixasse fluir vozes de todas as partes do país, com seus diferentes ritmos musicais; que atingisse as pessoas das mais diversas classes sem negar o paradoxo como forma de análise crítica da realidade brasileira e do próprio tropicalismo.

Aliás, essa é uma questão que percorre as preocupações de Gilberto Gil, como demonstra – tantas décadas depois da emergência do movimento tropicalista – "Um Encontro" com o pensamento de Milton Santos. Em entrevista-diálogo realizada em 1º de setembro de 2001, o tema do paradoxo é recapitulado. A ambição estética do compositor baiano, desenhada na pós--tropicália, caracteriza-se pela releitura em vários momentos da sua vida artística e nas suas ambições também políticas. Quando o cantor escolheu Milton Santos para um diálogo, já sentia uma vontade de construir laços de aproximação filosófica. Assim, nos motes lançados pelo artista, insinuavam-se também os interesses em comum e os pontos de conexão de pensamento, principalmente no tocante ao corpo e ao papel da cultura popular.

Nesse encontro, as duas vozes questionaram a epistemologia iluminista que preceitua apenas a impotência e a fraqueza dos pobres, negando-lhes a verve criativa e o saber acerca da sociedade: "Cada dia eu me convenço mais que os pobres são mais fortes do que nós de classe média e do que os ricos, porque os pobres é que têm a possibilidade de sentir e pensar", afirmou o geógrafo[102]. Não se trata de fazer uma apologia da pobreza, como se ali estivesse apenas a reversão do pensamento burguês, o que seria uma compreensão rasa dos valores introjetados nos mais diferentes níveis sociais, já que, em inúmeras localizações consideradas pobres, os ideais burgueses são

---

102 Em G. Gil, Um Encontro. Disponível em: < http://www.gilbertogil.com.br/santos/entreo.htp >.Para M. Santos, "o nosso pensamento é enquadrado, primeiro pelo interesse, mas também pela forma como nós instrumentalizamos tudo, até mesmo os nossos bairros, as nossas casas. Tudo isso é uma prisão para o pensamento. Ora aí entra uma outra discussão filosófica, epistemológica: a necessidade que eu estou sentindo agora de recusar a epistemologia do Iluminismo que nos ensinou a fraqueza dos pobres".

284   GILBERTO GIL: A POÉTICA E A POLÍTICA DO CORPO

desejados e mantidos. A ideia é produzir um pensamento que envolva uma revolução de baixo para cima ou, no mínimo, uma política artística atenta à "cultura popular se apropriando das ferramentas possíveis", como definiu Gilberto Gil[103].

A pedra de toque é ver os pobres de outra forma, não como o problema do Brasil e do mundo, mas de modo a enxergar o potencial de transformação social existente na camada economicamente mais carente: "Os pobres e os oprimidos estão fazendo, de uma maneira extraordinária, o uso das novas tecnologias, no seu trabalho e em seus assaltos, por exemplo, e estão encontrando e defendendo ideias aí pelo mundo afora"[104]. Gilberto Gil completa o pensamento, afirmando: "São as várias formas de pirataria". Nesse clima de diálogo, os dois assumem o papel de intérpretes do Brasil e colocam em pauta o valor criativo e crítico da vertente popular da história.

Vale lembrar que Gilberto Gil deve à sua viagem a Recife, em fevereiro de 1967, o esboço do projeto tropicalista, que abarcava a leitura diferencial diante da miséria e da pobreza espalhadas por várias regiões do Brasil[105]. Convidado a fazer uma série de apresentações no Teatro Popular do Nordeste, o artista teve contato com uma dimensão social que o acordaria para a dinâmica e a vitalidade da cultura popular. O encontro com a Banda de Pífanos de Caruaru foi elemento decisivo e desencadeador do ideário estético que incluía pensar a violência da miséria e, ao mesmo tempo, a força criativa, a capacidade de invenção de novas formas de vida e de expressão artística. O depoimento de Caetano Veloso é claro quanto à transformação do amigo no retorno dessa viagem:

> Gil estava transformado [...]. O fato é que ele chegou ao Rio querendo mudar tudo, repensar tudo – e, sem descanso, exigia de

103 Idem, ibidem.
104 Idem, ibidem.
105 Segundo Caetano Veloso, numa abordagem que amplia a deste ensaio, é preciso sublinhar o "risco que todos nós corremos – todos nós que falamos em nome de países perdedores da História – de tomar as mazelas decorrentes do subdesenvolvimento por quase virtudes idiossincráticas de nossas nacionalidades". Para ele, resta "saber em que medida podemos, sem nos iludir, fazer planos para o futuro – e mesmo sonhar – a partir de um aproveitamento da originalidade de nossa condição tomada em sua complexidade desafiadora"; Diferentemente dos Americanos do Norte, *O Mundo não é Chato*, p. 43.

POR ENTRE AS LINHAS DO EROTISMO 285

nós uma adesão irrecusável a um programa de ação que esboçava com ansiedade e impaciência. Ele falava da violência da miséria e da força da inventividade artística: era a dupla lição de Pernambuco, da qual ele queria extrair um roteiro de conduta para nós. A visão dos miseráveis do Nordeste, a mordaça da ditadura num estado onde a consciência política tinha chegado a um impressionante amadurecimento (o governo de Miguel Arraes tinha sido, até sua prisão e deportação em 1964, o mais significativo exemplo de escuta da voz popular) e onde as experiências de arte engajada tinham ido mais longe, e as audições de mestres cirandeiros nas praias, mas sobretudo da Banda de Pífanos de Caruaru (um grupo musical de flautistas tosco do interior de Pernambuco, cuja força expressiva e funda marca regional aliavam-se a uma inventividade que não temia se autoproclamar moderna – a peça que mais nos impressionou chamava-se justamente "Pipoca Moderna")[106].

Na citação acima, nota-se que a emoção e a ansiedade demonstradas por Gilberto Gil, diante da descoberta da Banda de Pífanos, remontavam não somente à saudade e às lembranças de Ituaçu. Eram resultados de um lampejo quanto à tomada de posição em relação ao Brasil e de um projeto musical brasileiro frente ao mercado internacional, que acabava por antecipar diretrizes contra o movimento globalizado, feito de cima para baixo: "Essa globalização não vai durar como está porque como está é monstruosa, perversa. Para que nós estamos globalizando, para aumentar a competitividade? Para que serve isso? O mercado global, o que é isso?"[107] No diálogo com Milton Santos, compreende-se que a vontade do artista baiano manifestada no projeto tropicalista, ao reunir os Beatles à Banda de Pífanos de Caruaru, esboça a leitura crítica do conceito de globalização hegemônica.

Nessa mesma entrevista, Gilberto Gil tocou na temática da política da emoção e do corpo, fundamental para a questão aqui abordada. Ao diferenciar os direitos humanos dos direitos do homem – de maneira sucinta e precária, em se tratando de um texto curto de entrevista –, Santos afirmou que "os direitos humanos estão ligados à espetacularização do sofrimento de algumas pessoas, [...] e aí há uma mobilização espetacular, mas

106 *Verdade Tropical*, p. 130-131.
107 Um Encontro, op. cit.

que não resolve o caso de cada indivíduo"[108]. O ponto-chave é saber o que move a vontade de espetáculo e que tipo diferencial de emoção suscita. O geógrafo diferencia essa emoção da que se observa em um campo de futebol, "mas há uma coisa da nossa área que estive pensando recentemente: o número de estádios de futebol que se criaram no mundo nos últimos anos". Gilberto Gil completa o pensamento de Santos: "Esses são o indício nesse sentido contrário, no sentido da reação, como o organismo humano reage"[109].

Destaco na frase do artista baiano a expressão "organismo humano", como signo que insere a emoção e o corpo para a cena do debate político. O jogo estratégico de Gilberto Gil, assim como de Milton Santos, não privilegia só a técnica atrelada ao campo racional da ciência política: as mudanças sociais não existiriam sem a tomada positiva do corpo e de suas emoções. Chega-se a um grau de sofrimento e de asfixia social em que o próprio princípio de violência e de agressividade pode ser convertido em crítica e reação às formas de sanção social: o corpo reage e se levanta das arquibancadas: "E a emoção? E é isso que está voltando, o poder da emoção que se dá no horizontal, porque são os homens que se encontram, é o mundo das surpresas, e a surpresa é sinônimo de futuro"[110]. Os dois intérpretes da cena cultural e política brasileira sabem, contudo, que a codificação dessa rede de emoções não é fácil de ser mapeada e se revela, em muitos casos, contraditória.

O diálogo entre os dois baianos, embora fragmentado e curto, oferece pistas sobre a relevância política de uma erótica social e a coragem para mergulhar nesse mundo camaleônico e pouco compreendido. Na performance dos atores pelas ruas brasileiras, envolvidos por uma sociedade de consumo e de industrialização crescente da música, defronta-se com a leitura crítica e a aflição pós-tropicalista, como denunciam as palavras de Gilberto Gil: "a tropicália é um movimento que foi a meio caminho; semeou mas não colheu"[111]. Ciente das possíveis

---

108 Idem, ibidem.
109 Idem, ibidem.
110 Idem, ibidem.
111 Apud P. A. Sanches, Estrangeiros Veem Superfície da Tropicália, *Folha de S.Paulo*, 29 abr. 2003, p. E6.

POR ENTRE AS LINHAS DO EROTISMO 287

consequências de unir os diferentes ritmos e vozes da cultura popular na vertigem do consumismo, considera-se também o potencial corrosivo do contexto de cultura de massa e do mercado internacional[112]. São desafios tomados desde o início do tropicalismo e que se colocam como um ponto de luz e de conflito ainda hoje, nos ecos deixados por esse movimento e pelo quarteto baiano. Em *Outros (Doces) Bárbaros*, Caetano Veloso e Gilberto Gil reiteram nitidamente esse debate.

Outros Bárbaros

Em 2002, o mesmo quarteto baiano revolveu as areias do passado de Os Doces Bárbaros em um grande show na praia de Copacabana, Rio de Janeiro, numa retomada significativa do grupo. O episódio foi transformado em filme-documentário dirigido por Andrucha Waddington e se mantém em circuito comercial. *Outros (Doces) Bárbaros* é o título do filme que evidencia, no acréscimo da palavra outros, a consciência da impossibilidade de retomar o mesmo ânimo e os motivos que agiram nos corpos e na movimentação do grupo em 1976. Vinte e seis anos depois, os outros bárbaros defrontam-se com circunstâncias históricas repetidas e, ao mesmo tempo, bem diferentes daquelas que davam sentido aos gestos performáticos e ao tom libertário do grupo na década de 1970.

A Bahia que abrigara o primeiro encontro do grupo em 1964 era a mesma e também era outra bem diversa. O cenário baiano de 2002 divulgava para o Brasil e para o mercado internacional o seu Carnaval eletrizante e *pop* axé, colocan-

---

112 Quanto a esse conflito, Caetano afirma: "O novo Carnaval da Bahia, eletrificado, rockificado, cubanizado, jamaicanizado, popificado, dominado pelo péssimo gosto da classe média provinciana é resultado desse assassinato do Carnaval brasileiro, assassinato cujos autores intelectuais fomos nós, mas também a incomparável vitalidade desse novo Carnaval – em grande parte devida a essa mesma classe média provinciana – e, sobretudo, a energia propriamente criativa que se vê em atividade na Banda Olodum, num desfile do Ilê Aiyê, na Timbalada ou na figura única de Carlinhos Brown, que reúne em si os elementos de reafricanização e neopopização da cidade, se devem ao mesmo gesto nosso, o que nos pode dar um alento e nos permite pensar nos momentos bons, que há esperança, pois a matança se revelou geradora"; *Verdade Tropical*, p. 50.

do-se como centro de atração turística da maior festa popular do mundo. O baiano continuou gozando de sua condição de polo cultural, sendo economicamente lucrativo investir na imagem do prazer e da alegria associada à forte presença festiva da Bahia. Tal fenômeno de efervescência musical coincide com o retorno do quarteto a Salvador: seus integrantes, que já não possuíam residência na capital, voltaram a adquirir suas casas na década de 1990. O retorno do quarteto já era vislumbrado nos termos de uma geografia baiana, e os shows do grupo em 2002 confirmaram a tendência pressentida.

Ao rastrear os motivos desencadeadores da união do grupo baiano e da vontade do reencontro nos palcos, Caetano Veloso reafirma ter visto desde sempre algo especial que ligava os quatro artistas, como "algo assim predestinado", sem que isso devesse ser lido como destino místico ou de acordo com uma visão maravilhosa do fato, como declarou no documentário de Waddington: "Eu sou muito cético, eu achei que era uma intuição de que a gente tinha aquela vocação para o estrelato, o estrelato vulgar do comercialismo da sociedade de consumo".

Ao ouvir as palavras do amigo, Gilberto Gil confirma: "a gente também tem isso na nossa carreira". No filme, expõem-se a consciência aguda e a visão crítica diante das propostas e validades do tropicalismo e das diferenças entre seus participantes. As palavras dos mentores desse movimento não causam, entretanto, um impacto negativo, já que a revisão do lastro argumentativo e simbólico tropicalista é necessária para mapear as possibilidades do Brasil de hoje e a labilidade da música popular na transformação imaginária da nação.

É nesse ponto do discurso que Caetano Veloso revela sua veia mais crítica e sua insatisfação diante da própria carreira como artista, como também diante de tudo que representou o tropicalismo, na abertura para a rede comercial do mercado consumidor: "Tem momentos que me dá a impressão que é só isso, quer dizer, eu fico desiludido". Como um escorpião encalacrado, Caetano Veloso fere a própria história artística e denuncia a crise do que representou o tropicalismo, repassa o encontro pós-tropicalista de Os Doces Bárbaros e a sua responsabilidade frente à trajetória de novas gerações de músicos no Brasil. Como reação ao discurso insatisfeito e melancólico do amigo, Gilberto Gil afirma: "o nosso esforço foi para que não seja só isso", isto é, para que tudo não tenha passado de um estrelato vazio com fins unicamente comerciais.

Numa postura de julgamento mais árduo, Caetano Veloso insiste: "Tem momentos que eu tenho vontade de exercer uma crítica muito cruel a nosso respeito, então eu não quero deixar de dizer". Na tensão desse discurso pós-tropicalista, denuncia-se a veia crítica do artista e pensador da cultura, em desacordo com o estilo mais conciliador de Gilberto Gil, que assume uma posição mais apaziguadora e menos conflitada diante da vontade de crítica contundente do companheiro tropicalista: "Sem dúvida alguma, essa oscilação é absolutamente pertinente, tem a ver. Você, por exemplo, é o mais esforçado de todos nós quatro no sentido de que não tenha sido só isso". Nessas palavras, sente-se que a postura de Caetano Veloso é absolutamente significativa e compreensível, porém não justifica o efeito redutor da análise ao estrelato meramente comercial.

Ciente da pertinência e do sentido da preocupação do companheiro tropicalista, Gilberto Gil declara: "eu tenho confessado várias vezes, toda hora por aí, que se não fosse Caetano, eu teria me tornado [...] provavelmente estaria com música, faria música, mas não com a responsabilidade que eu tive". São esses momentos que fazem de *Outros (Doces) Bárbaros* um documento precioso para situar as crises e as divergências que marcaram a história do tropicalismo e dos integrantes do quarteto baiano. Cabe destacar que a cena do sexto dia de ensaio é protagonizada apenas por três integrantes do grupo: Caetano Veloso, Gilberto Gil e Gal Costa, pois, segundo o próprio depoimento do irmão de Maria Bethânia, a cantora não teria participado do movimento tropicalista.

Numa entrevista coletiva gravada no filme, evidencia-se mais claramente que o grupo não tinha um significado unívoco, resguardando suas diferenças e identificações. Gal Costa confirmou sua afinidade com Ella Fitzgerald, ao contrário de Maria Bethânia, que se mostrava seduzida por Judy Garland, com "aquela mulher entrando, correndo pelo palco", tal como depois confirmariam os próprios gestos dramáticos da cantora baiana. Seguindo as trilhas de João Gilberto, Caetano revelou sua afinidade maior com Gal Costa, porque "nós somos mais *cool*",

290 GILBERTO GIL: A POÉTICA E A POLÍTICA DO CORPO

instante de fala no qual se flagra sua admiração pela suavidade da voz e pelo estilo musical impresso por Chet Baker. Diferentemente, Gilberto Gil admite as suas predileções por Jimi Hendrix, "tendendo pra coisas mais jazzísticas e mais experimentais, mais arrojadas e mais rock'n'roll, além de samba jazz".

Nesse encontro, com as reflexões desenvolvidas em *Outros (Doces) Bárbaros*, Caetano Veloso demonstra compreender o amálgama artístico desenhado por Gilberto Gil não como um ecletismo indiferenciado e homogêneo, mas tal como o conceito de arte *pop* atribuído a Andy Warhol: "Perguntaram a Andy Warhol o que era arte *pop* e ele disse que é gostar de coisas". Gilberto Gil confirma ser também sua posição: "Em mim, era um misto de gostar mesmo de muita coisa e um pouco gostar de gostar". Dessa maneira, expõe o preconceito e critica o vício elitista de alguns artistas, intelectuais e pessoas de "bom gosto" que rejeitam a música sertaneja e cantores do círculo comercial e perguntam: "Mas como é que você gosta de Sandy e Junior?" Ao que ele responde: "Eu gosto, eu aprendi a gostar de coisas", e termina a frase com um riso.

O documentário é também uma repetição do modelo do primeiro filme desenhado por Jom Tob Azulay ao gravar os ensaios, os shows e os depoimentos dos quatro integrantes, entretanto são indiscutivelmente Outros (Doces) Bárbaros e outro filme absolutamente diverso. Nas cenas gravadas, pode-se ver o perfil de cada um dos membros, com as transformações vividas pelo grupo e o vigor da história desses artistas e da música popular brasileira. No longa-metragem, a primeira tomada de foco escolhe o oitavo dia de ensaio do grupo que traz Gilberto Gil sentado em uma cadeira, cantando "Máquina de Ritmo" e Caetano Veloso sambando no estúdio.

Vários momentos do filme são recheados com diálogos férteis e entrevistas sobre a visão estética e sobre o processo artístico dos integrantes do quarteto baiano. Em uma delas, pergunta-se ao grupo se aquele reencontro poderia acrescentar algum sentido ou mudança para as suas vidas. Quem responde a essa indagação é Gilberto Gil: "Eu não faço nada na minha carreira para acrescentar. Eu faço para ser cada momento íntegro como o primeiro, a sequência é sempre a mesma; não há o sentido aritmético, não". O compositor ensaia uma teoria da repetição na diferença, cujo termo "outros", sobreposto ao título do filme de 1976, é bem sintomático.

A espiral do tempo impede de pensar o reencontro como um acréscimo ou mais uma manifestação unida à primeira, iniciada em 1964. Ao contrário do cálculo matemático da aritmética, as palavras de Gilberto Gil animam uma diferente abordagem: os shows tanto no Parque do Ibirapuera como na praia de Copacabana aconteceram, porque o primeiro encontro com o grupo baiano – desde o Teatro Vila Velha – constituiu-se intensa e eficazmente, no ritmo e no compasso da "alma de grupo, que é alguma coisa que tem dos pássaros". Aquele primeiro encontro entre os quatro artistas foi tão vivo que pediu o seu reencontro; contudo não é o episódio em si que retornou, mas o desejo que unia o grupo no palco. Assim, cada momento permanece único, íntegro; e seria um equívoco, em relação àquele show em 2002, vê-lo apenas como mais um episódio a somar na trajetória artística de cada membro do grupo.

Com a praia de Copacabana lotada, Os Outros (Doces) Bárbaros iniciaram o seu show e o seu reencontro no palco 26 anos depois, relembrando o impulso e o ritmo contagiante da música "Fé Cega, Faca Amolada", de Milton Nascimento e Ronaldo Bastos: "Vai ser, vai ser, vai ter de ser, vai ser faca amolada / O brilho cego de paixão e fé, faca amolada / Deixar a luz brilhar e ser muito tranquilo / Deixar o seu amor crescer e ser muito tranquilo". O show não desejava representar nem a nostalgia do reencontro do quarteto baiano nem a impotência de seus artistas, porém os laços afetivos e o brilho da história viva que os unia; além de ser um passe, um corte amolado na rede comercial.

Os ensaios do show revelaram o clima de descontração do grupo, o tom ameno e íntimo da conversa e, apesar dos risos e das gargalhadas soltas, não se nota nenhum tipo de exagero nas atitudes, nem poses artísticas nem mesmo pulos; nada que lembrasse o desconcerto e o ritmo corporal demonstrados em *Os Doces Bárbaros*. Gal Costa chegou ao estúdio de gravação e, após cumprimentar Caetano Veloso com um beijo na boca, iniciou uma conversa que girou em torno da ansiedade quanto ao show e ao reencontro do grupo: ela confessou ter tido uma noite maldormida, com as músicas na cabeça. Caetano disse partilhar do mesmo sentimento, ao contrário de Gilberto Gil, que não demonstrou experimentar, a princípio, da mesma ansiedade expressa pelos outros dois artistas.

Tal como no primeiro filme, quando compôs a música temática "Nós, Por Exemplo", Gilberto Gil retomou o mesmo gesto e criou "Outros Bárbaros". Feita especialmente para o reencontro, a letra da canção emocionou Gal Costa que, na primeira audição do ensaio do grupo, desabafou: "A música é comovente. Eu não chorei para não passar vergonha". O autor da canção, motivado pelo clima de amizade e pelo diálogo, confessa: "Eu já chorei tudo em casa". Mais que um desabafo entre amigos e companheiros de "muita história", o documentário revela um traço metalinguístico, quando, via canção, indica a capacidade da arte musical de rever as marcas e as emoções guardadas em cada membro daquele grupo e em muitos brasileiros. A cena permite lembrar os versos de Caetano, por isso "uma força me leva a cantar, por isso uma força estranha no ar, por isso é que eu canto, não posso parar".

Segundo o depoimento de Gilberto Gil para o documentário, o nascimento da canção "Outros Bárbaros" traduz a inflexão e o pedido do momento: "Acordei e fiquei uma hora na cama de papo pra cima, aí veio inteira", ri o compositor, dizendo ter feito aquela nova música para finalizar o show do quarteto: "Será que ainda temos o que fazer na cidade? / Em nossos corações ainda existe um quê de ansiedade". Os primeiros versos desencadeiam uma entonação crescente que manifesta o isomorfismo da canção: o tom interrogativo presente no verso melódico não esconde o sentido do enunciado emitido pelo cantor. Em sua leitura, revisa o que representou o grupo, desde o primeiro encontro na cidade de Salvador e, depois, na cidade maravilhosa, quando os baianos foram considerados como invasores bárbaros precursores de uma nova era musical instalada no coração do Brasil.

Tal como Caetano Veloso e Gal Costa, Gilberto Gil também não se eximiu da ansiedade em relação ao reencontro. Diferentemente dos dois primeiros, ele transformou a insônia vivida por eles em versos, revertendo-a em sinal de persistência, de uma vontade de indagar sobre a sua trajetória artística e do grupo, como se comprova na utilização da palavra "ainda". A repetição do advérbio, nos dois versos iniciais, ressalta

POR ENTRE AS LINHAS DO EROTISMO   293

a consciência do tempo transcorrido, a necessidade de saber se é possível refazer e reviver – em meio a tudo que passou de tão intenso e forte com cada integrante daquele grupo – a mesma e outra atmosfera criativa: "Resta saber se ainda queremos seguir / Querendo-nos mútuo prazer". A questão não se restringe a manter o afeto e o sentido musical que enlaça o quarteto, mas de marcar a presença viva do grupo e de cada um de seus integrantes em meio às novas gerações e frente à música meramente comercial, consciente do tempo que corrói e confirma a memória.

Evidentemente, esses artistas passam e passaram por crises criativas, nas quais se problematiza a escolha de Gilberto Gil quanto à política partidária. Por um lado, o Ministério da Cultura pode ter constituído um veículo de maior inibição da veia criadora, basta lembrar que o artista só compôs uma música nos quatro primeiros anos do cargo assumido. Por outro lado, foi também um meio de galvanizar a carreira do artista no cotidiano brasileiro. Gilberto Gil encontra uma outra via para se manter ativo e cada vez mais visível nos palcos do Brasil, além de ser a oportunidade concreta que afirmaria seu desejo e sua vocação para a política. Dessa maneira, pode-se interpretar a ida para o governo como uma resposta ao primeiro verso da canção realizada em 2002, ano que antecedeu à posse no ministério: "Será que ainda temos o que fazer na cidade? / Em nossos corações já reside um quê de saudade / De saudade".

Revisitado e remasterizado em 2004, quando Gilberto Gil já era ministro da cultura, *Os Doces Bárbaros* demonstra não só como o grupo baiano dominou, com grande agilidade e rapidez, o espaço cultural brasileiro. Vem apontar para a ubiquidade da música popular brasileira na vida cotidiana, a capacidade de unir um grupo de artistas e também dar acesso ao social, gestando surpresas, dentre as quais se ressalta a chegada de um integrante do movimento tropicalista ao círculo oficial de poder. A propósito, em uma entrevista ao jornal *A Tarde*, Caetano Veloso é interrogado a respeito de como sentia a presença de "tropicalistas no poder":

Tropicalistas... A gente tem vontade de discutir isso, porque uma palavra cujo sentido a gente sabia muito bem qual era em 1966,

294   GILBERTO GIL: A POÉTICA E A POLÍTICA DO CORPO

67, 68, mas eu não sei muito bem o que é tropicalista hoje. Mas, de todo modo, o Gil está no poder oficial, ele é ministro de Estado, e ele foi um dos fundadores, líderes e, de fato, o idealizador mesmo daquilo que veio a ser conhecido como movimento tropicalista. Então, ele está de fato no poder e foi um tropicalista. Mas eu tenho a impressão de que aquilo que me levou a ser tropicalista é, de uma certa forma, a mesma coisa que me leva a me sentir pessoalmente tendo necessidade de me distanciar do poder oficial[113].

No trecho acima, destaca-se o esgarçamento do termo "tropicalismo", passível de ser claramente definido e vivido entre 1967 e 1969, data-limite que situa o momento de exílio de Gilberto Gil e Caetano Veloso em Londres. A pergunta do entrevistador assinala para uma questão lateral: refere-se ao alcance da verve dos tropicalistas naqueles anos, que ecoaria sempre sobre suas imagens e sobre sua travessia artística, como se naqueles primeiros anos tivesse se delineado o lastro teórico que os acompanharia sempre.

De fato, durante evento no Museu da República em 2003, na cidade do Rio de Janeiro, o ministro da cultura Gilberto Gil aproveitava a ocasião simbólica para reeditar a foto da capa do disco *Tropicália ou Panis et Circenses*, de 1968. Trinta e cinco anos depois do lançamento daquele disco, ao anunciar a criação do programa *Cultura Republicana e Brasilidade* – cujo projeto previa a reinvenção do espaço do museu, como centro de debate e reflexão cultural –, reaparece na memória do artista, do político e do público, a paródia da capa do disco. Na primeira montagem fotográfica, Rogério Duprat posava com um penico na mão, como se fosse uma xícara de chá; Gilberto Gil e Gal Costa mostravam-se à vontade em batas à moda da contracultura; somavam-se à cena Caetano Veloso, Torquato Neto, Os Mutantes (Rita Lee, Sergio e Arnaldo Baptista) e Tom Zé, este marcando o lugar do retirante, ao segurar uma mala de couro. Alguns participantes do disco que estavam ausentes, tais como Nara Leão e Capinan, eram lembrados pelas fotografias que os tropicalistas baianos Gilberto Gil e Caetano Veloso seguravam em suas mãos.

Na nova versão fotográfica, divulgada pelo jornal *Folha de S.Paulo*, pode-se ver Gilberto Gil no alto, de terno e gravata e de cabelos trançados, tendo ao lado esquerdo a companhia

---

113 Entrevista concedida a Luiz Lassere, *A Tarde*, Salvador, 16 jan. 2003.

POR ENTRE AS LINHAS DO EROTISMO   295

de um índio da tribo Waiãnpi e, ao lado direito, Claudia dos Santos Rodrigues. Também compunham a imagem Nelson Rodrigues Filho, Maurício Andrade, Rosa de Iemanjá da Casa Branca e uma representante do Apofonjá, Regina. Para retomar fielmente a diagramação da fotografia do disco de 1968, estavam sentados Maria de Leda Linhares, Carmem Costa e José Leite Costa. No lugar que antes era ocupado por Gilberto Gil, aparece a imagem de um jovem afrodescendente, cujo nome o jornal não divulga[114].

Se a primeira foto apresentava os artistas que integravam o lançamento do disco tropicalista, ao mesmo tempo retomava, pela via da paródia, a pose referida nas fotografias das famílias patriarcais. Nela, podem ser destacados os mais velhos sentados nas cadeiras, os adultos em pé, numa posição acima, atrás dos pais ou dos avós, e os netos sentados no chão. Na repetição da cena fotográfica 35 anos depois, outro mosaico instala-se: a leitura crítica agora não se refere somente à união forjada e limitadora exigida pelas mesmas famílias. Trata-se de tecer uma análise do que representou o tropicalismo para a cultura brasileira e para a reflexão sobre os ideais da República.

É significativa a escolha do Museu da República para que a paródia da fotografia da tropicália fosse levada ao conhecimento do público. Mais uma vez os versos de "Outros Bárbaros" podem ser lembrados: "Será que ainda temos o que fazer na cidade?" A pergunta, nascida naquela manhã do ensaio do reencontro em 2002, expressava uma inquietação viva, cuja rima com as palavras "ansiedade" e, finalizando, com "saudade", reaparece naquele evento do museu. A saudade – plasmada na imagem passadista e estereotipada do museu – reveste-se, entretanto, da vontade de fazer daquele lugar e daquele momento a possibilidade de produzir uma reflexão sobre o presente brasileiro no encontro com o passado, que inclui tanto uma leitura da biografia de Gilberto Gil quanto da história cultural brasileira.

Se para Caetano Veloso o ideário do tropicalismo constituía o motivo da recusa ao poder oficial – como demonstra o trecho da entrevista apresentada –, Gilberto Gil transita pela contramão do discurso do amigo. A fotografia sugere que, exatamente por

114   Cf. Gil Reedita Foto de Disco de 1968, *Folha de S.Paulo*, 11 nov. 2003.

296   GILBERTO GIL: A POÉTICA E A POLÍTICA DO CORPO

ter sido o idealizador daquele movimento tropicalista, Gilberto
Gil assumiu um cargo no governo. Com a experiência da tropicália, teve a certeza de que o cotidiano das cidades, principalmente
protagonizado pelas vestes de um ministro, pode constituir-se de
um espaço performativo de ação cultural e política.

Desse modo, a cidade atualizava-se como lugar de trânsito
e de ação da poética e da política do corpo de Gilberto Gil. A
matéria sobre a "nova tropicália" expõe a necessidade de ter o
olhar incansavelmente crítico diante desse trânsito e da história
cultural do Brasil, da qual este artista não é só um grande exemplo, mas um dos seus idealizadores, pois participa duplamente
como artista e como político. Pode-se dizer que, a princípio, no
nome "Gil" já estava predestinado o jogo duplo de si mesmo;
o seu nome guarda o segredo, a potência de sua história e de
sua arte: a coragem de reinventar a si mesmo.

Em entrevista ao jornal *Folha de S.Paulo*, ao ser interpelado
novamente sobre a presença do amigo no cargo de ministro da
cultura, Caetano Veloso responde: "Gil está bem, está ministro.
Eu não teria o menor saco de estar naquela situação, mas ele
adora [...] Gil é o Lula do Lula"[115], aludindo ao prestígio internacional do artista, como também o lado estrangeiro, *gauche*
do presidente experimentado pelo cantor tropicalista no cargo
do ministério. Por um lado, o reconhecimento internacional de
Gilberto Gil, a trajetória musical desde o tropicalismo, além de
suas investidas na política, justificam a indicação para o cargo
de ministro da cultura no governo do Brasil. Por outro lado, merece ênfase, no depoimento de Caetano Veloso, a força política
da música popular brasileira. Vivida intensamente nos fins dos
anos de 1960 e no transcorrer das décadas ulteriores à ditadura
política dos militares, como forma de conquistar uma abertura
do horizonte político-cultural, a música popular expressa os
conflitos e as tensões de vários estratos da sociedade brasileira
e se confirma na chegada de Gilberto Gil ao governo.

Embora na primeira gestão no ministério tenha composto
muito pouco, apesar de declarar publicamente que não se sentia
mais obrigado a compor, não se pode dizer que assumir o cargo
de ministro da cultura tenha sido para o artista um prejuízo. Seu

115   Gilberto Gil é o Lula de Lula, *Folha S. Paulo*, 15 nov. 2003, p. E5.

POR ENTRE AS LINHAS DO EROTISMO 297

corpo ganhou um recorte estético e político: a escolha de participar do ministério revitalizou a imagem do cantor nas pautas dos jornais e dos debates culturais; suas canções permanecem nas seleções de programas de rádio, sua batida de violão continua sendo ouvida no Carnaval da Bahia e pelo mundo afora. Como inventor incansável da sua história pessoal, sua presença nos gabinetes da política trouxe ambivalência – esta já sentida desde o início do tropicalismo – geradora de crise e de conflito quanto à sua imagem: pode ser lida como mais uma jogada estratégica individual e comercial, que lhe faculta o direito e o dever de permanecer atuante no debate e nos palcos da sociedade brasileira e, ao mesmo tempo, assinala para a grande oportunidade de atuar na gestão criativa do Brasil.

Com o lançamento do CD *Gil Luminoso* – na verdade, o relançamento do disco que não circulou comercialmente em 1999 –, o artista declara à imprensa: "passei muito tempo envolvido em interesses de gravadoras e de pequenas corporações aglutinadas ao meu trabalho, estou querendo sair dessa cadeia"[116]. Gilberto Gil atravessou vários capítulos inesquecíveis da história do Brasil com suas canções; mas seu projeto de vida vem mostrando que não se resume à arte musical. O caráter multifacetado do cantor retrata e sinaliza para a força e a energia criativa da cultura brasileira e de suas possibilidades de mudar as relações de poder.

Para o ministrartista, "a arte de viver é igual à arte de compor"[117]. A riqueza da sua obra musical, construída ao longo dos anos, não só permite entender suas buscas, como imaginar que uma nova canção possa aparecer na internet e nos palcos do país a qualquer momento, surpreendendo a todos. Como declarou Elis Regina: "Gil talvez seja dos compositores atuais o mais completo, porque ele compõe muitíssimo bem, ele faz letra muitíssimo bem, ele toca muito bem e ele canta muito bem"[118]. Completando a fala da cantora, cabe dizer ainda que ele soube e sabe transitar, como poucos, entre a poética e a política do corpo; são tantas faces em um artista que apenas cantava em seus versos: "Eu preciso aprender a só ser"[119].

116 Gil Lança CD que Reúne Seus "Retiros Espirituais", *Folha S.Paulo*, 2 set. 2006, p. E3.
117 Idem, ibidem.
118 *Ensaio*, MPB *Especial – 1973*.
119 Preciso Aprender a Só Ser, em C. Rennó (org.), op. cit., p. 136.

Alô, Alô, Aquele Abraço!

Nem sempre é cômodo e fácil escrever sobre um corpo que protagoniza desde shows musicais a cerimônias políticas, que aparece com uma frequência vertiginosa nas páginas dos jornais. Ao assumir o cargo de ministro da cultura, Gilberto Gil atraiu atenção redobrada da mídia, e os recortes feitos de sua imagem são tantos que fica difícil guardar os perfis e os textos circulantes sobre este artista na memória dos dias. Na esfera de um caleidoscópio, um primeiro ponto destacado é o trânsito constante e incansável deste personagem por tantas cidades, por inúmeros palcos do Brasil e do mundo.

Foram muitas as indagações sobre os diversos discursos e a complexidade de representações acerca do ministrartista. Muito se disse e ainda há de se dizer sobre a inquietante vida de Gilberto Gil. As manchetes continuam desfilando sobre os símbolos e as marcas deixadas pelo compositor, dada a riqueza de sua poética e os deslocamentos suscitados pela sua política com o corpo. Não se pode esquecer de algumas chamadas jornalísticas como: "Gil, o Bob Marley Brasileiro no New York Times"[1]; ou uma segunda, pelo tom descontraído na sede da ONU, em Nova York, "Gil Divide

---

1 J. M. Passos, *O Globo*, 1° jan. 2003, p. 12.

300 GILBERTO GIL: A POÉTICA E A POLÍTICA DO CORPO

Palco com Kofi Annan"[2]; e ainda uma terceira, que traz o "Cantar com Fé. O Ministro da Cultura Comanda Amanhã Show Brasileiro na Praça da Bastilha em Paris"[3]. Nas três manchetes, nota-se a repercussão internacional em torno do repertório do cantor e, principalmente, ressaltam-se a vocação estética e a competência para afirmar a fronteira entre o artista e o político.

Ao ler a história de Gilberto Gil, pode-se chegar a tantas conclusões que parece inaceitável um arremate muito simples. A primeira delas refere-se aos ecos afetivos dos encontros com a cultura popular desde sua infância em Ituaçu, ao lado da mãe, dona Claudina, de Gildina, sua irmã, e de seu pai, José Gil Moreira. Depois viria a passagem pela cidade de Salvador, a travessia pelo momento de riqueza cultural da Bahia: o músico é filho de um tempo que produziu nomes como Glauber Rocha, Caetano Veloso, Tom Zé, Maria Bethânia, Antonio Risério, para citar alguns. A topografia de uma geração ambiciosa de artistas era acompanhada por desafios diante da história da Bahia e do Brasil.

No entanto, não se trata de idealizar e tornar imortal essa geração baiana, tampouco Gilberto Gil. O tema da imortalidade não é só extemporâneo, revela-se o menos atraente e pouco produtivo para o enfoque aqui apresentado: primeiro, porque presume a canonização do artista e a consequente morte diante do seu tempo; segundo, poderia implicar a ideia equivocada de um nome soberano, de uma existência individual, que acabaria por construir a ontologia do sujeito, como se o nome próprio Gilberto Gil pudesse dar conta de tantos personagens e forças que migraram pelo corpo do compositor. Como lembrava Jorge Luis Borges sobre uma fala de Hume, "não deveríamos dizer 'eu penso', já que eu é um sujeito; deveríamos dizer 'pensa-se', da mesma maneira que dizemos chove"[4].

Com efeito, a poética e a política do corpo de Gilberto Gil implicam acompanhar a vertigem de um nome e, paradoxalmente, a exacerbação e a estratégia de seu uso. As transformações que se operam na história brasileira e na obra do músico são sentidas e não param de se efetuar, contudo não podemos prescindir do nome e dos sobrenomes, porque eles aparecem como manobra

2 *A Tarde*, Salvador, 21 set. 2003.
3 S. Arantes, *Folha de S.Paulo*, 12 jul. 2005, p. E1.
4 J. L. Borges, A Imortalidade, *Obras Completas*, v. 4, p. 201.

ALÔ, ALÔ, AQUELE ABRAÇO! 301

para articular a singularidade de uma vida, de um pensamento, de uma memória, de certas atitudes e realizações tomadas, conforme as escolhas no campo ético e afetivo, diante da pólis e do outro. Tudo isso caracteriza um corpo ativo, inacabado, refazendo-se nas bordas do tempo, de suas canções e de sua política.

Uma vez indagado por um jornalista quanto à possibilidade de a participação no ministério colocar sua biografia em risco, Gilberto Gil respondeu: "Não tenho problema com a minha biografia, estou preocupado com meu bem-estar no dia a dia da gestão. Quero saúde para mim e saúde pública para o ministério"[5]. A resposta sinaliza para um modo peculiar de entender o biográfico. A escolha da palavra bem-estar acentua a noção de existência associada ao presente, pois apenas duas datas delimitam o viver: a do nascimento e a da morte. Assim, enquanto houver a travessia, haverá o pedido de acontecimentos, as páginas de surpresas diante das circunstâncias oferecidas pelo exercício da história lida na grafia corporal deste músico.

Conforme a agenda própria a um ministro da cultura e de um artista como Gilberto Gil, é previsível imaginá-lo no vaivém dos aeroportos e dos hotéis. Em uma dessas ocasiões, estava no México e concedeu uma entrevista à revista *Carta Capital* por telefone. Nesse encontro à distância, foi inquirido sobre a sua reação aos ataques públicos. Em resposta a isso, ouvem-se do artista as seguintes declarações: "Outro dia um jornal fez uma pergunta semelhante, perguntava 'o que você sentiu?' Eu disse: Eu não senti nada, estou imune. É como você falou, animal mesmo, animal político vacinado"[6]. O compositor explicita o modo diplomático de lidar com as situações de conflito. Para tanto, utiliza de uma analogia com o convívio familiar: "Você não pode deixar de viver com as pessoas porque tem eventuais elementos de conflito nas suas relações. Você não vai deixar de sentar à mesa com o seu filho para comer porque ele está brigando com você, porque ele está disputando com você"[7].

---

5 S. Arantes, Não Temos que Temer Responsabilidades, *Folha de S.Paulo*, 28 out. 2003.

6 Mudar o Anacrônico, *Carta Capital*, São Paulo, 5 set. 2004.

7 Idem, ibidem. O cantor comenta o episódio envolvendo um show em São Paulo patrocinado pela Microsoft, quando algumas pessoas estranharam e mesmo criticaram sua atitude: "'Mas você está defendendo o software livre, que fere interesses da Microsoft'. Não tem nada a ver uma coisa com outra. Nem eu vou

302   GILBERTO GIL: A POÉTICA E A POLÍTICA DO CORPO

As convicções de Gilberto Gil são signos definidores de uma filosofia de vida que permite entender a possibilidade de diálogo entre o artista e o político. Apesar dos nítidos conflitos gerados por essas duas exigências e os modos diferentes de estar no mundo, observa-se no uso da expressão "animal político" não só o ocaso do binarismo natureza/cultura; a expressão principalmente sugere a capacidade para articular as diversas informações e de conviver com os limites das diferenças culturais. O ministrartista demonstrou a aptidão para usufruir de situações e de circunstâncias para as quais se exige diplomacia; segundo ele, uma forma de fazer política "mais leve, mais *light*, mais bailarina, mais dançarina"[8]. Em um dos tantos depoimentos conferidos à imprensa, Gilberto Gil continua a definir a perspectiva singular de projetar-se nos círculos políticos: "Tento fazer política com as minhas características pessoais e do meu campo político, que são a suavidade, a diplomacia, a paciência, mas também a comprovação das teses através da racionalidade, da justiça técnica, cultural, enfim, usando a argumentação"[9].

O tom negociador ilumina a vontade assumida pelo artista em meio aos distintos cenários e aos roteiros que sua carreira vem expondo. Não se trata de higienizar o universo dos políticos brasileiros com um discurso de brilho ético, porque a retórica purista soaria ingênua. Criam-se novas maneiras de pensar a política e de se investir da ousadia necessária para assumir a máscara do político, exatamente num momento em que este personagem parece já tão caricaturado e visto sob desconfiança. É inegável que as responsabilidades que o cargo de ministro da cultura demanda podem causar medo a um homem acostumado ao mundo da arte, ao mesmo tempo em que poderia suscitar o temor diante de sua carreira de músico já consolidada. No entanto, Gilberto Gil sempre foi ousado na vida, ele traduz aquilo que Caetano Veloso expressa ao falar do tropicalismo: "Há um consenso, no Brasil, a respeito da grandeza do que

imaginar que estou amolecendo, deixando que a Microsoft me patrocine. Não existe isso".

8   S. Arantes, Não Temos que Temer Responsabilidades, op. cit.

9   Idem, ibidem.

ALÔ, ALÔ, AQUELE ABRAÇO! 303

fizemos, quando quase nada fizemos além de chamar atenção para o fato de que temos um dever de grandeza"[10].

Enquanto artista, Gilberto Gil desempenha seu papel na reconfiguração imaginária da nação, como agente de um jogo discursivo no qual a história é posta em crise através de uma revisão de valores e dos saberes legitimados socialmente. A vontade histórica, porém, não se confunde com a escatologia, e deixa de ser o lugar de verdade. Não se quer, portanto, uma análise da verdade do corpo, mas uma posição frente ao pensamento, quando o corpo ganha o realce político e estratégico. Assim, o artista emerge como ator e elemento de um discurso que visa participar do processo da arqueologia do saber sobre as determinações e os imperativos atualizados em falas, em episódios culturais e políticos, vividos com o corpo nas diversas cenas brasileiras.

Ao dispor de diferentes linguagens e modos de estar na cultura, Gilberto Gil despede-se do paradigma histórico marcado pelo crivo da perspectiva evolucionista e causal, para exercer e requisitar a prática de leitura crítica, quando o passado dialoga com o presente. O tempo aparece como questão de ordem filosófica e também como outra maneira de entender a história, considerando que "o melhor lugar do mundo é aqui e agora". Sua poética e sua política do corpo participam do desejo de problematizar uma atualidade como interrogação de um presente do qual a sua arte compartilha e no qual ela deve se colocar[11].

O cantor leva-nos a inquirir o que se passa hoje, e o que é este agora no qual estamos uns e outros. Quem define e decide o momento no qual se divulgam as inúmeras imagens de Gilberto Gil pelas páginas da imprensa? Se o discurso imprime uma ordem nos corpos, sendo decisivo e categórico, o desejo debela-se diante dos imperativos da ordem do discurso. Presenciam-se, nas salas das instituições públicas, nas igrejas, nos tribunais, procedimentos de saber, mecanismos que criam as exclusões, os interditos da linguagem: não se pode dizer qualquer palavra, em qualquer circunstância e em qualquer lugar.

Diante de culturas regidas por ímpetos imperialistas e centralizadores, por meio dos quais se exclui o afrodescendente das

10 Diferentemente dos Americanos do Norte, *O Mundo não é Chato*, p. 72.
11 M. Foucault, O Que é o Iluminismo, *Dossiê*, p. 103-112.

304 GILBERTO GIL: A POÉTICA E A POLÍTICA DO CORPO

páginas da história legitimada, abre-se o caminho para a passagem do movimento estético e político do cantor pelas várias esquinas do Brasil e por tantas regiões do mapa além-mar. No caso específico dos meios de comunicação de massa, compete não só avaliar a qualidade de textos e imagens veiculados, a pertinência ou a verossimilhança, cabe mapear o campo simbólico e o cultural que circundam as dobras de Gilberto Gil. Para tanto, foram questionados os jogos de linguagem e de cenas por meio dos quais o corpo do compositor ganha evidência, como aconteceu, por exemplo, na participação especial do ministro, no último capítulo da telenovela *Celebridade*, da Rede Globo de Televisão.

O capítulo final – que foi ao ar em 25 de junho de 2004 – registrou um dos maiores índices de audiência para um desfecho de novela. Entre tantos atores consagrados pela Rede Globo, teve destaque o cantor e então ministro da cultura Gilberto Gil, cuja presença foi, novamente, questionada e vista sob suspeita. Numa sabatina realizada pela *Folha de S.Paulo*, comenta: "Muita gente me disse que achava legítimo, já que a TV e a novela são meios importantes. Outros achavam um absurdo. Sociedade democrática é assim"[12]. E ouve da plateia uma pergunta: "Mas isso não foi *merchandising* do ministro?"Ao que ele responde: "Quem quiser que pense assim"[13].

Como toda celebridade exposta ao brilho dos refletores, a aparição de Gilberto Gil, em cena da novela das oito da Rede Globo, causou frisson e surpresa, por vários motivos. Primeiro, porque o artista e o político assumiam a sua dupla face: quem estava na novela era o músico consagrado, contudo também ali se mostrava o ministro da cultura. Eram os dois, o artista e o político, um sustentando o outro: um concedia e, ao mesmo tempo, deslizava a identidade para o outro, com o duplo sendo nitidamente sugerido. Segundo, porque coincidia justamente com o momento em que a proposta da Agência Nacional de Áudio Visual (Ancinav) provocava tensão e desencontros de opiniões, pois questionava a hegemonia de determinadas concessões de comunicação. Tudo caracterizava o jeito paradoxal

12 Ministro Defende Que Drogas Deixem de Ser Crime no País, *Folha de S.Paulo*, 31 mai. 2005, p. A7.
13 Idem, ibidem.

ALÔ, ALÔ, AQUELE ABRAÇO! 305

e conciliador de este artista atuar na malhas sociais, quando os conflitos não se colocam como obstáculos para o diálogo, nem deságuam em hostilidade.

Um breve exame do fato parece conduzir à primeira ponderação quanto ao conceito de cultura, cuja presença do ministro em cena sugere: cultura como um fenômeno vivo, uma construção de performances, circulante, ativada pelos veículos de comunicação. É inegável a importância cultural das emissoras de televisão e, ao mesmo tempo, a ambivalência de sua força corrosiva e produtora de valores. Já uma segunda ponderação remete ao papel das telenovelas brasileiras como meio gerador de representações identitárias dentro de uma lógica de consumo de informações e categorizações de âmbito social e político.

A presença do ilustre cantor no capítulo da novela *Celebridade* remete ainda a uma terceira ponderação: a fronteira entre a ficção e a realidade; o jogo de máscaras tão bem delineado entre a política e a poética do corpo. Por um lado, estava no ar uma telenovela de sucesso com as marcas e o estilo caracterizador desse tipo de invenção narrativa; por outro lado, não entrava em cena um personagem ficcional, mas o artista consagrado, também o político – reconhecidamente uma celebridade –, que lembrava o convívio permanente da encenação social: o teatro que cada cidadão assume cotidianamente para si e para os seus espectadores. Nesse caso, basta lembrar que os estudos de semiologia mostram que o real e o sujeito ganham existência pelos códigos de representação assumidos na lógica social.

A participação de Gilberto Gil traz a contabilidade do sucesso da novela, ao mesmo tempo em que aponta para a relação tensa entre a música popular e o diálogo com as massas. No Espaço Fama, construído ao longo do enredo televisivo, as canções "Com Que Roupa", de Noel Rosa, e "A Paz", de Gilberto Gil, espalharam-se pelas casas de milhares de brasileiros. Era uma jogada comercial, mas significava também um manejo de relevância política; postura desenhada desde o tropicalismo e que também afirma a televisão como meio indispensável para pensar o processo de reconfiguração identitária do Brasil. Em entrevista à revista *Caros Amigos*, o cantor confessa: "Identidade.

306   GILBERTO GIL: A POÉTICA E A POLÍTICA DO CORPO

O que identifica o francês, o que identifica a França, o que diferencia os franceses aos outros. Questão que se põe para todos, inclusive para os brasileiros"[14].

Evidentemente, pode-se reivindicar a atenção à política do corpo a outros artistas brasileiros, como se fez com Caetano Veloso[15]. Entretanto, a passagem dos anos marcou as diferenças. Se o tropicalista de "Alegria, Alegria" enredou-se, em um instante de sua escrita biográfica, pela seara do estilo ensaístico em *Verdade Tropical*; se Chico Buarque – cuja importância política das canções é comprovada – descobriu-se no tecido da linguagem literária em *Estorvo* e *Budapeste*; Gilberto Gil, por sua vez, transitou no terreno da política institucional. Sendo assim, a fronteira entre a poética e a política do corpo é habilmente exercida e marcadora de um traço diferencial deste artista no seu tempo e no Brasil.

Situar Gilberto Gil revela-se um modo de ler a formação da sociedade brasileira, de evocar nomes da tradição musical e literária, desde Dorival Caymmi, passando por Luiz Gonzaga, até os rastros deixados por *Grande Sertão: Veredas*, de Guimarães Rosa, nos passos da reescrita de si mesmo e de um projeto político brasileiro. Cabe sublinhar que, com o realce, a refestança, a refavela e o rebento impressos na poética do compositor, assistimos à politização do estético e à estetização do político como o sinal inconfundível da travessia do ministrartista pelas páginas da imprensa brasileira, pelos palcos das cidades nacionais e internacionais, nos sonhos imantados à sua arte.

Escrever sobre Gilberto Gil requer a abertura para ler a cena do cotidiano: rever a dinâmica de discursos associados à sua performance, intercalar traços circunstanciais e lidar com as incertezas da realidade brasileira. Por um lado, dedicar-se a um estudo sobre este compositor provoca o sentimento de vitalidade, porque permitiu usufruir da força e da beleza do ritmo de suas canções e, ao mesmo tempo, percorrer o mosaico de signos que a biografia do artista agrega. Por outro lado, exige-se do investigador também uma "consciência bailarina", já que são inúmeras as possibilidades de entrada e de saída para a poética

14 Gilberto Gil: Ninguém Segura Este País, *Caros Amigos*, a. 10, n. 109, p. 30.
15 S. Santiago, Caetano Veloso enquanto Superastro, *Uma Literatura nos Trópicos*, p. 146-163.

ALÔ, ALÔ, AQUELE ABRAÇO! 307

e a política do artista: um corpo polimorfo, de uma vida que se quis curiosa e especialmente inventiva. O cancioneiro do músico e o desdobramento de sua arte pela política institucional não cessam de pedir diferentes combinações argumentativas que motivam o saber sobre sua história, contrariando o cansaço de quem se deixou levar pelas suas inúmeras viagens e exposições em público.

Gilberto Gil deixa entrever o sentimento muito próprio de quem viveu as paisagens de suas músicas: a coragem de se entregar à incompletude de si e do mundo, de se deixar envolver pelo fascínio das águas, aquelas mesmas que também movem a escrita, a princípio, interminável. Diante disso, é possível evocar os versos cuja simbologia convida a aportar no cais para ver, finalmente, no horizonte da linguagem, os tons e os dons do artista: "Eu vim / Vim parar na beira do cais / Onde a estrada chegou ao fim / Onde o fim da tarde é lilás / Onde o mar arrebenta em mim / O lamento de tantos ais"[16].

16 A Paz, em C. Rennó, *Gilberto Gil: Todas as Letras*, p. 312.

Referências Bibliográficas

SOBRE GILBERTO GIL

Livros, Artigos e Ensaios

ANTUNES, Arnaldo. O Receptivo. In: RENNÓ, Carlos (org.). *Gilberto Gil: Todas as Letras: Incluindo Letras Comentadas pelo Compositor.* São Paulo: Companhia das Letras, 1996.

FONTELES, Bené. *Giluminoso: A Poética do Ser.* Brasília: Editora da UnB; São Paulo: Sesc, 1999.

GIL, Gilberto. Prefácio. In: DREYFUS, Dominique. *Vida de Viajante: A Saga de Luiz Gonzaga.* 3. ed. São Paulo: Editora 34, 1996.

GIL, Gilberto; RISÉRIO, Antonio. *O Poético e o Político e Outros Escritos.* Rio de Janeiro: Paz e Terra, 1988.

LACERDA, Francisco José Neiva. *Gilberto Gil: Partículas em Suspensão.* Niterói: Editora da UFF, 2002.

RENNÓ, Carlos (org.). *Gilberto Gil: Todas as Letras: Incluindo Letras Comentadas pelo Compositor.* São Paulo: Companhia das Letras, 1996.

RISÉRIO, Antonio (org.). *Gilberto Gil: Expresso 2222.* São Paulo: Corrupio, 1982.

SANCHES, Pedro Alexandre. Gilberto Gil: Nesse Itinerário da Leveza pelo Ar. In: _____. *Tropicalismo: Decadência Bonita do Samba.* São Paulo: Boitempo, 2000.

VELLOSO, Mabel. *Gilberto Gil.* São Paulo: Moderna, 2002.

WISNIK, José Miguel. O Dom da Ilusão. In: RENNÓ, Carlos (org.). *Gilberto Gil: Todas as Letras: Incluindo Letras Comentadas pelo Compositor.* São Paulo: Companhia das Letras, 1996.

310   GILBERTO GIL: A POÉTICA E A POLÍTICA DO CORPO

Entrevistas, Artigos e Reportagens na Imprensa

ANTENORE, Armando. O Tropicalismo no Cárcere. *Folha de S.Paulo*, São Paulo, 2 nov. 1997. Mais!

ARANTES, Silvana. Cantar com Fé: O Ministro da Cultura Comanda Amanhã Show Brasileiro na Praça da Bastilha em Paris. *Folha de S.Paulo*, São Paulo, 12 jul. 2005. Ilustrada.

_____. Não Temos Que Temer Responsabilidades. *Folha de S.Paulo*, São Paulo, 28 out. 2003.

_____. Vídeo com Gilberto Gil Provoca Barulho. *Folha de S.Paulo*, São Paulo, 13 ago. 2006. Ilustrada.

ARANTES, Silvana; SANCHES, Pedro Alexandre. Condenar Regulação é Ir na Contramão. *Folha de S.Paulo*, São Paulo, 14 ago. 2004.

BENEDITA é "Negrona Bonita". *Folha de S.Paulo*, São Paulo, 6 nov. 2003.

BERABA, Marcelo. Também Gosto de Frescura. *Folha de S.Paulo*. São Paulo, 6 mar. 2005.

BERGAMO, Mônica. Gil, O Papa e os 30 Mortos do Rio. *Folha de S.Paulo*, São Paulo, 5 abr. 2005. Ilustrada.

_____. Um Jeito Que Deus Deu. *Folha de S.Paulo*, São Paulo, 13 fev. 2005. Ilustrada.

BLACK is Beautiful. *Folha de S.Paulo*. 6 nov. 2003. Matéria especial enviada de Maputo.

BOCHICCHIO, Regina. Ministro Defende o Estatuto da Igualdade. *A Tarde*, Salvador, 14 jul. 2006. Especial, p. 8.

CHAVES, Geraldo José. Carta ao Ministro da Cultura. Disponível em: < http:// www.mail-archive.com/goldenlist-l@yahoogroups.com/msg19042>. Acesso em: 19 mar 2011.

COMITIVA Avalia Que Ministro da Cultura "Arrasou". *Folha de S.Paulo*, São Paulo. 8 nov. 2003.

COUTO, José Geraldo. Show de Berlim Revela Arestas de Gil. *Folha de S.Paulo*, São Paulo, 27 mai. 2006. Ilustrada.

DOWNIE, Andrew. We Belong to the Real Brazil: From Musician and Superstar to Minister of Culture. *Time Magazine*, 27 jan. 2003.

ENSAIO Geral Auxilia Compreensão Histórica do Brasil dos Anos 60 e 70. *Folha de S.Paulo*, São Paulo, 5 mar. 1999. Ilustrada.

FINOTTI, Ivan. Nem Tanto Esotérico Assim. *Folha de S.Paulo*, São Paulo, 13 jan. 2003. Ilustrada.

FRANCISCO, Luiz. Carlinhos Brown Pede Desculpas, e Gil Chora. *Folha de S.Paulo*, São Paulo, 1º mar. 2006. Cotidiano.

_____. Gil Bate Boca com Calouros sobre Educação. *Folha de S.Paulo*, São Paulo, 17 mar. 2006. Cotidiano.

_____. Salvador Tem Morte e Brigas: Brown Cobra Gil. *Folha de S.Paulo*, São Paulo, 27 fev. 2006. Cotidiano.

GIL Cobra Reconhecimento da Importância da Cultura. *Jornal do Senado*, Brasília, 21 maio 2003.

GIL Chora na Frente de Lula ao Comentar Gestão na Cultura. *A Tarde On Line*, Salvador, 8 nov. 2006. Disponível em < http://www3atarde.com.br >. Acesso em 08 de nov. 2006.

REFERÊNCIAS BIBLIOGRÁFICAS311

GIL Divide Palco com Kofi Annan. *A Tarde*, Salvador, 21 set. 2003.

GIL, Gilberto. Gil Fala da Guerra. *Folha de S.Paulo*, São Paulo, 2 nov. 1997. Caderno Mais! Depoimento.

_____. A Receita Secreta do Tropicalismo: Uma Mistura de Caruaru com Liverpool. *Continente Multicultural*, Recife, a. 1, n. 11, nov. 2001. Entrevista a Geneton Moraes Neto.

_____. Discurso de Posse como Ministro da Cultura em 2002. Disponível em: <http.www.gilbertogil.com.br>. Acesso em: 13 abr. 2002.

_____. Temos de Completar a Construção da Nação. *A Tarde*, Salvador, 5 jan. 2003. Caderno 2. Entrevista a Ricardo Noblat e Bob Fernandes.

_____. Eu Sou um Ministrartista. *Correio da Bahia*, Salvador, 24 nov. 2004. Folha da Bahia. Entrevista a Hagamenon Brito.

_____. Audiovisual, uma Indústria Estratégica. *Folha de S.Paulo*, São Paulo, 26 ago. 2004. Tendências e Debates.

_____. Gilberto Gil Fala com Exclusividade para Outracoisa. *Outracoisa*, Rio de Janeiro, a. 2, n. 7, 2004. Entrevista concedida a Adilson Pereira e Lobão.

_____. Eu Grito Sim. *Veja*, São Paulo, 21 jul. 2004. Entrevista a Sérgio Martins e Thaís Oyama.

_____. Cantar na Condição de Ministro é Interessante. Entrevista a Osmar Martins. *Correio da Bahia*, Salvador, 11 mar. 2005. Folha da Bahia, Caderno 2.

_____. Gilberto Gil: Ninguém Segura Este País. *Caros Amigos*, São Paulo, a. 10, n. 109, abr. 2006. Entrevista concedida a Marina Amaral, Natalia Viana, Claudius, Marcelo Salles, Mylton Severiano e João de Barros.

_____. Esta Cidade Continua a Ser uma Grande Encruzilhada de Culturas. *A Tarde*, Salvador, 12 jul. 2006. Saudações, África.

_____. *Hegemonia e Diversidade Cultural*. Disponível em: <www.gilbertogil. com.br>. Acesso em: 21 jan. 2007. Comunicação feita no 2º Fórum Cultural Mundial, Porto Alegre.

GIL, Gilberto; SENNA, Orlando. TV Digital: O Que Importa é o Conteúdo. *Folha de S.Paulo*, São Paulo, 2 fev. 2006. Tendências e Debates.

GILBERTO Gil é o Lula de Lula, diz Caetano. *Folha de S.Paulo*, São Paulo, 15 nov. 2003, Ilustrada.

GILBERTO Gil Lança Movimento de "Resistência" Cultural. Disponível em: <http//www.uol.com.br/musica/rápidas/afp/ult280u547.shl>. Acesso em: 21 jul. 2003.

GONÇALVES, Marcos Augusto. Tropicalismo no Poder. *Folha de S.Paulo*, São Paulo, 2 nov. 1997. Caderno Mais!.

HÁ Apartheid em Diversas Partes, diz Gil. *Folha de S.Paulo*, São Paulo, 28 fev. 2006. p. c4.

HAMBURGUER, Esther. O Carnaval como Metáfora de Energia. *Folha de S.Paulo*, São Paulo, 10 mar. 2003.

MAGALHÃES, Mario. A Pasta do Ministro: Documentos Registram Vigilância do Regime Militar sobre Gilberto Gil. *Folha de S.Paulo*, São Paulo, 20 dez. 2002. Ilustrada.

MARREIRO, Flávia. Olhar Argentino Vê Brasil Via Tropicália. *Folha de S.Paulo*, São Paulo, 12 abr. 2006. Ilustrada.

MARTINS, Sérgio. Ministro em Causa Própria. *Veja*, São Paulo, a. 39, n. 23, 14 jun. 2003.

312   GILBERTO GIL: A POÉTICA E A POLÍTICA DO CORPO

MATAIS, Andreza. Gil Chora e Diz Que Gostaria de Continuar no Governo. *Folha Online*, São Paulo, 8 nov. 2006. Disponível em: <http://tools.folha. com.br>. Acesso em: 11 nov. 2006.

MATOS, Laura. Demos Poucos e Primeiros Passos, Diz Gil. *Folha de S.Paulo*, São Paulo, 20 dez. 2003. Ilustrada.

MINISTRO Defende Que Drogas Deixem de Ser Crime no País. *Folha de S.Paulo*, São Paulo, 31 maio 2005. Sabatina Folha.

MUDAR o Anacrônico. *Carta Capital*, São Paulo, 5 set. 2004. Disponível em: <www. minc.gov.br>. Acesso em: 7 maio 2006.

PADILHA, Ivan. Carlinhos Brown Leva Carnaval ao Fórum das Culturas. *Folha Online*, São Paulo, 18 maio 2004. Disponível em: < http://tools.folha.com. br/print.html?skin= emcimadahora&url= http%3A//www1.folha.uol.com >. Acesso em: 18 maio 2004.

PAIVA, Marcelo Rubens. Cálice Compartilhado. *Folha de S.Paulo*, São Paulo, 17 jun. 2003. Ilustrada.

_____. "Cale-se" Contextualiza Luta Estudantil. *Folha de S.Paulo*, São Paulo, 22 out. 2003. Ilustrada.

PASSOS, José Meirelles. Gil, o Bob Marley Brasileiro no New York Times. *O Globo*, Rio de Janeiro, 1° jan. 2003.

ROSAS, Luis. Gilberto Gil: Disco Novo Faz Refestança 20 Anos Depois. *Notícias da Bahia*, Feira de Santana, maio 1997.

SANCHES, Pedro Alexandre. Das Tripas Coração. *Folha de S.Paulo*, São Paulo, 15 nov. 2002. Ilustrada.

_____. Estrangeiros Vêem Superfície da Tropicália. *Folha de S.Paulo*, São Paulo, 29 abr. 2003. Ilustrada.

_____. Gil Músico Faz Política ao Falar da Diáspora Negra. *Folha de S.Paulo*, São Paulo, 16 ago. 2004. Ilustrada.

_____. Os Doces Vampiros. *Carta Capital*, São Paulo, a. 13, n. 412, 27 set. 2006.

SANTOS, Milton. Um Encontro. Disponível em: <http://www.gilbertogil.com. br/santos/entreo.htp>. Acesso em: 13 out. 1996. Entrevista feita por Gilberto Gil a Milton Santos..

SAUTCHUK, Jaime. Antonio Risério: o Homem Forte do Ministro Gil. *Pasquim*, Rio de Janeiro, n. 47, 21 maio 2003.

SOUZA, Karen. Gil Quer Reconhecimento da Cultura Negra pelas Elites. *A Tarde*, Salvador, 15 set. 2005.

SUPERÁVIT Atrapalha o Social, Diz Gil. *Folha de S.Paulo*, São Paulo, 19 set. 2003.

TORRES, Sergio. Discursos de Gil Viram Bibliografia de Concurso do Minc. *Folha de S.Paulo*, São Paulo, 1° abr. 2006. Ilustrada.

VALE, Israel do. Gil Defende Lei de Incentivo para Carnaval. *Folha de S.Paulo*, São Paulo, 21 jan. 2003. Ilustrada.

VIANNA, Luiz Fernando. Gil Lança CD Que Reúne Seus "Retiros Espirituais". *Folha S. Paulo*, São Paulo, 2 set. 2006. Ilustrada.

REFERÊNCIAS BIBLIOGRÁFICAS   313

FILMOGRAFIA EM DVD E VHS

A PESSOA *é para o Que Nasce*. Direção: Roberto Berliner. Produção: Riofilme. Roteiro: Maurício Lissovsky. Música: Hermeto Pascoal. Apoio cultural: Ancine e Petrobrás. Rio de Janeiro: Riofilme, 2003. 1 DVD (85 min), color.

BRAGA, Gilberto. *Celebridade*. Direção: Denis Carvalho. Produção: Rede Globo de Televisão. Exibida entre 13 out. 2003 e 26 jun. 2004.

BUARQUE, Chico. *Romance*. Direção: Roberto de Oliveira. Direção de produção: Celso Tavares. Produção artística: Vinícius França. Rio de Janeiro: EMI Disc Brasil, 2006. 1 DVD (95 min). Remasterizado em digital.

ELIS REGINA: MPB especial – 1973. Direção do programa: Fernando Faro. Direção do DVD: João Marcello Bôscoli. Produção: Fundação Padre Anchieta/ TV Cultura. [S.l.]: Trama Produções, 2004. 1 DVD (99 min).

RODA VIVA. São Paulo: TV Cultura/Fundação Padre Anchieta, 1996. 1 fita de vídeo (92 min), VHS, son., color. Cópia disponível na Videoteca Irdeb, Salvador – Bahia. Entrevista com Gilberto Gil.

GILBERTO Gil: Acústico MTV. Direção: Rodrigo Carelli e Lucas Bambozzi. Produção executiva: Pedro Bueno. São Paulo: Estúdio Frame, 2001. 1 DVD (100 min.), color.

GILBERTO Gil: Kaya N'gan Daya. Direção: Lula Buarque de Holanda. Produção musical: Gilberto Gil e Tom Capone/Warner Music/Gege Produções. Rio de Janeiro: Conspiração Filmes, 2002. 1 DVD (126 min).

GILBERTO Gil: La Passion Sereine. Direção: Ariel de Bigault. Produção: Feeling Productions/TF1/PI Production. Participação: Centre Nacional de la Cinematographie et di Ministère des Affaires Etrangères. Apresentação: Grande Othelo. Gravação ao Vivo do Show *O Poeta e o Esfomeado*, no Anhembi, São Paulo, 1987. 1 DVD (60 min), color.

HISTÓRIA Viva: Brasil Anos 60. Direção: Cacá Diegues. Realização: Centro Cultural Cândido Mendes. 1 fita de vídeo (30 min), VHS, son., color. Cópia disponível na Videoteca Irdeb, Salvador – Bahia.

OS DOCES Bárbaros. Direção: Jom Tob Azulay. Produção artística: Guilherme Araújo. [S.l.]: Associada A e B Produção Cinematográfica, 1976. 1 VHS (120 min).

OUTROS (Doces) Bárbaros. Direção: Andrucha Waddington. Produção: Conspiração Filmes. Roteiro: Hermano Vianna, Quito Ribeiro, Sérgio Mekler e Andrucha Waddington. Rio de Janeiro: Estúdio Palco, 2002. 1 DVD (74 min), color.

PHONO 73: O Canto de um Povo. Direção: Guga Oliveira. Produção: Universal Music. Concepção do evento: André Midani. Textos e entrevistas: Tarik de Souza. Coordenação de relançamento: Ricardo Moreira. São Paulo, 1973. 1 DVD e 2 CDs (160 min).

TEMPO Rei. Direção: Andrucha Waddington e Lula Buarque de Holanda. Produção: Gege Produções/Ravina Produções. Rio de Janeiro: Conspiração Filmes, 1996. 1 VHS (107min), color.

VIVA São João. Direção: Andrucha Waddington. Produção: Gege Produções. Roteiro: Emílio Domingos e Andrucha Waddington. Rio de Janeiro: Conspiração Filmes, 2001.1 DVD (85 min), color.

314   GILBERTO GIL: A POÉTICA E A POLÍTICA DO CORPO

DISCOGRAFIA

Geral

CAYMMI, Dorival. *Caymmi Amor e Mar.* Conjunto das canções do compositor. Projeto e pesquisa: Carlos Alberto Sion. Produção: Luiz Fernando Borges. São Paulo: EMI Disc, [s.d.]. 7 CDs. Remasterizado em digital.

Gilberto Gil

Ao vivo em Tóquio. [S.l.]: Warner Music Brasil, 1987. 1 CD. Remasterizado em digital em 1997.

As Canções de Eu, Tu, Eles. Produção musical: Gilberto Gil. Direção artística: Tom Capone. [S.l.]: Warner Music Brasil, 2000. 1 CD.

Dia Dorim Noite Neon. Direção e produção: Liminha. [S.l.]: Warner Music Brasil, 1985. 1 CD. Remasterizado em digital em 2003.

Eletracústico. Produção: Liminha. Direção artística: Tom Capone. [S.l.]: Warner Music Brasil, 2004. 1 CD.

Ensaio Geral. Todos os discos solo de Gilberto Gil pertencentes ao catálogo da Polygram/Universal. Direção: Marcelo Fróes. Concepção e coordenação de Marcelo Fróes, 1998. 10 CDs.

Extra. Direção e produção: Liminha. [S.l.]: Warner Music Brasil, 1983. 1 CD. Remasterizado em digital.

Gil e Milton. Produção: Guto Graça Melo. Direção: Tom Capone. [S.l.]: Warner Music Brasil, 2000. 1 CD.

Gilberto Gil ao Vivo em Montreux. Direção artística: Mazola. Montreux: Mountain Record Studio, 1978. 1 CD. Remasterizado em digital em 2000.

Gilberto Gil em Concerto. Produção: Liminha. Direção artística: Gilberto Gil e Liminha. [S.l.]: Warner Music Brasil, 1986. 1 CD. Remasterizado em digital em 2003.

Giluminoso. Produção: Bené Fonteles. [S.l.]: Warner Music Brasil, 1999. 1 CD.

Kaya N'gan Daya. Produção: Gilberto Gil e Tom Capone. Direção artística: Tom Capone. [S.l.]: Warner Music Brasil, 2002. 1 CD.

Kaya N'gan Daya ao Vivo. Produção: Gilberto Gil e Tom Capone. Direção artística: Tom Capone. [S.l.]: Warner Music Brasil, 2003. 1 CD.

Luar. Direção e produção: Liminha. Assistente de produção: Chico Neves. [S.l.]: Warner Music Brasil, 1981. 1 CD. Remasterizado em digital.

Nightingale. Warner Music Brasil, 1978. Direção de produção: Marcelo Fróes. Produção executiva: Maria Creuza Meza. 1 CD. Remasterizado em digital em 2002.

O Eterno Deus Mu Dança. Produção: Celso Fonseca e Vitor Farias: Warner Music Brasil, 1989. 1 CD. Remasterizado em digital.

O Sol de Oslo. Produção: Rodolfo Stroeter. Direção musical: Rodolfo Stroeter e Gilberto Gil. Warner Music Brasil, 1994. 1 CD.

Parabolicamará. Produção: Liminha. Warner Music Brasil, 1991. 1 CD.

REFERÊNCIAS BIBLIOGRÁFICAS 315

Quanta. Produção: Liminha. Direção artística: Paulo Junqueira. Warner Music Brasil, 1997. 1 CD.

Quilombo. Direção e produção: Liminha. Warner Music Brasil, 1984. 1 CD. Remasterizado em digital em 2003.

Raça Humana. Produção: Liminha. Warner Music Brasil, 1984. 1 CD. Remasterizado em digital em 2003.

Realce. Produção: Mazola. Warner Music Brasil, 1977. 1 CD. Remasterizado em digital em 2004.

Refavela. Direção de produção: Roberto Santana. Assistente de produção: Daniel Rodrigues. Warner Music Brasil, 1977. 1 CD. Remasterizado em digital em 2001.

Refazenda. Direção de produção: Mazola. Coordenação musical: Perinho Albuquerque. Warner Music Brasil, 1977. 1 CD. Remasterizado em digital em 2004.

São João Vivo! Produção: Gilberto Gil. Direção artística: Tom Capone. Warner Music Brasil, 2001. 1 CD.

Soy loco por ti America. Produção: Liminha. Direção musical: Gilberto Gil. Warner Music Brasil, 1987. 1 CD. Remasterizado em digital em 1995.

Tropicália 2. Produção: Liminha, Gilberto Gil e Caetano Veloso. São Paulo: Poligram, 1993. 1 CD.

Um Banda Um. Direção e produção: Liminha. [S.l.]: Warner Music Brasil, 1982. 1 CD. Remasterizado em digital em 1990.

Um Trem para as Estrelas. Produção: Liminha e Serginho do Trombone. [S.l.]: Warner Music Brasil, 1987. 1 CD. Remasterizado em digital em 2003.

Unplugged. Produção: Gilberto Gil. [S.l.]: Warner Music Brasil, 1994. 1 CD.

z 300 anos de Zumbi. Produção e direção musical: Rodolfo Stroeter. [S.l.]: Warner Music Brasil, 1995. 1 CD.

LEE, Rita; GIL, Gilberto. *Refestança.* Direção de produção: Guto Graça Melo. Direção artística: João Augusto. Gravação ao vivo. [S.l.]: EMI-Odeon Brasil/Som Livre, 1977. 1 CD. Remasterizado em digital em 1995.

316 GILBERTO GIL: A POÉTICA E A POLÍTICA DO CORPO

BIBLIOGRAFIA GERAL

ADORNO, Theodor W. *Filosofia da Nova Música*. Tradução de Magda França. 3. ed. São Paulo: Perspectiva, 2002. (Coleção Estudos).

AKYEAMPONG, Emmanuel. Africans in the Diaspora: The Diaspora and Africa. *African Affairs*, London: Oxford, v. 99, n. 395, apr. 2000

ALBUQUERQUE JÚNIOR, Durval Muniz de. *A Invenção do Nordeste e Outras Artes*. 2. ed. Recife: FJN/Massangana; São Paulo: Cortez, 2001.

ALMEIDA, Miguel Vale de. Um Marinheiro num Mar Pós-Colonial. In: _____. *Um Mar da Cor da Terra: Raça, Cultura e Política da Identidade*. Oeiras: Celta, 2000.

_____. O Corpo Antropológico. *Revista de Comunicação Contemporânea*, Lisboa: Relógio D'Água, n. 33, 2004. Corpo, Técnica e Linguagem.

ANDRADE, Mário de. *Dicionário Musical Brasileiro*. Belo Horizonte: Itatiaia, 1999.

ANDRADE, Carlos Drummond de. Dentaduras Duplas. In: _____. *Poesia Completa*. Rio de Janeiro: Aguilar, 1985.

ANDREAS-SALOMÉ, Lou. *O Erotismo: Seguido de Reflexões sobre o Problema do Amor*. Tradução de Antônio Daniel A. de Abreu. São Paulo: Princípio, 1991.

ANTELO, Raul et al (orgs.). *Declínio da Arte, Ascensão da Cultura*. Florianópolis: Abralic/Letras Contemporâneas, 1998.

APPIAH, Kwame Anthony. *Na Casa de Meu Pai: A África na Filosofia da Cultura*. Rio de Janeiro: Contraponto, 1997.

AUMONT, Jacques. *A Imagem*. Tradução de Estela dos Santos Abreu. Campinas: Papirus, 1993.

AUSTIN, John L. *Quando Dizer é Fazer: Palavras e Ação*. Tradução de Danilo Marcondes de Souza Filho. Porto Alegre: Artes Médicas, 1990.

BACELAR, Jeferson. *A Hierarquia das Raças: Negros e Brancos em Salvador*. Rio de Janeiro: Pallas, 2001.

BAKHTIN, Mikhail. *A Cultura Popular na Idade Média e no Renascimento: O Contexto de François Rebelais*. Tradução de Yara Frapeschi Vieira. 5. ed. São Paulo: Hucitec/Annablume, 2002.

BALIBREA, Mari Paz. Memória e Espaço Público na Barcelona Pós-Industrial. *Revista Crítica de Ciências Sociais*. Centro de Estudos Sociais da Universidade de Coimbra, Coimbra, n. 67, 2003.

BANES, Sally. *Greenwich Village 1963: Avant-garde, Performance e o Corpo Efervescente*. Tradução de Mauro Gama. Rio de Janeiro: Rocco, 1999.

BARKER, Anthony David. *O Poder e a Persistência dos Estereótipos*. Aveiro: Editora da Universidade de Aveiro, 2004.

BARTHES, Roland. *A Câmara Clara: Nota sobre a Fotografia*. Tradução de Júlio Castañon Guimarães. Rio de Janeiro: Nova Fronteira, 1984.

_____. *Aula*. Tradução de Leyla Perrone-Moisés. São Paulo: Cultrix, 1989.

_____. *Fragmentos de um Discurso Amoroso*. Tradução de Hortência dos Santos. 10. ed. Rio de Janeiro: Francisco Alves, 1990.

_____. *O Rumor da Língua*. São Paulo: Brasiliense, 1984.

_____. *Roland Barthes por Roland Barthes*. Tradução de Leyla Perrone-Moisés. São Paulo: Estação Liberdade, 2003.

BATAILLE, Georges. *O Erotismo*. Tradução de João Bénard da Costa. 3. ed. Lisboa: Antígona, 1998.

REFERÊNCIAS BIBLIOGRÁFICAS 317

BAUMAN, Zygmunt. *Amor Líquido: Sobre a Fragilidade dos Laços Humanos*. Tradução de Carlos Alberto Medeiros. Rio de Janeiro: Jorge Zahar, 2004.

BEAUVOIR, Simone de. *O Segundo Sexo*. Tradução de Sérgio Milliet. Rio de Janeiro: Nova Fronteira, 1980. 2. v.

BEISSINGER, Mark R.; YOUNG, Crawford. Convergence to Crisis: Pre-Independence State Legacies and Post-Independence State Breakdown in Africa and Eurasia. In: _____. *Beyond State Crisis?* Washington D.C.: Woodrow Wilson Center Press, 2002.

BELLOUR, Raymond. *Entre-Imagens: Foto, Cinema, Vídeo*. Tradução de Luciana A. Penna. Campinas: Papirus, 1997.

BENJAMIN, Walter. *Magia e Técnica, Arte e Política: Ensaios sobre Literatura e História da Cultura*. 6. ed. São Paulo: Brasiliense, 1993. (Obras Escolhidas, v. 1).

_____. *A Origem do Drama Barroco Alemão*. Tradução de Sergio Paulo Rouanet. São Paulo: Brasiliense, 1984.

BHABHA, Homi K. *O Local da Cultura*. Tradução de Myriam Ávila, Eliana Lourenço de Lima Reis e Gláucia Renate Gonçalves. Belo Horizonte: Editora da UFMG, 1998.

BIÃO, Armindo; PITOMBO, Renata (orgs.). *Temas em Contemporaneidade, Imaginário e Teatralidade*. São Paulo: Annablume; Salvador: JIPE-CIT, 2000.

BOLLE, Willi. *Grandesertão.br: O Romance de Formação do Brasil*. São Paulo: Editora 34, 2004.

LE BRETON, David. O Corpo Enquanto Acessório da Presença. *Revista de Comunicação e Linguagens*, Lisboa, 2004. (Corpo, Técnica e Subjetividade).

BORGES, Jorge Luis. Kafka e Seus Precursores. In: _____. *Obras Completas*. São Paulo: Globo, 1998. v. 2.

BROOKSHAW, David. *Raça e Cor na Literatura Brasileira*. Tradução de Marta Kirst. Porto Alegre: Mercado Aberto, 1983.

BRUNEL, Pierre (org.). *Dicionário de Mitos Literários*. 3. ed. Rio de Janeiro: José Olympio, 2000.

BUARQUE DE HOLLANDA, Heloisa. *Impressões de Viagem: CPC, Vanguarda E Desbunde: 1960/70*. 5. ed. Rio de Janeiro: Aeroplano, 2004.

BUARQUE DE HOLANDA, Sérgio. *Raízes do Brasil*. In: SANTIAGO, Silviano (org.). *Intérpretes do Brasil*. 2. ed. Rio de Janeiro: Nova Aguillar, 2002. v. 3.

BUEY, Fernández Francisco. *Guía para una Globalización Alternativa: Otro Mundo es Posible*. Barcelona: Byblos, 2005.

BUSSOLOTTI, Maria Apparecida Faria Marcondes (org.). *João Guimarães Rosa: Correspondência com seu Tradutor Alemão Curt Meyer-Clason*. Tradução de Erlon José Paschoal. Rio de Janeiro: Nova Fronteira/Academia Brasileira de Letras; Belo Horizonte: Editora da UFMG, 2003.

CALADO, Carlos. *O Jazz como Espetáculo*. São Paulo: Perspectiva, 1990.

_____. *Tropicália: A História de uma Revolução Musical*. São Paulo: Editora 34, 1997.

CALLIGARIS, Contardo. Restos da Festa. *Folha de S.Paulo*, São Paulo, 2 nov. 1997. Mais!.

CALVINO, Ítalo. O Escolho de Montale. In: _____. *Por Que Ler os Clássicos*. Tradução de Nilson Moulin. 2. ed. São Paulo: Companhia das Letras, 1990.

_____. *Seis Propostas para o Próximo Milênio*. Tradução de Ivo Barroso. 2. ed. São Paulo: Companhia das Letras, 1990.

318 GILBERTO GIL: A POÉTICA E A POLÍTICA DO CORPO

CAMPOS, Augusto de. *Balanço da Bossa e Outras Bossas*. São Paulo: Perspectiva, 1974.

CANCLINI, Néstor Garcia. *Culturas Híbridas: Estratégias para Entrar e Sair da Modernidade*. Tradução de Heloísa Pezza Cintrão e Ana Regina Lessa. 4. ed. São Paulo: Edusp, 2003.

CANDIDO, Antonio. Dialética da Malandragem. In: _____. *O Discurso e a Cidade*. São Paulo: Livraria Duas Cidades, 1993.

CARPEAUX, Otto Maria. *O Livro de Ouro da História da Música: Da Idade Média ao Século XX*. 3. ed. Rio de Janeiro: Ediouro, 2001.

CARVALHO, Mario César. A Hidra não Ouvia Rock. *Folha de S.Paulo*, São Paulo, 2 nov. 1997. Mais!.

CASTORIADIS, Cornelius. *A Instituição Imaginária da Sociedade*. Tradução de Guy Reynaud. 5. ed. Rio de Janeiro: Paz e Terra, 1982.

CAVALCANTE, Berenice; STARLING, Heloisa Maria Murgel; EISENBERG, José (orgs.). *Decantando a República: Inventário Histórico e Político da Canção Popular Moderna Brasileira*. Rio de Janeiro: Nova Fronteira; São Paulo: Fundação Perseu Abramo, 2004. 3. v.

CAYMMI, Stella. *Dorival Caymmi: O Mar e o Tempo*. São Paulo: Editora 34, 2001.

CÉSAIRE, Aimé. *Discurso sobre o Colonialismo*. Tradução de Carlos S. Pereira. Porto: Poveira, 1971.

CHOMSKY, Noam. *A Manipulação dos Media: Os Efeitos Extraordinários da Propaganda*. Apartado: Mem Martins/Inquérito, 2003.

COHEN, Renato. *Performance como Linguagem*. 2. ed. São Paulo: Perspectiva, 2004.

COMPAGNON, Antoine. *O Demônio da Teoria: Literatura e Senso Comum*. Tradução de Cleonice Paes Barreto Mourão. Belo Horizonte: Editora da UFMG, 1999.

_____. *Os Cinco Paradoxos da Modernidade*. Tradução de Cleonice P. Mourão, Consuelo F. Santiago e Eunice D. Galéry. Belo Horizonte: Editora da UFMG, 1996.

COMUNIDADES Quilombolas do Estado do Pará: Saracura. Disponível em: <http://www.cpisp.org.br/comunidades/html/brasil/pa/_amazonas/saracura.html>. Acesso em: 13 abr. 2005.

CORREIA, André de Brito. Teatro Fora dos Teatros: Arte Dramática na Prisão, no Jardim e no Bairro. *Revista Crítica de Ciências Sociais*. Centro de Estudos Sociais da Universidade de Coimbra, Coimbra, n. 67, 2003.

COUTINHO, Eduardo (org.). *Guimarães Rosa*. Rio de Janeiro: Civilização Brasileira, 1983. (Coleção Fortuna Crítica, v. 6).

COUTINHO, Evaldo. *A Imagem Autônoma: Ensaio de Teoria do Cinema*. São Paulo: Perspectiva, 1996. (Coleção Estudos).

CULLER, Jonathan. *Teoria Literária: Uma Introdução*. Tradução de Sandra Vasconcelos. São Paulo: Beca Produções Culturais Ltda., 1999.

DAGHLIAN, Carlos (org.). *Poesia e Música*. São Paulo: Perspectiva, 1985.

DAMATTA, Roberto. *Carnaval, Malandros e Heróis*. Rio de Janeiro: Zahar, 1993.

_____. *Conta de Mentiroso: Sete Ensaios sobre Antropologia Brasileira*. 2. ed. Rio de Janeiro: Rocco, 1993.

_____ (org.). *Universo do Futebol, Esporte e Sociedade Brasileira*. Rio de Janeiro: Pinakothece, 1982..

DELEUZE, Gilles. A Literatura e a Vida. In: _____. *Crítica e Clínica*. Tradução de Peter Pál Pelbart. Rio de Janeiro: Editora 34, 1997.

REFERÊNCIAS BIBLIOGRÁFICAS

_____. *A Dobra: Leibniz e o Barroco*. Tradução de Luiz B. L. Orlandi. São Paulo: Papirus, 1991.

_____. *Diferença e Repetição*. Tradução de Luis Orlandi e Roberto Machado. Rio de Janeiro: Graal, 1988.

_____. *Nietzsche e a Filosofia*. Tradução de Edmundo Fernandes Dias. Rio de Janeiro: Forense Universitária, 1987.

_____. Platão e o Simulacro. In: _____. *Lógica do Sentido*. Tradução de Luis Roberto Salinas Fontes. São Paulo: Perspectiva, 1974.

_____. Rachar as Coisas, Rachar as Palavras. In: _____. *Conversações*. Tradução de Peter Pál Pelbart. Rio de Janeiro: Editora 34, 1992.

DELEUZE, Gilles; GUATTARI, Félix. *Kafka: Por uma Literatura Menor*. Tradução de Júlio Castañon Guimarães. Rio de Janeiro: Imago, 1997.

_____. *Mil Platôs: Capitalismo e Esquizofrenia*. Tradução de Célia Pinto Costa. Rio de Janeiro: Editora 34, 1995. 3. v.

_____. Os Signos Amorosos. In: _____. *Proust e os Signos*. Tradução de Roberto Machado. Rio de Janeiro: Forense, 1987.

DERRIDA, Jacques. *A Escritura e a Diferença*. Tradução de Maria Beartiz Marques Nizza da Silva, Pedro Leite Lopes e Pérola de Carvalho. 4. ed. revista e ampliada. São Paulo: Perspectiva, 2009.

_____. *Mal de Arquivo: Uma Impressão Freudiana*. Tradução de Claudia de Moraes Rego. Rio de Janeiro: Dumará, 2001.

DERRIDA, Jacques; ROUDINESCO, Elisabeth. *De Que Amanhã: Diálogo*. Tradução de André Telles. Rio de Janeiro: Jorge Zahar Editor, 2004.

DIAS, Lucy. *Anos 70: Enquanto Corria a Barca*. São Paulo: Senac, 2003.

DICIONÁRIO Eletrônico Houaiss de Língua Portuguesa. São Paulo: Objetiva, 2001. 1 CD- ROM. FL Gama Design LTDA.

DREYFUS, Dominique. *Vida do Viajante: A Saga de Luiz Gonzaga*. 3. ed. São Paulo: Editora 34, 1996.

DUNN, Christopher. *Brutality Garden: Tropicália and the Emergence of a Brazilian Counterculture*. Dissertation (Ph.D), Brown University, 1996.

DUSSEL, Enrique. Eurocentrismo y Modernidad: Introducción a las Lecturas de Frankfurt. In: MIGNOLO, Walter (org.). *Capitalismo y Geopolítica del Conocimiento: El Eurocentrismo y la Filosofia de la Liberación en el Debate Intelectual Contemporáneo*. Buenos Aires: Ediciones de Signo, 2001.

_____. Europa, Modernidad y Eurocentrismo. In: LANDER, Edgardo (org.). *La Colonilidad del Saber: Eurocentrismo y Ciencias Sociales, Perspectivas Latinoamericanas*. Buenos Aires: Clacso y Unesco, 2000.

_____. *Filosofia da Libertação: Crítica à Ideologia da Exclusão*. Tradução de Georges I. Maissiat. São Paulo: Paulus, 1995.

EZE, Emmanuel Chukwudi. El Color de la Razón: La Idea de "Raza" en la Antropologia de Kant. In: MIGNOLO, Walter D. (org.). *Capitalismo y Geopolítica del Conocimiento: El Eurocentrismo y la Filosofia de la Liberación en el Debate Intelectual Contemporáneo*. Buenos Aires: Ediciones del Signo, 2001.

FAVARETTO, Celso. *Tropicália Alegoria Alegria*. 3. ed. São Paulo: Ateliê, 2000.

FIGUEIREDO, Eurídice. *Construção de Identidades Pós-Coloniais na Literatura Antilhana*. Niterói: EDUFF, 1998.

FINAZZI-AGRÒ, Ettore. *Um Lugar do Tamanho do Mundo: Tempos e Espaços da Ficção em João Guimarães Rosa*. Belo Horizonte: Editora da UFMG, 2001.

320 GILBERTO GIL: A POÉTICA E A POLÍTICA DO CORPO

FOUCAULT, Michel. *A Arqueologia do Saber.* Tradução de Luiz Felipe Baeta Neves. 6. ed. Rio de Janeiro: Forense Universitária, 2002.

_____. *A História da Sexualidade 1: A Vontade de Saber.* Rio de Janeiro: Graal, 1998.

_____. *A Verdade e as Formas Jurídicas.* Tradução de Roberto Machado e Eduardo Morais. Rio de Janeiro: NAU, 2003.

_____. *As Palavras e as Coisas: Uma Arqueologia das Ciências Humanas.* Tradução de Salma Tannus Muchail. 5. ed. São Paulo: Martins Fontes, 1990.

_____. Nietzsche, a Genealogia e a História. In: _____. *Microfísica do Poder.* 11. ed. Rio de Janeiro: Graal, 1993.

_____. *Nietzsche, Freud e Marx: Theatrum Philosoficum.* Tradução de Jorge Lima Barreto. 4. ed. São Paulo: Princípio, 1987.

_____. *O Que é um Autor.* Tradução de Antônio Fernando Cascais. Lisboa: Passagem, 2006.

_____. O Que é o Iluminismo. In: _____. *Dossiê.* Rio de Janeiro: Livraria Taurus, 1984.

FREUD, Sigmund. *Obras Psicológicas Completas.* Edição Standard Brasileira. Rio de Janeiro: Imago, 1976. 24v.

FREYRE, Gilberto. Bahia e Baianos. In: FONSECA, Edson Nery da (org.). Salvador: Fundação das Artes/Empresa Gráfica da Bahia, 1990.

_____. *Casa-Grande & Senzala: Formação da Família Brasileira sob Regime da Economia Patriarcal.* 35. ed. Rio de Janeiro: Record, 1999.

GASPARI, Elio. Alice e o Camaleão. In: GASPARI, Elio; BUARQUE DE HOLLANDA, Heloisa; VENTURA, Zuenir. *Cultura em Trânsito: Da Repressão à Abertura.* Rio de Janeiro: Aeroplano. 2000.

GENTILI, Anna Maria. *O Leão e o Caçador: Uma História da África Sub-Sahariana dos Séculos XIX e XX.* Maputo: Arquivo Histórico de Moçambique, 1998. (Estudos, 14).

GIDDENS, Anthony. *A Transformação da Intimidade: Sexualidade, Amor e Erotismo Nas Sociedades Modernas.* Tradução de Magda Lopes. São Paulo: Edusp, 1993.

_____. *As Conseqüências da Modernidade.* Tradução de Raul Fiker. São Paulo: Unesp, 1991.

GIL, José. *Metamorfoses do Corpo.* Lisboa: Relógio D'água, 1997.

GILROY, Paul. *O Atlântico Negro: Modernidade e Dupla Consciência.* Tradução de Cid Knipel Moreira. São Paulo: Editora 34, 2001.

GÓES, Fred. *50 Anos do Trio Elétrico.* Salvador: Corrupio, 2000.

GOMIDE, Denise (org.). *Racismo no Brasil.* São Paulo: Editora Fundação Petrópolis /Abong, 2002.

GREINER, Christine. Por uma Dramaturgia da Carne: O Corpo como Mídia da Arte. In: BIÃO, Armindo; PITOMBO, Renata (orgs.). *Temas em Contemporaneidade, Imaginário e Teatralidade.* São Paulo: Annablume; Salvador: Jipe-Cit, 2002.

_____. *O Corpo: Pistas para Estudos Indisciplinares.* São Paulo: Annablume, 2005.

GREINER, Christine; BIÃO, Armindo (orgs.). *Etnocenologia: Textos Selecionados.* São Paulo: Annablume, 1999.

GRUZINSKI, Serge. *A Colonização do Imaginário: Sociedades Indígenas e Ocidentalização no México Espanhol: Séculos XVI-XVIII.* Tradução de Beatriz Perrone-Moisés. São Paulo: Companhia das Letras, 2003.

REFERÊNCIAS BIBLIOGRÁFICAS

GUATTARI, Félix. *Caosmose: Um Novo Paradigma Estético.* Tradução de Ana Lúcia Oliveira e Lúcia Claudia Leão. Rio de Janeiro: Editora 34, 1992.

GUATTARI, Félix; ROLNIK, Sueli. *Micropolítica: Cartografias Do Desejo.* 5. ed. Petrópolis: Vozes, 1999.

GUIBERNAU, Montserrat. *Nacionalismos: O Estado Nacional e o Nacionalismo no Século XX.* Rio de Janeiro: Jorge Zahar Editor, 1997.

GUILLEBAUD, Jean-Claude. *A Tirania do Prazer.* Tradução de Maria Helena Kühner. Rio de Janeiro: Bertrand Brasil, 1999.

GUIMARÃES ROSA, João. *Grande Sertão: Veredas.* In: *Obras Completas.* Rio de Janeiro: Nova Aguilar, 1995. v. 2.

HALL, Stuart. *A Identidade Cultural na Pós-Modernidade.* Tradução de Tomaz Tadeu da Silva. 8. ed. Rio de Janeiro: DP&A, 2003.

_____. *Da Diáspora: Identidades e Mediações Culturais.* Tradução de Adelaine La Guardiã Resende. Belo Horizonte: Editora da UFMG, 2003.

HOBSBAWM, Eric; RANGER, Terence. *A Invenção das Tradições.* Tradução de Celina Cardim Cavalcanti. Rio de Janeiro: Paz e Terra, 1997.

HOISEL, Evelina. *Grande Sertão: Veredas – Uma Escritura Biográfica.* Salvador: Assembleia Legislativa do Estado da Bahia/Academia de Letras da Bahia, 2006.

_____. *Supercaos: Os Estilhaços da Cultura em Panamérica e Nações Unidas.* Rio de Janeiro: Civilização Brasileira/Fundação Cultural do Estado da Bahia, 1980.

HUIZINGA, Johan. Natureza e Significado do Jogo como Fenômeno Cultural. In: _____. *Homo Ludens.* 4. ed. São Paulo: Perspectiva, 1993.

HUYSSEN, Andréas. *Seduzidos pela Memória: Arquitetura, Monumento, Mídia.* Tradução de Sérgio Alcides. Rio de Janeiro: Aeroplano, 2000.

IANNITELLI, Leda Muhana. Dramaturgia Corporal. In: *Anais do Congresso Brasileiro de Pesquisa e Pós-Graduação em Artes Cênicas,* Salvador: Abrace, n. 2, 2002.

JAMESON, Fredric. *Espaço e Imagem: Teorias do Pós-Moderno e Outros Ensaios.* 3. ed. Tradução de Ana Lúcia Almeida Gazzola. Rio de Janeiro: Editora da UFRJ, 2004.

JOBIM, José Luís (org.). *Sentidos dos Lugares.* Rio de Janeiro: Abralic, 2005.

KHATIBI, Abdelkebir. Maghreb Plural. In: MIGNOLO, Walter D (org.). *Capitalismo y Geopolítica del Conocimiento: El Eurocentrismo y la Filosofia de la Liberación en el Debate Intelectual Contemporáneo.* Buenos Aires: Ediciones del Signo, 2001.

KEIL, Ivete; TIBURI Márcia (orgs.). *O Corpo Torturado.* Porto Alegre: Escritos, 2004.

KRISTEVA, Julia. *O Gênio Feminino: A Vida, A Loucura, As Palavras: Hannah Arendt, Melanie Klein, Colette.* Tradução de Eduardo Francisco Alves. Rio de Janeiro: Rocco, 2002.

LABANYI, Jo. O Reconhecimento dos Fantasmas do Passado: História, Ética e Representação. In: RIBEIRO, Margarida Calafate; FERREIRA, Ana Paula (orgs.). *Fantasmas e Fantasias Imperiais no Imaginário Português Contemporâneo.* Porto: Campo das Letras, 2003.

LACAN, Jacques. A Mola do Amor. In: _____. *Seminário 8: A Transferência.* Rio de Janeiro: Jorge Zahar Editor, 1992.

LASSERE, Luiz. Entrevista exclusiva com Caetano Veloso. *A Tarde,* Salvador, 16 jan. 2003. Caderno 2. Disponível em: <www.atarde.com.br>. Acesso em: 16 jan. 2003.

322 GILBERTO GIL: A POÉTICA E A POLÍTICA DO CORPO

LÉVI-STRAUSS, Claude. *Olhar, Escutar, Ler.* Tradução de Beatriz Perrone-Móises. São Paulo: Companhia das Letras, 1997.

LIMA, Costa Paulo (org.). *Quem Faz Salvador.* Salvador: Editora da UFBA, 2002.

LIMA, Nísia Trindade. *Um Sertão Chamado Brasil: Intelectuais e Representação Geográfica da Identidade Nacional.* Rio de Janeiro: Revan/Iuperj/Ucam, 1999.

LOPES, Cássia. *Um Olhar na Neblina: Um Encontro com Jorge Luis Borges.* Salvador: Fundação Cultural do Estado/Empresa Gráfica da Bahia, 1999.

LUZ, Marco Aurélio. *Cultura Negra e Ideologia do Recalque.* 2. ed. Salvador: Edições SECNEB, 1994.

_____. *Cultura Negra em Tempos Pós-Modernos.* 2. ed. Salvador: Editora da UFBA, 2002.

LYRA, Bernadette; GARCIA, Wilton (orgs.). *Corpo e Cultura.* São Paulo: Xamã/ECA-USP, 2001.

MACEDO, Ana Gabriela; GROSSEGESSE, Orlando (orgs.). *Re-presentações do Corpo.* Minho: Editora da Universidade do Minho, 2003. (Coleção Hespérides).

MACEDO, Helder. Reconhecer o Desconhecido. In: _____. *Partes da África.* Lisboa: Presença, 1991.

MACHADO, Ana Maria. *Recado do Nome: Leitura de Guimarães Rosa à Luz do Nome de Seus Personagens.* São Paulo: Martins Fontes, 1991.

MACHADO, Roberto. *Nietzsche e a Verdade.* Rio de Janeiro: Graal, 1999.

MAGNANI, Sérgio. *Expressão e Comunicação na Linguagem da Música.* 2. ed. Belo Horizonte: Editora da UFMG, 1996.

MARCOS, Maria Lucília; CASCAIS, António Fernando (orgs.). *Corpo, Técnica, Subjetividades.* Lisboa: Relógio D'Água, 2004.

MARGATO, Izabel; GOMES, Renato Cordeiro (orgs.). *O Papel do Intelectual Hoje.* Belo Horizonte: Editora da UFMG, 2004.

MARQUES, Reinaldo; BITTENCOURT, Gilda Neves (orgs.) *Limiares Críticos.* Belo Horizonte: Autêntica, 1998.

MARTIN-BARBERO, Jésus. *Dos Meios às Mediações, Cultura e Hegemonia.* Tradução de Ronald Polito e Sérgio Alcides. 2. ed. Rio de Janeiro: Editora da UFRJ, 2003.

MARTIN, Marcel. *A Linguagem Cinematográfica.* Tradução de Paulo Neves. São Paulo: Brasiliense, 1990.

MATOS, Claudia Neiva de. *Acertei no Milhar: Malandragem e Samba no Tempo de Getúlio.* Rio de Janeiro: Paz e Terra, 1982.

MBEMBE, Achille. As Formas Africanas de Auto-Inscrição. *Revista Estudos Afro-Asiáticos,* Rio de Janeiro, ano 23, n. 1, 2001.

m'BOKOLO, Elikia. *África Negra: História e Civilizações.* Lisboa: Vulgata, 2003. v. 1.

_____. Pan-Africanism in the 21st Century. In: *First Conference of Intellectuals of Africa and its Diaspora, Dakar, 6-9 out. 2004.* Addis Ababa, Ethiopia: African Union, 2004.

MEER, Shamim. Que Trabalhadores, Que Mulheres, Que Interesse? Raça, Classe e Género na África do Sul Pós-Apartheid. In: SANTOS, Boaventura de Sousa (org.). *Reconhecer para Libertar: Os Caminhos do Cosmopolitismo Multicultural.* Porto: Afrontamento, 2004.

MELO, Alberto. Acção Local como Forma de Resistência à Nova Colonização Mundial: O Caso da "Associação In Loco" no Sul de Portugal. In: SANTOS, Boaventura de Sousa (org.). *Produzir para Viver: Os Caminhos da Produção não Capitalista.* Porto: Afrontamento, 2004.

REFERÊNCIAS BIBLIOGRÁFICAS 323

MENDES, José Manuel de Oliveira. Media, Públicos e Cidadania: Algumas Notas Breves. *Revista Crítica de Ciências Sociais*. Centro de Estudos Sociais da Universidade de Coimbra, Coimbra, n. 70, dez. 2004.

MENEZES, Maria Paula. As Capulanas em Moçambique – Decodificando Mensagens, Procurando Sentidos nos Tecidos. In: GARCIA, Regina Leite (org.). *Método Métodos Contramétodo*. São Paulo: Cortez, 2003.

MENEZES, Rogério. *Um Povo a Mais de Mil: Os Frenéticos Carnavais de Baianos e Caetanos*. São Paulo: Scritta, 1994.

MERLEAU-PONTY, Maurice. *O Visível e o Invisível*. Tradução de José Artur Gianotti e Armando Mora d'Oliveira. São Paulo: Perspectiva, 1971.

MICELI, Sérgio. *Intelectuais à Brasileira*. São Paulo: Companhia das Letras, 2001.

MIGNOLO, Walter D. La Colonialidad a lo Largo y a lo Ancho: El Hemisferio Occidental en el Horizonte Colonial de la Modernidad. In: LANDER, Edgardo (org.). *La Colonilidad del Saber: Eurocentrismo y Ciencias Sociales, Perspectivas Latinoamericanas*. Buenos Aires: Clacso y Unesco, 2000.

_____. Os Esplendores e as Misérias da "Ciência": Colonialidade, Geopolítica do Conhecimento e Pluri-Versalidade Epistémica. In: SANTOS, Boaventura de Sousa (org.). *Conhecimento Prudente para uma Vida Decente: "Um Discurso sobre as Ciências" Revisitado*. Porto: Afrontamento, 2003.

_____. Pensamiento Fronteirizo y Diferencia Colonial. In: _____. *Historias Locales/Diseños Globales: Colonialidad, Conocimientos Subalternos y Pensamiento Fronteirizo*. Madrid: Ediciones Aka, 2003.

MIRANDA, Wander Melo. Latino-Americanismos. *Margens*, v. 1, Belo Horizonte, jul. 2002.

MONDLANE, Eduardo. *Lutar por Moçambique*. Tradução de Maria da Luz P. Dias. Maputo: Centro de Estudos Africanos, 1995. (Coleção Nosso Chão).

MORA-OSEJO, Luis Eduardo; BORDA, Orlando Fals. A Superação do Eurocentrismo, Enriquecimento do Saber Sistêmico e Endógeno sobre o Nosso Contexto Tropical. In: SANTOS, Boaventura de Sousa (org.). *Conhecimento Prudente para uma Vida Decente: "Um Discurso Sobre As Ciências" Revisitado*. Porto: Afrontamento, 2003.

MOREIRAS, Alberto. Fragmentos Globais. In: _____. *A Exaustão da Diferença: A Política dos Estudos Culturais Latino-Americanos*. Tradução de Eliana Lourenço de Lima Reis e Gláucia Renate Gonçalves. Belo Horizonte: Editora da UFMG, 2001.

MORICONI, Ítalo. *A Poesia Brasileira do Século XX*. Rio de Janeiro: Objetiva, 2002.

MORSE, Richard McGee. *O Espelho de Próspero: Cultura e Idéias nas Américas*. Tradução de Paulo Neves. São Paulo: Companhia das Letras, 1988.

MUDIMBE, V. Y. *The Idea of Africa*. London: Indiana University Press, 1994.

MUGGIATI, Roberto. *Rock: O Grito e o Mito*. Petrópolis: Vozes, 1983.

NABUCO, Joaquim. *O Abolicionismo*. Rio de Janeiro: Nova Fronteira; São Paulo: Publifolha, 2000.

NASIO, Juan-David. *A Histeria*. Rio de Janeiro: Jorge Zahar Editor, 1991.

_____. *Lições sobre os Sete Conceitos Cruciais da Psicanálise*. Tradução de Vera Ribeiro. Rio de Janeiro: Jorge Zahar Editor, 1995.

_____. *O Livro da Dor e do Amor*. Rio de Janeiro: Jorge Zahar Editor, 1997.

NAVARRO, Zander. Mobilização sem Emancipação – As Lutas Sociais dos Sem-Terra no Brasil. In: SANTOS, Boaventura de Sousa (org.). *Produzir para Viver: Os Caminhos da Produção não Capitalista*. Porto: Afrontamento, 2003.

324   GILBERTO GIL: A POÉTICA E A POLÍTICA DO CORPO

NEUMA, Shirley. *Autobiography and Questions of Gender*. London: Frank Cass, 1991.

NIETZSCHE, Friedrich. *A Gaia Ciência*. Tradução de Paulo César de Souza. São Paulo: Companhia das Letras, 2001.

_____. *A Genealogia da Moral*. Tradução de Paulo César de Souza. São Paulo: Companhia das Letras, 1998.

_____. *Além do Bem e do Mal: Prelúdio a uma Filosofia do Futuro*. Tradução de Paulo César de Souza. 2. ed. São Paulo: Companhia das Letras, 1992.

_____. *Considerações Intempestivas*. Tradução de Lemos de Azevedo. Lisboa: Presença, 1976.

_____. *O Caso Wagner: Um Problema para Músicos/Nietzsche contra Wagner: Dossiê de um Psicólogo*. Tradução de Paulo César de Souza. São Paulo: Companhia das Letras, 1999.

_____. *O Nascimento da Tragédia*. Tradução de J. Guinsburg. São Paulo: Companhia das Letras, 1998.

NOVAES, Adauto (org.). *O Homem Máquina: A Ciência Manipula o Corpo*. São Paulo: Companhia das Letras, 2003.

_____. *O Olhar*. São Paulo: Companhia das Letras, 1988.

_____. *Os Sentidos da Paixão*. São Paulo: Companhia das Letras, 1987.

_____. *Poetas que Pensam o Mundo*. São Paulo: Companhia das Letras, 2005.

OLIVEIRA, Solange Ribeiro de. *Literatura e Música: Modulações Pós-Coloniais*. São Paulo: Perspectiva, 2002.

OMAR, Arthur. Cinema e Música. In: XAVIER, Ismail (org.). *O Cinema no Século*. Rio de Janeiro: Imago, 1996.

ORTIZ, Renato. *Cultura Brasileira e Identidade Nacional*. São Paulo: Brasiliense, 1994.

PAZ, Octavio. A Dialética da Solidão. In: _____. *O Labirinto da Solidão e Post Scriptum*. Tradução de Eliane Zagury. 3. ed. Rio de Janeiro: Paz e Terra, 1984.

_____. *A Dupla Chama: Amor e Erotismo*. Tradução de Wladir Dupont. 4. ed. São Paulo: Siciliano, 2001.

_____. *A Outra Voz*. Tradução de Wladir Dupont. São Paulo: Siciliano, 1993.

_____. *Convergências: Ensaio Sobre Arte e Literatura*. Rio de Janeiro: Rocco, 1991.

_____. O Ritmo. In: _____. *O Arco e a Lira*. Tradução de Olga Savary. Rio de Janeiro: Nova Fronteira, 1982.

_____. *Um Mais Além Erótico: Sade*. Tradução de Wladir Dupont. São Paulo: Mandarim, 1999.

PADILHA, Laura Cavalcante. A Semântica da Diferença. In: *Anais do Congresso da Abralic*, Rio de Janeiro, v. 1, 1996. Cânones e Contextos.

PEIXOTO, Nelson Brissac. *Paisagens Urbanas*. São Paulo: Senac/Marca D'Água, 1996.

PIGLIA, Ricardo. *O Laboratório do Escritor*. Tradução de Josely Vianna Baptista. São Paulo: Iluminuras, 1994.

PHELAN, Peggy. A Ontologia da Performance: Representação sem Produção. *Revista de Comunicação e Linguagens*. Lisboa, n. 24, 1997.

PLATÃO. *O Banquete. Fédon. Sofista. Político*. 2ed. São Paulo: Abril Cultural, 1983. Seleção de textos de José Américo Motta Pessanha. Tradução de José Cavalcante de Souza, Jorge Paleikat e João Cruz Costa. Coleção Os Pensadores.

PORTO, Nuno. O Corpo nas Colónias: a Comunidade Colonial na Margem do Império – O Caso da Companhia de Diamantes de Angola. In: RAMALHO,

REFERÊNCIAS BIBLIOGRÁFICAS

Maria Irene; RIBEIRO, António Sousa (orgs.). *Entre Ser e Estar: Raízes, Percursos e Discursos da Identidade*. Porto: Afrontamento, 2002.

PRIGOGINE, Ilya. *O Fim das Certezas: Tempo, Caos e as Leis da Natureza*. Tradução de Roberto Leal Ferreira. São Paulo: Editora da Unesp, 1996.

QUIJANO, Aníbal. Colonialidad del Poder, Eurocentrismo y América Latina. In: LANDER, Edgardo (org.). *La Colonilidad del Saber: Eurocentrismo y Ciencias Sociales, Perspectivas Latinoamericanas*. Buenos Aires: Clacso y Unesco, 2000.

RAMALHO, Elba Braga. *Luiz Gonzaga: A Síntese Poética e Musical do Sertão*. São Paulo: Terceira Margem, 2000.

RAMALHO, Maria Irene. A Sogra de Rute ou Intersexualidades. In: SANTOS, Boaventura de Sousa (org.). *Globalização: Fatalidade ou Utopia?* 2. ed. Porto: Afrontamento, 2001.

RAMALHO, Maria Irene; RIBEIRO, António Sousa. Identidade e Nação na(s) Poéticas(s) da Modernidade: Fernando Pessoa e Hugo Von Hofmannsthal. In: _____ (orgs.). *Entre Ser e Estar: Raízes, Percursos e Discursos da Identidade*. Porto: Afrontamento, 2002.

RIBEIRO, Antonio Sousa. A Retórica dos Limites: Notas sobre o Conceito de Fronteira. In: SANTOS, Boaventura de Sousa (org.). *Globalização: Fatalidade ou Utopia?* 2. ed. Porto: Afrontamento, 2002.

RIBEIRO, Margarida Calafate. A Melancolia dos Percursos: África na Literatura Portuguesa Pós-25 de Abril. *Africana Studia*, Porto, Edição da Fundação Engenheiro Antônio de Almeida, n. 1, 1999.

RIBEIRO, Margarida Calafate; FERREIRA, Ana Paula. *Fantasmas e Fantasias Imperiais no Imaginário Português Contemporâneo*. Porto: Campo das Letras, 2003.

RISÉRIO, Antonio. *Avant-garde na Bahia*. São Paulo: Instituto Lina Bo e P. M. Bardi, 1995.

_____. *Carnaval Ijexá*. Salvador: Corrupio, 1981.

_____. O Solo da Sanfona: Contexto do Rei do Baião. *Revista USP*, São Paulo, n. 4, p. 35, dez.-fev. 1990.

_____. *Caymmi: Uma Utopia de Lugar*. São Paulo: Perspectiva; Salvador: Copene, 1993.

_____. *Uma História da Cidade da Bahia*. 2. ed. Rio de Janeiro: Versal, 2004.

RISÉRIO, Antonio; GIL, Gilberto. *O Poético e o Político e Outros Escritos*. Rio de Janeiro: Paz e Terra, 1988.

RONCARI, Luiz. *O Brasil de Rosa: Mito e História no Universo Rosiano: O Amor e o Poder*. São Paulo: Editora da Unesp, 2004.

SÁ, Leonardo. O Sentido e o Som. In: NOVAES, Adauto (org.). *Rede Imaginária: Televisão e Democracia*. São Paulo: Companhia das Letras, 1991.

SAID, Edward. *Cultura e Imperialismo*. São Paulo: Companhia das Letras, 1995.

SALLES, Maurício Coelho; RIBEIRO, Haideé (orgs.). *Mil Rastros Rápidos: Cultura e Milênio*. Belo Horizonte: Autêntica, 1999.

SANDRONI, Carlos. *Feitiço Decente: Transformações do Samba no Rio de Janeiro (1917-1933)*. Rio de Janeiro: Jorge Zahar Editor, 2001.

_____. Adeus à MPB. In: CAVALCANTE, Berenice; STARLING, Heloisa Maria Murgel; EISENBERG, José (orgs.). *Decantando a República: Inventário Histórico e Político da Canção Popular Moderna Brasileira*. Rio de Janeiro: Nova Fronteira; São Paulo: Fundação Perseu Abramo, 2004. v. 1.

SANSONE, Lívio; SANTOS, Jocélio Telles dos (orgs.). *Ritmos em Trânsito: Sócio-Antropologia da Música Baiana*. São Paulo: Dynamis; Salvador: Programa Cor da Bahia/Projeto S.A.M.B.A., 1997.

SANTIAGO, Silviano. A Cor da Pele. In: _____. *Vale Quanto Pesa: Ensaios sobre Questões Político-Culturais*. Rio de Janeiro: Paz e Terra, 1982.

_____. Análise e Interpretação. In: _____. *Uma Literatura nos Trópicos: Ensaios sobre Dependência Cultural*. 2. ed. Rio de Janeiro: Rocco, 2000.

_____. Caetano Veloso enquanto Superastro. In: _____. *Uma Literatura nos Trópicos: Ensaios sobre Dependência Cultural*. 2. ed. Rio de Janeiro: Rocco, 2000.

_____. Fazendo Perguntas com o Martelo. In: VASCONCELOS, Gilberto. *Música Popular: De Olho na Fresta*. Rio de Janeiro: Graal, 1977.

_____ (org.). *Glossário de Derrida*. Rio de Janeiro: Francisco Alves, 1976.

_____. *O Cosmopolitismo do Pobre: Crítica Literária e Crítica Cultural*. Belo Horizonte: Editora da UFMG, 2004.

_____. O Entre-lugar do Discurso Latino-americano. In: _____. *Uma Literatura nos Trópicos: Ensaios sobre Dependência Cultural*. 2. ed. Rio de Janeiro: Rocco, 2000.

_____. *Ora (Direis) Puxar Conversa!* Belo Horizonte: Editora da UFMG, 2006.

SANTOS, Boaventura de Sousa. A Fronteira, o Barroco, o Sul, Constelações Tópicas. In: _____. *A Crítica da Razão Indolente: Contra o Desperdício da Experiência*. 4. ed. São Paulo: Cortez, 2002.

_____. As Nossas Caricaturas. CES, Coimbra, 16 fev. 2006. Coluna Visão. Disponível em: <http://www.ces.fe.uc.pt/opinião/bss/150en.php>. Acesso em: 30 fev. 2006.

_____ (org.). *Conhecimento Prudente para uma Vida Decente: "Um Discurso sobre as Ciências" Revisitado*. Porto: Afrontamento, 2003.

_____ (org.). *Democratizar a Democracia: Os Caminhos da Democracia Participativa*. Rio de Janeiro: Record, 2002.

_____. *Do Pós-moderno ao Pós-colonial: E para além do Outro*. Conferência de abertura do VIII Congresso Luso-Afro-Brasileiro de Ciências Sociais, Coimbra, 16-18 set. 2004. Disponível em: <http://www.ces.fe.uc.pt/opinião/bss/150en.php>. Acesso em: 6 jan. 2006.

_____. Entre Próspero e Caliban: Colonialismo, Pós-Colonialismo e Inter-Identidade. In: RAMALHO, Maria Irene; RIBEIRO, António Sousa (orgs.). *Entre Ser e Estar: Raízes, Percursos e Discursos da Identidade*. Porto: Afrontamento, 2002.

_____. Introdução: Para Ampliar o Cânone da Democracia. In: _____ (org.). *Democracia e Participação: Os Caminhos da Democracia Participativa*. Rio de Janeiro: Record, 2002.

_____. Nuestra América: Reinventando un Paradigma Subalterno de Reconocimiento y Redistribución. *Chiapas*, n. 12, México: Ediciones Era, 2001.

_____. O Fórum Social Mundial como Epistemologia do Sul. In: _____. *O Fórum Social Mundial: Manual de Uso*. Lisboa: Afrontamento, 2005.

_____. Os Processos da Globalização. In: _____ (org.). *Globalização: Fatalidade ou Utopia?* Porto: Afrontamento, 2001.

_____. Para uma Sociologia das Ausências e uma Sociologia das Emergências. In: _____ (org.). *Conhecimento Prudente para uma Vida Decente: "Um Discurso sobre as Ciências" Revisitado*. Porto: Afrontamento, 2003.

_____. *Pela Mão de Alice: O Social e o Político na Pós-Modernidade*. 9. ed. São Paulo: Cortez, 2003.

REFERÊNCIAS BIBLIOGRÁFICAS 327

_____. Por uma Concepção Multicultural de Direitos Humanos. *Revista Crítica de Ciências Sociais*. Centro de Estudos Sociais da Universidade de Coimbra, Coimbra, n. 48, 1997.

_____ (org.). *Reconhecer para Libertar: Os Caminhos do Cosmopolitismo Multicultural*. Porto: Afrontamento, 2004.

_____. *Reinventar la Democracia: Reinventar el Estado*. Buenos Aires: Clacso, 2005.

_____. *Toward a New Legal Common Sense*. Londres: Lexis Nexis Butterworths, 2002.

SANTOS, Boaventura de Sousa; MENEZES, Maria Paula; NUNES, João Arriscado. Introdução: Para Ampliar o Cânone da Ciência: a Diversidade Epistemológica do Mundo. In: SANTOS, Boaventura de Sousa (org.). *Semear Outras Soluções: Os Caminhos da Biodiversidade e dos Conhecimentos Rivais*. Porto: Afrontamento, 2004.

SANTOS, Boaventura de Sousa; RODRIGUEZ, César. Introdução: Para Ampliar o Cânone da Produção. In: SANTOS, Boaventura de Sousa (org.). *Produzir para Viver: Os Caminhos da Produção não Capitalista*. Porto: Afrontamento, 2004.

SANTOS, Roberto Corrêa. *Modos de Saber, Modos de Adoecer: O Corpo, a Arte, o Estilo, a História, a Vida, o Exterior*. Belo Horizonte: Editora da UFMG, 1999.

_____. *Para uma Teoria da Interpretação: Semiologia, Literatura e Interdisciplinaridade*. Rio de Janeiro: Forense, 1989.

SARLO, Beatriz. *La Imaginación Técnica: Sueños Modernos de la Cultura Argentina*. 3. ed. Buenos Aires: Nueva Visión, 1999.

_____. *Tiempo Presente: Notas sobre el Cambio de una Cultura*. Buenos Aires: Siglo XXI, 2002.

_____. *Una Modernidad Periférica*: Buenos Aires 1920 y 1930. 3. ed. Buenos Aires: Nueva Visión, 1999.

SCHWARCZ, Lilia Moritz. *O Espetáculo das Raças: Cientistas, Instituições e Questão Racial no Brasil – 1870-1930*. São Paulo: Companhia das Letras, 1993.

SCOTT, James C. Nature and Space. In: _____. *Seeing Like a State: How Certain Schemes to Improve the Human Condition Have Failed*. New Haven/London: Yale University Press, 1998.

SILVA, Juremir Machado da. *As Tecnologias do Imaginário*. Porto Alegre: Sulina, 2003.

SODRÉ, Muniz. *Claros e Escuros: Identidade, Povo e Mídia no Brasil*. Petrópolis: Vozes, 1999.

_____. *Samba, o Dono do Corpo*. 2. ed. Rio de Janeiro: Mauad, 1998.

SONTAG, Susan. *Contra a Interpretação*. Tradução de Ana Maria Capovila. Porto Alegre: L&PM, 1987.

SOUZA, Eneida Maria de. *Crítica Cult*. Belo Horizonte: Editora da UFMG, 2002.

_____ (org.). *Modernidades Tardias*. Belo Horizonte: Editora da UFMG, 1998.

_____. Notas sobre a Crítica Biográfica. In: PEREIRA, Maria Antonieta; REIS, Eliana Lourenço de L (orgs.). *Literatura e Estudos Culturais*. Belo Horizonte: Faculdade de Letras da UFMG, 2000.

_____. *O Século de Borges*. Belo Horizonte: Autêntica, 1999.

SOUZA FILHO, Carlos Frederico Marés de. Multiculturalismo e Direitos Colectivos. In: SANTOS, Boaventura de Sousa (org.). *Reconhecer para Libertar: Os Caminhos do Cosmopolitismo Multicultural*. Porto: Afrontamento, 2004.

STARLING, Heloisa Maria Murgel. *Lembranças do Brasil: Teoria Política, História e Ficção em Grande Sertão: Veredas*. Rio de Janeiro: Revan/Ucam/Iuperj, 1999.

328   GILBERTO GIL: A POÉTICA E A POLÍTICA DO CORPO

STENDHAL. *Do Amor*. Tradução de Roberto Leal Ferreira. São Paulo: Martins Fontes, 1993.

SÜSSEKIND, Flora. *Cinematógrafo de Letras: Literatura, Técnica e Modernização no Brasil*. São Paulo: Companhia da Letras, 1987.

TATIT, Luiz. *A Canção – Eficácia e Encanto*. São Paulo: Atual, 1986.

_____. *Musicando a Semiótica*. São Paulo: Anablume, 1997.

_____. *O Cancionista*. São Paulo: Edusp, 1996.

TAVARES, Teresa. Um Mundo Que se Quebra Enquanto Falo: Representações do Espaço Social e Sexual na Ficção Narrativa de Escritoras Contemporâneas. In: RAMALHO, Maria Irene; RIBEIRO, António Sousa (orgs.). *Entre Ser e Estar: Raízes, Percursos e Discursos da Identidade*. Porto: Afrontamento, 2002.

TINHORÃO, José Ramos. *A Música Popular no Romance Brasileiro*. São Paulo: Editora 34, 2000. 2. v.

_____. *História Social da Música Popular Brasileira*. São Paulo: Editora 34, 1998.

_____. *Música Popular: Um Tema em Debate*. 3. ed. São Paulo: Editora 34, 2002.

VALVERDE, Monclar (org.). *As Formas do Sentido: Estudos em Estética da Comunicação*. Rio de Janeiro: DP&A, 2003.

VASCONCELLOS, Gilberto. *Música Popular: De Olho na Fresta*. Rio de Janeiro: Edições do Graal, 1977.

VELOSO, Caetano. *O Mundo não é Chato*. Apresentação e organização de Eucanaã Ferraz. São Paulo: Companhia das Letras, 2005.

_____. *Verdade Tropical*. São Paulo: Companhia das Letras, 1997.

VENTURA, Zuenir. O Vazio Cultural. In: GASPARI, Elio; BUARQUE DE HOLLANDA, Heloisa; VENTURA, Zuenir (orgs.). *Cultura em trânsito 70/80*: da repressão à abertura. Rio de Janeiro: Aeroplano, 2000.

VERGER, Pierre Fatumbi. *Artigos*. São Paulo: Corrupio, 1992.

VILLAÇA, Nízia; GÓES, Fred. *Em Nome do Corpo*. Rio de Janeiro: Rocco, 1998.

VISVANATHAN, Shiv. Convite para uma Guerra da Ciência. In: SANTOS, Boaventura de Sousa (org.). *Conhecimento Prudente para uma Vida Decente: "Um Discurso sobre as Ciências" Revisitado*. Porto: Afrontamento, 2003.

WALLERSTEIN, Immanuel. El Eurocentrismo y Sus Avatares: Los Dilemas de la Ciencia Social. . In: MIGNOLO, Walter D (org.). *Capitalismo y Geopolítica del Conocimiento: El Eurocentrismo y la Filosofia de la Liberación en el Debate Intelectual Contemporáneo*. Buenos Aires: Ediciones del Signo, 2001.

WILHELM, Richard. *I Ching*: o livro das mutações. Prefácio de C. G. Jung. Tradução de Alayde Mutzenbecher e Gustavo Alberto Correa Pinto. São Paulo: Pensamento, 1999.

WISNIK, Guilherme. *Caetano Veloso*. São Paulo: Publifolha, 2005.

WISNIK, José Miguel. Cajuína Transcendental. In: BOSI, Alfredo (org.). *Leitura de Poesia*. São Paulo: Ática, 1996.

_____. O Minuto e o Milênio, ou Por favor, Professor, Uma Década de Cada Vez. *Música Popular*. Rio de Janeiro: Europa, 1980. (Coleção anos 70).

_____. *O Som e o Sentido: Uma Outra História das Músicas*. São Paulo: Companhia das Letras, 1989.

_____. *Sem Receita*. São Paulo: Publifolha, 2004.

XAVIER, Ismail. *O Discurso Cinematográfico: A Opacidade e a Transparência*. 2. ed. Rio de Janeiro: Paz e Terra, 1984.

YOUNG, Robert J. C. *Postcolonialism: An Historical Introduction*. Lisbon: Blackwell Publishers, 2000.

REFERÊNCIAS BIBLIOGRÁFICAS 329

YÚDICE, George. *A Conveniência da Cultura: Usos da Cultura na Era Global*. Tradução de Marie-Anne Kremer. Belo Horizonte: Editora da UFMG, 2004.

ZELBERTO Zel. *Chico Anysio Web Site Oficial*. Seção Personagens. Disponível em: <http://www.chicoanysio.com/humorista/personagem.asp.>. Acesso em: 18 maio 2005.

ZUMTHOR, Paul. *A Letra e a Voz: A "Literatura" Medieval*. Tradução de Amalio Pinheiro e Jerusa Pires Ferreira. São Paulo: Companhia das Letras, 1993.

CÁSSIA LOPES

Ensaísta, cronista e professora de Teoria da Literatura, Literatura Dramática e Criação Literária do Instituto de Letras da Universidade Federal da Bahia. Faz parte do corpo docente do Programa de Pós-Graduação em Artes Cênicas (PPGAC) e do Programa de Pós-Graduação em Literatura e Cultura (PPGLL) da UFBA. É autora dos livros *Um Olhar na Neblina: Um Encontro com Jorge Luis Borges*, 1999 e *Rumor das Horas*, 2009.

COLEÇÃO ESTUDOS
(últimos lançamentos)

Música Serva D'Alma: Claudio Monteverdi – Ad voce Umanissima
Ibaney Chasin (E266)

Na Cena do Dr. Dapertutto
Maria Thais Lima Santos (E267)

A Cinética do Invisível
Matteo Bonfitto (E268)

História e Literatura
Francisco Iglésias (E269)

A Politização dos Direitos Humanos
Benoni Belli (E270)

A Escritura e a Diferença
Jacques Derrida (E271)

Outro Dia: Intervenções, Entrevistas, Outros Tempos
Ruy Fausto (E273)

A Descoberta da Europa pelo Islã
Bernard Lewis (E274)

Luigi Pirandello: Um Teatro para Marta Abba
Martha Ribeiro (E275)

Tempos de Casa-Grande (1930-1940)
Silvia Cortez Silva (E276)

Teatralidades Contemporâneas
Sílvia Fernandes (E277)

Conversas sobre a Formação do Ator
Jacques Lassalle e Jean-Loup Rivière (E278)

Encenação Contemporânea
Patrice Pavis (E279)

O Idioma Pedra de João Cabral
Solange Rebuzzi (E280)

Monstrutivismo: Reta e Curva das Vanguardas
Lucio Agra (E281)

Manoel de Oliveira: Uma Presença
Renata Soares Junqueira (org.) (E282)

As Redes dos Oprimidos
Tristan Castro-Pozo (E283)

O Mosteiro de Shaolin: História, Religião e as Artes Marciais Chinesas
Meir Shahar (E284)

Cartas a uma Jovem Psicanalista
Heitor O'Dwyer de Macedo (E285)

Gilberto Gil: A Poética e a Política do Corpo
Cássia Lopes (E286)

O Desafio das Desigualdades: América Latina / Ásia: Uma Comparação
Pierre Salama (E287)

Notas Republicanas
Alberto Venancio Filho (E288)

Mística e Razão: Dialética no Pensamento Judaico
Alexandre Leone (E289)

O Espaço da Tragédia: Na Cenografia Brasileira Contemporânea
Gilson Motta (E290)

A Cena Contaminada
José Tonezzi (E291)

O Homem e a Terra
Eric Dardel (E292)

A Simulação da Morte
Lúcio Vaz (E293)

A Gênese da Vertigem
Antonio Araújo (E294)

História do Urbanismo Europeu
Donatella Calabi (E295)

Este livro foi impresso em Cotia,
nas oficinas da Meta Brasil,
para a Editora Perspectiva.